AF489753

【当代华语世界思想者文库】

梁中堂人口与计划生育

网易博客文集

Liang Zhongtang Population and Family Planning

NetEase Blog Collection Vol. I

第一册

梁中堂人口研究文集·卷六

梁 中 堂

By Liang Zhongtang

【当代华语世界思想者文库】

学术顾问：黎安友、郭汤姆
主　　编：荣　伟
Academic Adviser:　Andrew J. Nathan, Tom Kellogg
Chief Editor:　　　David Rong
Published by Bouden House, New York
ISBN:　979-8-90257-037-0 (Paperback)
　　　　979-8-90257-038-7 (eBook)

Liang Zhongtang Population and Family Planning
　　NetEase Blog Collection Vol. I
By Liang Zhongtang

梁中堂人口研究文集 · 卷六
梁中堂人口与计划生育 网易博客文集（第一册）

梁中堂 著

出版：博登书屋 · 纽约（Bouden House New York）
邮箱：boudenhouse@gmail.com
发行：谷歌图书（电子版）、亚马逊（纸质版）
版次：2026 年 3 月 第 1 版 第 1 次印刷
字数：351 千字
定价：$40.00 美元

献　给

易富贤博士

目　　录

序　言

　　读者手上的这本总计 4 册的《梁中堂人口与计划生育网易博客文集》，是从笔者 2006 年至 2018 年间的网易博客里辑选出来的。

　　维特根斯坦说，一个人的人生不是他的追忆或联想，而是他的行动组合。笔者的职业生涯是从 1978 年被分配做人口与计划生育的理论研究与教学开始的，如果划分类别，可算是新中国体制内的理论教育和研究者。虽说属于体制内，但一生都是在省一级的机构里任职，很少有领导机关具体指派的课题，几乎所有的研究都是自己选择。年轻的时候，一个一个的问题做下来，并不考虑它是哪个领域，或者属于什么性质。及至晚年以后，才发现自己的一生总是在人口与计划生育、经济理论与经济改革、马克思主义与现时代三个领域里打转转。这套文集就是笔者刊发在网易博客上的有关人口与计划生育方面的文章。

　　需要说明的是，笔者这里所说的刊发，并不是一般意义上的文著出版或发表。确切地讲，它们都只是作者在自己网易博客后台上的粘贴。由于包括网络管理在内的新中国的出版制度，作者的文章在博客后台粘贴了，但能否显示出来，或者说读者能否看得到，还要视其是不是有敏感词。如果一篇文章里包含了网络平台所拟订的敏感词，即使某篇文章在后台粘贴了，也就是笔者在这里所说的刊发了，而面对社会公开显示的版面却还是看不到的。有的时候，即使已经显示出来的文章，也可能因为计划生育管理部门的举报而被屏蔽了。所以，笔者所说刊发，却未必是自由传播的文章。不过，因为自出道以来就养成了自印重要文章的习惯，所以，这套文集中的绝大部分文字都在人口与计划生育领域里流传过。尤其因为它们都是批评和反对计划生育的，对于计划生育管理部门来说则都是熟悉的。

计划生育是新中国的一项大制度、大政策，其核心是要减少出生人口的数量，控制人口增长。不过，以 1979 年国务院计划生育领导小组组长、副总理陈慕华不分城乡地在全国推行"一胎化"的生育政策为线，前面将近 30 年，政府只是在节制生育的意义上实行计划生育。自"一胎化"生育政策出台至 2015 年中央提出普遍二孩的生育政策，期间将近 40 年腥风血雨的历史却是管制国民生育行为的计划生育制度。

因为出于职业的自觉，自 1979 年"一胎化"生育政策出台伊始，笔者就写出批判和反对的文章了。但是，截止 2000 年以前，就自己所论也仅只是反对"一胎化"的具体生育政策，却不反对管制国民生育行为的计划生育制度。可能有读者也知道，经国家计划生育委员会和山西省委省政府批准，笔者从 1985 年开始在山西省翼城县还开辟了一个"晚婚晚育加间隔允许农民普遍生育二孩"的计划生育试点。这是全国唯一的一项坚持了 30 年的二孩实验。但是，即使翼城县的试点政策比全国都宽松一些，却仍属管制国民生育行为的计划生育制度。直到 20 世纪 90 年代，笔者在接触到一些国际公约以后，懂得了生育权是基本人权的道理，思想观念才转变到反对计划生育的立场上。读者手上的这套书，就是在"一胎化"政策和计划生育制度存系的最后 10 多年里，笔者对计划生育制度的反思、反对和批判。相对于一个号称为新中国基本国策的大制度和大政策来说，这些属于反方的文字既不多，也算不上丰富和系统。但是，因为特别的时代，它却是历史时期我国体制内唯一的一套公开从理论上反思和反对计划生育制度的文献，代表着一个大潮流大时代里，中华民族应有的理论思维与探索。

就在笔者辑录和整理这一套文集的时候，中央政府印发了《育儿补贴制度实施方案》。在此以前，2015 年中央决定实施普遍二孩政策，2021 年颁发了《关于优化生育政策促进人口长期均衡发展的决定》，从而表明国家是在未公开否定、批判和放弃以减少人口为目的的计划生育制度的背景下，又转而鼓励国民生育了。但是，遗憾地是，自转变政策以来，鼓励生育的举措不仅没有取得效果，而且相反，每年新出生的人口越来越少了。2022 年以后，我国每年新生儿由 2015 年以前每年接近 2000 万急剧下降到 8、900 万。2023 年，中国人口开始出现负增长。同一年，中国已经把西方发现世界以来的 600 多年里都是世界人口最多国家的桂冠，轻飘飘地转交给印度了。

实际的问题要更严重些。国人都有所不知，几十年以来，我国有关人口总量和妇女生育率水平的数据，都是被严重高估的。原来，我国的统计部门在新时期以来的人口调查并不是遵循统计科学的原理和方法，而是自 1982 年人口普查以后，都是按照每年净增长 1000 多万的口径指导调查过程和调整调查结果的。不错，每年净增 1000 多万人口的事确曾发生过，但那是 60 年代初的补偿性生育和高出生人群已经成长到婚育年龄以后的一些年里的事。问题是 90 年代以后，从 1962 年开始的大约 10 年的高出生人群大都完成了初婚初育以后，生育率就降下来了。更为重要的是，90 年代，政府允许农民进城了。每年有数千万乃至 2、3 亿的农民由农村涌向城镇，迅速改变了新中国的社会构成，从而引起生育率出现断崖式下跌。但是，统计部门把急剧下降的生育率当作人民群众的瞒报漏报，长期用每年净增 1000 多万人口的口径调整包括普查在内的人口调查。经过数十年如此这般地操作下来，我国的人口数据就严重被高估了。所以，中国的总人口远没有 14 亿那么多，妇女生育率也没有统计部门和计划生育管理部门说的那么高。许多年来，国际社会都把日本和韩国的生育率当成世界上最低的国家，其实从 20 世纪 90 年代以后，中国妇女生育率早已经降低到比日本和韩国都要低的水平了。

包括人口学家在内的国际社会往往用东亚文化解释日本和韩国极低的生育率，有一定的道理，但未触及到问题的本质和要害。生育行为是人的一种生命状态，是一定社会生活的结果。所以，是物质资料的生产方式决定了人的生育，——自然经济决定了自然生育率，市场经济生活则创造了现代妇女生育率。人口学课程里讲人口转变，其实是人类由自然经济转向资本主义生产以后，人口再生产模式相应发生的变化。

15 世纪末到 16 世纪初，从西欧荷兰、西班牙等几个小的民族国家开始产生了一种被冠名为资本主义的经济形式。这是人类历史上的一种新的生产方式。它不同于自然经济，而是建立在人类劳动基础上的人的创造。通俗地讲，叫工业生产，——一种附加在自然生产物基础上的再生产或再加工。新的生产以资本投资为主导，所以称资本主义。如果说自然经济条件下有自发、自然的生育率，那么，人为的资本主义生产劳动就有了与它相适应的、经过人们自觉选择后的生育行为和生育率。笔者这里说的人为的选择，不仅指每个人的生育选择，而且还包括了国家权力参与下所形成的社会制度与经济环境。事实上，每一个人都只能在特定的国家制度的大环境里生活，而且只有在这样的背景下，才有了每个人的婚育行为和作为一个国家的妇女生育率。

人们常常把以西欧为主的一些较早实行商品生产制度的国家称之为自由资本主义，新制度经济学又把其当作是西欧国家内自发的、内生性的生产制度，似乎人类在由自然经济向市场经济转变的大历史里，西方是自然发生的，而东方则是人为选择的。真实的历史并不完全是这样。如果阅读马克思的《资本论》，其"原始积累"就是以资本主义最为成熟的英国为例论述其如何发生与发展的。期间，我们不时会发现国家权力的影子。用马克思的话说，运用国家权力，这是所谓原始积累的一个重要因素。也正是在这个意义上，马克思又说暴力是每一个孕育着新社会的旧社会的助产婆。所以，不同的只是 600 年前在西欧萌芽的资本主义是缓慢发生的，是经过几百年的演变才基本形成的，期间明确可以归之于国家暴力的案例不仅数量少，而且程度也相对不那么严重。与此相适应，受生产方式决定的生育率的变化也是缓慢发生的，——在长达 5、600 年的历史过程里，欧美国家的妇女生育率由 7、8 的自然水平下降到现在的 2.0 左右。

但是，西欧以外的民族国家则呈现出另外一种历史。原来，资本主义生产制度作为人类历史上最先进的经济形式，诸如极高的生产效率和极强的创造力，自由与公平的思想理念，崇尚法律与法治的社会制度，等等，等等，总之资本主义一经出现就表现出极为显著的优越性，从而对所有落后民族都有着极大的诱惑力，所到之处，都能受到欢迎，以致学习和效仿资本主义生产已经成为落后民族的新潮流、新趋势。

不过因为地球是圆的，各民族共同体所处的地理位置的不同，决定了西欧以外的各民族开始接触到西方资本主义的时间早晚则不相同，所见到的西方国家的先进程度也不同，——越是比较晚地接触到资本主义的落后国家，它们最初所见到的越是先进和强大的西方，落后民族共同体与其相比自然存在越来越大的反差，以及由此也必然地在落后民族共同体内部产生一种焦虑和压力。落后国家的妇女生育率就与其焦虑和压力相关，——如果说以西欧为主的发达国家的生育率变化是自然发生的，那么，西欧以外的国家的妇女生育率就是与落后民族的这种焦虑和压力成反比的。包括联合国人口基金在内的国际社会的人口学家最近几十年比较多地关注日本和韩国的人口变化，其实这一组国家还应该加上俄罗斯。因为早从沙皇俄国、从列宁斯大林时代的苏联开始，以地处东欧的俄罗斯为核心的前苏联各民族的妇女生育率，就出现了明显的下跌，而且这一历史一直持续到现时代。读者都知道，早在斯大林时期，苏联政府就把生育多子女妇女誉为"英雄母亲"以鼓励，而现任的俄罗斯总统普京大帝仍把鼓励生育作为他的主要社会政策，说明人口问题在俄罗斯存在之长久。所以，如果按被发现的生育率快速下降的时间迟早和当前严重程度的顺序排列，世界上妇女生育率变化最剧烈和不断刷新最低水平的几个民族国家则是沙皇俄国及苏联（俄罗斯）、日本、韩国和新中国。如果进一步分析，这个顺序也是资本主义最早从西欧发生后在全世界传播至最后一组落后国家发生资本主义生产的时间先后的排序。

原来，600年前的西欧在发生了资本主义以后，同时就开启了向全世界传播的历史。其中自西向东传播的路径，经过德国等欧洲中部的国家，再向东传播至横跨欧亚的沙皇俄国（苏联），最后抵达地处中亚和东亚的中国。另一条从西欧开始向西传播的路线，越过大西洋，穿过北美大陆再经太平洋到日本，最后到达中国。不过，无论东、西哪条传播路线，俄国、日本、韩国和中国都属于世界上最后一组实行资本主义的国家。

在我们所获得的这一组排列里，笔者又把自沙俄开始的俄罗斯排在最前面，是因为沙俄开始学习西方虽比其他欧洲国家晚却要比亚洲的日本早。地处欧洲最东部的俄国自 17、18 世纪始，沙皇宫廷及其贵族就都向往并自觉学习和模仿西欧的法国和其他一些欧洲王室的生活。俄罗斯皇室贵族与德国的中欧王室联姻，也是沙皇俄国的传统。譬如，1917 年二月革命爆发后下台的沙皇尼古拉二世的亚历山德拉皇后，就是德意志帝国黑森和莱茵大公路德维希四世的女儿。当然更重要的是，标志沙皇俄国走向现代的大事件应该是 1853 年爆发的克里米亚战争。这次战争暴露了沙皇俄国与先进欧洲的巨大差距，刺激沙皇自觉改革，解放农奴。而对于日本来说，它走向现代的标志是 1867 年的明治维新，比沙皇俄国落后了一个节拍。

读者已经看到，因为中国在地球上的具体位置，决定了发源于西欧的资本主义生产无论东、西哪条传播路线，它都是世界上最晚才可以接触到资本主义的国家。另外，笔者作这样的叙述，也符合中国最先从日本和苏俄学习资本主义的历史事实，——19 世纪末，晚清政府中的洋务派开始接受西方资本主义生产。自后几十年，尤其是 1894 年甲午战争以后，中国出现了一股留学日本的热潮，表明中国是通过日本学习西方的。接着，从 1917 年十月革命以后，由孙中山带头，中国社会又出现了一股向苏俄学习的热潮。尤其以中国共产党为代表，那时的国人中有相当多的人是向往苏联的。至于 1949 年以后的新中国，曾经有一个时期"一边倒"地引进苏联技术，当然是全面学习苏联的。

至于中国与韩国的关系，韩国作为朝鲜半岛的国家，曾经是中华帝国的附庸，历史上是落后于中国的。但是，那是自然经济条件下的文明史，就全面学习资本主义来说，韩国却先于新中国。自 1905 年至 1945 年，朝鲜半岛曾因日本的侵略而归并到日本，所以从那时起就较为全面地实行资本主义了。这是其一。其二，战后韩国又一边倒地倒向美国，学习和实行资本主义也比中国彻底一些。总之，论接受资本主义的历史，韩国应该排在新中国的前面。

如此一来，我们就有了俄罗斯、日本、韩国和新中国这样一组国家。这一组国家是按照生育率大小排序的，但它的背后反映了这几个国家实行资本主义生产的先后次序。换句话说，愈是实行资本主义晚的国家，其生育率不仅下降的过程就愈为猛烈，而且相对会更低。为什么是这样？

因为我们把生育当作社会生活的结果，那么，讨论它的变化就不得不从传统的自然经济向资本主义生产转变说起。所谓传统社会，就是自然经济，也即自然农业，一种由农民自然占有土地从事劳动的生产方式，而资本主义则是由资本雇佣劳动者进行再生产的经济形式。因为自然经济是劳动力与土地的自然结合，所以在传统的自然经济里，即使存在手持货币的潜在资本家，但他既难以买到合适的土地，也很难雇到劳动者。所以，从传统向现代资本主义转变，必须是个体经济破产，造成农民与土地分离，从而形成资本主义所需要的土地与劳动力市场。这是资本主义生产的前提。也正是在这个意义上，马克思说，对于正在形成的资本主义的一切变革，其全部过程的基础都是对农民的剥夺。所以，无论西方或者东方，包括最后一组实行资本主义生产的沙皇俄国及苏联（俄罗斯）、日本、韩国和新中国在内，所有的民族国家发生资本主义，其自然农业向资本主义的转变，都是通过自然经济形式的农民破产，即农民变卖土地后进城靠出卖劳动力为生而实现的。这才是资本主义，一边是土地市场，一边是劳动力市场。当传统的自然经济转向现代资本主义以后，作为社会生活结果的生育行为也很快由传统的自然生育率转变为现代的、由人们自觉选择以后而形成的现代生育率。

笔者作这样的叙述，首先强调了各个民族在由传统向现代转变过程中所遵循的共同原则，从而否定和反对形形色色的民族主义、民粹主义和种族主义。资本主义在全世界的传播首先打破了世代以来的各民族的封闭与狭隘，当各民族发生接触与交往的时候，几乎所有的民族共同体在其初期阶段上都自然产生出民族主义和民粹主义，鼓吹本民族的优越性和优胜论，甚至无与伦比的、先天的优良品种。先一步实行资本主义生产的西方民族把资本主义文明当作是欧洲白人的专利，鼓吹白色人种和欧洲民族优越论，以及白人至上的盎格鲁-撒克逊主义。落后民族在利用西方较高阶段的资本主义生产力优势迅速提高和发展本民族经济以后，鼓吹民族"特色"，宣传民族自信并强调要走与西方不同的路。总之，民族主义的共同性都是要把本民族当作是世界上最聪明的人种。笔者用马克思主义与现时代的基本理论解构人类大历史，把世界近代史诠释为自然经济向资本主义生产过渡和资本主义在全世界的传播以后，就从理论与实践的结合上阐释了先进的西方与落后的东方的历史根源，阐释了现时代的本质。

但是，笔者在强调人类大变革历史阶段里的共同性的时候，也不否认各个民族国家发展过程里还是有其一定特殊性的。而且，笔者的俄罗斯、日本、韩国、新中国这一组落后国家的排序，就隐含着这些国家的特殊性。当最后这一组民族国家实行历史变革的时候，西方先进国家已经发展到机器大生产阶段，落后民族的自然劳动与西方国家的机器大生产的巨大反差，激发了落后民族的忧患意识，也自然唤起国家权力参与到农民破产和资本主义发展的历史进程里。落后民族的国家权力参与历史进程的程度，是笔者所列举的这一组国家生育率排序的主要原因。

我们先来看中国妇女生育率已经低到什么程度。

笔者曾经说过，中国政府有关1982年以来的新时期的人口数据是不准确、不正确的。且以最权威的5次人口普查资料来说明。根据1982年普查资料计算的中国妇女生育率为2.64，1990年为2.14，2000年1.30，2010年1.18，2020年1.30。但是，如果承认人口变化是有规律的，总的趋势是由传统向现代转变而逐步下降的，那么，这几个来自于全国人口普查的数据就是互相矛盾，以致不可信和无法使用的。第一，如果说 2000 年的生育率 1.30，那么，20 年后的 2020 年同样的 1.30 就是有问题的。因为社会处在由传统向现代转变的大历史时代，妇女生育率在长达 20 年的时间里都没有发生变化，则是不可思议的。第二，如果 2010 年的中国妇女生育是 1.18，那么，2020 年为 1.30，期间 10 年没有下降反而还上升了 0.12，也是不可理喻的。尤其残酷的是，2010 年至 2020 年期间的 10 年里，中国每年的新出生人口平均以接近百万计的幅度在下降，譬如 2010 年中国新出生人口 1779 万，2020 年新出生 1199 万，少了 500 多万。中国的现实明明是每年新出生的人口在急剧减少，但根据两次人口普查计算的生育率没有降反而提高了，说明 1982 年以来的人口普查资料也不可以轻易相信了。

但是，许多年来，笔者还持有一种认识，即对于一个国家整体性的把握，则必须使用源于该国的中央政府的数据。笔者的这一观点基于一个简单的道理，那就是全国性的数据只有该国的中央政府才有条件通过全国范围的调查而获得。所以，笔者一直反对在讨论中国人口状况的时候，一些人口学家自作聪明地自行提出一些数据。相反，笔者总是坚持全国性的问题要使用源自于中国政府的数据，尤其是要使用中国政府的人口普查数据。不过，因为已经知道它们不准确，所以在使用的时候就必须有所选择，有所分析和批判。基于这一理念，笔者认为，一些人口学家对 90 年代的中国妇女生育率数据的开发，还是有一定意义的。譬如郭志刚根据国家计划生育委员会 1997 年人口生育节育调查资料计算的 1990-1996 年各年的中国妇女生育率为 2.29、1.75、1.57、1.51、1.32、1.33、1.35；丁俊峰依据国家人口和计划生育委员会 2001 年全国计划生育/生殖健康调查资料计算的 1990-2000 年各年的中国妇女生育率为 2.29、1.77、1.59、1.52、1.41、1.45、1.36、1.27、1.34、1.29、1.45；国家统计局人口司崔红艳和国家统计局副局长张为民根据 2000 年的人口普查资料计算的 1991-2000 年各年的中国妇女生育率为 1.92、1.79、1.71、1.57、1.62、1.45、1.38、1.33、1.09、1.30，还是在一定意义上反映了中国人口的变化。

首先，所选用的以上 3 组数据都属于上个世纪 90 年代，国家统计局在 1982 年人口普查以后使用每年中国人口净增长 1000 万的口径调整每年的人口调查，致使包括普查在内的国家统计局的人口数据越来越远离开中国的实际。但是，90 年代，即 1990 年至 2000 年是距离国家统计局开始人为干预调查时间最近的一个时期，也是相对危害最轻的、可以在一定程度上比较对照的一个时间段。

其次，如果我们不是局限于以上三组数据里的某一个或者某几个时点，而是分别阅读上个世纪 90 年代的生育率变化趋势，就不难发现，它们还是在一定程度上分别反映了历史时期的中国妇女生育率断崖式下跌的趋势的。尤其是考虑到上个世纪 90 年代中国政府允许农民进城以后迅速改变了的中国城乡社会构成，由此迅速变化所必然要带来的生育率变化，那么，它们还是反映了历史时期的妇女生育率变化的趋势的。

因为每次的中国人口普查都设计了一个 1%抽样的长表调查，它基本上不受国家统计局按每年净增长 1000 万人口的调整影响，所以 2000 年人口普查所附设的有关 1999 年 11 月 1 日零时至 2000 年 10 月 31 日 24 时所发生的生育调查，相对还是有意义的。如果崔红艳张为民的计算是依据 2000 年人口普查中的长表所提供的资料，那么，他们 1999 年 1.09 的生育率就是一个具有标杆意义的数据。

第四，因为 2000 年的日本妇女生育率是 1.36，韩国是 1.47，所以，即使我们不以崔红艳张为民据 2000 年普查所计算的 1999 年的 1.09 为据，而按 2000 年中国妇女生育率为 1.30 作比较，新中国的妇女生育率也比同期的日本和韩国都低了（上世纪 90 年代是俄罗斯由前苏联体制向现时代转变的过渡时期，笔者有意回避了同期俄罗斯妇女的生育率变化）。今天自 2000 年又过去了 20 多年，2024 年，俄罗斯的生育率为 1.4，日本 1.15，韩国为 0.75，笔者手上没有中国相应的数据，但依据 2000 年中国新生儿 1771 万，2024 年新生儿 954 万推算，同年的中国妇女生育率一定降低到 0.7 以下，即低于韩国的水平了。

现在需要说明的是，为什么新中国的生育率下降的速度比一切民族都要剧烈、都要低？马克思说，人类从传统向现代转变全部过程的基础是对农民的剥夺，那么，我们就必须从这一根本性方面寻找其特殊的原因。

考察包括日本和韩国在内的所有其他国家在由传统向现代转变的过程，都是以农民自然占有土地为前提的。换句话说，国家是以承认农民的土地私有权为前提的，——农民自然占有土地，首先就拥有了土地所有权，然后才谈得上破产卖掉属于他自己的土地，以及失去土地后逼迫进城靠出卖劳动力为生。当他在城里获得一份工作，有了较为稳定的收入以后，因为在城里生活，也自动获得了城市市民的身份，成为所在城市的市民，从而完成了自然经济向现代的转变。

但是，新中国的城市化过程却不是这样。新中国的农民没有土地所有权，所以就没有农民破产出卖土地和逼迫流浪到城市靠出卖劳动力为生。根据新中国的制度安排，农民所耕种的土地不属于农民私人所有，而只是农民集体所有的土地分配给农民耕种。换句话说，农民有土地使用权，却没有所有权。农民耕种的土地不属于农民所有，也就没有权利出卖。此外，新中国还实行了一种特别的户口管理制度，城市人的户口在城市登记，农民的户口在所在的农村登记。政府严格限制农村人口向城市流动，尤其限制农村户口迁徙到城市，——90 年代允许农民进城打工了，但作为农民，他的户口还在他所出生的农村。一个农民无论他在城市生活了多久，最终还是农民，而不像从西欧国家开始的其他所有国家的城市化那么简单。在那里，一个农民失去土地以后在城市就业就自然获得城市市民的身份。这就是城市化。但是，中国却走了一条与世界各国完全不同的路，它是中国妇女生育率剧烈变动的社会根源。

且看我们的分析。

现在的中国农民没有土地所有权。但是，必须说，新中国之初的农民是有土地所有权的。中国共产党在获得国家政权之初，首先在全国推行土地改革运动，让所有的农民都有了属于他自己的土地，在一个农业大国里实现了耕者有其田的民主革命纲领。关于这一点，1954年通过的新中国的第一部宪法是予以确认的。该宪法第八条说："国家依照法律保护农民的土地所有权"。

但是，几乎就是在这部宪法颁布的同时，中国大地上正在以摧枯拉朽之势开展了所谓的农业社会主义改造，政府通过农民加入互助组、初级农业合作社、高级合作社和人民公社化运动，用不断升级的方式，把本属于农民私人所有的土地，巧妙地予以剥夺了。当然政府不认为它是剥夺，而说农民把自己的土地加入到农业合作社，改私有为集体所有了。根据1982年颁布的《中华人民共和国宪法》，城市土地属于国家，农民所耕种的土地属农民集体所有。

历来的研究都把1978年党的十一届三中全会所形成的以邓小平为核心的领导集体视之为对毛泽东时代极左思潮的纠正，而未认识到该集团其实只是毛泽东极左体系的一个分支。所以，1982年已经没有了毛泽东参与的宪法所体现的极左程度甚至比毛泽东还左、还彻底，——这个宪法不仅认可了毛泽东时代政府剥夺农民土地的合法性，而且在确认农民没有其所耕种土地的所有权的基础上，又在农民身上补了一刀，进一步确定农民宅基地、自留地、自留山，都属于集体所有。尤其农民世代所居住的房产，自然连带着或大或小的一抉土地，所以本就包含着土地。但是，经1982年的宪法解读，房产与承载房产的土地就被割裂成为房产和宅基地两个部分，其中房产为农民私产，承载房产的土地即宅基地为集体所有。如此一来，那些祖祖辈辈一代一代传下来的自然包含有一块或大或小土地的农民私有的房产，就都成了建立在别人的土地上的财产了。所以，经1982年宪法解读以后，新中国的农民彻底没有土地所有权了。农民没有土地私有权，是新中国由传统向现代转变过程里不同于世界各国的一项具有根本性的制度安排，也是理解现阶段的新中国包括极低的生育率在内的一切社会问题的枢纽和钥匙。

第一，自然经济即自然生产力，它首先意味着个人劳动力即是自然生产力。在以个体农民为基础的自然经济里，社会的进步和生产力的提高往往表现在人口增长和个体农民家庭的数量增加。对于每一个个体农民家庭来说，则表现在家族和家庭的人丁兴旺，以及所购置的耕地和房产越来越多。儿孙满堂，房产和耕地，是农业社会里一个农民家庭所积累的最主要的几种财富形式。尤其耕地，历来都是农民依靠劳动生活和致富的基本条件。马克思曾引用威廉·配第的话说，土地是财富之母，劳动是财富之父。没有土地，也就无所谓农民。新中国剥夺了农民的私人土地所有权，等于抽去了农民通过劳动致富的基本条件和手段。它是 50 年代以来，新中国农民生育率急剧下跌和普遍陷入贫穷状态的经济基础与制度根源。

第二，房产属于不动产。而房屋只能建筑在一定的土地上，而脱离开一定土地的房产只是一批建筑材料，不是房产。所以，自周秦以来的 3000 年中国文明史上，政府大都是限制农民耕地的自由流动，但对于房产以及所连带的土地则大都保持一种较为宽容的政策的。譬如春秋战国时代，土地原本就都属于国家所有，但它还是允许农民出卖房产的。据《史记·廉颇蔺相如列传》，赵括就是通过购买农民的房舍囤积土地的。笔者把毛泽东以后对待农民的政策继续视之为极左，是因为在中国历史上，有不允许卖儿鬻女的法令，却未曾有不允许农民出卖房舍者。但是，自 1982 年宪法解读宅基地、自留地、自留山为集体所有以后，政府进一步明确不允许农民的房产自由买卖，则意味着农民的房产只具有使用价值，而不具有财富保值、增值和交易的功能，说明它不仅是一项至少倒退了 3000 多年的野蛮政策，而且是继剥夺了农民土地所有权以后又进一步剥夺农民房产所有权的野蛮政策。

第三，从表面看，新中国的宪法是认可农民集体的土地所有权的，但是，政府在实践上却否定和剥夺了农民集体的这一权利。一个具体的表现是，政府规定农民集体土地不得改变使用性质。不允许改变土地使用用途，譬如说种粮的土地只可以种粮，不可以利用土地从事种植粮食以外的其他方式致富，等于他没有自由处置所占有土地的所有权。后面我们还要介绍，马克思所理解的财产所有权包含自由、平等和安全三个因素。没有处置自由的所有权，是一种受到限制的和不完整的所有权，当然是对农民土地所有权的一种野蛮剥夺。

第四，政府否定农民集体的土地所有权的另外一个具体做法，就是限制和剥夺农民集体土地的自由买卖的权利，不允许农民集体所有的土地进入市场。即使因为国家计划被征集的土地，也需要政府审批，政府定价，并由政府收购即先卖给国家，然后由国家再将其推到市场。读者已经看到，刚刚过去的 20 多年的新中国所谓的土地财政，就是在政府否定农民土地平等权即限制农民集体土地自由买卖的基础上产生的。

根据 1982 年宪法，城市土地属于国家所有。据此，1982 年以前的城市规模以外的土地就都是通过征用农民集体所有的土地才形成的。换个表述方式，80 年代以后中国所有城镇的扩张，尤其是包括现在所谓的北上广等一、二线城市在内的大城市，以及深圳市、珠海市等新形成的城市在内，总之自 80 年代以来国家新扩张、新形成的新城市，以及高铁、高速公路、水运码头、机场等基础设施的扩张和建设用地，几乎都是通过征用农民集体所有的土地而实现的。但是，因为不许可农民集体自由买卖土地，所以在实际的操作过程中，政府先以它所规定的价格要求农民集体的土地先被政府收购，然后由政府再推向市场。在这个过程里，政府获得了相当于天价的市场价格。过去数十年城市化过程里，政府依靠土地所获得的财政收入，也就是政治经济学所论述的土地级差地租，它们本该属于以城市郊区为主的农民收入，却都被政府轻飘飘地拿去了。

第五，从 50 年代初实行计划体制开始，国家就已经限制农民进城了。1958 年 1 月 9 日，全国人大批准了《中华人民共和国户口登记条例》，则标志着新中国城乡二元经济社会制度的形成。有史以来，人们都把中央政府颁布的年度及不同时期的经济计划称之为计划经济，其实是很偏狭的。所谓计划经济，就是城乡二元经济。首先是泾渭分明的城镇户口和农村户口制度，严格的城乡人口构成，以及政府为维护这一社会构成所颁布的一系列法规和政策，才是计划经济。城镇和农村的户籍管理制度，是计划经济的核心。它不只是限制人口在城乡之间的流动，而是限制了一切社会自由流动。

在这里有必要讨论一起历史悬案，那就是"三年困难时期"究竟饿死了多少人，以及造成这一历史惨剧的根源。围绕这一问题，最近几十年歧义纷繁，争论很大。但是，首先必须确认的一个问题是，历史期间政府没有对饿死的人做过统计，所有的意见就都只能是依据一定的条件予以的推测。换句话说，所有人的意见都不是真实的历史，而只是就所列条件下的判断。笔者依据公安部的户口登记资料予以分析，如果按照 1957 年的人口自然增长速度，1958-1961 年间全国大约损失了 3000 万人口，其中包括了期间因生活困难而推迟和减少生育所损失的人口。如果仍以 1957 年的生育水平计算，期间 4 年少生育了 2500 万人。按此口径，历史时期非正常死亡也即饿死了约 500 万人，他们主要发生在安徽、山东、河南、湖南、四川等 5 个省份。但是，笔者也不主张用以上地区征收了过头粮当作饿死人的原因。因为同时期城市市民的粮食供应也都被压低到最低标准，没有那些过头粮，也许城市也会发生饿死人的事件。所以，尽管征收过头粮是不正确的，是灾区发生大量饿死人事件的原因之一，但社会根源还在于新中国的极为严格的城乡二元的户籍制度。不允许人口自由流动，才是灾区发生大量饿死人的直接原因。因为在那个时代，即使国家干部离开本地去外地公干，也必须持有单位介绍信。一个农民没有人民公社开具的路条，根本就走不出他所在的那个村子。所以，如果能像中国有史以来的灾荒年代一样，允许人们逃荒要饭，许可陷入绝境的农民在社会间走动，也不至于会饿死那么多的人。

从上个世纪 80 年代末至 90 年代初，农民不顾制度的限制和约束而自发地涌向城镇，最初社会把离开农村的农民叫"盲流"，曾经全力予以堵截。90 年代初期以后，政府允许农民进城了。但是，进城的农民仍受城乡户籍制度的束缚，即使农民在城里有了一份稳定的职业，哪怕并不是资本主义生产方式里的雇佣劳动者，而是开店的大、小业主，但是，因为他们的户籍在农村，是进城的农民，所以统称为"农民工"。与世界其他各国的城市化不同，新中国的进城农民即使为城市贡献了一生，因为他的农村户口和农民身份，就只是一个"农民工"。农民工的身份表明，他所在的城市在法律上是拒绝接纳他的。这一点是不同于自 15 世纪以来的世界近代史上其他国家所发生的城市化的。

具体讲，根据 2020 年人口普查，中国城镇人口（确切点讲是城镇常住人口）90200 万人，占总人口 63.89%。这是政府所公布的城市化率。但是，如果按照公安部的户籍口径计算，城市化率是 45.4%。国家统计局和公安部不同的城市化率，反映的是不同的统计口径。前一个口径，是按照世界各国通常的统计，即按照所在地居住与生活的人口统计口径。按此口径，一位农民进城生活了，他就是城市市民了，也即完成了由农村到城市的转变了。这是世界各国的城市化。但中国不同。在中国，一位农民即使在城里生活的时间再久长，但他的户口还在农村，就还是农民，叫农民工，不是城市市民，就是未完成的城市化，不彻底的城市化。

问题还不限于此。更有甚者，因为政府没有从根本上改革城乡并行的二元制度，进城的农民是农民，他的户籍在农村，他所生育的孩子当然还是农民，其户籍也必须登记在农村。所以，即使农民工在城市里生育和成长的孩子，其户籍也在农村、身份也仍旧是农民。现行的制度不仅剥夺了当代农民应有的权利，而且还剥夺了所生育子女应享受的的民主权利。这是新中国又一个不同于世界各国城市化的表现。

第七，与一般国家里破产进城的农民是缓慢的过程有所不同，因为在那里大都是农民破产后进城而加入劳动力市场，这是一个较为缓慢发生的过程，每个时点上人数都比较少，劳动力市场上资本雇佣劳动力的价格是由原来城市劳动者的较高的劳动报酬为基础定价的，它无疑提高了新进城的农民的劳动报酬，从而也提高了全社会的收入水平。但是，因为新中国是通过农业合作化运动一下子剥夺了所有农民的土地所有权，虽说宪法规定农民集体有土地所有权，但个人是没有权利的。所以，90 年代允许农民进城以后，所有农民都没有土地所有权的羁绊，每年进城的农民都是以数千万甚至 2、3 亿的规模一下子涌向城镇的。因为劳动力的供应大大地超过了资本的需求，整个劳动市场是以廉价的农民工为基础定价的。长期的大量农民工的存在，极大地压低了全社会劳工的工资和报酬，包括极大地压低了城市市民的劳动报酬。它是中国经济长期消费不足，国民经济走不出低迷状态的一个很重要的社会根源。

第八，因为现阶段是人类由传统的自然经济向市场经济转变的大时代，它意味着城市先行一步，城市代表着进步，农村意味着落后。在城乡二元结构的社会现实里，一般来说，城市居民和农民、农民工享有不同程度的民主权利。除了革命时代的社会整体会因为疾风暴雨的大革命而迅速提升以外，通常的社会进步与发展是以逐步提高社会层次较高人群的数量和减小社会底层的人群规模实现的。换句话说，一个国家在过渡时代的城市化意味着较多的农民完成了由农村向城市的转变，所以城市化过程本身就体现了社会的进步。但是，在中国城乡二元制度下，尽管许多农民早已经进城了，甚至进城很久了，但政府依据城乡户籍制度仍旧人为地把大量城市里的人口划为农民或农民工，它表明落后的国家制度正在拖累中国的社会进步。

第九，因为由极低的生育率和政府出台鼓励生育的政策的话题引起，我们现在必须回到计划生育的话题了。联合国有接近 200 个之多的民族共同体，为什么只有新中国在长时间内实行了管制国民生育行为的计划生育制度？笔者在这一套文集的许多篇文章里，都把它归结到人权问题上，——从上个世纪 60 年代以来的许多个国际公约都明确指出生育是个人和家庭的权利，是基本人权，而新中国却长期实行了管制国民生育行为的计划生育制度，当然是侵犯人权。但是，为什么作为一个全面走向社会进步的大国会长久地实行一项违反人权的制度？这就不得不从基本经济制度上予以确认。

按照马克思的论述，人权即是个人的"财产所有权"。它首先是由法国大革命所产生的 1793 年宪法予以确认的："每个公民任意使用和处理自己的财产、自己的收入即自己的劳动和经营的果实的权利"。马克思认为，首先是私人占有的这一基本人权才"构成了市民社会的基础"，所以，充分肯定私有权制度才开启了马克思予以证明的，一个由传统的自然经济向资本主义市场经济转变的大时代。中国是一个农业大国，土地尤其是农民的主要财产。但是，从 50 年代初中期开始，国家就剥夺了农民的土地所有权。在一个农民没有土地所有权的农业国度里，当然就谈不上人权。所以，农民丧失土地所有权，所谓的农民集体所有权制度，才导致了新中国产生了管制国民生育行为的计划生育制度。——很难想象，一个国家的政府能够在一个耕种自己土地而独立生活的个体农民的国度里成功推行发放生育指标的计划生育制度。

计划生育是为着减少生育的目的提出来的。但是，由于生育是一种人生状态，是一定社会生活的结果，所以，它又不是通过政府直接干预可以改变的。2006 年和 2009 年，先后有两位国家人口和计划生育委员会主任对外宣称，由于实行了计划生育，中国少生了 4 亿人。真实的情况当然不是这样。2000 年，新中国的生育率已经下降到与俄罗斯、日本、韩国相当的水平。如果说中国是因为计划生育人们少生了孩子，那么，俄罗斯、日本、韩国并没有实行计划生育，这些国家的人民如何也少生了孩子？可见，生育率下降和老百姓少生了孩子，未必与计划生育相关。

翼城县的历史也证明了这个问题。

笔者 1985 年在山西省翼城县试行的计划生育试点，本不是实验普遍允许农民生育二胎的效果的。试点的起因由笔者的建议所引发，当年给山西省委省政府的请示报告里就明确说试点工作"争取在 2 至 3 个月内完成"，却没有想到会"试"了 30 年。因为胡耀邦赵紫阳都明确批示赞成普遍二孩的政策，国家计划生育委员会迟迟没有行动，笔者以为他们有所顾虑，所以建议通过试点以打消他们的顾虑。但是，试点运行以后，国家计划生育委员会并未接受笔者的这一认识。随着1989年的政治风波，胡耀邦赵紫阳已经成为历史，短期内推行翼城试点的政策是不可能了。但我要承诺曾经给翼城县的诺言，——即使试验不成功，但翼城县也不再回到"一胎化"的时代。为了保护翼城实验的合法性，我就必须伸张试点的合理与正义。

因为计划生育的目的是控制人口数量的，所以，笔者就从有效地控制人口增长说事。在自后的20多年里，笔者用1990年、2000年和2010年的人口普查资料比对，翼城县农民执行普遍二孩的试点政策以后，人口增长始终都低于所在的临汾市、山西省和全国的平均水平。在那个时代里，笔者是把翼城县人口的低增长率归结到笔者所主张的宽松的生育政策的。但事实却不是这样。读者都知道，人口自然增长是由一定时点里该地的新出生人口减去死亡人数决定的。如果对照中共临汾市委书记杜玉林市长樊纪亨主编的《临汾五十年：1949-1999》中的资料，翼城县在临汾市所属的17个市县里，历来的出生率都低，而死亡率却明显要高。如果具体罗列，50年里，翼城县的人口出生率仅有4年略高于全市，死亡率只有1949-1964年之间的绝大多数年份里略低于全地区的水平，而在1965-1998年的34年里全都明显高于全地区的水平。1982年4月，全省在翼城县召开"一胎化"政策现场会，山西日报在此以前的社论就说翼城县的生育率是"目前全省最低的一个县"。这一情况说明，因为自然的和历史的原因，翼城县的人口自然变动本来就低于周围的市县，但是在政府实行计划生育以后，把其历年较低的自然出生率当作认真执行计划生育政策的结果，从而最早成为临汾地区和山西省的计划生育先进单位。1985年，笔者选择试点单位时，山西省计划生育委员会主任赵军建议把试点放在山西省计划生育红旗县——翼城县。而笔者在实地考察的时候，也因为该县作为计划生育老牌先进单位，有着应付上级检查的经验，引导笔者参观的农村基层的配备也好，能符合笔者的要求，就把试点确定在这里了。其实，翼城县和其他的市县完全相同，即计划生育政策对于人口的自然变动并没有发生实际的影响，而实行相对严谨或者较为宽松生育政策的差别仅只表现在社会摩擦方面，宽松的政策社会摩擦少一些，矛盾的紧张程度低一些。相反，政府与人民的矛盾表现得激烈一些，干群关系也异常紧张些。

因为在实行计划生育的时代里，新中国的妇女生育率确实是下降的，所以说政府直接干预人口过程并起不到控制人口的效果似乎说服力还不很强。但是，2015 年实行普遍的二孩政策以后，尤其是 2020 年以后，政府明显放弃了以控制人口增长为目的的计划生育，转而鼓励生育了，但是，10 年来的每年新出生人口总的趋势仍然在下降，则充分证明老百姓生孩子是他们的实际生活，而不是政府可以用主观性的生育政策可以直接干预的。如果用笔者在本文集里的一篇文章的标题来说，就是公共政策领域里没有计划生育的位置，政府本不该直接干预老百姓的生育行为。

但是，必须说，新中国当前异常低下的生育率是一个很严重的社会问题。严重到什么程度？人口学上把一个民族人口的生产和再生产划分出扩大的、缩小的和简单的再生产 3 种类型，其扩大的再生产是人口规模越来越大的生产和再生产，缩小规模的是人口减少类型，人口规模基本保持不变为简单再生产类型。依据不同的社会条件，人口学家把维持简单再生产的生育率水平通常确定在 2.1 上下。也就是说，平均每 100 名妇女生育 210 个孩子，该民族人口才可以保持更替水平即保障总人口的不增不减。上面我们已经论证，新中国的妇女生育率实际上已经降到 0.7 以下。笔者没有做实际推算，但联合国的人口学家利用中国政府提供的中国妇女生育率 1.8、1.5 计算过，2050 年，中国人口将由有现在的 14 亿多缩减到 13.1 亿，而印度由现在的 14 亿多增长到 16.7 亿；2010 年，中国 7.7 亿，印度 15.3 亿。读者可以设想一下，如果按照 0.7 的生育率水平计算，中国人口将会以怎样的速度在萎缩？50 年、100 年后，曾经号称世界第一的泱泱人口大国，其人口还有几何？

即使这样，笔者也不赞同政府使用鼓励生育的政策直接干预人口过程。

一把钥匙开一把锁。毫无疑问，现在的新中国妇女不愿意生孩子，甚至许多人都懒得结婚。但是，不愿意生孩子和不愿意结婚，并不是人口或者婚姻自身的问题，而是社会生活条件不利于生育和婚姻状态，改善和改变国民当前不利于生育与婚姻状态的社会条件，即实行有利于民生的国家经济政治制度，才是挽救新中国人口迅速衰颓的根本出路。

当前的新中国正处在由传统的自然经济向资本主义市场生产方式转变的过渡阶段，这一历史时代是以剥夺个体农民为主要特征的。5、600 年以来的世界近代史表明，生育率由不受限制的自然状态持续下降是一个至少在已经发生的历史阶段里所有的民族国家都已经出现了的普遍现象。但是，俄罗斯、日本、韩国和新中国这一组最晚发生资本主义的国家的生育率下降过程异常剧烈，说明这些国家在转变时期对农民的剥夺表现得最为残酷和剧烈。1949 年以后，新中国实行转变的应对方式尤为极端，——剥夺了农民的土地所有权，剥夺了城镇资本家和小业主的资本与财产所有权，直接否认"私有财产神圣不可侵犯"这一 18 世纪由北美和法国大革命所奠定的世界近代史上最为重要的社会法则，乃是新中国包括异常低下的妇女生育率在内的许多社会问题的经济和政治基础。所以，只有推进经济改革，形成与俄罗斯、日本和韩国相同相近的经济社会制度，才会得到与他们相同的生育率；只有实行了与欧美西方先进国家相同的经济社会制度，才会有与其相当的略低于再生产水平的生育率；只有在这一转变的过程里，实行了一种比西方欧美国家更为民主和自由的经济制度的时候，才有可能得到比西方国家还要高的妇女生育率。

总之，变革新中国的经济政治制度，实现资本主义市场经济，这是现阶段新中国的历史使命。遗憾的是，中国政府从来不是自觉地、理性地和清醒地实行改革的。从上个世纪 70 年代后期开始的改革，是因为政府经济困难，所谓的计划经济再也维持不下去了。经过 1994 年前后的分灶财政改革以后，紧接着又遇到了连续 10 多年的土地财政，以及因为加入世贸组织带来的新世纪对外贸易收入的增长，中央政府有了比较好的、有时甚至是非常理想的财政收入，从而就失去改革动力了。以致按照马克思有关现时代的理论阐述，当前的人类历史是由传统的自然经济向资本主义市场生产方式转变的大时代，而新中国却抱着从列宁斯大林那里接受过来的理念，还在否定私有制，甚至妖魔化资本主义。所以，批判并放弃早年从苏联共产党那里所接受的传统的马克思主义思想意识形态（这一思想意识形态是列宁为解决当时的大俄罗斯民族的社会危机而构造出来的，随着其历史使命的完成早已经被俄罗斯民族抛弃了），转变极左的立场，归还农民土地所有权，加快引进资本主义市场生产方式，推进政治改革，改变新中国当前的经济政治制度，才是解决包括极低的生育率在内的一系列社会问题的根本出路。

笔者在编辑这套文集的时候，中央出台了鼓励生育的政策。面对报刊和网络上的文章标题，脑海里总产生出一种似曾相识而又回到40多年前"鼓励一对夫妇只生育一个孩子"时代的幻觉。国家是一种暴力。当年提出"鼓励"只生一个的时候，谁也不可能想到后来的计划生育能出现那么多血腥的事件。但是，回过头看将近40年的"一胎化"与管制国民生育的计划生育制度，联想到呼唤不醒的已经降低到世界各民族最低水平的生育率，计划生育时代无异于中华民族的一种自残。不，比历史发生过的民族自残严重多了。民族自残的历史在几乎所有的民族国家里都曾发生过，但它们很快就都成为过去。劫后重生，大多数民族都能从灾难后开始新生活。但是，新中国的计划生育却与此不同。一是它过于漫长了，有着将近40年的自残历史。另一点尤为严重的是，它虽然过去了，但社会并没有否定它，并没有把它当作民族自残，没有认识到危害的严重性。至今人们只是试图小心翼翼地绕开它、躲避它，在用一种集体失忆的方式忘记它。这才是最可怕的。一个民族也像一个人一样，其成长的道路难免是曲折的。但是，一个人，一个民族，其成长不仅要吸取正面的营养，而且还需要从教训和弯路里学习。有的时候，从教训和弯路里学习甚至更为重要。计划生育是新中国的一段大弯路，中华民族却采用一种集体失忆的办法对待它。集体失忆不只造成了一个时代的空白，更严重的是我们民族付出过血和生命的代价却拒绝从中学习。

更有甚者，集体失忆所造成的历史空白还必然地要欺骗未来，可能让历史的悲剧重演。据 2025 年 12 月 2 日极目新闻的一篇题为《宝妈被要求上报"末次月经"日期，卫健局：系村医为孕产妇管理收集信息，将优化工作方法》的文章报道，近日云南宣威一名宝妈在社交平台反映，当地要求所有宝妈上报个人"末次月经日期"，若身在外地，还需同步备注当前所在地。该宝妈还在评论区无奈地表示："上个月叫报我以为就是统计那个月，昨天又开始了，看来是月月都要报。"包括这篇文章的作者在内，宝妈们都已经是新一代的城市人了，他们不知道，在实行"一胎化"的计划生育年代，统计和掌握有条件生育的妇女月经周期，是农村计划生育管理员的基本工作之一。计划生育侵犯人权到了什么程度？即使农村青年达到了晚婚的年龄，因为生产队没有分配到生育指标，也不允许结婚。如果家长一定要孩子结婚，则要求新娘先要带上节育环才批准领取结婚证。想当年，政府最初提出"鼓励一对夫妇只生育一个孩子"的时候，谁曾会想象到紧跟在其后的是罚款，统计每个育龄期妇女的经期，强制性的上环和结扎，刮宫、流产和大月份引产，推墙、扒房，抓捕人举办"学习班"，等等。笔者曾经反复提醒过读者，国家是一种暴力。当它从自然经济出发还不懂得在现代文明里什么是它应该做的，什么是它不应该做的时候，撇开本该由它来做事情而未做，却去做本不该是它该做的事情的时候，当然就得不到应有的效果，霸蛮就必然地出现了。在还忌讳计划生育给中华民族造成了灾难，在没有否定和批判计划生育制度的情况下，却又转而实行鼓励生育的政策将可能产生怎样后果，我们且拭目以待。

再回到这套文集上来。

原本刊发在"梁中堂网易博客"上的文章，有些是以学术论文的形式出现的，本都附有表明资料来源的注释。熟悉笔者的读者都知道，有许多重要思想笔者又往往是在注释里阐发的。所以，注释大都是文章的重要组成部分。但是在编辑这套文集的时候，为统一体例起见，我将大多文章的注释都删去了。只有一篇文章属于例外，那就是《鹿耶，马耶？田雪原"中央人口座谈会"》不仅保存了注释，而且还将中央办公厅"人口座谈会"的几份文件也都以附录形式，放在该文的后面了。其缘由是因为这篇文章并没有多大的思想性，它纯属于资料考据，没有了资料注释，就无法理解整篇的文章了。

本套文集是从自己的网易博客里辑选出来的。网易网站在 2018 年关闭了博客，但因为机缘巧合，自己又不时地要回到计划生育的话题上。更为重要的是，历时愈为久远，人们的认识会更为深刻。所以，我选辑了 2018 年网易博客以后的 5 篇文章，以附录形式放置在第四册文集的后面。

我把这套文集献给易富贤博士。2006 年年末，易富贤博士自行在境外操作为我申请了"梁中堂网易博客"，然后通知我，希望我能利用博客形式写一些批判和反对计划生育的文章。那时，我对博客这一种网络媒体的作用还缺乏应有的认识。如果没有易富贤博士，也许就没有这套文集。另外，由于时代的关系，"易富贤"已经成为一个具有标识性的符号。我把这套文集献给易富贤博士，读者一下子就明白它的性质了。

是为序。

梁中堂
2025 年 12 月 4 日于上海芋薯宅

"一胎化"产生的时代背景研究（修订稿）

> 那是最好的年月，那是最坏的年月；那是智慧的时代，那是愚蠢的时代；那是信仰的新纪元，那是怀疑的新纪元；那是光明的季节，那是黑暗的季节；那是希望的春天，那是绝望的冬天；我们将拥有一切，我们将一无所有；我们直接上天堂，我们直接下地狱——简言之，那个时代跟现代十分相似……
>
> ——狄更斯《双城记》

序言

本文的资料收集工作已经断断续续做了 20 多年。所以，对于这一题材有关问题的思索也完全可以说持续了这么长的时间。即使这样，本文的研究还是很不够的。因为这是一个关乎我们国家、我们民族的一个重大问题，它会涉及经济、政治和社会其他的方方面面；这是一段历史，对历史事件的研究必须还原当时所有的历史背景和条件，——这都不是一个人轻而易举做得到的。所以，我这篇文章只是开个头，希望更多的人参加这一研究的行列。

这篇文章最初形成于去年 5-6 月，北京大学人口所召开第二届中国人口学家论坛之际。我那时一面在阅读思想史，一面撰写《医疗卫生改革与市场经济》的系列文章，原以为短期内不会回到这一题目上来，所以仓促间将有关资料按照很久以来形成的思路与逻辑串联起来，挂在个人的网页上，目的是将多年积累的资料贡献出去，供一些有心人做研究使用。不想许多网站和一些个人的博客相互予以转贴，仅我的那个不知名的个人网站上的这篇文章的点击率就超过了

2000（现在超过了 3000）。如果一个学人不异想天开地话，这个数字可能比我此前一生文字生涯中所有文章被阅读的总和还要多。所以，11 月份利用几天思绪闲置的档期，对稿件做了一次处理，删除和精简了前后数次使用的文献。这次修改，又用了大约一个月的时间。

既然将现在的文章称之为"修订稿"，就需要交代一下与前两个稿子的同异点。第一，本文与之前的同一题目的文章在主题和主要内容上没有根本性的变化，只是资料重复使用的现象尽可能地减少了，文章也相对没有那么臃肿和冗长了。第二，对以前文章的主要观点和资料基本上没有大的改变和删减。不用说主题，在这一类重大题材中，即使有一些观点的变化或者因为材料使用的不当要有所改变，我都会公开予以声明。第三，从去年 10 月到今年，遇到搬家和整理书房，新发现了一些资料，也都补充了进去。所以，比过去的材料更充实了些。第四，这是一段历史。而且，是人在整理自己的这一段历史。人之所以异于禽兽在于人能思想；人之所以比禽兽高尚的地方，在于它有思想。所以，除了正文以外，还以注释的方式将许多认识和反思放了进来。本文的注释是文章不可或缺的部分。

30 多年前阅读列宁的《哲学笔记》时，一下子就喜欢并接受了列宁十分欣赏的黑格尔关于思想发展如同圆圈的比喻。黑格尔在《哲学史讲演录》中的话是这么说的：

精神据以反省的概念也就是它自身，它的形式，它的存在；它重新把他自己与它的概念范畴分离开，把这概念作为对象，重新加以思考。这样，这种思维活动更加陶铸了前此业已陶铸过的材料，予以更多的范畴，使他更确定更发挥更深邃。这种具体的运动，乃是一系列的发展，并非像一条直线抽象地向着无穷发展，必须认作像一个圆圈那样，乃是回复到自身的发展。这个圆圈又是许多圆圈所构成；而那整体乃是许多自己回复到自己的发展过程所构成的。

列宁把这段话浓缩摘录为"把哲学史比作圆圈——《这个圆圈的边沿又有许多圆圈》……"列宁不但把我使用宋体排出的那个"圆

圈"单词用小一号的异体字标出，而且下面加上圆点以示强调。同时还在旁面批注说："一个非常确切的比喻！！"

但是，那时阅读这些语言也仅仅把它当作思想认识史的经典总结。不想从青年到花甲之年，却也以自己的个体生命实践着辩证法大师们的谶语。

人口学是我从踏入的那天起就决定要离开的学科，实在是因为不喜欢它那种没有厚重的感觉。1979 年 12 月成都会议上提交了那个把我推入人口学的论文后，1980 年决定写出反映马克思经济决定论的《人口学》，企图向世人说明那篇文章的观点是多么地简单与明了，然后就准备离开。1983 年年底《人口学》出版，春节期间给总书记胡耀邦写了建议实行"晚婚晚育加间隔"生育办法的一些文字后，以为就画了句号。不想，1984 年之春连续几次书记处会议研究计划生育政策问题，紧跟着还颁发了 7 号文件，真以为有这么好的形势，应该再做些努力，至少使得农村的生育政策合理些。这就又有了翼城的试验。这一试，就是 10 多年。90 年代初期，完善生育政策的事情是那样显然地不可能，打算抽身后就不再回头。但是，2000 年人口普查所公布的总人口数，无论做怎样的理解，都充分地说明了我国人口生育政策对于人口控制并没有实际作用。这其中的许多道理也不深奥，只需要变换个角度去思维。所以，又有了前几年人口学方面的研究与活动。根据最初的设想，去年 6 月将这篇文章的资料整理出来就可以去继续阅读了，谁知道这一个多月来的思想不由自己地却怎么也离不开桌前的这稿件。……如果按照时间顺序检点将近 30 年来人口学方面的文章和著作，其实那都是一个个不便细述的离归，一个个的"圆"。所以，我常想，冥冥之中自己不断地被召唤与复归，就是为要去画那一个个的圆？它是不是要应验某种无法逃脱的命运从而必须以生命去践约、去赴会？难道这一个个的圆圈竟然必须要以鲜活的个体人生，才可以实现从生到死、终归属于自己的那一个大圆？

再回到本文研究的主题。"一胎化"是一个荒谬。荒谬和真理都同样地简单。"一胎化"最初就是为了"贯彻落实华国锋在五届人大会议政府工作报告中提出的三年内把我国人口自然增长率降到百分之一以下的任务"提出的。这一国民经济计划指标最初是由上一届的国务院计划生育领导小组在 1977 年 12 月份提出来的。为完成这一过高的指标，新一届的国务院计划生育领导小组先是提出"最好一个最多两个"，在贯彻落实过程中进而提出了"对于生第二和二胎以上的，应从经济上加以必要的限制"。和所有以前的生育政策不同的是，过去政府的各种提法都是提倡还没有经济限制或其他各种强制措施，在 1979 年 1 月召开的全国计划生育办公室主任会议上，政府第一次明确提出了对国民的生育行为采取经济限制的要求，而且是"对于生第二胎和二胎以上的"予以限制。"一胎化"自然产生了。

今年年初，美国基督教科学箴言报记者 Peter Ford 惊喜地发现，在中国还存在像翼城县那样几十年来允许农民生育 2 个孩子的地方。经过一段时间的采访后，他问我，既然翼城县 20 多年的试验效果好，干部和老百姓都欢迎，却为什么不予推广？我回答说："这世界上有许多的事情都不是由什么道理来决定的，它需要的是力量、权力和利益。"

以上所言本是文章的题注，由于太长，权且作序。

梁中堂 2007 年 4 月

1. 引言

计划生育或节制生育，是工业社会创造的一种符合人性的新的生活方式。

大约 100 年前，受西方影响，我国一些沿海城市如上海等地方的报刊上开始出现宣传和鼓动国民节制生育的文章。2、30 年代之后，从海外留学归来的人越来越多，节制生育已经成为旧中国重要社会思潮之一。新生政权建立后，提倡男女平等，鼓励青年妇女上学和就业。在进城上学和参加工作的青年中有不少人希望将主要精力用在学习和工作方面，主动要求政府支持和帮助他们实行节育。从50年代后期开始，中央政府也大力提倡国民实行节制生育和计划生育的新生活。很快，这一政府主张的意向就在城乡就收到了积极的效果。中国大陆的城市妇女早在50年出现了生育率的下降，农村妇女在60年代初期出现了生育率的下降。随着政府一方面深入普遍的宣传和教育，另一方面开始派出医疗卫生人员在城乡给居民提供节育服务，仅仅从1969-1980年的10年多时间里，中国大陆妇女的生育率由上一代平均生育6个左右迅速降低到不足3个孩子。

1978年年中，我国计划生育管理部门开始提出"一对夫妇最好一个最多两个"，几个月后又将其转变为"只准生一个"，并且不分城乡地立即在全国推广实行。这个被形象化地概括为"一胎化"的生育政策来势之快、之猛，令当时所有的人都始料不及。虽然到1982年年初中央就已经用"现行生育政策"取代了"一胎化"，其存在时间似乎极为短促。但是，它的影响却长久而深远。第一，"一胎化"开了一个很坏的头，即政府可以干预国民的私生活，强制规定公民生育孩子的数量。这在古今中外的历史中都几乎是绝无仅有的。如果我们联系到同一时期我国在经济方面所实行的改革，就知道近30年来用政策和法律来规定老百姓生孩子是多么地荒谬。因为，正是从那时到现在，我们逐步明白了不能由政府规定企业生产。但就在政府不再规定企业的产品数量时，它却转而把许可和限定各个家庭的生育数量上升到国家法的高度，强制公民的生育数量行为。第二，"一胎化"根基深厚而顽固，以至于20多年来一直深得政府官员的喜爱。可能绝大多数人都不曾理解，"现行生育政策"其实是对"一胎化"的妥协和纠正。但是，由于"现行生育政策"没有敢直截了当地否定"一胎化"，相反它来自"一胎化"、脱胎于"一胎化"。"一胎化"是"现行生育政策"的基础，现行生育政策是有条件的"一胎化"。可以坦率地说，在"现行生育政策"已经产生20多年之后，从中央到地方的绝大多数计划生育干部也很难分辨出二者的联系和区别，更不用说各级党委政府的领导和基层干部了。

"一胎化"搞乱了社会，颠倒了人们的思维。20 多年来，2 亿左右的人口属于违犯"生育政策"或"计划生育条例"出生的，即使以 3 口之家计算，这在一个 13 亿人口的国家中无论如何都是一个很大的数字。一个家庭出现一个违犯政策或法律出生的孩子，必须经受政府长达许多年的处罚。这种处罚绝对不同于企业的税收。企业缴纳的税收是企业经济总量的一部分，通常都是对企业利润的分割。国家税率是相对稳定的，不盈利可以转移。超生罚款可不是这样确定的。超生费的制定目的就是要让老百姓交不起，各地都是根据当地居民的收入状况不断确定新标准。所以，被处罚的这个家庭在经受处罚期间，您无论如何也无法想象他们能够心情舒畅。还有，即使以每个超生孩子连续接受 10 年处罚计算，每年累计被我们自己的政府课以罚款的家庭您无论怎样计算也不会是一个小数。16 大以来，党中央提出建立和谐社会。一个国家每年都有这么多的家庭因为生孩子而接受政府的处罚，您是如何想象老百姓和政府的和谐？

如上所述，本来计划生育是一种符合人性的生活方式，它是人们日常生活中的一种自愿的选择。现在却以国家宪法、国家生育法和地方计划生育条例的形式出现，再加上各级政府的计划生部门一直紧张地对居民实施管理，如同一个国家或者地方实行军事管制一样，成了国民别无选择的一种状态。长此以往，只要讲到计划生育，国民都把这个本来由于经济社会发展带来的新生活理解为就是执行政府的计划生育政策；而各个地方的计划生育政策都是紧了又紧，似乎最好还是"一胎化"。所以，只要讲计划生育，人们的观念就以为是政府的"一胎化"。不能说国民的这一观念没道理。因为，一直到现在，我国城市市民和相当比例的农民仍然执行的是"一胎化"。

由于至今我们还没有走出"一胎化"的时代。所以，我们应该研究"一胎化"。客观地说，我国相关的政策和法律，从来都没有使用过"一胎化"这样的词语表达。所以，应当说"一胎化"从来都没有获得过合法而完备的形式。但是，从政府到每一位普通公民却无一不感受到它的存在。它是一个幽灵、一个阴影，又是一种现实。它产生于 1978 年。1978 年，那是中国发展的一个特殊的时期。它是一个时代的终结，又是一个时代的起点。它是一个转折点和一个分水岭。中国就是从那一年开始进入了一个新的纪元，它完全可以配称是一个伟大的年代。

那么，伟大的年代如何产生了"一胎化"？

2. 1978 年，一个急于求成的氛围和环境

1976 年粉碎"四人帮"和结束"文化大革命"后，一方面是我国经济所面临的巨大困难，当时的人们总是用"国民经济达到了崩溃的边缘"来形容。另一方面是转而看世界，国外的发展，特别是亚洲一些周边国家和地区如日本、新加坡、香港、韩国、台湾等国家和地区通过引进实现经济起飞，甚至于像马来西亚、泰国这些原来很落后的地区现在都成为亚洲经济发展最富有活力的一些地方，触动了党和国家领导人。所以，中央不仅重提建设"四个现代化"，并热切希望加快建设的速度。以华国锋为首的党中央不失时机地提出"要迅速地把国民经济搞上去"和"抓纲治国，一年初见成效，三年大见成效"的号召。为什么提出这样的号召？显然是动员全国人民以只争朝夕的精神奋斗，希望到 1980 年第五年计划期末的时候有一个大的变化。在党和国家领导人的不断重申和强调下，举国上下很快被动员起来。1977 年 8 月，华国锋在党的工作报告中欣喜地说："一个国民经济新跃进的局面正在出现。"。为了推动这一可喜局面的发展，党的十一次代表大会重申要在本世纪内实现农业、工业、国防和科学技术现代化，并且第一次把它写入了党章。华国锋在工作报告中不仅为国民经济新跃进制定了目标和蓝图，而且提出了更高更紧迫的要求。他说：

全党全军和全国各族人民，要团结一致，共同努力，使党中央抓纲治国的战略决策，今年初见成效，三年内大见成效。做到了这一步，就为实现中国工人阶级和中国人民在本世纪内的历史使命，把我

国建设成为社会主义现代化强国，打下坚实的基础。

我们要奋战几年，按照原定规划，按照大庆式企业和大寨县的标准，在第五个五年计划期内，把全国三分之一的企业建成大庆式企业，三分之一的县建成大寨县。做到这一步，我国社会主义制度就将大为巩固，社会主义经济也将大为繁荣。

把国民经济搞上去，就是要认真贯彻执行鼓足干劲，力争上游，……实现农业、轻工业、重工业和其他经济事业的协调发展，全面跃进。……力争上游，上游在哪里？大庆、大寨就是上游。争上游就是要象大庆、大寨那样干革命、干建设，干得多快好省！到一九八〇年，要建成我国独立的比较完整的工业体系和国民经济体系。农业要基本实现机械化，农林牧副渔五业都要有较大增长，进一步巩固和发展人民公社集体经济。工业要搞好轻工业，同时大力加快基础工业的发展，集中力量打几个高速度发展基础工业的歼灭战，为第六个五年计划期间的更大发展创造条件。

这个时期，以华国锋为首的党中央十分注意两点，一是立足当前，要求今年初见成效；二是重视到 1980 年达到的目标，要求"五五"计划结束时有所建树，要"大见成效"。党的十一次代表大会后，国家又重新研究和制定在此之前已经讨论过许多次的五年计划和 10 年规划。11 月，在 1975 年制定的《10 年规划纲要（1976～1985）》基础上，国家计委制订出一个新的宏伟目标，提出到 1985 年钢产量达到 6000 万吨、粮食 8000 亿斤的高指标，确定建设 120 个大型项目，其中包括十个钢铁基地、九大有色金属基地、十大煤炭基地、十大油气田、30 个大电站、六条铁路新干线、5 个重港口。按照这个规划，20 世纪末中国的主要工业产品产量要分别接近、赶上和超过最发达的资本主义国家，各项经济技术指标分别接近、赶上和超过世界先进水平。

特殊的国际形势也使那时的党和国家领导认为，中国在较短的时间内实现"四个现代化"，不仅可以，甚至完全有可能。美国刚刚从越南战争中抽身，苏联因为插手阿富汗，都无暇他顾。在经济方面，1973 年石油输出国组织第一次提价给西方世界带来冲击造成经济萧条，闲置资金较多，急需扩大海外市场。从 1978 年初起，中国陆续派出了多个考察团，到欧洲、日本、港澳等地考察访问。代表团所到之处，西方官员和商人都表现了愿意同中国发展经济合作的强烈意向。法国多出访的谷牧副总理说，你们要搞 120 个大项目，我们很愿意有所贡献，给我们 10 个行不行？在西德，巴符州州长答应给 50 亿美元贷款，北威州愿意给 100 亿美元。

急于求成和急切发展，成为华国锋、叶剑英、邓小平、李先念等中央高层共同的和强烈的愿望。

1978 年 2 月，中央政治局讨论"十年规划"时，邓小平指出：引进先进技术，我们要翻版和提高，这是一项大的建设。关键是钢铁，钢铁上不去，要搞大工业是不行的。早点引进，抢时间，要加快速度谈判。对共同市场，也要迅速派人去进行技术考察，几百亿的长远合同要考虑。要进口大电站、大化工设备。叶剑英说：进口问题，中央要抓，抓紧一点，抓快一点，否则三年八年很快过去了。6月下旬，华国锋主持中央政治局会议听取谷牧访问欧洲五国的汇报。华国锋说，原来认为距离 2000 年只剩下 23 年了，很快就过去了，一考察，日本搞现代化只有 13 年，德国、丹麦也是十几年，我们可以赶上去。利用国外资金建设几个大型煤矿、钢铁厂、化纤厂，凡是中央原则定了的，你们就放开干，化纤搞 200 万吨，由计、经、建委落实。现在法国已提出 20 几亿美元供我使用，实际上还可以多，50 亿也可以，西德提出 200 亿，日本更积极。要想开一点，谈判时间过长不行，要早点把项目定下来，把大单子开出来，然后一批一批地去搞。到会的叶剑英、李先念等中央领导人纷纷表态支持。邓小平没有参加这次汇报会，22 日，他把余秋里、谷牧、康世恩等找去谈话说，同国外做生意搞大一点，搞他 500 亿，利用资本主义危机，形势不可错过，胆子大一点，步子大一点。他听了林乎加的汇报后又说：不要老是议论，看准了就干，明天就开始，搞几百个项目，从煤矿、有色金属、石油、电站、电子、军工、交通运输一直到饲料加工厂，明年就开工。

1978 年 7 月至 9 月，国务院连续召开务虚会议，主题研究如何加快中国四个现代化建设的速度问题。李先念主持，华国锋、邓小平都到会讲话。在会上，华国锋提出"思想再解放一点，胆子再大一点，方法再多一点，步子再快一点"。邓小平在会上提出，要走出去，要引进资金。邓小平进一步提出，在几年内要争取引进 800 亿美元。李先念在会议总结报告中提出，要组织国民经济的新的大跃进，要以比原来设想更快的速度实现四个现代化，要在本世纪末实现更高程度的现代化，要放手利用国外资金，大量引进国外先进技术设备。下面两组数据可以充分说明当时中央的心态多么地急躁和建立在 800 亿美元外资基础上的建设规划有多么地宏大。1978 年全年 78 亿美元协议金额中，有一半左右的金额是 12 月 20 日之后的 10 天里仓促签订的。该年签约引进的 58 亿美元项目，相当于 1950 年到 1977 年 28 年中国引进累计完成金额 65 亿美元的 89.2%。

在这样的氛围下，一个企图把我国"四个现代化"建设主要建立在利用外资基础上的后来被称之为"洋跃进"的发展战略产生了。

3. "洋跃进"与"最好一个最多两个"及"一胎化"

上个世纪 70 年代初中期，计划生育工作开始列入我国经济和社会发展计划。1971 年 9 月 4 日，国务院转发卫生部军管会、商业部、燃料化学工业部《关于做好计划生育工作报告》中，提出"在第四个五年计划其间，使人口自然增长率逐年降低，力争到 1975 年，一般城市降到 10‰左右，农村降到 15‰以下"。1973 年 6 月 20 日，国家计委关于国民经济计划问题的报告沿用了这一口径。1975 年 8 月 5 日，国务院批转卫生部关于全国卫生工作会议的报告中提出，力争在"五五"期间，人口自然增长率农村降到 10‰左右，城市降到 6‰左右。1976 年粉碎"四人帮"后，为了贯彻党中央和华主席的"抓纲治国，一年初见成效，三年大见成效"的号召，1977 年 9 月 30 日，国务院计划生育领导小组在全国计划生育汇报会上提出全国人口自然增长率可提前实现“五五”人口规划。

12月30日，国务院计划生育领导小组“关于全国计划生育汇报会的报告”进而提出：“全国人口自然增长率，1978年降到11‰，1979年降到10‰，1980年降到10‰以下，争取提前一年实现‘五五’人口增长规划。‘六五’期间稳定在9‰以下”

1978年2月24日，国务院批转国务院计划生育领导小组“关于全国计划生育汇报会的报告”确认“力争三年内把我国人口自然增长率降到10‰以下”的目标。26日，华国锋在五届人大政府工作报告确认了这一目标，提出“争取在三年内把我国人口自然增长率降到百分之一以下”。1978年6月26-28日，新一届的国务院计划生育领导小组召开第一次会议。新一届的国务院计划生育领导小组组长是党的中央政治局候补委员、国务院副总理陈慕华，领导小组的成员主要是国务院所属的国家计划委员会、国家科委、财政部、卫生部等部委的领导干部。新一届的国务院计划生育领导小组基本上是肯定了她的前任的指导思想并沿着其工作思路继续向前走的，因为第一次会议“着重研究了贯彻落实华主席提出的三年内把我国人口自然增长率降到百分之一以下的任务”。

陈慕华认为，争取实现三年内把我国人口自然增长率降到百分之一以下，就必须要有相应的政策、措施，特别是要解决好领导方面存在的认识问题。根据会议进展，新一届领导显然是把“一对夫妇只生育一个孩子”当作实现三年内把我国人口自然增长率降到百分之一以下的主要政策和措施。陈慕华说：“一对夫妇有几个孩子为好？过去提‘一个不少，两个正好，三个多了’，大家看法怎样？……在‘晚、稀、少’问题上，我看关键是少，特别要在‘少’字上下工夫。”根据国家计划生育委员会后来整理编辑出版的一份资料理说，这次会议“提出了一对夫妇生育子女数‘最好一个、最多两个’的要求”。但是，我们已经无法寻找3天会议其间明晰的资料。不过，10月26日，以中共中央中发〔1978〕69号文件批发的《关于国务院计划生育领导小组第一次会议的报告》（1978 年 9 月 19 日）中，我们可以看见可能是历史上第一次明确出现的"提倡一对夫妇生育子女数最好一个最多两个"的提法。所以，我们完全有理由把处于"洋跃进"形成背景下的 1978 年 6 月 26-28 日的国务院计划生育领导小组会议，当做"一胎化"的始作佣者。

新一届的国务院计划生育领导小组把中央批转的会议纪要，当作抓好计划生育工作和推行"一胎化"的一个极好的契机。中共中央 1978 年 69 号文件下发后，国务院计划生育办公室立即督促全国各地一致地、雷厉风行地贯彻和执行"一对夫妇生育子女数最好一个最多两个"生育政策。江苏、湖南、天津、福建、浙江、山东、广东等省市，召开大会传达文件精神。辽宁、河南、河北、上海等召开地、县会议，吉林省则以电话会议的方式，传达到全省。特别是广东制定了 30 条，天津制定了 8 条，以及四川、上海等省、市还先后制定了一些地方性的政策规定，提倡和鼓励一对夫妇只生育一个孩子，限制和处罚生育二胎及二胎以上子女的家庭。

1979 年 1 月 4-17 日召开的全国计划生育办公室主任会议，是推动全国走向"一胎化"的一次重要会议。这次会议是学习和贯彻国务院计划生育领导小组第一次会议精神的。因为在会议之前，许多省份已经由"一对夫妇生育子女数最好一个最多两个"朝向"只准许生育一个"的方向有所发展，这次会议只是相当于一次战地的再动员和再发动。会议强调搞好计划生育对实现四个现代化的意义。"搞得好，可以加快四个现代化的进程；搞不好，就要拖四个现代化的后腿。"陈慕华在会议讲话中说，"要心中有数，要做工作，要把多胎控制住，鼓励生一胎，把人口降下来。我算了一下：一年如果只生 700 万到 800 万，比现在再少生 1000 万，扣去死亡 600 多万，一年净增 100 到 200 万，事情就比较好办了。现在一年出生 1700 万到 1800 万太高了。各省要提一个人口控制数字，作个规划，作为自己的奋斗目标。" 10 天后的人民日报社论则进一步提出："我们提倡一对夫妇生育子女最好一个，最多两个。各省、市、自治区，可以根据当地实际情况制定有利于计划生育的政策、措施。对于只生一胎，不再生第二胎的育龄夫妇，要给予表扬；对于生第三胎和三胎以上的，应从经济上加以必要的限制。"根据发表在 1 月 27 日人民日报上的新华社 26 日的稿件《进一步控制人口增长速度——全国计划生育办公室主任会议讨论争取明年把人口自然增长率降到百分之一以下的措施，研究了有利于计划生育的经济政策》，以及人民日报配发的社论《必须高度重视计划生育工作》，可以鲜明地感受到"一胎化"的雏形已经完成了。新华社的稿件说："这次会议强调，今后要提倡每对夫妇生育子女数最好一个，最多两个，间隔三年以上。对于只生一胎、不再生第二胎的育龄夫妇，要给予表扬；对于生第二和二胎以上的，应从经济上加以必要的限制。"

1979 年 1 月全国计划生育办公室主任会议，是我国计划生育史上一次重要会议。第一，过去的计划生育工作一直是政府倡导性的活动，1978 年以前不要说普遍性的经济处罚，在企业和国家机关连物质奖励都不多见。所以，那时还没有现在含义的生育政策。也就是从这次会议开始，我国出现了公民由于生育行为必须接受政府给予的经济处罚，形成了强制性的计划生育政策。第二，这次会议要求"对于生第二和二胎以上的，应从经济上加以必要的限制"，标志着"一胎化"生育政策的产生。

当然应该把陈慕华为首的新一届国务院计划生育领导小组提出的"只生一个"，当作当时中央高层整体的意愿。中央一方面企盼通过借贷利用国际资本加速现代化建设，另一方面希望最大限度地把人口降下来。根据笔者手头保存的一份国务院计划生育办公室 1979 年 4 月 7 日编发的《情况反映》（第三期）上面的文章，邓小平"最近讲话指出"："人口增长要控制，争取到一九八五年把人口自然增长率降到千分之五或六，降不到这个水平不行，国家负担不起，看在那些方面应该立些法??"。邓小平可能不具有专门的人口统计知识，没有意识到他的要求的真实含义。我们可以简单计算一下，仅 1965 年出生的年轻人在 1985 年也高达 2400 多万。即使只有这一个年龄组的人口在该年生育,每个家庭生育一个孩子该年出生人口 1200 多万,出生率 12-13‰。在那个时期,死亡率大约是 7‰。所以,如果希望在 1985 年人口增长幅度达到他说的 5-6‰,那就只能让每个家庭只生一个孩子。上个世纪 80 年代初中期,笔者不止一次听到坚持"一胎化"观点的同志说,邓小平主张"一胎化"。1988 年 10 月,全国人大教科文卫委员会和国家计划生育委员会在大连联合召开纪念十一届三中全会 10 周年理论研讨会,我在会上讲中央从来没有一个明确的"只准许生育一个"的生育政策,有位同志提醒我注意,说邓小平也讲过只生育一个的话。20 多年来,我一直注意邓小平的这一方面的论述。但是,始终没有发现邓小平直接讲过"只生一个"。当然,这并不重要。重要的是邓小平这段讲话反映了当时党中央集体领导的思想情绪,是和形成"洋跃进"的气氛相适应的。

也许,陈慕华的思想直接来源于陈云。根据时任国务院副总理的王震 1980 年 2 月 18 日给胡绩伟的一封信中说:"陈云同志早几年就非常严肃地、科学地把人口增长问题和控制其增长提高国民经济计划的出发点地位,他说用两年时间大宣传一对夫妇在规定生育年限中只生一个孩子。"陈云早在 1972 年就恢复了自由并参与了中央一些经济领导工作。但是,长时期以来并没有恢复党内和国家领导职务。1978 年 12 月,陈云在党的十一届三中全会上当选为党中央副主席。王震所说的"早几年"可以做这样两种理解:一是在 1978 年 6 月陈慕华担任国务院计划生育领导小组组长并提出、产生"一胎化"之后。那么,"一胎化"的思想及作为政策的提出都还是陈慕华的。第二,陈云虽然在早期还没有恢复党和国家领导的职务,但是,作为党内一直领导经济工作的领导人,其威望和影响亦然存在。加之陈慕华一直在中央国家机关做经济工作,属于陈云的老部下,陈云的人口观点影响是不可忽视的。如果这一推理可以成立的话,那么就可以说,陈慕华关于"一胎化"的思想受到陈云思想的启发或者直接来源于陈云思想。这些,也都有待于进一步的研究和历史材料的证实。

"一胎化"作为完成政府计划指标的主要措施提出来之后,还需要做大量的工作才有可能被人们接受。陈慕华在这一阶段不遗余力地为其推动做了许多努力。

1979 年 8 月 11 日，陈慕华发表《实现四个现代化，必须有计划地控制人口增长》长篇文章。实际上，这篇文章是在陈慕华副总理 6 月 27 日给中央党校学员、工作人员及有关单位的同志大约 2500 多人讲课时的讲课稿的基础上形成的。早在 7 月 6 日《人民日报》报道"陈慕华同志在中央党校讲计划生育课"时，其黑体标题就是《把工作重点放在"最好生一个"上来》，文章转述陈慕华的话说，"计划生育工作要把重点转移到最好生一个上来"。

1979 年 12 月 15-20 日，国务院计划生育领导办公室在成都召开各省、市、自治区计划生育办公室主任会议。为要确保 1980 年和 1981 年的人口自然增长率降到 9.5‰和 8‰的目标，"目前当务之急是尽快把计划生育工作的重点转移到提倡和奖励一对夫妇只生一个孩子的工作上来，逐年提高生一胎的比例，限制多胎生育。"18 日，陈慕华在会议上讲话说："提倡一对夫妇最好生一个孩子，是我们计划生育工作的着重点转移。过去我们说，'最好一个，最多两个'。现在提出来'最好一个'，后面那个'最多两个'没有了。这是我国目前人口发展中的一个战略性要求……"。

1980 年 2 月 2 日，陈慕华在婚姻、家庭、计划生育新风尚座谈会上讲话说："只有逐步做到城市 95%、农村 90%的育龄夫妇只生一个孩子，到本世纪末，我国总人口才能控制在 12 亿左右。"会议认为，把计划生育工作重点放到抓一对夫妇最好生一个孩子上，这是解决我国人口问题的一项战略任务。

当然，作为符合当时我国政治环境和时代气氛的一个政策，"一胎化"的政策从其开始提出就受到中央和国务院其他领导的支持。

1979 年 4 月 5 日，李先念在中央工作会议上的讲话中指出，要"鼓励一对夫妇最好只生一个孩子"。

6 月 18 日，华国锋在五届人大二次会议工作报告指出："要订出切实可行的办法，奖励只生一个孩子的夫妇……"

1980 年 9 月 7 日，华国锋在五届人大三次会议工作报告中提出："国务院经过认真研究，认为在今后二三十年内，必须在人口问题上采取一个坚决的措施，就是除了在人口稀少的少数民族地区以外，要普遍提倡一对夫妇只生育一个孩子，以便把人口增长率尽快控制住，争取全国总人口在本世纪末不超过 12 亿。"

9 月 25 日，中共中央发出《关于控制我国人口增长问题致全体共产党员、共青团员的公开信》，则把计划生育领导机关极力推动的"一胎化"活动，推到高潮。

4. 提倡只生一个和"一胎化"

在讨论"一胎化"政策的过程中，也许有一个问题会永远纠缠不清。这就是在党和国家机关的有关文件中，在领导人的讲话中，都是说提倡和鼓励"一对夫妇只生育一个孩子"。但是，在这一时期的实际工作中却是推行"一胎化"。所以，有人说，党和国家从来没有一个"一胎化"的生育政策。这多少有点文字游戏的味道。什么是"一胎化"？化者，转变之谓也，意属"转变成某种性质或状态"。所以，"一胎化"就是政府要求老百姓普遍生育一个孩子。如果仅仅从文件检索，党中央确实没有下发过一个"一胎化"的文件，甚至在正式的文件中也都没有使用过这一个词语。中央主要领导和负责人，从来也都是说"提倡"或者"鼓励"，没有公开要求实行一胎化。并且，当基层粗暴和违法乱纪的行为反映出来后，中央通常都是予以批评、制止和要求纠正的。但是，从中央到地方，计划生育的实际管理部门在这一时期几乎不分城乡地推行"一胎化"，中央确实是予以默认的；即使出现恶性事件和爆发、揭露出干部违法违纪案件，中央仅仅批评基层干部的作风粗暴和简单，对于这些地方的政府要求群众只生育一个的做法却从来没有予以纠正过。所以，"一胎化"是从中央到地方确实存在过的一种生育政策。倘若不以为然，我们再重温一下有关文献。

1979 年 1 月 27 日：“对于只生一胎、不再生第二胎的育龄夫妇，要给予表扬；对于生第二和二胎以上的，应从经济上加以必要的限制。”

1979 年 12 月 18 日：“提倡一对夫妇最好生一个孩子，是我们计划生育工作的着重点转移。过去我们说，‘最好一个，最多两个’。现在提出来‘最好一个’，后面那个‘最多两个’没有了。这是我国目前人口发展中的一个战略性要求……”。陈慕华副总理在全国各省、市、自治区和全军计划生育办公室会议上强调指出：“把计划生育工作的重点，转移到一对夫妇最好生育一个孩子上来，是解决我国人口问题的战略任务。”1980 年 2 月 2 日：“只有逐步做到城市 95%、农村 90%的育龄夫妇只生一个孩子，到本世纪末，我国总人口才能控制在 12 亿左右。”会议认为，把计划生育工作重点放到抓一对夫妇最好生一个孩子上，这是解决我国人口问题的一项战略任务。

1981 年 11 月 30 日：“现在许多地区已经实行的奖励一对夫妇生育一个孩子、限制两胎和多胎的办法，应该继续贯彻执行。”

1982 年 11 月 30 日：“必须采取切实可行的措施，普遍提倡晚婚，提倡一对夫妇只生一个孩子，严格控制第二胎，坚决杜绝多胎生育……”

这不是“一胎化”的政策，是什么？

5. 为什么要提出实行“一胎化”？

在研究本文第二个问题时，似乎已经回答过这个问题了。或者，20 多年来，我们在宣传和实行“一胎化”生育政策时，在不停地解释这个问题。但是，总是不够具体，不够明确，也不一定是提出这一政策的初衷。所以，即使属于重复，也属必要。

5-1. 为了使 1980 年人口自然增长率降到百分之一以下，要求政策方面的保证，逐步产生“一胎化”政策。

上个世纪 70 年代初，我国人口生育率已经有了古今中外人口史上从未有过的下降速度。但是，在结束"文化大革命"后党内急躁情绪的影响下，举国上下仍然在追求高指标。本文第 2 节已经叙述 1977 年 9 月到 1978 年 2 月，国务院计划生育领导小组提出"争取在三年内把我国人口自然增长率降到百分之一以下"，以呼应华国锋主席"抓纲治国，一年初见成效，三年大见成效"的治国纲领，以及国务院对这一目标的确认。由于华国锋当时既是国务院总理，又是党中央主席，所以，国务院的确认也同时是党中央的确认。

陈慕华在这样的背景下走马上任，也是沿着这条路子向前发展提出只生育一个的。1978 年 6 月 26 日，新一届的国务院计划生育领导小组召开第一次领导小组会议"着重研究了贯彻华主席提出的三年内把我国人口自然增长率降到百分之一以下的任务"。高指标当然需要非常措施或者陈慕华的说法，"要有正确的政策"。顺着这一思路推理，这才有了"一对夫妇有几个孩子为好？过去提'一个不少，两个正好，三个多了'，大家看法怎样？"几个月后，即 1978 年 10 月 26 日，又有了以中共中央中发〔1978〕69 号文件批发的《关于国务院计划生育领导小组第一次会议的报告》中的"提倡一对夫妇生育子女数最好一个、最多两个"，以及标志"一胎化"形成的 1979 年 1 月全国计划生育办公室主任会议。

5-2. 为了使 20 世纪末我国人口增长为零，必须实行"一胎化"。

1979 年 8 月 11 日，陈慕华在发表《实现四个现代化，必须有计划地控制人口增长》的长篇文章中提出，为了"争取本世纪末做到人口自然增长率为零"这个目标，"我们设想分两个阶段来努力。第一个阶段，争取到一九八五年把人口自然增长率从现在的千分之十二降到千分之五左右，第二个阶段，争取到二〇〇〇年人口自然增长率降到零。"为此，文章说，"必须大力提倡和推广一对夫妇只生一个孩子。这是使人口自然增长率降到零的主要办法，也是群众可以接受的办法。"

1980 年 2 月 10 日，李先念在关于当前经济问题的报告中重申陈慕华的这一提法。李先念说："我们应当力争在 1985 年把人口增长率下降到 5‰，在本世纪末以前做到不增不减。从现在起，就要按这个目标，尽快拟定计划和措施……"

5-3. 为了使 20 世纪末把我国人口控制在 12 亿以内，实行"一胎化"。

1980 年 2 月 2 日，陈慕华在婚姻、家庭、计划生育新风尚座谈会上讲话说："只有逐步做到城市 95%、农村 90%的育龄夫妇只生一个孩子，到本世纪末，我国总人口才能控制在 12 亿左右。"会议认为，把计划生育工作重点放到抓一对夫妇最好生一个孩子上，这是解决我国人口问题的一项战略任务。这是至今能够看到的文献中，我国政府第一次把"只生一个"和 12 亿的目标联系在一起。之后的 20 多年里，标准的政策性解释和宣传，就定位在这个口径上。

当然，那个阶段还有别的一些提法为推行"一胎化"寻找根据，从国务院计划生育领导小组的工作线索考察，主要这三种说法。1979 年 1 月全国计划生育办公室主任会议以后的各种提法，都不过是为已经推行的"一胎化"增添更充分的论据。这些不同说法显示了"一胎化"产生理由的不充分和随意性。这可能是现在的许多国民无法想象的，但却又是那个时代的特点。一个对于国家十分重大的决策，一个十分严肃的问题，在一定的层次上，其产生却并不需要深思熟虑和科学研究。农业合作化、工商业社会主义改造、大跃进和人民公社、四清运动、文化大革命，哪个是经过科学研究和论证的？它们的产生和推行不都曾经得到全党全国人民似曾狂热地拥护过吗？这些现在看来如此荒谬的东西，但其产生却又都是那么自然。如果同这些事情比较，"一胎化"又算得了什么呢。

6. "一胎化"的发明权究竟是谁？

"一胎化"的生育政策就是由国务院计划生育领导小组为了贯彻华国锋五届人大会议上的高指标而提出来的，或者更准确些说，是由分管计划生育工作副总理和时任国务院计划生育领导小组组长的陈慕华同志提出来的。但是，上个世纪 70 年代后期"一胎化"形成后，围绕这个政策究竟是由谁最先提出来的，先后还出现过这么几种说法：①群众的要求；②刘铮等人口研究人员提出来的；③宋健提出来的。我们需要分别澄清这个问题。

关于群众说。我国居民自愿实行计划生育至少可以追朔到上个世纪 50 年代，但是，一直到"文化大革命"前，一些先进地区都没有激进到让老百姓"只生一个"。1962 年 11 月，天津市曾提出"生两个孩子为合理，有条件的可以生三个"。同年 12 月，陕西省提出"最好两个，最多不超过三个"。1963 年，上海市在市区提倡"少、稀、晚"。同年 11 月，云南省在《关于实行计划生育的若干问题的意见》中，提出"一个不少，两个正好，三个多了"。1964 年 1 月，广东省在《关于提倡计划生育和晚婚的若干政策规定》中提出"晚、稀（两胎间隔 3、4 年）、少（一对夫妇生育 2-3 个孩子）"。

这里有两个容易模糊的问题需要分辨清楚。一是在人类生育史上，一个较大的人群里，由于自然或者有意识地发生只生育了一个孩子，是常有的现象。不能把这种自觉或不自觉发生的现象归结为就是群众要求只生育一个，即使是个别人或者相当多的人自觉自愿只生育一个，代表不了、也无权代表所有的人都自觉自愿地要求只生育一个。二是在 1978 年由国务院计划生育领导小组提出"一对夫妇只生育一个孩子"之前，政府所有的提法基本上都是号召、提倡，属于政府的意向性的意见，诱导群众去做，还没有 1978 年以后直道现在意义上的"计划生育政策"。如同现在讲国外的人口政策，和我们的人口生育政策不可同意而语。国外的人口政策中没有政府要求国内公民必须生育和必须生育几个孩子的含义，1978 年以前的我国人口政策中也没有这样的含义。

根据 1979 年 12 月 23 日《人民日报》发表的新华社的一份报道陈慕华副总理在全国各省、市、自治区和全军计划生育办公室主任会议上的讲话稿转述陈慕华的话说："一对夫妇最好生一个孩子，这是从今年以来开展计划生育工作的实践中，总结出来的控制人口增长的好经验。”这就排斥了群众说或者地方说的各种可能了。

关于刘铮说。以刘铮为代表的中国人民大学人口理论研究所的研究人员为我国人口学的复兴和发展做出过很大的贡献。从上个世纪初开始，我国就有人宣传人口知识，提倡节制生育。到4、50年代时期，已经有了一批以在国外学社会学、经济学为主的学者从事人口研究。但是，1952年我国高等学校院系调整时，人口学和社会学都作为资产阶级伪科学被取消了。1974年，我国恢复联合国席位后第一次参加即将在布加勒斯特召开的联合国人口大会，会议代表团需要准备一份发言稿。因为涉及到人口学方面的知识，就找到搞人口统计学专业的刘铮等。刘铮原来是中国人民大学计划统计系的讲师。中国人民大学在文化大革命中一度被解散，刘铮、邬沧萍、查瑞传等都被分配到北京经济学院（现在首都经贸大学的前身）。70年代初根据周总理的主张，我国又在群众中开展计划生育工作。继帮助人口代表团准备讲话后，国务院计划生育领导小组出于宣传和开展工作的需要，70年代中后期又经常请刘铮等同志给各种学习班讲解实行计划生育的道理。这样，北京经济学院把从事人口统计专业的几位教学人员集中在一起，成立了一个人口理论研究室。1977年恢复高考，中国人民大学复校。刘铮等同志随之回到中国人民大学，建立人口理论研究所。这是当时我国唯一的一所人口学研究机构。1979年以后全国各地一哄而起的人口研究机构，是联合国人口基金给予中国研究资助（即P01项目）后，根据资助项目的要求在高校和社会科学研究系统建立的，但大都没有形成过一支像人大人口所曾经有过的那么整齐的研究队伍。当时以人口统计学为主聚集了刘铮、邬沧萍、查瑞传、林富德、周清等许多研究能力很强的人才，曾经是我国人口学的重镇。在中国人口学会没有成立之前和刚刚成立的一些日子里，国务院计划生育领导小组常常也委托他们去作一些不好以行政机关直接出面的工作。所以，从70年代中后期到80年代初中期，刘铮在我国人口学界和计划生育系统具有其他人无法取代的作用。

但是，即使如此，刘铮也没有重要到可以直接提出一项国家重大政策的程度。1979 年 1 月全国计划生育办公室主任会议上，陈慕华讲话说：“最近拟由国家计委、劳动总局、财政部、社会科学院、计划生育办公室、人口研究所，成立一个小组，研究人口政策，提出我国采取什么样的人口政策较好，向党中央、国务院提出个建议。……对只生一个的要给予奖励……”。陈慕华说的“人口研究所”，应该是指刘铮领导的中国人民大学人口理论研究所，因为，当时全国仅只有这么一个人口研究所。陈慕华的这个动议并没有成为事实，我们始终也没有见到这个由国家计委等四个中央机关和中国社科院、中国人民大学人口研究所两个研究单位组成的研究小组的出现，所以也没有相应的研究成果的产生。这段讲话至少说明，截止讲话时，“提倡一对夫妇生育子女数最好一个最多两个”还没有经过刘铮等人口学家和研究机构的研究和论证。但是，这一政策不仅已经出现在党的文件和相关的会议上，为一项重大实际工作正在相全国推向全国行。

1978 年 6 月，新一届的国务院计划生育领导小组会议提出“只生一个”的意向、10 月 26 日中央 69 号文件转发这次会议精神时明确“一对夫妇生育子女数最好一个最多两个”和 1979 年 1 月全国计划生育办公室主任会议要求全国大力贯彻“只生一个”的精神后，刘铮、邬沧萍、林富德三同志有一个题为《对我国人口增长的建议》的研究报告。社会上有不少的人以为，个报告就是我国“只生育一个孩子”的由来。其实是个误解。这个研究报告最早在是 1979 年 4 月份中央工作会议出现的。不久前，我从 20 多年前的一堆资料里发现了 1979 年夏天自己手抄的这篇文章。文章首页上方位置注明“中央工作会议参考文件之六”，下面 3 行是“李副主席批示：同意印工作会议同志参阅。一九七九年四月二十一日”，再下面五行是“李副主席：这篇文章我觉得不错，是否可以印发给参加工作会议同志参阅，请批示。陈慕华一九七九年四月二十日”。从第 2 页开始是文章的正文，题目是《刘铮等同志提出控制我国人口增长的建议》。上述引文中的李副主席是指李先念，当时为中共中央副主席、国务院副总理。笔者手上还有一份显然是刘铮去世后由其他作者再次发表的文章的复印件。这份不知道发表在什么刊物的文章前有一个引言，说"1979 年4 月新华社先在《国内情况动态》（应为《国内情况动态清样》——引者）全文刊登，供国家领导人参考。后又在该社《内参》上刊登，并在有关会议上作为内部资料印发。"那么，我手抄的中央工作会议参考文件，应该是在新华社给中央最高领导人的专报《国内情况动态清样》和《内参》之后了。

该文第一次公开发表是在刘铮主持的《人口研究》1980 年第 3期上，发表时的题目改为《对控制我国人口增长的五点建议》，文章前的编者按说"这个研究报告是 1979 年 3 月写成的"，文章末尾注明"1979 年 3 月 21 日"。那么，这一研究是什么时候开始的？前面转述的那份刊物的引言还说："此文是在中共中央十一届三中全会以前，1978 年第一次全国人口理论科学讨论会后，根据国家领导人的号召，要研究控制我国人口增长现实问题而写成的一份向国务院递交的研究报告。"可见，文章写于 1978 年 12 月-1979 年 3 月，即 1978年 10 月中央 69 号文件批发国务院计划生育领导小组第一次会议的报告提出"最好一个最多两个"之后完成于"1979 年 3 月 21 日"。

有趣的是，刘铮曾经在笔者面前直接否认他是"一胎化"的始作俑者。上个世纪 80 年代后期，刘铮同志手术后经过几年的疗养，身体曾经一度恢复到可以间或参加一些活动的程度。90 年代初期，在一次国家计划生育委员会的专家委员会会议其间，刘铮同志对我说，他们于 1980 年在《人口研究》上公开发表这篇文章，就是要回答社会上那种说"一胎化"是由我提出来的传言。细读文章，上面引的编者按语和文末注释，都是明白清楚地要告诉读者，文章完成于 1979年 3 月，即中央批转国务院计划生育领导小组会议报告明确提出"一对夫妇生一个孩子"之后了。其次，文章题目改为"对控制我国人口增长的五点建议"，就是要强调说明作者的主张是"五点"，而不是一点。其中第 4 点说："大力禁止三胎，提倡一对夫妇生一个孩子。降低人口自然增长率，关键在于少育，降低妇女生育率。现在多胎率约有 30%，控制住三胎就能使人口自然增长率有较大幅度下降。要大力提倡一胎，加大人口自然增长率的下降幅度。"观点说得明明白白：提倡一胎，控制三胎，不反对二胎。这当然不能说是"一胎化"。

关于宋健说。宋健是搞数学的。宋健对于人口学界来说，是个异数。用数学方法研究经济和社会现象是上个世纪 40 年代以后，特别是第二次世界大战以后美国大批科学技术人员涌入高等院校和社会科学研究机构，给经济学和社会科学发展带来的一个新变化。按照联合国教科文组织的专家们的说法，第二次大战以后的社会科学的发展主要仰仗数学和统计方法带来的革新。当控制论、信息论和系统科学在国外取得很大进展的时候，我国正处在一个闭塞的状态，包括以控制论和系统工程专家为名的宋健在内，几乎所有的中国人那时都不知道用定量分析的方法模拟人口模型和研究人口问题。1980 年 2 月 13 日，宋健等以人口学专家的身份在媒体最初露面的顺序为宋健、田雪原、李广元、于景元，其中田雪原是中国社会科学院经济所研究人员，其他 3 人是七机部第二研究院的研究人员，宋健是该院的副院长，李广元虽然是中国科技大学的毕业生，因为年轻，当时还是个技术员，于景元则是年龄稍大一些的工程师。1979 年 12 月第二次全国人口科学讨论会认识后，到 80 年代中期去美国前的几年里，李广元和我有过一些交往。他给我不止一次地谈到过他们这些搞数学的人是如何走入人口学领域的。

1976 年粉碎"四人帮"后，我国开始有了国际学术交流。那时，中国已经有 15 年没有搞过人口普查。而且，其间还经过 10 多年无政府状态的"文化大革命"。世界人口最多的中国究竟有多少人口？是国外十分感兴趣的问题。宋健 1978 年的一次欧洲的学术访问中，东道主向客人提出这一问题，并提供了不少用控制论和系统工程方法预测人口的资料。在此之前，他们这些搞火箭发射和轨道设计的工程技术人员都没有听说过用控制论和系统工程方法还可以搞人口预测。据李广元同志说，宋健回国后就把国外带回来的一摞人口预测的资料甩给了他。从此，李广元开始了跑国家统计局、公安部，和在计算机上测算中国人口的研究工作。1978 年 11 月初在北京召开第一届全国人口理论讨论会，李广元看见北京火车站和换乘公交车的地方张贴的路标，一路找到国务院第一招待所，要求参加会议。主办并主持会议的刘铮同志认为搞数学的要求参加人口学会议似乎有点牛头不对马嘴，所以仅同意听会，但并不属于会议正式代表，也不提供会议的论文和相关文件。笔者是这次讨论会的代表，曾经聆听了陈慕华副总理在会议上的讲话。这次会议显然是几个月前组成的新一届国务院计划生育领导小组委托召开的一次全国性的盛会，集中了全国高校、中央党校和各省市区委党校、中国社科学研究院、各省市区委和各大军区计划生育办公室等几个系统的研究或理论宣传的代表。除了刘铮外，中国社会科学院经济研究所所长、经济学家许涤新也是会议的负责人。宋健等未能成为会议正式代表，说明这时还未被计划生育部门和社会所认知。

笔者亲自目睹了李广元在 1979 年 12 月成都会议上，是如何征服包括国务院计划生育办公室（国家计划生育委员会的前身）在内的全体会议代表的。李广元是一位精力充沛、富有活力、热情和善于宣传鼓动的小伙子。在控制论介入之前，传统的人口预测都是依靠手工方法计算的。李广元宣传说他们使用计算机，只要将人口数据和相关参数代入编制的模型，一百年或者任何长时期的的预测结果不出 1 个小时就被电子计算机打印出来了。和以前传统的人口预测比较，运用控制论和系统工程方法的科学、准确、快捷和迅速，都是以往那些人口学家望尘莫及的。这次会议是我国搞控制论和系统工程专业的同志在人口学界的第一次亮相。除了七机部二院宋健他们以外，西安交大也有一部分从事计算机专业的同志在摸索人口预测。我检索了一下手头保存的那次会议提交的论文目录，系统工程方面有两篇文章，分别是西安交大王浣尘蒋正华王月娟邵福庆《用系统工程方法研究人口》和七机部二院宋健李广元《关于人口问题的定量研究》。从文章的题目不难看出，系统工程专业人员都是刚刚开始涉猎人口领域。不过，由于西安交大参加会议的王月娟老师温文尔雅，不似李广元活跃。另一方面，西安交大也不具有七机部直接隶属中央机关所具备的政治、地理条件。所以，远没有七机部二院那样在会上会下获得那么成功。虽然20多年了，我的脑海至今还能清晰地浮现出李广元在会议闭幕前的那次大会发言介绍用控制论和系统工程方法预测人口时，坐在大会主席台的国务院计划生育领导小组副组长兼办公室主任栗秀珍是如何用一种欣喜的表情倾听和关注。也就在那个时刻，我已经知道国务院计划生育办公室将要和李广元他们连接一起。

1979年12月14日成都会议结束，2个月后，一项震撼世人的重大成果诞生。1980年2月14日，首都各大报纸刊发新华社记者的通稿《自然科学和社会科学工作者合作进行研究首次对我国未来一百年人口发展趋势作了多种测算》的稿件，以及此后为配合这篇重要稿件陆续发表的几篇署名文章，其主题虽然也都是鼓吹"一胎化"，却都已经是"一对夫妇最好生一个孩子"被当作实际工作在全国推行一年之后。所以，在当时还属于研究人员的宋健等人的东西充其量也只能是国家领导人提出政策的宣传和论证者。"我国学界主流是为国家领导人提供注释和论证的，所以，他们一般是不会先于国家领导人提出什么新观点的。"至于那个"自然科学和社会科学工作者"小组由此而来的名噪和腾飞，那又是另外一个问题了。

7. 十一届三中全会后对"洋跃进"的纠止

1978年发生的"洋跃进"进一步激化了因为体制上的原因本来就严重存在的一些经济社会问题。计划短缺十多年来的基本经济问题。基建所需钢材、木材、水泥等主要材料的供应基本是"三八式"：计划分配时满足需要的80%，订货时只能分到分配数的80%，交货时又只能拿到订货数的80%。建设周期从一五时期的5年延长到10年。据计算，建国以来基建投资6000亿元，其中有2000亿元未完成。1978年又一再追加投资，在建大中型项目由1977年的1400多个增加到1700多个。1978年财政收入增加200亿元，其中150亿元加给了基本建设，不仅影响了解决生活欠账问题，而且加剧了投资效益的下降。1978 年的"洋跃进"带来的缺口比以往更大。按当年国家财政能够提供的投资额计算，即使不再新增基建项目，要完成 1978 年的全民所有制在建项目（65000 个，其中大中型项目 1733 个，总投资达 3700 多亿元），大约也要 10 年时间。

一系列的严重困难，可能加上在此之前还不在中央领导岗位的陈云独自具有的冷静观察和思考，1978 年年底结束的十一届三中全会上形成的新的党中央重新调整发展战略。1979 年 3、4 月，中央政治局会议讨论经济计划并做出纠正"洋跃进"和调整国民经济的重大决定。会议严肃批评了前两年经济工作中急于求成和那种不顾中国国情，企图依靠外国贷款和单纯引进技术搞建设的思想，指出当时国民经济主要比例严重失调，确立了对国民经济实行"调整、改革、整顿、提高"的方针，决定从 1979 年起用 3 年时间，认真搞好调整，不惜冒违约和接受处罚的风险关、停一批已经上马和准备引进的项目，同时进行改革、整顿、提高的工作。也正是这次经济调整让不少人思索传统的计划体制的弊端，并开始实行以扩权为内容的经济体制改革以及重新认识市场问题。1979 年 11 月，邓小平在接见美国不列颠百科全书出版公司副总裁吉布尼时说："市场经济不能说只是资本主义的。市场经济，在封建社会时期就有萌芽。社会主义也可以搞市场经济。"由于朝向市场经济的改革和发展，我国进入一个新的历史纪元。

8. 现行生育政策——对"一胎化"的妥协和纠正

从 1978 年党的十一届三中全会为起点，中国进入一个改革时代。所谓改革，是指国家的经济社会制度更符合生产力发展的要求，社会政策更符合客观实际了。"不识庐山真面目，只缘在此深山中"。由于中国的改革是由党领导的，党决定改革方案和改革方式方法以及改革时间，各级党委和政府的领导层，特别是党的高级干部大多数都是长期在传统体制中负一定责任的领导，往往对传统体制的许多弊端并没有足够的认识，加上改革涉及利益的调整，党的高级干部中一直就存在着维护传统体制和反对改革的两种倾向。这种现象的存在不总是表现为派别的分歧，即不是所有问题上表现了改革和反对改革的誓不两立，而是在具体不同问题上表现的认识不一致。

1980 年代，计划经济和全民所有制（国有经济）都被当作社会主义的基础，一点也不许改动。那时，市场经济体制也还没有被当作改革的方向。但是，由于许多地方农民的极度贫困，却成为先于改革的重要因素。1978 年到 1979 年，内蒙古自治区的农牧民搞"口粮田"、安徽农民偷偷搞包产到户。但在国家农委召开的广东、湖南、四川、江苏、安徽、河北、吉林等七省三县座谈会上，包括国家农委主要领导和大部分地区的领导却都对生产责任制的改革持否定态度。1980 年 9 月，中央召开省市区第一书记座谈会，专门讨论农业生产责任制，大多数省市领导对包产到户持否定态度，其中福建、江苏、黑龙江等省市坚决反对，只有贵州、安徽、辽宁、内蒙古自治区少数几个地方的党委书记要求改革。黑龙江省委书记杨易辰说，黑龙江是全国机械化水平最高的地区，包产到户对发展机械化有影响，是倒退；集体经济是阳关大道，不能后退。贵州省委书记池必卿针锋相对插话道："你走你的阳关道，我走我的独木桥。"各省市区第一书记意见分歧很大，会议已经无法继续进行，中央也无法在全国推行适应我国农业生产力发展水平的家庭承包责任制。1981 年冬，国务院总理赵紫阳视察东北时，写信给中央总书记胡耀邦，建议各地农业生产责任制采取群众自愿，让群众选择，选上啥就算啥，领导不要硬堵了。中央按照这个精神形成的 1982 年 1 号文件，才解决了农业生产责任制的问题。家庭联产承包的实行，迅速改变了在国家计划经济体制下形成的人民公社集体经济所有制，推动了我国的农业改革。以生产责任制入手的农村改革在较短的时间内解决了新中国 30 多年未能解决的农民温饱问题，赢得了中国全面改革的主动权。

在同期的人口生育政策问题上，当时的中央政府采取了与经济体制相同的改革策略。1980 年 9 月《中共中央关于控制我国人口增长问题致全体共产党员、共青团员的公开信》发出以后，全国不分城乡地大力推行"一胎化"生育政策。显然是由于"一胎化"在农村带来的突出矛盾，中央试图解决这一政策问题。80年代初期，在一线主持工作的胡耀邦等书记处的领导同志，曾经批转和处理了许多来自农村基层有关计划生育工作中违法乱纪的信件。据笔者的统计，1981年到1982年10月不到2年的时间里，中共中央书记处和国务院至少召开了4次会议研究计划生育问题，分别形成了3份关于计划生育工作和政策的文件。

1981年9月初，国家计划生育委员会邀请省、市、自治区党委或政府分管计划生育工作的领导同志，分两次在北京举行了计划生育政策座谈会。10日，中共中央书记处召开第122次会议，听取并讨论陈慕华关于计划生育工作的汇报，着重研究计划生育政策问题。会议认为，农村实行各种形式的联产计酬生产责任制后，我国的计划生育工作面临着一些新的情况。会议提出，放宽农村计划生育政策，有两个方案可供选择。第一，提倡每对夫妇只生一胎，允许生两胎，杜绝三胎。第二，一般提倡每对夫妇只生一胎，第一胎生育女孩的农民如果有要求，可以批准生两胎。

鉴于计划生育座谈会对改变生育政策存在较大分歧和阻力，显然与已经召开的中央书记处会议精神不符，所以，国务院总理赵紫阳建议中止会议。赵紫阳在9月12日写给胡耀邦的一个便条上说："看了计划生育会议快报。为了这个问题全党有一个统一的正确认识，可否这次会议不作最后定案，由各省、市同志先回去在省委、市委传达讨论一次，然后再集中定案。如您同意，可批给慕华同志。"胡耀邦批示"同意紫阳同志意见，请慕华同志按此办理"。

根据中央的要求，除了西藏、宁夏、新疆等三个民族自治区未报意见外，26个省、市、自治区党委上报了具体意见。同意第一方案的有山西、辽宁、浙江、河南、广西、云南等级6个省、自治区；同意第二方案的有北京、天津、内蒙、江苏、安徽、福建、山东、湖北、湖南、广东、四川、贵州、陕西、甘肃、青海等15个省、市、自治

区和全军计划生育领导小组；河北、吉林、黑龙江、上海、江西等5
个省市则主张不改变《公开信》的政策口径。表明改变"一胎化"生
育政策在当时的省市区一级党委和政府中，遭遇到相当大的阻力。

同年12月，在各省市自治区党委第一书记座谈会上，绝大多数
书记都希望严格控制，没有人主张放宽。黑龙江杨易辰、江苏许家
屯、国家计委宋平等提出，对（第二方案）可生育二胎的限额占50%
定得太宽了，最多掌握在40%，低限以10%为好。天津胡启立提出，
必须严格控制二胎。辽宁郭峰、湖北陈丕显、四川谭启龙则提出，不
要规定二胎的比例，由各地内部掌握好。北京、上海、天津三市和人
口密度大、过去计划生育工作做得好的省市感到中央建议的第二方
案也放得太宽了，允许对生育二胎的规定有一个幅度，由他们根据当
地实际情况自己掌握。

由于计划生育部门和大多数省市领导的反对和坚持，中央放弃
了"提倡每对夫妇只生一胎，允许生两胎，杜绝三胎"的方案，在1982
年中发〔1982〕11号文件中，以第二方案为核心，规定"国家干部和
职工、城镇居民，除特殊情况经过批准者外，一对夫妇只生育一个孩
子。农村普遍提倡一对夫妇只生育一个孩子，某些群众确有实际困难
要求生二胎的，经过审批可以有计划地安排。不论哪一种情况都不能
生三胎。对于少数民族，也要提倡计划生育，在要求上，可适当放
宽。"这段关于生育政策的文字表述，已经概括了后来被称之为现行
生育政策的主要内容。其中农村"某些群众确有实际困难要求生二胎
的"实际是"第一胎生育女孩"的另外一种表述，这种写法是按照国
家计划生育委员会的意见，认为"写明了会进一步助长重男轻女思
想"。但是，中央文件做这样含蓄的表述，却给计划生育部门和各级
党委、政府中坚持"一胎化"的人钻了空子。许多地方在此后很长时
期内，拒绝普遍允许第一胎生育女孩的农民再生育第二胎，把生育二
胎的数量限制在一个很小的比例上。全国的生育政策达到中央1982
年11号文件规定的现行生育政策的要求上，大约走了10年的路程。

1984年1月和4月，中共中央书记处连续两次召开会议讨论计

划生育工作和生育政策。这是计划生育历史上十分重要的两次会议。会议特别强调指出，本世纪末把我国人口控制在 12 亿以内，是一个奋斗目标，我们要努力实现这个目标，但是我国的生育政策，一定要建立在合情合理、群众拥护、干部好做工作的基础上。党的政策不能脱离实际。现行的计划生育政策，仍是一个历史阶段的政策，今后，随着我国经济、文化水平等方面的提高，还可以进一步加以完善。4 月 13 日，根据这次会议形成的有名的中发〔1984〕7 号文件按照中央书记处办公会议的提法第一次明确使用"现行的计划生育政策"的表述方式。为了防止再次出现对"某些群众确有实际困难要求生二胎的"产生误解，7 号文件下达后，中央书记处又给国家计划生育委员会党组一个内部通知，再次强调："我们关于计划生育的实质，就是要逐步做到，除城市、城市郊区外，在大部分农村地区，要逐步做到允许第一胎生女孩的再生第二胎。这一点，只在实际工作中掌握，不公开宣传，并要有一个缓和渐变的过程。从长远看，如果能切实做到杜绝多胎，则允许生二胎并没有多大危险。……因此，现行的计划生育政策，仍是一个历史阶段的政策。今后，随着我国经济、文化水平等方面的提高，还可以进一步完善。"

9. 结束语

"一胎化"产生于 1978 年。

1976 年 10 月，以华国锋为首的党中央粉碎"四人帮"，为尽快扭转经济政治的严重困难局面，提出"尽快把国民经济搞上去"和"抓纲治国，一年初见成效，三年大见成效"的治国纲领。在这样的形势下，1977 年国务院计划生育领导小组提出到 1980 年之前，把我国人口自然增长率每年降一个千分点，提前一年实现国家"五五"计划。1978 年 2 月，华国锋在五届人大政府工作报告确认了这一目标。同年 6 月，陈慕华作为新一届国务院计划生育领导小组组长主持会议研究华国锋代表国务院提出的这一国民经济计划目标。"一对夫妇最好生育一个最多两个"最初是作为保障完成 1980 年的计划目标被提出来的。中央批准国务院计划生育领导小组会议的报告后，在贯彻中央批准的会议报告精神的过程中，国务院计划生育领导小组和陈慕华在 1979 年 1 月全国计划生育办公室主任会议上，又进一步要求全国各地制定政策奖励只生一个的夫妇，对生育两个和两个以上给予限制，使得"最好一个最多两个"的政府意向转变成为"一胎化"生育政策。

1978 年，这是一个特殊的历史年代。

9-1. 上个世纪 70 年代中后期，我国经济发展到"崩溃的边沿"。其主要原因是计划经济体制已经无法继续运行下去，10 多年的"文化大革命"更进一步激化和加速了社会各种矛盾。鉴于各种因素，当时人们把问题的症结集中到两个方面，一是"四人帮"和"文化大革命"的破坏，二是说新中国以后老百姓生的孩子太多。

9-2. 共和国虽然已经 30 岁了，但仍然是一个我们国家和民族都还不成熟的年代，还是一个头脑特别容易发热的时代。虽然没有"人有多大胆，地有多大产"那样的想法了，但思维并不比从前提高和进步了多少。党中央主席、国务院总理华国锋在政府工作报告里相信四川省的人口自然增长率在 1971-1978 年之间的 7、8 年里竟会由 29‰下降到 6.1‰，宋健在做 20、50、100 年预测的时候也会"假定老人和儿童按令（龄）死亡率今后平均每年下降千分之一"。

9-3. 那个时代还处在典型的计划经济时代。国民经济计划具有崇高无上的权威。甚至于一些高级知识分子仍然相信"事在人为"——只要你想，就可以做到。似乎社会主义国家可以解决任何问题，客观事物都要受政府制订的政策的制约，政府决定一切。脱离实际的、过高的指标不断被制造出来，然后就得用超常的和脱离实际的办法去实现它。生活在城市里拥有优厚生活条件的人们，把老百姓生孩子理解为一种人生可有可无的游戏，以为妇女生育率可以无止境地一降再降。高指标压得没办法，只有采取"一胎化"。

9-4. 那还是个拍脑袋的时代，国家许多事务要由"长官意志"

决定。不只是长官拍脑袋，而且在那个体制那个时代的科学家和知识分子往往也变得没脑袋。引用恩格斯的话说科学是宗教的婢女或列宁讲的几何公理触犯了人们的利益也会被修改，可能都会显得言过其实。但是，科学家和理论家们的使命就是为政治作论证作注释却是那个体制的要求和那个时代的事实。1958 年某地方放卫星说亩产超过万斤粮，科学家依照太阳投放到大地的热量计算说那是可能做得到的。应该说 70 年代与 50 年代有所不同了，但由于经过 20 多年社会上更多的人懂得了要相信科学而使得许多事物因为增添了科学的光环却更具有了欺骗性。

9-5．那是一个只有公权而没有私权的时代，国家公权可以随意进入属于个人权利的领域。那时只要从逻辑推理上是为了国家的利益或者仅仅以革命的名义，就可以要求国民做这做那，即使给国民带来极大的伤害或牺牲，也毫不影响政府堂而皇之地长久施行。

生育和生殖是人从大自然的永恒演变中获取的一种本能，是与生俱来的。生育权是人的生命权的重要组成部分，是人的生命权的一种自然延续，是和人的生命权不可分割地联系在一起的，属于人的一种自然权利。自然权利具有神圣的不可剥夺性。它不接受人的立法的约束，不能通过人的立法来调节。恩格斯说："在现代国家中，法不仅必须适应于总的经济状况，不仅必须是它的表现，而且还必须是不因内在矛盾而自己推翻自己的内部和谐一致的表现。"人为地破坏这种内部和谐，即使政府强制制定一个干预自然权利的法律，也无法使其贯彻执行。相反，不仅丧失法应有的严肃和权威，而且必然地导致社会不和谐。这就是为什么西方国家法律制度如此健全，却压根没有一个我们意义上的生育政策和生育法的根本原因。

"一胎化"生育政策的产生和实施属于典型的公权进入和侵犯私权。一个国家，如果政府连公民的生育都可以干预、规制和决定，那它就再也没有什么事情不可以做的了。所以，牵走耕牛，扒去住房，拿走生活和生产资料，集体押送施行节育手术，在不具备条件的环境中实施节育术手术、成批量地实施节育术，以及即使身体生理不适合做但也被强制实施节育和人工流产，等等，不一而举的事情都曾大量地发生。这不仅属于"一胎化"生育政策的自然产物，而且是政府以政策和法律直接规制、干预和决定本来应该由国民个人决定的生育行为的必然结果。一个建立在以人为本的基础上的法治国家，只要政府的公权可以擅自进入公民的自然权利所应该决定的领域，就不可避免地和程度不同地出现上述与社会整体制度规范所不容许出现的社会现象。

90 年代以来类似那些在 80 年代曾经频繁发生的现象似乎在减少，并不表明生育政策的合理和已经被国民接受。第一，长期以来，来百姓已经知道对于基层干部在计划生育方面的不当作法，政府部门一般地都会予以维护和包庇，只好采取忍耐的态度，冲突自然减少了许多。但矛盾并没有解决，民众的这种情绪也不宜累积过多。第二，由于计划生育政策不合理，超生现象的普遍与严重，已经达到整个国家长期以来得不到比较接近实际的人口数，也表现了国民对于生育政策的普遍不认可。连续 2、30 年的"一胎化"和现行生育政策的作用下，我国广大农村的基层组织形成了一套对抗和应付政府考核生育指标的人口统计体制和机制。上个世纪80 年代中期通过调查和对 1982 年人口普查资料的分析中发现基层干部以瞒报漏报的方式对付不合理的计划生育政策后，我由衷地感到兴奋和高兴。但是，在做研究时又因没有可以信赖的数据，又常常难按涌现心头的苦涩。第三，虽然说人口统计和普查都存在大量的漏报，也还是能说明人口政策对于人口控制没有起到任何作用。如果按照"一胎化"和现行生育政策给与的生育水平计算，到 2000 年我国的总人口无论如何也不会超过 11.0 亿，但是，按照普查公报达到了 12.6 亿，至少多出了 1.6亿。

所以，像 80 年代那样违法乱纪的现象减少了，是由于基层干部在实践中发现这样的生育政策是无法认真的，所以不像那时那么认真执行政策和法律了。绝大多数违犯政策生育的人，也只需要交纳罚款就能够实现其生育的意愿。长期以来，我国计划生育领域中这一十分普遍的现象也都表明基层干部与群众在合力在抵制现行生育政策。主要发生在我国农村的违犯生育政策出生的人口说明，数亿农民在通过自己的生育行为表达了对"一胎化"和现行计划生育政策抵制和抛弃。

9-6."一胎化"没有任何科学依据。由于宋健等人后来的飞升，许多国民以为"一胎化"首先是由他们研究提出和论证的。资料已经表明，1980年2月13日的所谓"自然科学工作者和社会科学工作者合作进行研究"，是对国民的一种欺骗。因为，同一个成果在13天以前发表时的署名仅仅是几位搞数学研究的人员，文章也明确地说这是"从自然科学的基本理论出发，应用控制论方法……对我国人口发展问题作了理论研究和数值分析……"。只有13天，新华社的稿件就变成了"自然科学工作者和社会科学工作者合作进行研究"了。

从时间上讲，"一胎化"生育政策的产生也与宋健的那个"百年预测"没有什么联系。一对夫妇只准许生育一个孩子的政策最早可以推溯到1978年6月国务院计划生育领导小组会议以及9月份给中央的会议纪要，1979年1月召开的全国计划生育办公室主任会议要求各地对"只生育一个"给予表扬；"对于生第二胎和二胎以上的，应从经济上加以必要的限制"，标志着"一胎化"和现在意义上的我国计划生育政策的产生。因为在此之前，我们国家还没有强制性的生育政策。所以，当1980年2月宋健等人浮出水面时，"一胎化"的生育政策如同已经离开弓弦的箭、出膛的子弹，早已实行了。

即使退一万步讲，"一胎化"是经过宋健计算的，也不能叫科学。控制论和系统工程不过是提供了一种人口测算的方法，但不是一种如此测算就可以保证人们进入天堂过上幸福生活的必至法门。更何况，这些人还真缺乏一个科学家应该具备的严肃和真实的品格。1979年2、3月份刘铮预测使用的是手摇计算器，7、8月份我在预测时使用微型计算器；宋健则使用当时的大型电子计算机。都只是学科和方法上的不同，并不能改变人口问题的本质。人口问题是一种社会问题，其增殖也罢减少也罢，都不是经过某种计算然后国民的生育行为就可以跟上走。用控制论和系统工程方法预测人口，是上个世纪 40 年代后期由美国的科学技术人员从为战争服务岗位转移到社会科学领域推动的。当宋健 1978 年惊喜地发现这一事实的时候，这一学科的预测方法已经相当成熟乐。但是，发达国家的人口问题也很多。欧洲国家的大多数政府就为人口老化和本民族的妇女不愿意生孩子而发愁。法国和德国的民族主义者也都忧心忡忡，因为这么低的生育率，用不了一个世纪他们的民族就要消亡。更多的经济学家、制造商、营销商、银行业和其他金融业的巨头们以及所有的希望增加收入的人都在抱怨由于新出生的婴儿太少，导致市场消费不足，生产不景气，经济低迷、增长速度缓慢。宋健怎么不去问一问他的老师们，搞控制论玩电子计算机半个多世纪，何以愚蠢到没有想起给他们的政府出主意强制老百姓必须生育 3 个、4 个，甚至于更多的孩子？

9-7.“一胎化”也不是什么 12 亿人口目标的要求。第一，2000 年把我国人口控制在 12 亿以内的说法，最早见于 1980 年 2 月 2 日陈慕华在婚姻、家庭、计划生育新风尚座谈会上的讲话，国务院总理华国锋将其规范化提出则是 9 月 7 日五届人大三次会议的工作报告。而在此之前，已经产生了“一胎化”。第二，包括宋健在内的许多人用 1982 年人口普查资料预测，如果实行“一胎化”，2000 年大陆总人口仅为 10.6 亿，如果确定 12 亿的目标，完全可以允许农民生育 2 个孩子。第三，直到现在我们也没有发现提出 12 亿的结论是由什么样的研究论证得出的，与“一胎化”的生育政策究竟又有什么样的关系。善良的人呀，它其实也是一个拍脑袋的数字。第四，我国的实践和现实表明，2000 年我们没有实现 12 亿，而是接近 13 亿，但是，13 亿人口的国民生活和国家经济水平比以前都要好得多。社会经济现象是很复杂的，人类远远没有达到可以认识并且把它简单归结为数字学的程度。所以，不惜牺牲国民的现实幸福去追求实现将来某个数字的作法，无论这个数字来源于政府或者什么研究人员的所谓研究，其实都是极为荒谬的。

9-8. 在中央和国务院的所有文件以及正规的场合都没有“一胎

化"的提法，也许反映了中央高层意识到在一个国家推行"一胎化"生育政策的非理性。

9-9. 1978 年标志一个旧时代的结束和一个新时代的开始。所以，处于转折时期的社会经济问题会层出不穷，各种社会和文化现象也会绚丽多彩。同时，那些推动改革和历史发展的政治家和各个领域的优秀分子在这个时期所进行的伟大创造曾给历史增添了无限的光彩。同时，比起那些精英们的才气和抱负、机遇和挑战、辉煌和遗憾，遗留和未竟的事业可能要更多。特别是历史常常像一个不成熟的孩子一样作弄人，当那些推动历史发展的领袖们准备着手解决那些本来并不算很困难的问题时却遇到了相同营垒的强力反对，竟令多少英雄人物扼腕长叹和悔恨终生！

9-10. "现行生育政策"是当时中央为纠正"一胎化"征求地方党委意见时提供的必须二选其一的两个方案之一，并且是由国家计划生育委员会和各个省市自治区党委选择相对严格、偏紧的一种方案。从现行生育政策形成的过程可以感受到，中央推出这一政策属于不得已而为之，是对已经实行的"一胎化"生育政策的一定程度的妥协和校正，是一个历史阶段的政策。但是，到了我们这一代，那个产生于特殊背景下的"历史阶段的政策"却被固定下来，变成一种不敢触动的东西。并且，更有甚者，还似乎成了一些人需要千方百计予以捍卫和守候的传家宝贝。

——2006 年 5-6 月初稿，11 月第 2 次修改

2007 年 3 月—4 月中旬第 3 次修改

（本文分 5 个部分刊发于 2007 年 4 月 17 日）

计划生育是工业化带给人类的一种生活方式

计划生育在国外叫节制生育，或者称之为家庭计划。它是工业革命以后，才越来越被更多的人们接受的一种两性行为的生活模式。所以，它是工业化带给人类的一种新的生活方式。我们知道，性和生育是人类从自然界长期进化发展中获得的一种紧密连接在一起的生理现象。在大自然的演变过程中，自然把性设置在人的生育和生殖行为之前可以获得感官愉悦、快乐的基础上。这样，在人类的以往历史上，繁衍就成为人的一种自发和本能。人在追求性的愉悦和快乐的过程中，获得了生殖的条件与结果。当然，毕竟由于性和生殖属于两种不同的生理行为，自古就有人企图将它们分开，只希望得到性的享受、愉快和愉悦，而不要那么多的生育。但是，一方面追求生育是古代社会的主流，另一方面社会也没有条件可以保障将二者分离开来。

工业革命的进程把二者分离了开来。首先，工业革命创造的生产方式改变了传统社会以来的家庭职能，过去许多由家庭承担的工作都由社会接过去了。在现代社会里，家庭的生产和经济职能越来越式微，人家庭已经没有那么必要了，养老也可以不依靠儿女了，社会交往甚至于比家庭成员之间还广泛和频繁……。以及社会生活水平的提高、医疗卫生的进步都极大地降低了包括婴幼儿在内的人的死亡率，不再需要以过多的生育数量来保障后代的传承。所以，减少生育数量成为社会的一种普遍愿望。其次，工业革命以来的社会进步也使节制生育可以成为可能。科学发展揭示了人类的性与生殖之间的关系，生产能力的发展又不断为人们提供了方便、舒适的节育药物和器具。所有这些，也都是工业革命以前无法想象的。

由于节制生育符合人的追求自由和幸福的本性，只要具备条件，这一过程的出现和发展都表现了那么随意与自然。发达国家是工业革命的发源地，如果以机器大生产的 200 年左右的历史计算，这些国家的妇女生育率至少已经有了 150 年下降的历史。如果考察生育率下降的迹象，可能追溯的时期更久长。根据马克思在《资本论》中引用的资料，英格兰和威尔士在 1811-1861 年人口增长的速度一直在放慢。可以说，英国这两个发达地区的妇女生育率在 200 年前就有了下降的迹象。现在，这些发达国家的妇女生育水平已经下降到平均终生生育不到一个半孩子。

我国的妇女生育率表现了和发达国家的妇女完全一样的特征。早在上个世纪 50 年代初期，我国工业经济建设刚刚开始起步，随着大批青年进城参加工作，许多男女青年就自发要求政府提供帮助，实行节制生育。城市妇女在 50 年代就开始了生育率的下降，农村妇女 60 年代紧跟城市妇女之后拥有了生育率的下降过程。60 年代末到 70 年代末的大约 10 年里，我国妇女的生育率由平均终身生育 6 个孩子下降到 2 个多一点。

在上个世纪 60 年代，当发达国家担心发展中国家的人口增长威胁发达国家的安全时，不仅仅中国，还有不少的发展中国家都随着工业化或者人民生活的改善，妇女生育率相继出现了下降的迹象。到了 80-90 年代，几乎所有的发展中国家的妇女生育率都进入了下降过程。现在，发展中国家的妇女生育率大约都达到了发达国家 4、50 年以前的较低水平。

由于节制生育是工业革命以来生产发展和社会进步创造的一种符合人性的生活方式，它的特点就在于无须政府强制而属于人们自发自愿的选择。发达国家工业革命开始得早，但发展的历史缓慢，妇女生育率下降过程开始得早速度也缓慢。一般地说，发展中国家工业化发生的比较晚但速度快，妇女生育率下降历史发生得晚势头却比较快。目前，大多数发展中国家的妇女用了 30 年的时间，其生育率已经达到发达国家的妇女曾经需要 100 年才达到的水平。而且，除了中国以外，上述的成就都是在各个国家的政府并没有强制和干预的情况下取得的。

　　由于人的生育和繁衍属于社会的物质基础，它的自然发展规律远远还没有被人们认识和掌握。所以，中外不少的事例表明，政府的强制和干预往往都不能达到应有的效果。相反，倒是政府不那么强制的情况下，反而会收到意想不到的好结果。上个世纪 70 年代初期，政治上如日中天的印度总理英·甘地夫人的政府颁布了干预生育的政策，那种所谓干预要比起我们国家现在的生育政策来说，那程度之小到几乎可以忽略不论。甘地夫人的政府仅仅表示对于国民生育数量的一种意愿，竟然成为导致那次国大党下台的因素之一。根据诺贝尔经济学奖获得者阿马蒂亚·森的数据，20 年之后，没有政府干预的印度妇女生育率竟然比同一时期政府强制下的中国下降快得多。1979 年，中国的妇女总和生育率 2.8，印度的克拉拉邦 3.0，泰米尔纳都邦 3.5。到 1991 年，中国的总和生育率下降到 2.0，克拉拉邦 1.8，泰米尔纳都邦 2.2。90 年代中期，中国的生育率 1.9，克拉拉邦 1.7。虽然印籍经济学家阿马蒂亚·森是用印度的两个邦和一个大国比较，但是，一是它们不是小邦；二是用一个国家的一部分做比较，其生育率自发地迅速下降，更足以证明不需要国家的政策强制。

　　由于人口过程的特殊性，我们往往还无法了解隐藏在人口现象背后的一些本质性规定。如果政府强制和干预，企图破坏人口过程的自然发展，则可能都得到了一些假象。上面说的我国妇女生育率下降速度最快的 70 年代，我们还没有现在的以强制为核心内容的生育政策，10 年前后生育水平相差 3 个孩子。这是古今中外绝无仅有的一种速度。80 年代初期，是我国推行"一胎化"最为得力的时期，举国上下和不分城乡实行"一胎化"。那时各个省市汇报也说基本实现了"一胎化"，许多人直到现在还相信那时候的报表。但是，按照 1982 年的人口普查，不仅农村普遍生育了 2 个孩子，而且有百分之二、三十还生了 3 胎或 3 胎以上。

　　几十年政府强制性的生育政策造成基层普遍的人口生育瞒报漏报，使得我们已经难以得到与新出生相关的人口数据了。即使如此，我们还是能够分析出政府的生育政策可以起什么作用。根据国家计划生育委员会的资料，1980 年我国妇女总和生育率已经下降到 2.24，现在是 1.8。这就是说，过去 10 年里政府没有强制下降了 3.0，而经过近 30 年的强制下仅下降了 0.5。还有，按照 2000 年人口普查登记全国总人口 12.4 亿，普查公告 12.6 亿。如果用 80 年代以来实行的生育政策测算，至少多生育了 1.6-1.8 亿的人口。也就是说，在我国 1980 年以来新出生的人口中，有一多半属于政策不允许出生而出生的。

节制生育是工业革命奉献给人类得一个礼物。但是，每一个人如何享受，以及怎样享受、什么时候享受，那都是个人的选择。社会的进步就在于和体现了给人们提供的越来越多可供选择的机会。相反，如果社会发展涌现出越来越多的美好和符合人性的事物，都需要政府制订政策和法律强制每一个人都无条件地必须实行，那一定就会破坏美好。如同恩格斯所说，由于人类还没有成熟到足以正确认识社会现象的程度，政府的强制和干预往往会破坏了社会的自然发展（马克思认为社会发展也是一种自然过程），一定会给社会带来危害。而品尝这一危害苦果的不仅是国民，而且一定还有这个国家的政府自己。

（本文刊发于 2007 年 4 月 25 日）

我国人口统计没有准确反映改革的实际成就

包括国际社会在内，大家在对比 1980 年前后和 2000 年左右的我国婴儿死亡率时，实际都是在用一个起点上低于实际的死亡率和一个终点上高于实际的死亡率发生比较，其间的差别当然要比实际发生的小得多。用否定医疗卫生改革的同志的话来说，就成了人民大众没有得到改革的实惠。所以，医疗体制的市场化改革是失败的。

如果明白了数字背后的许多道理，否定医疗卫生改革成就和方向的所谓研究报告及发表在一些重要期刊上的许多长篇论文就都需要推倒重写。

按照否定我国医疗卫生体制市场化改革的同志的理解，婴儿死亡率和人口预期寿命是世界卫生组织和世界银行等国际社会衡量各个国家国民健康状况的两个重要指标。他们对比了世界卫生组织和世界银行给出的 1978－2000 年各个国家的数据，认为我国要比世界大多数国家和地区的变化都要小，所以得出结论说我国医疗卫生的市场化改革是没有绩效和失败的。如果仔细阅读支撑否定派的一系列文章，可以发现他们理直气壮和言之凿凿地反对市场化改革的庞大建筑就是建立在所谓国际社会提供的这两个指标之上的。但是，这恰恰反映了他们既不懂得这两个指标的各自含义及其相互关联，又不懂得这些数据的来源以及在我国特殊背景下产生的这两个数据的实际意义。

首先，婴儿死亡率和预期寿命不是反映国民卫生健康状况的健康指标，而是人口统计学上的有关全面反映社会死亡水平的死亡率指标。一个国家的具体医疗卫生体制可能影响国民健康，国民的健康状况又直接影响死亡率，但医疗卫生体制、国民健康状况和死亡情况却往往不能构成直接的因果关系。实际上，因为截止目前人们还无法通过设计少数几个指标来准确反映一个国家国民健康的状况，所以，在世界卫生组织和世界银行公布的一些指标体系里，都是用另外设计的数十个指标从一些侧面反映卫生的发展、疾病防止、生育卫生和健康风险的承受能力等情况，而把婴儿死亡率和预期寿命这两个在人口统计学上早已经成熟的指标十分明确地放到了"死亡率"栏目里。

婴儿死亡率准确地说是出生婴儿死亡登记，是反映活产婴儿在一定期间比如一个星期或者一个月内的死亡发生率。由于婴儿发育尚不成熟，对环境适应能力差，这一数据在一定程度就反映了妇女的社会地位和身体健康状况、围产期卫生状况以及居民生活水平和社会发展水平。人口预期寿命是由全社会人口分性别和年龄别的死亡率计算的，所以反映了全社会人口的死亡状况，属于最全面的死亡率指标。因为在一般情况下，0 岁组以上的人口死亡率比较稳定，而婴儿死亡率在历史上都曾经很高（我国 50 年前每活产 1000 个孩子，死亡约 200 个），变化较大，对预期寿命的大小往往影响很大。所以，婴儿死亡率和预期寿命是两个关联度很大的死亡率指标。同时，由于这两个指标可以反映全社会人口的状况，所以，可以把他们的变化当作经济社会整体进步而不是某一方面发展与否的指示器。

其次，像世界卫生组织和世界银行等机构关于各个国家社会发展状况的许多数据是怎么来的？不可否认，许多国际组织都在一些国家做一些专门的调查，但类似于各个国家年度的动态性和连续性的数据，基本上是来源于各个国家政府的统计机构。对于一些没有条件实施制度性调查的国家和地区的数据，国际社会可能使用自己的专家根据相关资料估计的数据。像联合国的一些机构和世界卫生组织、世界银行这样的组织和机构，都拥有许多在各个领域相当优秀的统计学家。由于为了避免不必要的麻烦，这些组织一般都要使用主权国家官方公布的数据。但对于一些有问题的数据，这些组织在使用的同时都会采取委婉的方式指出来。譬如从上个世纪90年代后期开始，世界银行每年发布一个《世界发展指标》，试图建立一个足以反映各个国家和地区经济社会全面发展状况的指标体系。这个指标体系在使用各个国家提供的人口统计数据时对不少的国家都有所保留，其保留的方法是在后面有一栏提示"人口动态登记的完整性"，凡他们认为可靠的都标明"是"，其他则以空格处理而不予说明。在我国"人口动态登记的完整性"栏目里，也给予空格待遇。

第三，国际社会引述我国婴儿死亡率和人口预期寿命之类的数据都是来源于我国国家统计局和其他相关政府部门的人口统计或业务调查登记。从上个世纪 80 年代以来，随着我国经济社会的巨大发展，以及国家统计局放弃前苏联计划经济的物质平衡表（MPS），逐步推广和使用适合市场经济国家的联合国经济社会发展指标体系（SNA），许多有关经济社会发展指标比较科学、合理了，但因为我国人口政策和计划生育工作方面的问题，有关人口统计却越来越失真了。我们知道，人口统计方面的最权威数据要算人口普查了，所以平时的相关统计都要根据普查结果修正。但是，我国人口普查的许多数据就有问题。比如，1982 年普查时 0 岁组 2081 万人，到 1990 年普查时 8 岁组为 2204 万人，期间 8 年不仅没有因死亡减少反而多了 123 万。同样对比 1990 年和 2000 年两次普查中前次 0 岁组和后次 10 岁组，后者比前者多 299 万。仅以此计算的漏报率就分别为 6% 和 11%，如果考虑到两次普查期间还有一定的死亡人口，漏报率应该更高。初步分析，1990 年普查表明在 1982 年普查时 0—23 岁组都有不同程度的漏报，2000 年普查表明 1990 年普查时 0—9 岁组也都有较大比例的漏报。

更足以说明问题的是，2000 年 11 月 1 日的我国普查登记人口为 12.4 亿。大家知道，目前我国每年还要增加 1000 多万人口。但 2000 年普查登记结果竟比国家统计局公告的 10 个月前即 1999 年年底总人口少 1648 万，比 24 个月前的 1998 年年底少 349 万，说明我国一些人口统计数据的失真程度已经达到不能反映实际情况的程度。

第四，我国 1964 年第二次人口普查后，到 1982 年才进行第三次人口普查，其间的许多人口数据都直接或间接来源于公安部门的户籍登记。户籍登记是一定家庭存活人口的记录，活产婴儿在未登记其间死亡就不须再去登记了。所以，国际社会和我们通常看到的1978－1980年的婴儿死亡率一定低于该年实际发生的婴儿死亡率。相反，1980年我国实行"一胎化"的人口生育政策之后，城乡都有不同程度的人口出生瞒报漏报。瞒报漏报通常采取两种方式，一是出生并存活却报死亡，这就直接扩大了婴儿死亡率；二是隐匿不报，则因缩小了新出生婴儿的总数即缩小了死亡率的分母也就扩大了婴儿死亡率。就是说，1980年以来我们看到的婴儿死亡率都是高于实际发生的婴儿死亡率。包括国际社会在内，大家在对比1980年前后和2000年左右的我国婴儿死亡率时，实际都是在用一个起点上低于实际的死亡率和一个终点上高于实际的死亡率发生比较，其间的差别当然要比实际发生的小得多。用否定医疗卫生改革的同志的话来说，就成了人民大众没有得到改革的实惠。所以，医疗体制的市场化改革是失败的。

因为婴儿死亡率和人口预期寿命具有一定的负相关关系，所以，婴儿死亡率的上述状况也就影响了人口预期寿命的计算结果，显得20多年我国预期寿命提升得很慢。实际上，出生婴儿漏报对预期寿命的影响还要持久和严重一些。我们知道，婴儿瞒报漏报是在以后许多年里被慢慢纠正的，就是说，在0岁到10多岁的各个年龄组里，都有一定比例的漏报。各个低年龄组的人口总数被缩小了，也就等于缩小了计算各个低年龄组死亡率的分母，人为地提高了低年龄组的死亡率，从而缩小了被计算的人口预期寿命。不难理解，这更凸显得我国人口预期寿命在改革以来的20多年里提高得比别的国家慢。

如果明白了数字背后的许多道理，否定医疗卫生改革成就和方向的所谓研究报告及发表在一些重要期刊上的许多长篇论文就都需要推倒重写。

（本文刊发于2007年5月31日）

建设高度文明的现代国家
就必须放弃强制性的生育政策

我叫梁中堂。从 1979 年产生"一胎化"生育政策以来一直研究生育政策，提出"晚婚晚育加间隔"生育办法并且在 1985 年争取到在山西省翼城县试验，已经 20 多年了。多年的思考和研究，我以为生育政策不仅仅是一个放开 2 胎的问题，而是一个现代国家的政府根本就不应该具体干预和规制公民的生育问题。我国由政府具体规定国民只准许生育一个或者两个的政策，产生于 1978 到 1979 年，那是一个特殊的体制和特殊的年代，强调国家计划，说经济按照计划发展，人口不实行计划不行。其实那时的经济也没有真的做到有计划发展。如果政府真的能做到有计划，要比盲目生产的经济好得多，就不存在改革计划经济和向市场转型的问题了。由于社会问题的复杂性，人类的认识还没有达到可以认识的程度，人自以为是的许多做法以及政府管制下来反而还没有市场自发配置的效果好。所以，计划经济是一种不成功的经济体制，20 多年来逐步放开已经不实行计划生产了，但老百姓的生育却让政府继续管制着，实行"计划生育"。现在的问题是，我们改革开放要走向市场经济，建设一个高度文明和谐的现代国家。而具有高度文明的现代国家必然是一个法制国家，法制国家的基础就是政府和公民之间的十分清晰的关系，国家公权绝对不允许进入和侵犯私人领域。否则，就会有矛盾，不和谐。今年全国人大通过"物权法"，是承认个人的财产权神圣不可侵犯。法学领域里讲的"神圣不可侵犯"不是对个人说的，从来都是对政府说的。财产所有权在现代国家法律体系中通常都是包含在个人的人权范畴中的。我们有了"物权法"是迈向现代法治国家和走向安定和谐社会的一个实际步骤，是很大的进步。而生育权是一个比财产权更具有私人性质的法学范畴。大家都知道有个马尔萨斯，马尔萨斯为什么提出人口论？西方发达国家那时也有过人口急剧增长的时代。为什么除了中国以外世界上任何国家都没有一个政府决定国民生育的政策和法律？就是因为自罗马法以来都把生育当作个人的权利，甚至于属于自然法即神法授予的权利，人法不能剥夺它。财产权是人法规定的个人权利，生育权是神法规定的个人权利，都属于私权性质。国家公权和个人私权必须清楚，泾渭分明。现代文明国家的法律体系都是构建在界定清晰的公权私权范畴基础上的，如果公权随意进入私权领域，国民就没有安全保障和稳定的生活，社会也就没有安定祥和了。从 1978、1979 年实行"一胎化"和现行生育政策以来，如果全国都按照"一胎化"或者 1.5 个的"女儿户"为核心内容的现行生育政策生育，现在全国总人口最多也只有 11 亿人口，但实际上现在是 13 亿多。就是说，至少 2 亿多人口是属于"违犯"计划生育政策或"违法"出生的，平均每年有 1000 多万人口属于违法出生。按照每个家庭户 3.5 个人计算，至少涉及 7 亿人口违犯了国家政策或法律。根据政策规定，每个计划外生育对象要连续处罚几年或者 10 多年。计划生育管理人员和基层干部每年都要去做 1000 万左右计划外怀孕妇女的工作以实施人工流产，要登门去累以亿计的计划外生育户收缴罚款，其实那都是一次次的社会摩擦。想一想社会人为地划分出 2 亿多人口属于不应该出生者，每年成千上万人背乡离井逃避计划生育，成千上万个计划外怀孕的妇女无可奈何地走上产床去做流产，数以千万计的人为想生育自己必须要有的孩子而和政府博弈，上亿户家庭要从纯收入中拿出一部分缴纳罚款，特别是由于大多数地区的农民收入都不高而无力缴纳罚款却又必须面对征缴人员，我们如何去描绘一张百姓景遇升平、社会安定祥和的图画？所以，根本的问题和正确的解决办法不是"放开二胎"和取消"独生子女"政策，那是要比现在更宽松一些，但解决不了建设高度文明的现代国家与和谐社会的根本问题。根本的解决办法是国家公权退出私权领地，像世界上所有国家一样，政府甚至可以鼓励和提倡节制生育，但生育权则属于公民自己。

　　熟悉的人会问，那你为什么过去主张普遍生育 2 个并在翼城县搞实验？那是在 1979 年和上个世纪 80 年代，计划经济时代，我刚当过公社主任也就是现在的乡镇长，知道"一胎化"在农村行不通；如果真的实现了，对我们国家也将是灾难。所以，和"一胎化"政策相对而言，允许农民生育 2 个可能是更为宽松的好政策。人家有顾虑，那好吧，通过实验看看结果怎样。但是，90 年代以来，我们国家是在一个更宽广的层面上发展，经济的发展和社会进步都超过了以前时代的想象。另外，80 年代争论的人口政策的目标是指 2000 年达到多少，那么 2000 年究竟如何，人口普查可以检验了吧？但面对那么清楚的事实，人口政策依然故我，这都启发我必须在更深入的方面思考。在我国历史上，几个大的阶段，伟大的政治家都讲过人口不是计划生育问题，毛主席在 50 年代后期，周总理在 70 年代初期，他们都要把节制生育纳入到计划经济的轨道；80 年代初期，极为严厉的计划生育政策和农民的矛盾很突出，胡耀邦赵紫阳从社会安定的角度出发多次批示计划生育部门，强调全局观念，强调从政治的高度去做计划生育工作。当然，由于受计划体制的局限，他们无法找到解决人口问题的根本出路。但是，这一些政治家从大处着眼看问题的方法可以给我们以启迪。我们现在要建设高度文明的现代国家，要立于世界之林，我们也要成为一个高度文明的国家，也需要一个与市场经济规则相适应的法律体系。恩格斯讲，现代国家的法律体系的一个基本原则就是要求法律体系的和谐一致。一个成熟的现代国家必须设置一条底线，这就是国家公权绝对不允许进入私权的范围。既然说是底线，就是不得以任何借口越过这一条线。在这里，少数服从多数、个人利益服从国家利益，都行不通。神圣不可侵犯，此之谓也！这是社会稳定的基础。因为政策和法律都是由人制定、理解和执行的，这是需要全民都形成的一个理念。

　　如果放开强制的计划生育政策，会不会出现国民盲目生育、人口急剧增长的局面？如果把人当作生孩子的机器，竞相生产，当然会出现人口爆炸的那一天。人是一种充满经济理性的动物。人生孩子干什么？是为了追寻幸福。在传统社会中，只有孩子多了才有家庭的生产力，才有幸福，所以激起生育的积极性。工业社会已经改变了这一状况。全人类逐渐接受节制生育的行为启迪我思考这样一个问题，即节制生育的本质究竟是什么？毛主席周总理提出节制生育和计划生育是计划经济的要求。但是，欧美发达国家从来也没有实行过计划经济，节制生育的观念却是在那些民族中间产生；苏联东欧国家实施计划经济，没有我们强制的计划生育但这些民族也比我们更早的实行了节制生育。在发达国家的知识分子和政要担心发展中国家的人口增长会给他们造成威胁的时候，这些落后民族已经越来越多地接受了了节制生育的理念。所以，我前些年提出，节制生育是工业革命送给人类的一种更符合人性的新的生活方式。是工业社会有条件把人类的性和生育分离开来，给人提供了只要性的愉悦、欢乐而可以不要生育。如果我们都认为生孩子并不一定带来幸福，那何须担忧老百姓会一味地去生孩子？美国的经济学家舒尔茨比较早地从事发展经济学研究，1979 年在获取诺贝尔奖时发表了一篇题为《穷人的经济学》的演讲辞。其中有一段话说，对于人口问题，我们同样没有很好地从历史的观点观察。有人以为贫穷的人民会像田鼠一样生育，其结果非要导致自我毁灭不可。如果回过头来看看我们自己，那时我们也是从贫穷的日子过来的，并没有像田鼠一样繁殖而导致毁灭。那么，今天贫穷国家的人口增长也不会那样。他在结束语中还给那些有教养的听众说：

> 虽然我们与穷人们相比有着无以伦比的有利条件，但是他们和我们一样，同样关心着改善他们自己的命运和他们孩子的命运；他们也和我们一样能从他们有限的资源中获取最大的利益。

2007 年 6 月 7 日

附记：这是给凤凰卫视"一虎一席谈"节目"放开二胎，是兴国之举还是败国之言"写的评论。　（本文刊发于 2007 年 6 月 7 日）

印度和韩国没有我们这么严重的出生性别比

刚才读易富贤先生发表于光明观察上的文章《中国出生性别比失衡确实是因为计划生育》（http://guancha.gmw.cn/show.aspx?id=5077），很同意他的基本观点，即发生在中国人口统计上的出生性别比问题确实是由"一胎化"和现行生育政策造成的。但是，文章援引国家计划生育委员会说的印度、韩国有比我们还严重的出生性别比问题，我颇为疑惑，首先不知道国家计生委的官员是否讲过这样的话，如果真的讲了，不论在什么时间什么场合，肯定都属于不负责任的胡言乱语。我阅读时并没有具体数据，但凭直觉认为根本不可能有这样的事情。即使说印度有比我国还要落后的歧视妇女的传统文化和种姓制度，韩国也有大致接近于我国传统文化的"重男轻女"观念，但是，只要是政府没有强制干预，这些长期的历史形成的因素一定有其他社会因素的抵消，使得人们在生育问题上能够实现性别相对地平衡。否则，这个民族早就消失了。

为了验证我的看法，我翻检了联合国秘书处经济和社会事务部人口司编制的世界人口正式估算和预测《2002 年修订本》。说是"估算和预测"，但是我们引证的都是已经走过的年头，所以应该是联合国已经按照实际修订了。从这本资料看，印度一直有我们国家自 1982 年人口普查以来就再也没有过的很正常的出生性别比。因为该资料显示 0-4 岁组，我们只好以此来说明。1980 年印度 0-4 岁组的性别比是 106.423，1985 年是 105.551，1990 年 106.307，1995 年 106.456，2000 年 106.220。韩国也没有我们这么严重的性别比。1980 年韩国 0-4 岁组性别比是 105.457，1985 年 109.465，1990 年 112.023，1995 年 113.095，2000 年 110.196。如果按照通常认为 104-107 算是正常的性比例，韩国 1985 年以来算不正常，但不能说已经很严重。至于为什么不正常，我没有对人家做过研究（也不准备去研究各个方面都比我们先进的国家为什么有了那么一点不正常）。另外，从 2000 年看，已经呈下降或波动的态势了。

如果按照同一资料来源，我国有着和韩国相近的出生性别比。1980 年我国 0-4 岁组的性别比是 106.485，1985 年 107.846，1990 年 110.737，1995 年 111.614，2000 年 111.334。从这份资料看，出生性别比与韩国一样属于不正常，但在 2000 年没有发生韩国那样明显的下降趋向。

我以为问题不在上面列举所显示的情况，因为根据联合国的数据，我国最多就是与韩国一样不正常。我们的问题是根据国家统计局 1995 年抽样调查 0-4 岁组性别比为 118.38，根据 2000 年人口普查 0-4 岁组性别比 120.17，2005 年国家统计局抽样调查 0-4 岁组 122.66。一是直线攀升，二是已经很严重。除了我们国家，别说印度，韩国哪里有这样的事情？我们是一个全心全意为人民服务的国家，在有关国家公共事务上，国家公务员除了人民的利益，应该没有自己的私利。无私就无畏，坚持实事求是也不应该是什么难的事情。稍微有一点逻辑思维能力的人都不难理解，无论和世界上哪个国家比，或者与我们自己比，20 多年来除了有一个"一胎化"和现行生育政策与之不同，还有什么原因能让人口出生性别比上升到世界上任何国家、我们历史上任何时期都没有发生过的程度？国家领导机关闭着眼睛说瞎话，除了损害党和自己的形象与威望，还会有什么结果？

——2007 年 7 月 10 日

（本文刊发于 2007 年 7 月 11 日）

光明观察 2007-7-13 http://guancha.gmw.cn

论改变和改革计划生育制度

按 语

  这篇被冠以《论改变和改革计划生育制度》的文章，是继《20 世纪末中国大陆人口总量和妇女生育率水平研究》之后写的第 3 篇论文。另外两篇文章是《现行生育政策研究》《"一胎化"产生的时代背景研究》。2003 年人口普查公告后，我以为应该对 2000 年的人口数据予以新的评估。等这项工作完成，自然需要盘点上个世纪 70 年代末以来一直实行的计划生育政策和制度。这样，就有了 5、6 年的时间里写就的这 4 篇文章。支撑这几篇文章的资料和理论，研究的方法和逻辑，以及推导出来的观点与结论，都不再在这里提及，有兴趣的读者可以自己去阅读。我先从几个月前的"黑砖窑"事件说起。

  20 多年来，我国城镇巨大发展刺激带动了建筑材料市场。在现代大型建筑中，砖、瓦等传统建材基本上已经派不上用场了。但是，我国大城市的现代建筑之外的中小城市、城镇和乡村，以及大城市中一般的比较传统的建筑和规模个很高大的楼房等建筑，对建材砖、瓦的需求量还是相当大的。砖、瓦的需求市场大，供应方的竞争尤为激烈。建材砖、瓦的生产基本上还是手工业，投资不需要很多，技术要求也不很高，在有适合烧制的土资源的一般农村，只要取得土地所在的村民委员会的同意，就可以筑窑设厂。面临剧烈的竞争，窑主除了在煤炭燃料等方面取得一些不很多的节约外，主要的就是在劳动和劳动力上打主意。雇佣童工和非法劳工、延长劳动时间、无限度地增加劳动强度、克扣生活费用，等等，都是窑主维持生产并能够攫取一点利润的主要做法。极低的报酬，甚至于根本不给报酬，无法负荷的劳动强度和难以下咽的伙食，很难有谁愿意在那里长期干下去。窑主为了得到工人，欺骗甚至于强行拦窃外地行人，扣押证件，限制自由，打骂和强制劳动，如牛马猪狗般的生活，在那个行当里一直都不属于个别现象。别说地方官员应该知道，就是相当一级的政府官员以及社会不少的人们也不会完全不知道。记得大约 10 年前，报纸就曾经报道过我所在的省城附近一个地区的某个砖窑这类黑暗事件，其野蛮、残忍与残酷的程度一点也不比前一阵子报道中描写的那些差。但是，那时就没有引起社会反响。这次竟然得到从社会一般民众到党中央总书记的关注，原因何在？这就是社会的进步。随着经济的发展和生活水平的提高，人们普遍对人权、人道和平等等文化价值观念的认知程度也都潜移默化地得到提高和发展，原来一些见怪不怪或者能够容忍的事情突然间就变得不能容忍了。

我做了 29 年的有关计划生育政策的研究。但是，只是在完成了上面说的这几篇文章之后，才突然明白了 29 年前开始提出、形成并迅速把我们这么大的一个民族全部推到别无选择的余地的人口生育政策和计划生育工作，其实是建立在一个并不可靠的假设和一个无法承受之重的底线基础之上的。首先，生育政策要求每个公民承担法律责任，是假设人完全可以控制自己的生育行为。事实是，人并不一定能够控制自己的生育。人的生育是一种很复杂的生物生理现象，现代科学在许多环节上还是未知的。更何况，不要说我们国家，即使在那些平均文化程度较高的国家里，恐怕对生育有关的科学知识有所了解的居民也都只是极少数。一个极端的例子是，在我们推行计划生育的 20 多年里，女性或男性结扎后怀孕、妇女带环怀孕的现象，在各地都曾有发生。至于配偶和情人不知情怀孕，那简直就比比皆是了。一个国家的法律不能要求公民对自己无法负责的行为承担法律责任。

其次，计划生育是把人工流产当作保障生育计划的一条底线。在我国，不符合政策而有意或无意怀孕者，每年都不是一个小数。既然制定了政策、下达了指标，基层组织和有关部门就必须执行。我们有什么办法可以使计划外怀孕不至于成为计划外生育？那只能是人工流产。但是，现代医学并不支持把人工流产当作节育的手段。我们且不说人工流产对妇女的身心伤害，也不去讨论那些故意怀孕希望生育者。即使那些不准备生育而意外怀孕，往往发现后可能都超过了医学上认可的终止妊娠的时间。大月份引产，往往胎儿已经发育成形、性别可鉴和生命现象也有所体现。可以说，绝大多数的大月份引产都是非自愿性的。而非自愿性的大月份引产就有可能酿成令人发指的事件。不错，过去曾经发生过大量类似的事情。现在，还有这样的事情在发生。但是，我们的目标是走向世界。我们正在走向世界。我们要建设一个高度文明的现代国家。在一个现代文明国家里，这样的现象还能持续多久呢？

本文曾经提交国内的一个学术会议。会议收集的论文辑要仅选摘了本文约 1 万字的内容，可能小范围的人也见到了我自行印制并提交的文本。这次重印，仅校正了一些文字错误，并对个别地方做了编辑处理。

1. 从毛主席的一篇美文说起

1949 年，当中国共产党领导即将在北平宣告新生政权诞生的前夕，美国政府公开发表了美国国务院检讨对华政策的中美关系白皮书和国务卿艾奇逊给美国总统杜鲁门的公开信。由于美国对华政策的失败，执政的民主党需要面对反对党的责难，文件中披露了不少鲜为人知的内幕材料。毛主席抓住这一难得的机遇，亲自撰写了一组文章予以评论和反驳。当时中国革命势如破竹，共产党和毛主席在国内外的声望如日中天。在这些文章中，毛主席的才思恰似江河奔流，纵横驰骋。5 篇论说文章环环相扣，逻辑连贯，宛若一气呵成。特别是最后一篇《唯心历史观的破产》，驳斥艾奇逊运用马尔萨斯人口论预言中国新生政权也将无法解决中国人吃饭问题，立论明确、简洁，语言生动、流畅，革命的乐观主义与浪漫主义寓于一体，堪与许多流传千古的传世名篇媲美。

按照艾奇逊的观点，中国人口众多，"因此是土地受到不堪负担的压力"。人口过多不仅常常引发革命，而且，人民的吃饭问题是一直到现在没有一个政府可以解决的首要问题。毛主席先用大量中外历史事实说明爆发革命的原因不是人口过多引起的，而是由于社会制度的不合理引起的。接着，毛主席说：

中国人口众多是一件大好事。再增加多少倍人口也完全有办法，这办法就是生产。西方资产阶级经济学家如像马尔萨斯者流所谓食物增加赶不上人口增加的一套谬论，不但被马克思主义者早已从理论上驳斥得干干净净，而且已被革命后的苏联和中国解放区的事实所完全驳倒。

毛主席还由历史经验总结出一个十分著名的命题——"革命加生产即能解决吃饭问题"。由此，写出如下一段脍炙人口的文章：

世间一切事物中，人是第一可宝贵的。在共产党领导下，只要有了人，什么人间奇迹也可以创造出来。我们是艾奇逊反革命理论的驳斥者，我们相信革命能改变一切，一个人口众多、物产丰盛、生活优裕、文化昌盛的新中国，不要很久就可以到来，一切悲观论调是完全没有根据的。

毛主席的文章，充分体现了革命政党所持有的"以人为贵"和"以人文本"的思想。历史也确实如毛主席所预言的那样，共产党取得政权后"革命加生产"，短短几年就基本上解决了中国人民的吃饭问题。但是，毛主席似乎还是感到前进的速度太慢了，很快跨越原来准备实施一个较长阶段的"新民主主义社会"，采取"一边倒"地学习苏联，实行计划体制，实施优先发展重工业的发展战略，一步进入社会主义社会。上个世纪 50 年代中期，实行计划经济不仅之后，取得政权的毛主席对于人口问题就有了与革命时期不同的认识："中国人多也好也坏，中国的好处是人多，坏处也是人多。""我们这个国家的好处是人多，缺点也是人多，人多就嘴巴多，嘴巴多就要粮食多……"以毛主席为首的中国共产党从来没有怀疑社会主义和计划经济会有什么问题，所以，把经济社会发展上遇到的许多困难原因就都转移到人口众多方面。从 1956 年开始，毛主席根据计划经济提出计划生育这一全新的概念。大约经过 20 年的发展，特别是因为有了 70 年代中后期的特殊历史条件，促成了我国独特的计划生育制度。

1978 年改革以后，中国由计划转向寻求市场导向，总人口已经由 9 亿增加到 13 亿，但是，毛主席那一代国家领导人在计划经济体制下所发愁的青年上学、就业和人民吃饭的问题都已经不存在了。在毛主席的时代，全国高等院校的全部在校生最多不超过 100 万人，现在，每年招生超过 500 万人。60、70 年代，各级政府为每年新成长的数十万城镇青年就业发愁。现在，每年有数亿农民进城打工。政府稍稍转换经济体制，就可以取得旧时代无法想象的社会效果，凸现着在人口问题方面炯然不同的认识和解决途径。

2. 两种截然对立的人口理论

人口因素往往是研究一个国家或者民族经济的起点，所以，从威廉·配第开始的许多古典政治经济学家，就已经意识到了要寻找人口和经济之间的联系。但是，我们现在所讨论的各种人口问题，本质上都是近代工业社会才具有的社会现象。马尔萨斯把社会造成的人口问题简单归结为人口自然增长超过了粮食增长的速度，坚持认为人口问题与社会体制毫无关系。

马尔萨斯人口论一发表就理所当然地受到一切正直人们的批判。在政治经济学领域，李嘉图、西斯蒙第等当时最具有影响的经济学家都曾以极大精力反驳马尔萨斯。而所有批判文章中，最有力的还是李嘉图揭露和批判马尔萨斯关于人需要食物及其两个级数的观点。马克思后来就评论说：

李嘉图当即正确地反驳他说，假如一个工人没有工作，现有的谷物数量就同他毫不相干，因而，决定是否把一个工人列入过剩人口范畴的，是雇佣资料，而不是生存资料。

　　当然，对马尔萨斯的系统和科学批判当归马克思。马克思在通过对资本主义生产方式和马尔萨斯的批判中建立了自己的人口论。马克思的人口论是马克思主义经济学和社会学的重要组成部分。

　　马克思的政治经济学不仅与马尔萨斯从人需要吃饭这样的空泛的议论开始不同，而且和亚当·斯密、大卫·李嘉图等前辈也都不相同。马克思反对抽象地研究人口，强调人的生产的社会性。"这些个人的一定社会性质的生产，当然是出发点。"我们研究任何人口问题都是发生在特定的社会环境中的，所有的人口都是以在一定生产关系中进行生产为前提的。马克思认为，当我们从政治经济学方面考察或研究一个国家的时候，应该从该国的人口和其他经济社会因素开始，但是，不能离开具体的社会生产抽象地研究人口。"如果我抛开构成人口的阶级，人口就是一个抽象。如果我不知道这些阶级所依据的因素，如雇佣劳动、资本等等，阶级又是一句空话。"从人口出发，把人口放在具体的生产关系中考察，在获得生产过程中的许多具体的规定之后，"这回人口已不是一个浑沌的关于整体的表象，而是一个具有许多规定和关系的丰富的总体了。"所以，人口既是一定社会生产行为的主体和基础，又是一定社会生产关系的总和。

　　马克思十分憎恶马尔萨斯把人口和其他社会因素割裂开来，将人口问题当作自然过程的观点，一生不断地对其进行批判和斗争。马克思特别揭露和反驳了马尔萨斯臆造的两个级数的荒谬理论。马克思说：

　　他把经济发展的不同历史阶段上的过剩人口看成是一样的，不了解它特有的差别，因而把这些极其复杂的和变化多端的关系愚蠢地归结为一种关系，归结为两种等式：一方面是人的自然繁殖，另一方面是植物（或生活资料）的自然繁殖，把它们作为两个自然级数互相对比，一个按几何级数增长，一个按算术级数增长。这样一来，马尔萨斯便把历史上不同的关系变成一种抽象的数字关系。这纯粹是凭空捏造，既没有自然规律作根据，也没有历史规律作根据。似乎在人的繁殖和例如谷物的繁殖之间应当存在着天然的差别。这个盲目模仿者同时还认为：人数增长是纯自然过程，它需要外部的限制，障碍，才不致按照几何级数发展下去。

马克思接着说，在历史上，"人口是按照极不相同的比例增加的，过剩人口同样是由一种历史决定的关系，它并不是由数字或由生活资料的生产性的绝对界限决定的，而是由一定生产条件规定的界限决定的。"马克思针对马尔萨斯把资本主义特定的过剩人口解释为绝对的超社会、超历史的自然人口理论，特别强调指出，资本主义的过剩人口的发展同剩余劳动的发展是相适应的，"不同的生产方式，有不同的人口增长规律和过剩人口增长规律"。剩余工人的出现，即从事劳动的没有财产的人的出现，是资本时代的现象。第二，人口发展的限制条件"同并不存在的生存资料绝对量根本没有关系，而是同再生产的条件，同这些生存资料的生产条件有关，……同生存资料的生产方式有关。"人口增长的发展规律不是纯自然过程，而是一种由历史决定的关系。所以，人口数量的限制条件是随生产的条件而变化的，是由一定生产基础决定的。

马克思认为，根本不存在独立于社会生产条件以外的人口问题。如果说人口需要有一个数量限制，那也是对于一定的社会条件来说的。马克思说："社会的条件只能适应一定数量的人口。"一定的社会制度、休制或者"社会条件"决定和限制了一定的人口数量。如果突破了社会条件的制约，看似饱和或者过剩的人口可能就不存在了。所以，人口问题，从来都是社会问题，并且只有通过社会的改革和发展才能得到解决。恩格斯曾经把讲坛社会主义者设想未来的新的社会可能出现人口过剩的问题称之为"混乱的超智慧"和"荒谬已极的胡言乱语"。恩格斯拒绝回答他们的问题，认为回答这一类问题"简直是浪费时间"。在同一封致卡尔·考茨基的信中，恩格斯还说：

人类数量增多到必须为其增长规定一个限度的这种抽象可能性当然是存在的。但是，如果说共产主义社会在将来某个时候不得不象已经对物的生产进行调整那样，同时也对人的生产进行调整，那么正是那个社会，而且只有那个社会才能毫无困难地作到这点。在这样的社会里，有计划地达到现在法国和下奥地利在自发的无计划的发展过程中产生的那种结果，在我看来，并不是那么困难的事情。无论如何，共产主义社会中的人们自己会决定，是否应当为此采取某种措施，在什么时候，用什么办法，以及究竟是什么样的措施。我不认为自己有向他们提出这方面的建议和劝导的使命。那些人无论如何也不会比我和您笨。

表明和马克思一样，恩格斯十分反感那种脱离社会具体规定谈论人口问题，和企图通过调整人口数量解决人口问题的倾向。遗憾的是，100 多年来，绝大多数的人仍然是运用马尔萨斯的食物（或生活资料）与人口增长简单类比的方法，把社会体制限制生产力发展所造成的社会问题的根源归结到老百姓的生育问题方面。

3. 节制生育是工业革命后的一种新的生活方式

可能是由于马尔萨斯《人口论》切入人口问题的原因，数百年来，人们对节制生育的认识都限于减少生育可以提高家庭生活水平。但是，随着时间的推移，可以发现这种认识是很不全面的。因为，这一理论既无法解释越来越多的富人为什么加入到节制生育的行列，也不能说明那些很富裕的国家其民族整体上的生育水平已经相当低了却还继续过着节制生育的生活。根据工业革命以后越来越多的人们自愿接受节制生育的理念和实践的事实，我把节制生育的实质归结为工业革命带给人类的一种符合人性的新的生活方式。我们知道，性和生育是人类从自然界长期进化发展中获得的一种紧密连接在一起的生理现象。在大自然的演变过程中，自然把性设置在人的生育和生殖行为之前。人在性行为中可以获得感官上的愉悦和快乐，使得性成为人的自觉、自发和内在的一种生理本能。人在追求性的愉悦和快乐的过程中，获得了生殖的条件与结果。这样，在人类的以往历史上，繁衍也就成为一种自然现象。毕竟由于性和生殖是有联系的两种生理行为，所以，自古就有人企图将它们分开，只希望得到性的享受、愉快和愉悦，而不要那么多的生育。但是，一方面追求生育是古代社会的主流，另一方面社会也没有条件可以保障人们能够将二者分离开来。所以，节制生育在历史上仅仅属于个别现象。

工业革命的进程提供了可以把二者分离开来的一些基本条件。首先，工业革命创造的生产方式改变了传统社会以来的家庭职能，过去许多由家庭承担的工作都可以由社会去做。在现代社会里，家庭的生产和经济职能越来越式微，大家庭已经没有那么必要了，养老也可以不依靠儿女了，社会交往甚至于比家庭成员之间还广泛和频繁……。以及社会生活水平的提高、医疗卫生的进步都极大地降低了包括婴幼儿在内的人的死亡率，人类不再需要以过多的生育数量来保障后代的传承。所以，减少生育数量可以成为社会的一种普遍愿望。其次，科学的技术进步一方面正确地揭示了性与生殖之间的关系，另一方面也可以不断地为人们生产出方便、舒适的药物和器具足以把性和生殖生育割裂开来。

作为一种与传统迥然不同的新的生活方式，主要表现在三个方面，一是明显不同于传统早婚的是婚姻的普遍推迟，以及社会越来越对同居和婚前性行为的宽容与认可；二是婚姻期间实行避孕，减少生育次数；三是允许合法流产的国家越来越多，居民可以在避孕失败后自愿中止妊娠，实施人工流产。这种生活方式与传统社会中人们早婚和妇女婚姻后几十年几乎一直重复在"妊娠——分娩——妊娠"的过程中，男人为了儿女忙碌终身，形成鲜明的对照。摆脱终其一生的频仍生育，从单调的人类繁衍和世代更迭的周期中解放出来，可以保障个人有足够的时间和精力从事学习、工作或者享受闲适的生活。所以，节制生育是每个人自由发展的前提和充分实现个人生命价值的基本条件，也是人类最终获得解放的基础。

由于节制生育符合人类向往自由和幸福的本性，所以，只要具备条件，这一过程的出现和发展都表现了那么随意与自然。1877 年，当节制生育在英国不再被社会视为异端的时候，出现了第一个宣传节制生育的民间团体。在之后的 50 年里，荷兰于 1883 年、法国于 1889 年、玻利维亚于 1901 年、西班牙于 1904 年、秘鲁于 1905 年、比利时于 1906 年，以及古巴、瑞士、瑞典、意大利、墨西哥等国家都相继有了宣传节制生育的组织。19 世纪末 20 世纪初，欧洲和美国的医师开始创立节育诊所。20 世纪是人类广泛实行节制生育的世纪。根据联合国的数据，1970-1990 年期间，全世界使用避孕药具的已婚或同居妇女的比例已经由 38%上升到 52%。由于越来越多的人们自愿实行节制生育，妇女生育率也开始下降。发达国家是工业革命的发源地，如果以机器大生产的 200 年左右的历史计算，这些国家的妇女生育率至少已经有了 150 年下降的过程。马克思在《资本论》中引用的英格兰和威尔士在 1811-1861 年的人口增长速度一直在放慢。表明英国这两个发达地区的妇女生育率，早在 200 年前就有了下降的迹象。现在，一些高收入的发达国家比如欧洲经济与货币联盟组织的国家的妇女生育水平已经下降到平均终生生育不到一个半孩子。2003 年，日本、白俄罗斯、捷克、德国、意大利、波兰、罗马尼亚、俄罗斯联邦、西班牙、乌克兰、英国等发达国家和一些收入并不算高的国家的妇女总和生育率都在 1.2-1.3 之间，我国的香港仅只有 1.0。白俄罗斯、保加利亚、意大利、波兰、罗马尼亚、俄罗斯联邦、乌克兰，已经进入人口负增长的行列。

上个世纪 40 年代后期，随着第二次世界大战的结束，民族独立成为一种不可阻挡的历史潮流，亚非拉一系列落后地区的民族国家宣布成立。新独立的民族国家都把工业化当作摆脱贫穷落后面貌的法宝。大约从 60 年代以来，当发达国家的一些人开始担心发展中国家的人口增长会威胁到他们的安全时，大多数发展中国家妇女生育率已经开始随着工业化的进展而出现了下降的趋势。现在，绝大多数发展中国家的妇女生育率都达到了发达国家 4、50 年以前的水平。根据联合国 2003 年世界生育率报告，发展中国家的平均生育率水平从 1970 年代的每名妇女 5.9 个子女减少到 1990 年代的 3.9 个。2002 年，按照世界银行划分的低收入和中等收入的国家，其妇女总和生育率都已经达到 2.8 个。

节制生育作为一种新的生活方式，目前仍在发展之中。根据联合国在新世纪的调查报告，1970-1990 年期间，全世界男子平均初婚年龄中位数从 25.4 岁提高到 27.2 岁，妇女从 21.5 岁提高到 23.2 岁。其中发达国家男女分别从 25.2 提高到 28.8 岁，22 提高到 26.1 岁。无论男女，一生中单身的时间更长了，25-29 岁曾婚妇女的百分比中位数在 20 年里由 85%降至 76%，男子由 68%降至 56%。其中发达国相同年龄组的男女分别由 85%降至 62%，74%降至 43%。与此同时，全世界的离婚率上升了。在同一个 20 年的时间里，发达国家每 100 名男女离婚率的中位数由 13 名分别上升到 24、27，发展中国家的男子由 7 增加到 12、女子由 5 增加到 15。避孕行为已经被更大范围的人们所接受。在 1970-1990 年间，全世界使用避孕药具的已婚或同居妇女的中位数从 38%上升到 52%，其中发展中国家由 27%上升到 40%。1990 年，在所有发展中国家中，有四分之一的国家的避孕率已经达到 62%。

4. 节制生育在我国的发展

虽然在 100 年前我国沿海城市就有了节制生育的宣传，但是，真正把节制生育当作一种普遍的新生活，却是 50 年前有了新生政权以后的事情。上个世纪 50 年代初期，我国工业经济建设刚刚开始起步，随着大批青年进城参加工作，许多男女青年自发要求政府改变传统的"限制节育堕胎"的管理办法，给国民提供帮助，实行节制生育。

建国后，中央人民政府卫生部、人民革命军事委员会卫生部和中央人民政府政务院文化教育委员会于 1950 年 4 月 20 日、1952 年 12 月 31 日，先后下发过《机关部队妇女干部打胎限制办法》《限制节育及人工流产暂行办法》（草案）等几份文件，规定除少数因病等健康原因外，不得实施中止妊娠措施，并限制节育药具的发行。这些法令及规定首先同建国后在政治经济等方面获得翻身解放的妇女生活、工作发生矛盾。许多妇女纷纷向组织诉说，要求有节育的自由。党和国家一些领导同志支持了广大群众的这一要求。根据卫生部党组1955 年 2 月《关于节制生育问题向党中央的报告》中检查说，"一九五三年八月以后，邓小平副总理一再指示我们改正，但我们重视不够，检查不严。"说明邓小平至少在 1953 年就提出国家应该提倡节制生育的问题。1954 年 5 月 27 日，时任全国妇联副主席的邓颖超同志给当时中央人民政府政务院主持工作的副总理邓小平同志写了一封信，反映了广大妇女要求节育的愿望，信中说：

我收到了铁道部国际运输局易惟敬和中央电影局魏韵森二同志的信，提到关于已婚女同志生孩子太多的困难及避孕的问题。这个问题有许多机关妇女干部也曾经反映过，确实带普遍性的。据我所知，有不少已婚男女干部为避孕，由于得不到指导及适宜的药物工具等，被迫自行盲目解决，采用了一些有损身体健康的办法或引起疾病，以致造成不良的后果。倘主管及有关方面不及时注意，采取主动的方针和适宜可行的步骤，任其自流，则会使许多干部因缺乏避孕的医疗卫生常识而造成不良后果，将影响干部的身体健康，也影响其家庭幸福的工作和学习。因此，我们认为有必要提请主管机关及有关方面予以考虑，采取措施才好。按照目前我国人口出生教相当高，首先在机关中的多子女母亲和已婚干部的自愿节制生育实行避孕者中，推行有指导的避孕，是可行而又必须的，也不致有何不良影响。国家卫生机关应主动的拟定办法，帮助干部解决避孕问题。此事曾得你面许同意，特再请批示交有关机关着手进行，是所切盼。

邓小平同志收到信的第二天即批示说：

我认为避孕是完全必要的和有益的，卫生部对此似乎是不很积极的，请文委同卫生部讨论一下，问问他们对此问题的意见，如他们同意，就应采取一些有效的措施。

在党和国家领导人的支持下，我国政府开始对节制生育持积极支持的态度。与此同时，社会上不少的人也从妇女儿童的健康出发，呼吁实行节育。1954 年 9 月，邵力子在全国人大第一届第一次会议上讨论宪法的发言说："宪法规定母亲和儿童受国家的保护，这也是非常使人鼓舞的。但如果做母亲的总是每年生一个孩子，甚或身体已经很弱，负担已是很重，还无法不生孩子，国家对她们也就很不容易保护，她们自己所受的痛苦更不用说了。……在我国，坠胎问题可以撇开不谈，至于有关避孕的医学理论等等措施，确实应当传播的。并且，还应当从实际上知道并供应有关避孕的方法和药品。"

1954 年 11 月 10 日，中央人民政府卫生部颁发了《关于改进避孕及人工流产问题的通报》，开宗明义，"本部对于节育问题过去一直采取严格限制的方针"，并由此拟定了几份限制文件下发执行，这些管制办法施行以来，"各地机关干部、工厂工人以及城市市民因子女过多，影响到生活工作和学习，纷纷提出反对意见"，故拟订此"改进办法"。该通报申明"避孕节育一律不加限制"；"避孕用具和避孕药品的制售管理和轻工部商定，由该部负责生产"，"国内无条件生产的避孕用具及药品，由中国医药公司统筹办理进口"，同时，对人流、绝育手术都放宽了条件。越来越多的人们实行节制生育，很快产生了积极的效果。我国城市妇女在 50 年代就有了生育率下降的迹象，农村妇女紧跟城市妇女在 60 年代也开始了生育率的下降过程。

1954 年 12 月 27 日，主持中央日常工作的刘少奇同志召集国务院第二（文教）办公室、卫生部、轻工业部、商业部、中央宣传部、全国妇联等单位负责人座谈节制生育问题。刘少奇同志在总结讲话中说：

关于节育问题，我们党、我们的卫生机关和宣传机关，是提倡还是反对？有些人是反对的，有的人还写了反对文章。现在我们要肯定一点，党是赞成节育的。""现在乡下人也在叫苦，他们不知道如何节育、也不知道可不可以生孩子，溺婴的很多，特别在贫苦农民中更多。可见农民中也不是没有人要求节育。做妇女工作的同志就应该采取适当办法，告诉他们如何节育。

根据刘少奇同志这次讲话精神，中央在 1955 年 1 月批转了由以上各单位负责同志参加起草的《关于控制人口问题的指示》，进一步指出：

节制生育是关系广大人民生活的一项重大政策性问题。在当前的历史条件下，为了国家、家庭和新生一代的利益，我们党是赞成适当地节制生育的。

按照刘少奇的安排，1955 年 3 月 1 日，中央批转了卫生部党组《关于节制生育问题向党中央的报告》。这是我们党和国家同意和提倡节制生育的第一份重要文献。中央在这一报告前批示说：

节制生育是关系广大人民生活的一项重大政策性的问题。在当前的历史条件下，为了国家、家庭和新生一代的利益，我们党是赞成适当地节制生育的。各地党委应在干部和人民群众中（少数民族地区除外），适当地宣传党的这项政策，使人民群众对节制生育问题有一个正确的认识。

60 年代以后，城市比较普遍地开展节制生育，农村大约在 1970 年前后，也开展了节制生育活动。由于我国首先提出节制生育要求的男女青年都属于国家职工，享受医疗保障，节制生育的药具和手术后的必要休养，无论公费医疗或者企业劳保，都属于医疗卫生福利待遇，由国家财政或国家企业负担。70 年代以后，政府在农村大张旗鼓地推行节制生育活动，所有费用也都由财政负担。这样，在我国就逐渐形成了国家对公民节制生育的服务和国民生育健康的保障制度。由于政府的倡导并且负担节制生育的费用，70 年代我国节育水平就已经很高，人口生育率也有了较大幅度地下降。据国务院计划生育办公室的统计，1979 年，我国有生育条件的育龄妇女中已落实节育措施的比例达到 87.2%。在 1970—1980 年的大约 10 年里，我国妇女的生育率由平均终身生育 6 个下降到 2.5 个孩子。

5. 我国计划生育制度是计划经济的产物

我国节制生育问题在上个世纪 50 年代发生的初期，首先是城市青年男女从自己的生活与工作需要提出来的。那时，中央政府也是从方便人们的生活和工作的愿望出发，督促卫生部改变对节制生育和人工流产的限制。1953 年，我国开始建立计划经济体制，党和政府集中社会一切资源组织生产和安排人民生活。这种经济体制是无法适应现阶段社会生产力发展的。在计划体制下，国家必须安排城市青年的上学、就业和负担市民的生活，由政府包揽一切的经济体制很快在许多方面暴露出不适应经济社会发展的弊端。但是，由于这一时期整个社会都还沉浸在新生政权建立的许多优越制度安排里面，不仅没有人从拓宽狭窄的计划经济体制以适应经济社会发展方面寻求解决问题的办法，甚至于根本没有人怀疑过计划体制会有什么问题。所以，以毛泽东为首的领导人站在计划经济的立场上思考问题，要求把人的生育也纳入到计划体制，让居民的生育也执行政府制定的经济社会发展计划。沿着计划体制的轨道并经过 20 年努力，我国终于建成了世界上任何国家都未曾发生过的计划生育体制。

1956 年 1 月形成的《全国农业发展纲要》（草案），是由毛泽东主席亲自主持制定的。这是目前我们看到最早把生育和经济发展计划联系起来的一份重要文献。这个文献已经有了"有计划地生育"这样的表述：

除了少数民族的地区以外，在一切人口稠密的地方，宣传和推广节制生育，提倡有计划地生育子女，使家庭避免过重的生活负担，使子女受到较好的教育，并且得到充分就业的机会。

计划生育和节制生育是两个不同的概念。节制生育完全是居民的个人行为，这一时期中央所有文献都是从关心关怀人民生活为宗旨的一项"大政策"。而计划生育从一开始就是从国民经济发展的总体要求赋予居民生育的一种责任和义务，是政府从国家规划出发要求居民应该和必须做到的一种国家行为。

毛主席的关于"有计划地生育"的思想开始在主持经济工作的周恩来那里得到回应。同年 11 月 10 日，周恩来总理在党的八届二中全会上阐述毛泽东的"要重工业，又要人民"的原则时说："人民的问题对我们来说是人口众多，这有它的好处；但是人口众多也有一个困难，人多消费需要的量就大。衣食住行，首先是食。我国人口现在平均每年增长百分之二左右，每年增加一千多万人，这是一个可观的数目，而我们的粮食平均每年增长百分之三左右，增长量并不大。农业合作化可以使我们提高单位面积产量，增加复种面积。今年这么大的灾荒，我们的收成还是比去年增加的，这就是合作化的优越性，社会主义的优越性。可是我们也要看到，耕地面积、粮食产量总是增加得慢。不能把这方面的工作看得那么容易。昨天我在政治局会议上说了，要提倡节育。这个问题的发明权本来是邓小平同志的，后来邵力子先生在人民代表大会上讲了。我们的党和青年团要用一定的力量宣传这个问题。这实际上是广大人民所需要的，首先是城市人民所需要的。现在看得很清楚，我们在短时期内还不可能使大家都就业，工资的增长也不可能使职工养活很多的家庭人口，我觉得甚至提倡晚婚也是有好处的。"说明中央政府不仅从支持城市青年生活、工作和学习的方面提倡节制节育，而且开始用计划经济的思维思考人民的生育以使其适应政府的计划。

全党都把生育问题提高到经济计划的高度予以认识，是 1957 年到 1958 年毛泽东主席连续许多次讲话和重要批示之后。1957 年 2 月 27 日，毛主席发表了《关于正确处理人民内部矛盾的问题》的讲演。这是继《论十大关系》之后，毛主席阐述中国社会主义和计划经济建设理论的又一重要经济文献。当讲到第七个问题"关于统筹兼顾，适当安排的方针"时，毛主席说：

我们这个国家有这么多的人，这一点是世界各国都没有的。它有这么多的人，六亿人口！这里头要提倡节育，少生一点就好了。要有计划地生产。我看人类自己最不会管理自己。对于工厂的生产，生产布匹，生产桌椅板凳，生产钢铁，他有计划。对于生产人类自己就是没有计划，就是无政府主义，无政府，无组织，无纪律。（毛主席这个话引起全场大笑）这个政府可能要设一个部门，设一个计划生育部好不好？（又是一阵大笑）或者设一个委员会把，节育委员会，作为政府的机关。人民团体也可以组织一个，组织个人民团体来提倡。因为要解决一些技术问题，设一个部门，要拨一笔经费，要想办法，要做宣传。

表明毛主席关于计划经济体制下的计划生育思想已经成熟。

在经过 3 个半天的小组讨论之后，3 月 1 日下午共有包括马寅初在内的 16 位各个方面的代表发言。由于有马寅初回应毛主席前次讲述计划生育的发言，毛主席在长达 40 多分钟的总结讲话中又谈到了人口与计划生育问题。他说：

……现在每年增长 1000 多万。你要他不增长，很难，因为现在是无政府主义状态，必然王国还没有变成自由王国。在这方面，人类还完全不自觉，没有想出办法来。我们可以研究也应该研究这个问题。政府应该设立一个部门或一个委员会，人民团体可以广泛地研究这个问题，是可以想出办法来的。总而言之，人类要自己控制自己，有时候能够使他增加 点，有时候能够使他停顿一下，有时候减少一点，波浪式前进，实现有计划的生育。

同年 10 月 9 日，党的八届中央委员会扩大的第三次全体会议上，毛主席已经要求像经济那样对人口实行计划。他说：

抓人口问题恐怕也是三年试点，三年推广，四年普遍实行。十年不搞，将来又增加到八亿。来个十年计划，三年宣传试点，再有三年推广，过去六年了，还剩下四年，就普遍推广。看可不可能？少数民族地区不要去推广，人少的地方也不要去推广。就是在人多的地方，也要进行试点，逐步推广，逐步达到普遍计划生育。计划生育，要公开作教育，无非也是来个大鸣大放、大辩论。……人类在生育上头完全是无政府状态，自己不能控制自己。将来要做到完全有计划的生育，没有一个社会力量，不是大家同意，不是大家一起来做，那是不行的。

说明 1953 年实行计划经济以后，对居民生活中的节制生育的关注已经转到国家人口总体增长过快的忧郁。

虽然最高领导层已经形成像经济计划那样由政府规划和推行计划生育的思想，但是，此后长达 4、5 年内，先是在全国推行"高举总路线、大跃进和人民公社三面红旗"的群众运动，后是"三年困难"，中央政府仍然没有较大的精力予以具体管理。1962 年，经济稍有好转，中央又开始强调这一问题。中共中央、国务院在该年 12 月 18 日联合签发的《关于认真提倡计划生育的指示》中说：

在城市和人口稠密的农村提倡节制生育，适当控制人口自然增长率，使生育问题由毫无计划的状态逐渐走向有计划地状态，这是我国社会主义建设中既定的政策。认真地长期地实行这一政策，有利于保护母亲和儿童的健康，有利于教养后代，有利于男女职工在生产、工作、学习中充分发挥自己的力量，也有利于我国民族的健康和繁荣。因此，提倡节制生育和计划生育，不仅符合广大群众的要求，而且符合有计划的发展我国社会主义建设的要求。决不能把我国提倡节制生育，同反动的马尔萨斯人口论混为一谈。鉴于最近几年来放松了节制生育和计划生育的工作，中共中央和国务院认为有必要向各级党委和政府重申重视和加强这一工作的领导……

由于国家计划体制的弊端，"四清"即社会主义教育运动和"文化大革命"接踵而来。接连不断的党内斗争使得计划生育体制的发展又有所中断。

70 年代大多数年份仍然属于"文化大革命"和动荡的年代，那是一个极左盛行又没有从思想根源上给予清算的时代。随着大规模的党内公开斗争的基本结束，计划经济以及计划生育都被当作社会主义的本质特征，要求有所加强。计划生育制度恰好就形成于这样一个特殊的时期。1970 年 6 月 26 日，周恩来在接见卫生部军管会全体人员时讲话说："不能把计划生育和爱国卫生放在一起。计划生育属于国家计划范围，不是卫生问题，而是计划问题。你连人口增加都计划不了，还搞什么国家计划！"

也就是从这次讲话开始，老百姓的生育行为一步步被拉进了国家的计划体系。1971 年 2 月 27 日，卫生部军管会会同商业部、燃料化学工业部给国务院提交了一份《关于做好计划生育工作的报告》，如同物资计划一样提出全国人口增长计划：

为了进一步贯彻落实毛主席"类要控制自己，做到要有计划地增长"的指示，在第四个五年计划期间，使人口自然增长率逐年降低，力争到 1975 年，一般城市降到 10‰左右，农村降到 15‰以下……

一周之后，国务院即向全国转发了这个报告。1973 年 6 月，国家计委《关于国民经济计划问题的报告》把这一指标列入其中。这是人口生育指标第一次进入国民经济计划。1975 年 8 月，国务院批转全国卫生会议的报告，同意卫生部关于"五五"期间，"人口自然增长率农村降到 10‰左右，城市降到 6‰左右"的规划。1978 年 2 月26 日，国务院总理华国锋在第五届全国人民代表大会第一次会议的政府工作报告中说：

计划生育很重要。……争取在三年内把我国人口自然增长率降到百分之一以下。

这是我国计划生育指标第一次进入总理向人民代表大会每年一次所作的政府工作报告，也标志着我国计划经济体制催促下的计划生育制度的完成。

6. 我国生育政策评估

评价生育政策的作用是一个颇有争议的问题。为了避开一些无谓的争论，我们尽可能使用数据说明问题。

6-1. "一胎化"和现行生育政策没有达到"有效控制人口"的目的

由于我国生育政策直接立足于控制人口数量和局限于 2000 年的人口普查数据，所以，本节评估主要限于上个世纪最后 20 多年人口发展的结果。为了研究政策的需要，从 1979 年开始以后，人口学界已经有了人口预测。虽然人口学家的观点、主张大有分歧，但许多预测的结果却十分相近。根据大家的预测，1. 如果从 1980 年前后开始每个妇女只生育一个孩子，2000 年我国总人口大约 10.5 亿；2. 如果每个妇女平均生育 1.5 个孩子，总人口 11.3 亿；3. 每个妇女平均生育 2 个孩子，总人口 12.2 亿；4. 每个妇女平均生育 2.3 个孩子，总人口 12.8 亿。

根据 2000 年人口普查公报，我国普查时点的人口总数是 12.6 亿。按照"一胎化"和现行生育政策，20 多年来我们执行的是一个平均每个妇女生育不超过 1.5 个孩子的政策。就是说，根据生育政策的设计，2000 年我国总人口不到 11 亿。1978 年，我国总人口大约 9.6 亿，新增加人口应该不超过 1.4 亿。但是，与 2000 年普查公告数字比较，22 年里实际增加了 2.8 亿。如果考虑到下面列举的三个因素，实际上违反政策生育和接受计划生育处罚的人口数字比我们计算的要更多。第一，由于出生瞒报漏报，2000 年普查时的全国总人口可能比公报数字更大一些。第二，虽然 1982 年 11 号文件就放开了"女儿户"，但是，由于文件按照国家计划生育委员会党组的意见采取"某些群众确有实际困难的要求生育二胎"的表述方式，大多数省市和自治区的计划生育实际工作都是继续按照"一胎化"的政策口径进行管理。在经过中央反复教育和督促之后，不少的省市也都是到了 90 年代初期才逐渐走到 11 号文件确定的现行生育政策的口径上。第三，上个世纪的最后 20 多年里，我国计划生育部门按照生育政策和生育指标双重标准从紧从严实行管理，实际接受处罚的数量要远远大于政策许可的生育数和实际生育数之间的差。从 70 年代以来，我国政府在计划生育工作上的投入是十分巨大的。不仅从经济方面所说的投入，更大程度还要指出国家在其他方面的投入。"书记挂帅，全党动手""党政一把手亲自抓，负总责"，都属于占有国家和政府资源。即使如此，平均每年仍有 1000 万左右的人口违反国家生育政策出生，是无法从管理上说明其形成根源的。

20 多年累计将近 2 亿人口属于违反政策生育出生的事实，可能和我们通常接受的感觉不一致。自从上个世纪 70 年代末生育指标被列为国民发展计划和各级政府政绩考核内容之后，80 年代到 90 年代初逐步形成了我国人口统计漏报体制和机制。我们一直被具有考核性质的统计报表所迷惑。譬如，根据国家计划生育委员会的统计资料，1981 年出生的婴儿中一胎率达到 57.71%，多胎率仅为 16.74%。但是，根据 1982 年人口普查资料，1981 年出生人口中一胎率仅占 47.25%，三胎和三胎以上的比例还高达 27.15%，与过去的生育结构并没有很大的差别。1980-1984 年，上海市报告的一胎率超过了 92%-98%，河北省 70%-78%，陕西省 63%-66%。根据国家统计局 1985 年做的中国第一期深入的生育力调查，同一时期上海的一胎率仅为 80.6%，河北为 46.8%，陕西为 44.3%。1986 年，根据计划生育部门的统计，全国新出生人口中一胎率占 65.81%，三孩和三孩以上仅仅占 7.28%。可是，根据国家统计局 1987 年 1%人口抽样调查，该年新出生人口中的一孩率仅只有 52%，三孩和三孩以上还高达 17%。90 年代以后，日常工作的统计报表失真程度越来越严重。我们长期接受计划生育部门的工作统计数据，和实际的情况就有了较大的距离。

6-2. 现行生育政策制造社会摩擦，损害社会和谐

这样的结果可能和计划生育管理部门的实际感受也不一致，特别是和基层管理干部的许多感受也不尽一致。因为许多基层计划生育管理人员确实通过做工作使周围许多农民违犯生育政策怀孕而及时中断妊娠。这都是确凿的事实。从上个世纪 70 年代后期以来，我们国家一直保持着一个接近人口出生数字的妇女流产数字和很高的

人工流产率。但是，绝大多数的农民在与计划生育干部博弈的过程中，在第一次、第二次甚至于许多次被动员流产之后的某个时间里，最终还是生育了她希望得到的孩子。20 多年来，我们国家平均每年大约出生 2000 万个孩子，其中 1000 万左右属于违反计划生育政策出生的。年复一年地 1000 多万人次的流产和 1000 万左右的违反生育政策出生的人口，以及成千上万的计划生育管理人员和基层干部耗其主要精力用于执行生育政策方面的工作却是在不断伤害社会的肌体和编织着我们社会的危机。

首先，希望生育自己想要的孩子而又得不到政府的批准，有些农民就选择外出逃避计划生育管理。这是一种流落他乡的经历，是一种背乡离井和流离失所的生活。其次，人工流产作为一种避孕失败后的补救措施，是不得已而为之的事情。因为突然中止妊娠，一是干预和扰乱妇女生理活动，二是可能引发一些并发症，三是社会文化方面的心理影响，都可能对妇女造成严重危害。特别是妊娠月份越大，流产后死亡率及严重并发症发生率就越高，对妇女的身心伤害也就更为严重。但是，我国计划生育工作是把人工流产当作保证人口出生不超过计划指标或者不至于使其超过很多的底线。在每年 1000 多万的人工流产中，除了部分未婚怀孕和避孕失败者外，绝大多数属于希望生育又不符合生育政策或者没有生育指标者，都要靠计划生育干部反复去做工作动员流产。在中国传统文化中，妇女每次流产都算作自己的一次生育。特别是对于那些没有指标又希望生育者来说，当被发现其怀孕并经过干部往返多次的工作之后，实施人工流产手术最好的时期往往已经错过。所以，计划外怀孕实施的人工流产手术，在较大比例上都属于大月份引产，其胎儿已经发育成形，性别清晰可鉴或体现生命者都不在少数，给流产妇女本人、家庭和社会带来相当不好的效果。

第三，每年 1000 万左右的违反政策生育，20 多年累计高达 2 亿多人口属于"不该"出生者。只要我国生育政策不改变，这些人心灵深处就将留有一个与社会隔膜或抵触的阴影。而且，随着时间的推移，这一个庞大人群的数量还在增加。第四，如果目前我国 2 亿人口属于违犯计划生育政策出生，每个家庭以 4 口人之家计算，涉及违反生育政策或国家生育法的人口就是 8 亿，占 13 亿人口的 60%。第五，从 1979 年开始，我国生育政策和各个地方的计划生条例都规定，违反生育政策生育者，都要连续许多年接受处罚，有的甚至于长达 10 多年，这些每年都需要基层干部登门收缴罚款的"违反政策户"累计应该有 2 亿户左右。我国农民现在的收入总体上都还不够高，加上各地制定罚款政策时就是要将罚款额提高到让一般农民交纳不起以致使其不敢违反政策生育，大多数农民的罚款都是需要干部多次登门才有可能缴纳的。另外，农村由于居住得比较集中，罚款的收缴工作是一个户户攀比的事情，只要有一户因为各种原因不能如数缴纳，全村的收缴工作就无法进行下去。我国目前绝大多数地区的农村家庭即使倾其所有，也所值无几。为了贯彻现行生育政策和国家生育法，常常逼得基层干部牵走耕牛、没收口粮、变卖家当或者将超生户全家扫地出门等各种事件，时有发生。所以，每年全国的计划生育干部所做的 2000 多万计划外怀孕妇女（平均每年 1000 多万人工流产和 1000 万左右的计划外生育都是计划生育干部工作的重点）的工作和上门收缴累计上亿违反政策生育户的罚款，其实都是一次次的社会摩擦、一次次的政府和老百姓关系方面的不和谐。这和改革开放以来党的历次代表大会都希望动员全国人民齐心协力建设社会主义的精神是十分不相符合的，是与十六大以来中央十分重视解决农民收入增长过低的问题十分不相符合的，也是和以胡锦涛为首的党中央强调以人为本的思想精神背道而驰的。

7. 产生于计划体制下的计划生育制度是极不合理的

我国的计划生育制度是在计划经济体制下产生的，特别是"一胎化"和现行生育政策产生于一个特殊的年代。10 年"文化大革命"激化了计划经济体制固有的矛盾，凸现了我国经济社会各个领域的困难和问题。继续站在计划经济的角度和思维寻求答案，就把更多的问题归结到我国人口众多的因素方面。

7-1. 生育行为的性质决定不能由政府规制

人总是处于一定生产关系之下，具有一定社会的属性。但是，包括生育在内的人的整个生命过程却是一系列生物或生理的行为，属于生物过程，要求以一定的生物或生理条件为前提。20 多年来，我们由政府制定政策和法律统一规范公民的生育行为，要求公民对自己的生育行为负法律负责，是以一个假设和一条底线为支撑的。但是，这两点都是很成问题的。

首先，我国政府制定政策和相关法律要求国民必须按照明确的规定进行生育，是假设每个公民都可以控制其生育。但是，即使说工业化和科学技术的发展越来越给人类带来舒适、方便的节育手段，也不是说所有人的每次生育都能够得到当事人的有效控制。生育行为是在一系列复杂的社会和生理因素共同作用下进行的，有许多条件是人无法控制的，有时甚至于是在当事人毫不知情的情况下发生的。不少的人都是发现孕情时，已经很晚了。可以说明这一问题的莫过于各地都曾发生过许多例的妇女带环怀孕，甚至于男扎或女扎后仍有怀孕者。表明生育现象仍然有许多方面属于人类未知的领域，人类还需要继续对其进行大量研究，才有可能取得进一步的认识。至于因为疏忽怀孕，在我们周围都不时地发生过。现代国家法律制度的设置，既不能让公民为自己无法预料的行为后果负有法律责任，也不能让国民整日提心吊胆和担惊受怕地去生活。

其次，将近 30 年来，我国政府实行按照计划指标管理国民生育的制度，事实上是把人工流产设置成为一条底线，认为一旦出现计划外的怀孕，就可以通过人工流产的方法使其不至于转化为实际的计划外生育。所以，我国几十年来一直保持着较高的人工流产数字和人工流产率。但是，人工流产会给妇女身心造成巨大伤害。所以，现代医学并不支持把人工流产当作避孕节育的手段。特别是我们每年所做的一些人工流产，都是经过基层干部许多次登门做过工作以后才勉强同意实施的，较大比例都属于大月份引产，给妇女带来的伤害就更为严重。1962 年，中共中央国务院联合下发的《关于认真提倡计划生育的指示》中曾经指出："首先必须向群众讲清人工流产是有害妇女健康的，节制生育有效的办法是实行避孕。"所以，应该把人工流产作为极为个别的避孕失败后国民自愿采取的补救措施，并且需要政府和社会尽最大努力将其降低到最大限度的一个小数字上。如果我们的管理工作将其设置为对付计划外超生的一条底线，就可能发生较多的社会冲突。何况还有一些医学的或者个人的特殊体质、心理素质等方面的原因，根本就不适合做人工流产。其实，无论妇女的体质适合与不适合人工流产，如果是国家的政策和法律事实上把怀孕妇女有意无意逼迫到必须走向手术台，这样的政策和法律就都是违背科学的并且是不人道的。

7-2. 由政府对人或物实行计划生产都是荒诞的

我国计划生育制度是计划经济的产物。如果把计划经济理解为政府对社会资源的管制，那么，由于"一胎化"和现行生育政策是的人的生育也纳入到政府计划体系之内，从而把我国的计划经济推到了极致。在历史实践已经否定计划经济的情况下，调整和改变我国现行生肓政策及计划生育制度，应都属于题内之义。

我国是由一个十分贫穷的农业国家转变过来的。上个世纪 50 年代初期，我国开始工业化时，同时感受到两个基本因素的限制，一是缺少发展的资本，二是众多的占据人口大多数的个体小农。资本因素的限制导致我国无法进行大规模的工业化和大量吸收农村富余劳动力及城镇新成长的劳动青年就业，占据人口大多数的个体农民的存在表明我国市场狭小，都制约着我国经济社会的发展。所以，当政府建立计划经济体制，通过集中社会所有资源实行计划生产的时候，很快就感觉到了一个过剩人口的压力。马克思在论述资本主义过剩人口规律时说："这种过剩纯粹是相对的，它同整个生存资料没有任何关系，儿童生存资料的生产方式有关。因此，它只是这一发展阶段上的过剩。"50 年代到 80 年代我国存在的人口过剩问题是计划体制下的特有的社会问题。这是我国计划体制下的特殊人口规律。但是，站在计划体制下，从不怀疑计划经济会有什么问题的情况下，就必然认为国民的生育方面一定发生了问题。经过 20 世纪包括前苏联在内的许多个国家和超过半个多世纪的历史证明，由政府管制的计划经济是一种不可持续的经济制度。十四届三中全会以来，仅仅是初步转向市场体制，我们已经消除了 30 年前计划经济中的那些人口问题。

从 50 年代中期开始到 90 年初提出建立社会主义市场经济为止，我国政府一直宣传说计划经济要求计划生育。其实，如果从实践方面考察，计划生育和计划经济并没有直接的逻辑联系。包括苏联和东欧那些比我们国家实行计划经济体制还要早的国家在内的所有社会主义国家，虽然都实行了计划经济，却都没有我们国家所推行的这种计划生育制度。相反，如果把我们的计划生育制度在节制生育意义上理解，西方发达国家并没有实行计划体制，这些国家的不少公民却早在世界上出现第一个社会主义国家苏联以前很久就有了节制生育的愿望和要求。

甚至于人口众多也不是政府强制实行计划生育的理由。50 年代中期以后，逐渐形成一种理论，说是我国老百姓生育的孩子过多造成经济困难和许多社会问题。70 年代以后，随着经济问题的突出，这种说法更为普遍。但是，前苏联和东欧各个社会主义国家不仅人口和国土面积与我国相比似乎都不应该有什么问题，而且还有比我们国家低许多的妇女生育率。但是，他们毫无例外地也都遇到了与我们相似的经济困难和社会问题，甚至比我们还早地寻求经济改革。所以，不是人口过多导致了那一时期的经济困难，相反，是计划经济体制导致了那时的经济困难而产生了严重的人口问题。马克思说，社会的条件只能适应一定数量的人口。是我们在极小的计划体制内的循环、打转，不仅无法吸纳体制以外的农业富余人口，而且连本来比例极小的城镇人口中新成长的劳动力也容纳不了。1978 年，中央政府曾经为

200 万城市青年的就业发愁。2007 年，我国至少有 1 亿多农业劳动力进城打工。现在，拥有 13 亿人口的中国是目前世界上最富有经济活力的地区之一。所以，人这一最积极最活跃的生产力因素，永远属于世界上最可宝贵的，由此才有"人民至上、群众至上"和"以人为本"之说；只是由于某种社会体制和经济条件的限制，一部分人才会被排斥于体制外而被视之为累赘变成了过剩人口。

7-3. 人类还未达到对社会可以计量并实行控制发展的程度

由于社会问题的复杂性和人类对历史科学认识的滞后性，我们远远还未曾达到可以对经济社会发展过程实行量化和控制的程度。恩格斯曾经把整个认识领域划分成三大部分，第一部分是包括研究非生物界以及或多或少能用数学方法处理的一切科学，即数学、天文学、力学、物理学、化学。第二类是包括研究生物机体的那些科学，这是一个正在发展着的领域，以至每个已经解决的问题都会引起无数新的问题，而且每一个问题也多半只能一点一点地、通过一系列常常需要花几百年时间的研究才能得到解决的科学。第三类才属于"比在生物学领域中的科学还要落后得多"的历史科学。恩格斯之所以这样评述，一是因为人类的历史还不很长，二是人类历史极少重复。在有机界中，人们至少是在研究这样一些过程的连续系列，人们可以直接观察那些相当有规律地重复的过程，从而寻找其规律性，社会领域却没有这样的研究条件。此外，社会问题往往都是一种利益关系，因而客观地认识起来就更难一些。即使人们对客观过程的认识有了一些进步，也仅只具有有限的和相对的意义。恩格斯在总结人类认识史时说："科学史就是把这种谬论逐渐消除或更换为新的、但终归是比较不荒诞的谬论的历史。"

在许多个国家经过将近半个多世纪的有关计划经济的试验之后，再体会恩格斯关于社会科学的观点，就可以意识到那种宣传人类即将进入对物和人实行"有计划、按比例地增长"的历史阶段，以为"人类自身有计划地发展时代已经到来"认识，都是多么地荒谬。党的十一届三中全会以后，我们逐渐认识到人类尚且无法做到有计划、按比例发展，由市场自发配置资源反而是比政府计划更好的一种经济体制。所以，我们正在放弃经济计划。但是，产生于这一时期的计划生育制度却延续下来，这是一件很值得我们反思的事情。

分析研究"一胎化"和现行生育政策，不得不对1980年初春的那个"自然科学工作者和社会科学工作者合作"的"百年预测"做一些澄清性的解释与说明。因为按照社会上的传闻，一对夫妇只生育一个孩子的政策是党中央根据这个研究成果，才在1980年9月25日发出的《中共中央关于控制人口增长问题致全体共产党员、共青团员的公开信》中提出来的。这一说法严重极其不符合历史事实。

第一，当1980年2月那个用控制论方法预测人口的研究成果发表的时候，"一胎化"的生育政策已经在全国推行了一年之多。

第二，那个"自然科学和社会科学工作者"的研究其实是很不可靠的，其研究态度和作风都是很成问题的，其中的许多做法与科学家应该具备的严肃、认真和求实的精神都相差甚远。一是他们1978年下半年在国外发现运用控制论的方法可以预测人口后，才开始收集我国数据学习和模拟国外的人口模型搞测算。可以说，我国从事控制论方法测算人口的研究人员这时候才开始涉猎人口研究，这一敢于对中华民族未来做出生死攸关决定的研究和计算，从开始学习方法和收集数据到主要结果的产生，总共只用了半年左右的时间。二是自1964年第二次人口普查后，已经14年没有进行过大规模的人口调查，我国已经没有可靠的人口数据可以支持准确的人口测算。三是"自然科学和社会科学工作者合作研究人口问题"是为制造轰动效应而导演的一种欺骗行径。根据1980年1月31日发表在"世界经济调研"上的署名文章，全都是当时七机部二院的科技人员，13天后的2月13日，由新华社报道的稿件就变成了"自然科学和社会科学工作者合作研究人口问题首次对我国未来100年人口发展趋势作了多种测算"。

第三，隐瞒研究和计算真相，欺骗视听。人口老化是生育率长期下降致使老年人口在总人口中所占比例提高的人口现象。所以，长期"一胎化"是否会导致人口老化，以及老化趋势究竟怎样，都是世人非常关注的问题。特别是处在上个世纪 70 年代末 80 年初期，60 年代初中期生育高峰期的一代人开始步入婚育年龄，将成为新的人口政策的实践者。那么，这一代人如果实行极低的生育率其晚年将如何，本来是与所讨论的人口政策密切相关的问题。但是，这个"自然科学和社会科学工作者合作研究"却向社会宣传"……至少在本世纪内不致发生这个问题。到 21 世纪头 20 年内，这一问题也不严重。"我们知道，人口老化程度是按照 60 或者 65 岁以上人口在总人口中所占比率表示的。1980 年至 2000 年和 2020 年以前我国不会发生人口老化的原因就是由于 50 年代以来生育水平相对比较高，特别是从 1963 年开始的补偿性生育，年轻人口所占的比例比较高造成的。2020 年以后，60 年代后平均每年出生 2400-2500 万的年龄人口平均每年将以 2000 万左右的速度涌入老年行列，人口老化系数无疑将迅速提高。但是，该研究报告却故意隐瞒这一计算结果而以"到 21 世纪头 20 年内，这一问题也不严重"搪塞世人。

第四，这一研究和计算的结果与他们后来写文章宣传的"本世纪末人口自然增长率可接近零"和实施"一胎化"的生育政策并没有任何内在关系，也就是说，这批所谓的科学家长期拼命维护和宣传的观点却是未曾经过他们研究过的东西。发表在 1980 年 1 月 31 日《世界经济调研》的文章所公布的几种测算结果，都表明从事控制论研究的一些科技人员在尝试性地进入社会科学领域，还没有直接与当时生育政策相关的结论。13 天后的文章中，相同的测算就成了当时正在推行的极为严厉的人口目标和人口政策的依据。为什么在平均每个妇女只生育 1 个孩子时"是解决我国人口问题的最理想方案"？该项研究和计算并没有推导其与当时的人口目标、生育政策究竟有什么内在的联系，唯一可解释的原因，就是因为所测算的 5 种方案中，所选只生育一个的妇女生育率最低、生孩子最少。这也叫科学？这哪里又是科学研究？如果按照这一逻辑推理，假使我们再选择一种方案，让妇女生育率选择 0.5，即平均两名妇女生育一个孩子，无疑计算出生的人口会更少，那一定是比"一胎化"更佳的"最理想方案"。作为科学研究，如果要为政府服务，要把研究课题和政府目标、政策直接联系起来，就应该替政府证明为什么该目标是科学的，政策是正确的。这一研究却不加任何证明地宣传"一胎化"是科学和正确的。1980 年 9 月 7 日，国务院总理华国锋在五届人大三次会议上提出"争取全国总人口在本世纪末不超过 12 亿"以后，同一课题组的同一研究又不作任何修改地又可以为这一新的目标服务。但是，该项研究清楚地计算出实施"一胎化"到 2000 年我国总人口将达到 10.5 亿，却帮助宣传用"一胎化"的政策实现世纪末的 12 亿人口目标。12 亿本来是平均每个妇女生育 2 个孩子就可以达到的目标，"一胎化"政策的结果是 10.5 亿。这等于本来要向 12 亿目标迈进，却使用了 10.5 亿的指标。这样，在科学家们的帮助下，"把 10 亿人卷进了一场根本没有希望打赢的战争"。

即使"自然科学工作者和社会科学工作者合作"的研究和计算具备可靠的资料、方法正确、作风严谨、计算结果准确，人口生育也不可能按照计算机实行控制。人口学本质上只是一种描述学，是对人口过程的一种描述。人口过程与人口学如同人和照片的关系一样。一方面，人的生命活动、人的物质生活和精神生活，人类或人类社会的发展过程，都是的丰富多彩和多样化的，都是计算机都无法模拟的。另一方面，人是社会的主人，是社会发展的主体。任何时候都不能把人的生命活动当作导弹一样去设计和运算，把人的生命活动像导弹一样放置到某种预知的轨道上。那不仅是因为人具有无限活力和丰富的创造性，而且更重要地还在于人享有自由、尊严和权利。

7-4. 生育是人的生命的一种体现和人生重要选择

生育是人类繁衍和实现世代更替的基本方式。在人类长期进化过程中，生育具有了极为复杂的社会特征。一方面，生育行为作为一种生物过程，是人的繁衍和简单的模拟。每一个人的生命个体都是短暂的，但他（她）可以通过繁殖实现生命的延续。另一方面，人类又不同于其他动物仅仅通过繁殖实现生物种群的简单延续。人是一种社会动物。特别是进入文明历史时期以后，人生过程都是在家庭这一社会组织中实现，当一个人处于年轻力壮时首先获得婚姻形式然后发生了生育行为并抚养被生育的后代，到晚年失去劳动能力又在家庭内部被后代抚养。由于社会的发展，各个人往往还要在社会结构中承担某种角色。这样，长期的人类历史演进所形成的文化，给予生育的意义就不简单是一次性的繁殖意义上的生育。生育不仅意味着丰富的家庭生活，而且还包含了抚养、教育后代的过程中获得的快乐以及对未来生活的理想和憧憬，企盼和追求。工业化以来的社会发展，给人类提供了许许多多少生育甚至于不生育也可以获得幸福人生的榜样。所以，选择不同类别的生育，包括不生育，生育一个或者几个，生男或者生女，就是选择不同样式的生活、人生和生命过程。连同人生中的其他追求一起，人生就是在不断的追求和品尝包括由生育导致的许多结果在内的过程中获得应有的痛苦和快乐，实现其人生的价值和感受幸福。从这个意义说，尊重人的生育自由权，是民主国家保障公民基本自由权的体现，是一个国家的居民安居乐业、享受丰富多彩生活和实现社会和谐的基本条件。

8. 现行生育政策违背了现代国家法律体系和谐一致的原则

8-1. 我们的目标是要建设一个高度民主和法制的现代国家

建设一个自由、民主和法制的国家，摆脱贫困、立足于世界民族之林和跻身于先进国家的行列，是 100 年乃至 150 年以来我国所有先进分子和志士仁人流血牺牲予以奋斗和梦寐以求的理想。1949 年新中国的诞生，工人农民两大劳动阶级的翻身解放，为全面实现这一崇高理想奠定了经济基础。但是，一方面由于我们刚刚从一个传统的封建专制社会转变过来，缺少自由、民主和法制的传统，需要借鉴西方发达国家经验从外部"移植"或"嵌入"法律和制度，而当时的国际环境又不具备这种条件；另一方面，50 年代初期开始实行的过于集中的计划经济体制，都极大地妨碍了我国民主法制建设的进程。所以，我们曾经迷茫过，一度把自由、民主、人权和法治简单理解为属于资产阶级的意识形态而予以摈弃。1980 年前后，以邓小平为代表的第二代领导人再次强调民主法制，我国的制度建设适应经济改革的需要才走上了正确的轨道。最近的两届的总理关于人权和法治问题的谈话，特别是温家宝总理关于"民主、法制、自由、人权、平等、博爱等等，这不是资本主义所特有的，这是全世界在漫长的历史过程中共同形成的文明成果，也是人类共同追求的价值观"的理念和对我国未来发展与民主建设关系的讲话，集中体现了我们在自由、民主、平等及人权等观念认识上的巨大进步，对于我国民主法制建设的健康成长和发展具有极大的现实意义。展望未来，按照邓小平为我们设计的战略步骤，到本世纪中期将把我国建设成为达到中等发达国家水平的现代国家。那不仅是一个拥有先进生产力的社会，而且也是一个高度民主和法制的国家。

8-2. 和谐一致是现代国家法律体系的基本要求

现代民主法制国家是以市场经济关系为基础的。我国加入世界贸易组织的前提就是遵循市场运行规则。我们正在履行承诺，按照市场规则的要求建立一个可以与世界接轨的经济制度和法律框架。和谐一致是现代国家法律体系的基本特征和要求。恩格斯说："在现代国家中，法不仅必须适应于总的经济状况，不仅必须是它的表现，而且还必须是不因内在的矛盾而推翻自己的内部和谐一致的表现。"自产生"一胎化"和现行生育政策以来的近 30 年里，不少的人都注意到了一个事实，即无论西方发达国家还是其它发展中国家，都没有一个像我们政府那样要求国民生育几个孩子的政策或法律。印度政府仅仅宣布了一个 1979 年 1 月为节制生育月，号召一对夫妇只生育一个孩子，除此之外并没有很多的实际步骤，也竟然成了国大党失去政权的一个重要原因。是这些国家没有人口问题吗？当然不是。但是，除了我国以外所有的国家都没有想到要通过制定政策和颁布法律来规制国民的生育，就是因为公民的生育行为是一个比财产所有权更为隐私的法律问题。而体现市场基本经济关系准则的自由、平等和人权等道德与法的一些重要范畴，又是现代国家政治制度和法权规范的基础。所以，现代国家法律体系从根本上就排斥我们国家"一胎化"和现行生育政策之类的计划生育政策与生育法。

8-3. 人权观念是马克思主义理论宝库的重要内容

以发达国家为代表的现代国家法律体系是西方历史上长期通行的商品生产关系发展的结果，是高度发展了的市场经济规则的体现和经验总结。应该指明的一个重要事实是，现代国家法律体系赖以产生和发展的平等观念首先是由马克思从资本主义生产方式的经济关系中推导出来的；而 20 世纪之后才逐渐被国际社会广为关注的人权观念和人权理论，首先是恩格斯从自古希腊和罗马开始至 18 世纪的欧洲及美国的历史发展和历史关系的演变过程中予以揭示的。马克思分析了建立在同一性质的一般人类劳动基础上的商品关系，由此导出了构建现代国家法律制度基础的现代平等观念。恩格斯由马克思的平等观念理论出发，从西方历史关系的发展和演变中揭示出人权这一现代国家法权规范赖以围绕的核心理念和基本范畴。恩格斯指出，当商品经济关系要求自由和平等权利的时候，行会和等级制度、地方特权、级差关税、地方保护等等封建不平等制度就都阻挡着经济发展的道路。一旦社会的经济进步，把摆脱封建桎梏和通过消除封建不平等来确立权利平等的要求提到日程上来，这种要求就必定迅速地获得更大的规模。恩格斯说："由于人们不再生活在像罗马帝国那样的世界帝国中，而是生活在那些相互平等地交往并且处在差不多相同的资产阶级发展阶段的独立国家所组成的体系中，所以这种要求就很自然地获得了普遍的、超出个别国家范围的性质，而自由和平等也很自然地被宣布为人权。"所以，人权是近代社会和现代国家通行的商品交换所体现的人类同质性劳动的要求，是人的自由和平等权超越国家和民族界限的权利规范。

人权作为人的一种与生俱来的基本权利，它所诉求的是人的尊严、自由、平等和追求幸福的权利。随着人类文明的发展和社会进步，人权观念也不断得到发展。但是，人权作为一种人的自然权利，是强调人凭借其自然能力而拥有的权利，它不是凭借其所能进入的任何特殊制度或者要遵循某种法律制度才拥有的，它所要求维护的那些权力，是需要在法律上明确得到承认和保护的权利，以便使每一个人能在其生存需要和个性、精神、道德等各个方面的独立获得最充分与最自由的发展。所以，人权观念的基本诉求是与马克思恩格斯的历史唯物主义世界观和共产主义理论相一致的。譬如在《共产党宣言》里关于"每个人的自由发展是一切人的自由发展的条件"的思想论述，在《资本论》中多次论述的共产主义条件下人的自由及全面发展的思想、人类历史是不断由必然王国向自由王国发展的思想，等等。所以，自由、平等和人权理念是马克思恩格斯予以科学阐释和科学说明的人类历史上的一组具有进步意义的历史范畴，是马克思主义理论宝库的重要组成部分，是指导我们正确理解当代社会的发展和处理当前国内外许多重大问题的强大思想武器。

8-4. 现代人权体系是现代国家法律的基础和一系列有法律约束的国际条约

正如恩格斯阐述的那样，从 18 世纪中期开始，由于商品生产的发展，普遍要求相互平等交往的权利在那些商品经济比较发达一些国家相继得到了确认。"表明这种人权的特殊资产阶级性质的是美国宪法，它最先承认了人权"。建立在承认和确保人权基础上的国家不仅具有普遍的社会号召力，而且以保护人权为前提的现代国家法律体系有力地维护了可以推动经济社会发展的商品经济关系和市场运行规则。所以，受美国影响，继 1789 年法国《人与公民的权利宣言》

之后，瑞典、西班牙、挪威、比利时、普鲁士等许多欧洲国家在 18 世纪上半叶就都迅速通过了维护基本人权的宪法，建立以保护人权为宗旨的现代国家法律体系。

人权不仅是一个不断发展和丰富的概念，而且经过 200 多年世界各个国家的推动，现代人权体系已经是基于一系列有法律约束的国际条约。特别是人类在经历了第二次世界大战的惨痛悲剧和目睹了法西斯严重蔑视人权的野蛮行径之后，从《联合国宪章》和《世界人权宣言》开始，国际社会的许多活动和开展都充分体现了尊重人权和推动人权在更大范围的实现，半个多世界以来形成的具有生命力和约束力的大多数国际公约或条约都充分体现了人权观念的进步和人权理念的发展。一个国家对人权观念的接受和理解，也就成为衡量其融入国际社会程度的极其经济社会发展水平的重要标尺。

我们是从传统的以个体农业为主的社会走过来，没有经过长期商品经济的熏陶，缺少建立在商品经济基础之上的法制传统，社会意识的进步也还没有发展到像马克思所说"人类平等概念已经成为国民的牢固的成见"的阶段。恩格斯曾经说过：

平等的观念，无论以资产阶级的形式出现，还是以无产阶级的形式出现，本身都是一种历史的产物，这一观念的形成，需要一定的历史关系，而这种历史关系本身又以长期的以往的历史为前提。

自由、平等和人权，是历史发展的产物。我国没有历经这样的阶段，我们无法跳跃历史。但是，实行计划体制向市场经济的改革，正是适应历史发展客观要求的伟大举措。此外，过去我们从苏联接受的不同程度与平等、自由和人权等观念所抵触的经济体制和马克思主义理论体系，也都在一个时期妨碍了我们正确接受并充分运用人权理念这一工具融入国际社会。现在，我们要走向世界，无论就建立一个以市场经济为目标的现代国家法律体系来说，还是随着我国经济能力的提高希望更多地参与国际事务并在国际舞台上发挥积极的作用，人权都是一个无法回避的现实问题。正如温家宝总理所说，人权

"是人类共同追求的价值观"。我们不仅要接受它，并且要从这里开始按照历史进程推进我们的平等要求，推进我国的经济社会发展。

8-5. 生育权是自然法赋予的一项基本人权

人权作为一种源于自然权利和自然法的观念在欧洲具有悠久的历史。古希腊人从大自然的和谐运动中获得一种公正或正义秩序的启示，用以思考希腊城邦、国家的社会治理，思考有关法的理性和有效性，思考变化和正在变化的各种具体的法是否具有永恒性的问题。这样，大自然的规则、秩序、和谐以及不可抗拒，基于人的本性而产生的人的自然权利，都成为哲人思考人类社会问题的思想源泉。在这一背景下形成的自然法作为正义、永恒的组成部分，被认为与多变的、有时是暴虐的和非正义的人定法相对立。自然法与其说是科学，不如说是一种猜想、一种假设。但它随着生产力的发展和商品经济范围的扩大，这一从希腊罗马时代开始的有关人的自然权利的观念逐渐演变成为欧洲各民族的主流意识和价值观，在欧洲上空历经了数千年，成为欧洲各民族的传统文化和优秀思想。拥护自然法是最高法的主流思想认为，只有通过自然法，才能实际衡量实在法的有效性。所以，自然法成为评判市民法的标准。它不仅是罗马法的理论基础，而且是 2000 多年的欧洲历史演进中修改和纠正人定法的基本原则，成为推动欧美国家制度进步和完善法律体系的思想武器。

人类的生育和繁衍行为是从希腊罗马时代开始一直被法学家归结为人的自然权利，属于自然法赋予的一项基本人权。公元 6 世纪罗马皇帝优士丁尼修订和颁布的《法学阶梯》就开宗明义地宣布：

自然法是自然教授给所有动物的法律。事实上，这一法律不是人类专有的，而是所有诞生在天空、陆地或海洋的动物的。由它产生了我们叫作婚姻的男女的结合，由它产生了生殖和养育子女。

所以，从罗马法以来，任何国家和任何时期的人定法都不对人口生育作任何规定。因为，如果对人的生育行为给予法律规范，就从法理上违背了法律体系"内部和谐一致的"的要求，人为地制造出许多社会矛盾。一方面，由于我国没有以商品经济关系为基础的法律体系，近几年引入反映市场规则的一些法律因为国内市场发育不完善还没有充分起到法律规范的作用。另一方面，目前我国绝大多数国民尚不具备应有的法律意识。所以，现行生育政策和《中华人民共和国人口与计划生育法》与我国市场化改革的整个趋势的矛盾表现得似乎还不那么充分，与我们要建立的现代国家的法律体系要求的"内部和谐一致"的特征体现得似乎也不那么突出。但是，如果我们不是清醒地及时纠正这一历史的错误，随着经济社会的发展和平等观念逐渐"成为国民的牢固的成见的时候"，国民同这些生育法规的矛盾和冲突势必会越来越多、越来越尖锐。

9. 改变计划生育制度，促进社会和谐发展

从上个世纪 70 年代末开始，我国终于走上了改革开放的道路。又经过了 10 多年的探索，1992 年年底党的十四届三中全会标志着我们找到了改革的方向和目标，这就是要建立社会主义市场经济。虽然我们距离市场经济目标还很远，但是，重要的是，我们已经知道再也不能按照计划体制那套做法去做了。现在，我们已经在物资生产上不再实行政府计划了。接着，改变按照政府控制指标生育的制度，也就是我国经济改革的题内之义。改革计划生育制度，包含两项内容，一是废弃与撤除由"一胎化"演变而来的现行生育政策和《中华人民共和国人口与计划生育法》，二是转变政府职能，加强和改善政府对国民节制生育或家庭计划的服务工作。

9-1. 废除现行生育政策和《中华人民共和国人口与计划生育法》

现行生育政策是在"一胎化"基础上形成的。虽然现行生育政策是对"一胎化"的一定程度上的纠正，但它又是以"一胎化"为基础，是一定程度上的"一胎化"。按照现行生育政策，我国城镇居民仍然

执行"一胎化"，2省3市仍然是"一胎化"，在执行"女儿户"政策的省、市、自治区里，第1胎生育了男孩子的农民事实上也是被要求实行"一胎化"。所以，即使按照国家人口与计划生育委员会的计算口径，目前全国也仍然有60%以上的人口在执行只生育一个的政策。

《中华人民共和国人口与计划生育法》是在2001年12月29日才由全国人大常委会通过的。一方面，它是以现行生育政策为基础的。另一方面，早在这个法被通过之前，各个省、市、自治区地方人大都已经以现行生育政策为依据制定了地方性的"计划生育条例"。仅仅是为了在舆论上主动些，《中华人民共和国人口与计划生育法》在文字的直接表述方面回避了具体规定公民生育的数量要求，采取授权地方依据现行生育政策继续制定允许本地居民生育数量的"具体办法"。这样，国家生育法就和地方人大的"计划生育条例"构成了一个完整的法律文本，与整体建立在市场经济基础之上的现代国家法律体系相抵触。所以，必须撤除现行计划生育政策，撤除依据现行生育政策制订的《中华人民共和国人口与计划生育法》和各个省、市、自治区人大通过的《计划生育条例》。

能不能把改革计划生育制度理解为放宽生育政策，将现行生育政策改变成譬如普遍允许国民生育二胎之类的较为宽松的生育政策？不能。虽然宽松的生育政策总是比严厉的生育政策要好一些，如同"女儿户"总是比"一胎化"要好一样，政策相对宽松一些总是可以解放一大片的群众。但是，"全部人权是为每一个人的"。接受人权的概念和承担一系列有法律约束的国际条约，就要对每一个人的基本人权予以无条件的维护。只要政府对国民的生育实行某种程度的限制，就破坏了人权概念的统一性和不可分割性原则，就违反了现代国家法律体系和谐一致性的原则。所以，即使将现行生育政策尺度放宽到允许国民生育3个4个乃至更多，仍然是承认国家公权可以随意干预公民的私权领域，就会产生政府与国民的对抗和摩擦，难免出现和发生令人发指的事件。我们曾经处于发展水平极低的阶段。在计划经济体制下，经济能力很低，过着一种生产粗放、生活粗糙的日子，没有意识到强制性的生育是对我们的母亲和姐妹的一种伤害。现在，我们的国家已经具有较高的经济能力，达到了一个较高的水平，并且从这个平台上开始迈步走向世界了，要融入世界和建设一个高度文明的现代国家，就再也不能允许发生类似的事情了。

有人担心，如果放弃现行生育政策和国家生育法，会不会出现盲目生育和人口泛滥？应该说，这样的认识还是计划经济和计划生育思维的结果。什么叫盲目生育，何为人口泛滥？人口过程就是一定经济关系的结果。大量人口出生的偶然性显示了经济发展的必然要求。人口过程本来就是在经济社会发展条件的制约下，由各个家庭自主决定生育的。在一个正常的社会里，不同情况下的家庭就有着不相同的生育胎次。在过去的半个多世纪里，我们一直站在计划经济的立场上看待我国的人口现象，认为不是政府批准的就是盲目的生育，超过了政府计划中确定的数量就是失去控制和泛滥。如同经济过程的客观性一样，人口过程也是不以人们的主观意志为转移的。政府不干预不等于没有低生育率，政府强制不等于就少生了孩子。除了我国以外，全世界各个国家都没有制订法律限制公民的生育，但几乎所有国家的妇女随着工业化的发展都先后加入了降低生育率的队伍。我国妇女生育率变化也证明了这一点。上个世纪 60 年代，我国城市妇女的生育率就有了明显的下降。1969-1979 年，我国妇女生育水平由 5.7 下降到 2.7，10 年间我国育龄妇女平均比他们母亲一代少生育了 3 个孩子。这个速度在世界上是属于绝无仅有的。1979 年实行"一胎化"和现行生育政策以来，生育率由 1980 年的 2.4 下降到现在的 1.9 左右，28 年几乎是全党全民性的投入，仅平均少生育了半个孩子，比同期泰国妇女生育率变动的速度还要慢。根据世界银行的资料，1980-2002 年，泰国妇女总和生育率由 3.5 下降到 1.8。可见，妇女生育率的变化并不在乎有没有政府的强制。

9-2. 转变政府职能，努力为国民的节制生育提供优质服务

30 多年来，由于我国政府对计划生育的巨大投入，已经在我国

形成了一个由中央到乡镇（街道）的计划生育行政管理网络。这一管理网络包括县以上政府的计划生育管理机关或部门，附属于中央和省级政府管理部门的节育技术研究机构或单位，省、市、县 3 级所属节育技术指导所（站），中央和省、市、县 4 级生育节育信息和宣传中心（站）。这都是我国今后社会发展所需要的宝贵资源。多年来，伴随着各级政府把主要精力运用到管理居民生育是否符合计划指标的同时，也为国民的节育提供了大量的技术服务。在废除现行生育政策和国家生育法之后，国民节制生育需要的服务不仅不会减少，一定还会增加。因为节制生育是一种新的符合人性的生活方式，国家可以把节制生育服务当作一种福利送给国民。随着经济社会的发展，国民对节育服务质量的要求也会提高。所以，计划生育管理部门转变职能，努力提高服务质量，不断为国民提供所需的优质服务，不仅能够把"天下第一难"的工作转变为不难，而且还完全可以得到国民的拥护和爱戴。

——2007 年 2-9 月

（本文于 2007 年 9 月 14 日分 9 部分刊发）

生育权与基本人权

按　语

这篇文章是另一篇长文中的一部分，鉴于其中有一些国人较少接触的国际公约中的一些条文，故单独节录出来。

人权作为一种源于自然权利和自然法的观念在欧洲具有悠久的历史。古希腊人从大自然的和谐运动中获得一种公正或正义秩序的启示，用以思考希腊城邦、国家的社会治理，思考有关法的理性和有效性，思考变化和正在变化的各种具体的法是否具有永恒性的问题。这样，大自然的规则、秩序、和谐以及不可抗拒，基于人的本性而产生的人的自然权利，都成为哲人思考人类社会问题的思想源泉。在这一背景下形成的自然法作为正义、永恒的组成部分，被认为与多变的、有时是暴虐的和非正义的人定法相对立。随着生产力的发展和商品经济范围的扩大，这一从希腊罗马时代开始的关于自然法或人的自然权利的观念逐渐演变成为欧洲各民族的主流意识和价值观。拥护自然法是最高法的主流思想认为，只有通过自然法，才能实际衡量实在法的有效性。所以，自然法成为评判市民法的标准。它不仅是罗马法的理论基础，而且是 2000 多年的欧洲历史演进中修改和纠正人定法的基本原则，成为推动欧美国家制度进步和完善法律体系的思想武器。

从希腊、罗马时代开始的法学就一直把生育和繁衍归结为人的自然权利，属于自然法赋予的一项基本人权。公元 6 世纪罗马皇帝优士丁尼修订和颁布的《法学阶梯》开宗明义地宣布：

自然法是自然教授给所有动物的法律。事实上，这一法律不是人类专有的，而是所有诞生在天空、陆地或海洋的动物的。由它产生了我们叫作婚姻的男女的结合，由它产生了生殖和养育子女。

从罗马时代以来，生育自由属于天赋人权，任何国家和任何时期的人定法都不曾涉及人口生育。相反，法学家认为，如果对人的生育行为给予法律规范，就从法理上违背了法律体系"内部和谐一致的"的要求，人为地制造出许多社会矛盾。上个世纪中期以来，生殖权在现代人权体系的发展中被赋予中心地位。现代国家和国际组织都十分明确地把生殖权利列为一项基本人权，在一系列国际公约中都对生育属于基本人权的原则予以不断地申明。1948 年 12 月 10 日联合国大会第 217A（Ⅲ）号决议通过、后又经《公民权利和政治权利国际公约》第 17 条得到重申的《世界人权宣言》第 12 条规定：

不得对任何人的私生活、家庭、……任意干涉。人人有权享受法律保护，以免受这种干涉攻击……。

生育究竟是个人或家庭的私事，拟或是国家和政府的公事？每个人应该生育几个孩子，以及家庭的规模究竟应有多大？1966 年 12 月 17 日，联合国大会通过的第 2211（ⅩⅩⅰ）号决议规定：

……各国在行使制定和推行它们自己的人口政策的主权时［应当］充分考虑到家庭的大小应该由每个家庭自由地决定这一原则。

1968 年 5 月 13 日，世界人权会议通过的《德黑兰宣言》第 16 条规定：

父母有自由负责地决定子女人数及其出生时距的基本人权。

第二年，即 1969 年 12 月 11 日，联合国大会通过的《世界进步和发展宣言》充分肯定了这一原则。该宣言第 4 条几乎重新叙述了这一条文：

父母有自由而负责地决定其子女的数目和出生间隔的专有权。

1974 年 8 月 19-30 日在布加勒斯特召开的联合国世界人口大会通过的《世界人口行动计划》第 14（f）段规定：

所有夫妻和个人都有自由而负责地决定其子女人数和生育间隔以及获得这种决定所需的信息、教育和方法的基本权利……

1979 年 12 月 18 日联合国大会 34/180 号决议通过、1981 年 9 月 3 日生效的《消除对妇女一切形式歧视公约》第 16（1）、（e）条重申：

缔约国……应保障妇女在男女平等的基础上有相同的权利和自由负责地决定子女人数和生育间隔，并有机会获得行使这种权力的知识、教育和方法。

1994 年 6 月联合国召开的国际人口与发展大会通过的《关于国际与人口发展行动纲领》进一步明确把生殖权利列为一项基本人权：

这些权利的基础在于承认所有夫妇和个人均享有自由、负责地决定生育次数、生育间隔和时间、并获得这样做的信息和方法的基本权利，以及实现性和生殖健康方面最高标准的权利。

联合国人口基金最近的一份文件就此所做的进一步解释说：

生殖权利是人权，尤其是妇女人权的核心。生殖权利源自承认所有个人和夫妇的基本人权，即不受歧视、强迫或暴力作出关于生育的决定。这些包括最高标准的健康权利和决定孩子个数、生育时间和间隔的权利。它们还包括安全生育的权利，以及所有的人有保护自己不受艾滋病毒和其它性传播疾病感染的权利。

国际人权体系不断强调生殖权利的中心地位。生殖权利被认为不仅本身具有价值，而且对能否享有其他基本权利起到关键的作用。

国际社会把自由选择生育孩子的数量和时间看作是一项基本人权，包括自愿实行节制生育，被放在促进妇女人权的活动的核心位置。"这是不同于早期只关注限制人口快速增长，有些时候以牺牲妇女权利为代价的一种全新模式。”

至此，我们可以明白为什么除了我国以外的世界各个国家都没有制订一项生育政策或者确立一部管理公民生育的法律。30 年来，我国坚持有计划体制转向市场的改革取向，赢得了经济社会的巨大发展。我们正在由一个封闭的国家走向世界，融入国际社会。现代国际关系是建立在意现代人权理念为基础的一系列国际公约和章程基础上的。我国历来都是一个负责任的国家。我国在包括上述一系列的国际公约上签字，不仅表达了一般性地同意公约的内容，而且包括承诺遵守和履行公约的规定。一方面，由于我国没有以商品经济关系为基础的法律体系，近几年引入反映市场规则的一些法律因为国内市场发育不完善还没有充分起到法律规范的作用。另一方面，目前我国绝大多数国民尚不具备应有的法律意识。所以，现行生育政策和《中华人民共和国人口与计划生育法》与我国市场化改革的整个趋势的矛盾表现得似乎还不那么充分，与我们要建立的现代国家的法律体系要求的“内部和谐一致”的特征体现得似乎也不那么特别明显地突出。但是，如果我们不是清醒地、自觉地和及时地纠正这一问题，随着我国经济社会的发展和平等观念逐渐“成为国民的牢固的成见的时候”，国民同这些生育法规的矛盾和冲突势必会越来越多、越来越尖锐。

（本文刊发于 2008 年 2 月 9 日）

现行生育政策转变的前景及翼城县试点的意义

以生育控制为主要目标的我国现行生育政策形成于上个世纪 70 年代后期到 80 年代初。经过 10 年"文化大革命"的破坏，加剧了我国计划经济体制同国家工业化、现代化经济社会发展的矛盾。粉碎"四人帮"和结束"文化大革命"以后，党中央重新提出以毛主席、周总理等老一代要在 20 世纪末我国实现四个现代化的宏伟目标。1978 年 2 月 26 日，党中央主席、国务院总理华国锋在五届全国人大第一次会议提出，"有计划地控制人口的增长，……争取在三年内把我国人口自然增长率将到百分之一以下。"6 月，新一届的国务院计划生育领导小组召开会议，"着重研究了贯彻落实华主席提出的三年内把我国人口自然增长率将到百分之一以下的任务"，将过去"一个不少，两个正好，三个多了"和"晚、稀、少"的提法，改正为一对夫妇生育子女数"最好一个，最多两个"，并要求制订奖励和处罚办法。在 1979 年 1 月召开的全国计划生育办公室主任会议上，讨论和原则通过了计划生育条例（草稿），并要求全国各地制订相应的政策，"对于只生育一胎、不再生育二胎的育龄夫妇，要给予表扬；对于生第二和二胎以上的，应从经济上加以必要的限制。"至此，各级政府迅速开展工作，"把计划生育工作的重点，转移到一对夫妇最好生育一个孩子上来"。同年 12 月，全国计划生育办公室主任会议指出："一对夫妇最好生育一个孩子，这是从今年以来开展计划生育工作的实践中，总结出来的控制人口增长的好经验。"1980 年 9 月 25 日，中共中央致共产党员、共青团员的一封公开信，要求全体共产党员、共青团员响应国务院的号召，提倡一对夫妇只生育一个孩子，进一步强化了不分城乡地推行了一年多的"一对夫妇只生育一个孩子"的政策。

1982 年，党中央、国务院根据农村实行联产承包责任制的新的情况，在中央 11 号文件中明确提出我国生育的要求是："国家干部和职工、城镇居民，除特殊情况经过批准者外，一对夫妇只生育一个孩子。农村普遍提倡一对夫妇只生育一个孩子，某些群众确有实际困难要求生育二胎的，经过审批可以有计划地安排。不论哪一种情况都不能生三胎。对于少数民族，也要提倡计划生育，在要求上，可适当放宽一些。"11 号文件中"某些群众确有实际困难要求生育二胎的"，是根据当时国家计划生育委员会党组的意见，对农民第一胎生育女孩即"独女户"的一种特别的表述。1984 年 4 月 5 日，中共中央书记处办公会议第一次将上述生育政策表述为"现行生育政策"，并根据这次会议精神形成了对我国计划生育工作具有深远意义的 7 号文件。80 年代中后期到 90 年代初，各个省、市、自治区人大常委会或者省一级人民政府（主要是西藏自治区）制定并通过的计划生育"条例"或"暂行办法"，以及 2001 年全国人大常委会通过的《中华人民共和国人口与计划生育法》，都是以党的这一现行生育政策为依据的。根据现行生育政策制定的各个地方的生育法规，除了人口在 1000 万以下的少数民族实行普遍允许每对夫妇生育两个和两个以上孩子的较为宽松的政策以外，合计超过全国人口总数 92%以上的汉族和壮族主要实行每对夫妇只生育一个和大部分地区允许农民第一胎为女孩的可以生育第二胎的政策。所以，现行生育政策是一个以每对夫妇最好生育一个孩子为核心内容的控制生育的政策。

我国以控制人口增长为主要目标的现行生育政策是在一个特殊的历史背景下形成的。这一历史背景主要以计划经济体制、"文革"后期国民经济已经达到崩溃的边沿和新的人口出生高峰为特征和契机。在制订现行生育政策的时候，党中央就提出这是为 20 世纪末把人口控制在 12 亿以内实行的"一个历史阶段的政策"。1992 年 12 月，党的 14 届 3 中全会确定了我国经济改革向市场体制转变的取向。20 世纪末，我国加入世界贸易组织和经济迈向全球化。以及由于坚定不移的改革开放的推进，我国经济总量已经进入世界排名的

前几位。与 1980 年前后现行生育政策形成的时期已经决然不同的
是，"冷战"和封锁已经结束。我们的目标是要把我国建设成一个具
有高度文明和法治的现代国家。进入 21 世纪以来，特别是党中央在
16 大和 17 大提出"以人为本"和建设和谐社会，并开始以一个经济
和政治大国走向世界舞台。经济体制的转变、经济的巨大发展、现代
法制建设的需要和我国在日益增长的国际关系中的作用，都要求对
计划生育制度和现行生育政策实施改革和转变。从我国生育控制的
实际出发，对以一对夫妇只生育一个孩子为核心内容的现行生育政
策实施改革和转变，长期和最终的目标是同世界上各个国家一致的
放弃政府对公民生育权的具体约束和规定，中期目标是普遍允许一
对夫妇可以生育两个孩子，近期目标是许可农民生育两个孩子。除了
对我国生育控制政策的前景进行一般性的理论和逻辑研究外，已经
实施了 23 年的山西省翼城县"晚婚晚育加间隔"生育试点，为我们
近期即首先在农村普遍放开二胎的计划生育模式研究提供了一个难
得的实证案例。

从 1979 年 1 月全国计划生育办公室主任会议到 1984 年 7 号文
件颁发，除了一些少数民族地区以外，我国各地不分城乡地实行了只
准生育一个的政策。7 号文件以后，全国有为数不多的一些地方实行
了普遍允许农民生育两个的政策。首先是 1986 年广东省人大 6 届常
委会通过的计划生育条例，规定农村人口"要求生育第二个子女的，
必须按人口计划指标及间隔期，由乡、镇人民政府统筹掌握，合理安
排"，即在全省范围允许农民普遍可以生育两个孩子。但是，根据 1999
年 5 月广东人大常委会颁布的《广东省计划生育条例》，已经将该规
定改变为"夫妻双方均属农业人口，第一个子女是女孩的"允许在生
育一个，取消了普遍允许农民生育 2 个孩子的政策。1985 年到 1988
年，国家计划生育委员会将全国各地试行允许农民普遍生育二个孩
子的试点调整为山西省翼城县、大同市新荣区、辽宁省黑山县、黑龙
江省黑河市、浙江省武义县、山东省荣成县、长岛县、湖北省黄冈县、
广东省南海县、广西壮族自治区龙胜各族自治县、陕西省勉县、甘肃

省酒泉地区、徽县等 13 个单位。1989 年那场政治风波后，社会上一些人将"生育二胎"试点与赵紫阳联系起来。此外，由于普遍允许农民生育二胎的试点难免会对其它执行严紧的政策产生一定的干扰作用，除了翼城县的试点以外，其它绝大多数试点单位在 90 年代初中期都被所在的省区取消了（经过地方党委的努力与据理力争，甘肃酒泉地区在 90 年末又得以恢复）。所以，翼城县是我国从 80 年中期以来能够一直坚持下来的明确规定农民普遍可以生育二个孩子的、不可多得的一个试点单位，对于未来计划生育政策模式论证和选择研究，具有十分重要的意义。

——写于 2008 年 1 月 25 日

（本文刊于 2008 年 4 月 17 日）

毛泽东人口思想研究

序 言

只有毛泽东才能把人口理论首先归结为一种世界观，提出"世间一切事物中，人是第一可宝贵的"和"革命加生产即能解决吃饭问题"两个命题。将这一具有鲜明的人民性和进取性品格的毛泽东人口思想贯彻始终的秉性，造就了毛泽东的个人无限魅力和成就了毛泽东终生的伟大事业。但是，自从踏入人口学领域，30 年来，我总是看见两个毛泽东。一个是经济决定论的毛泽东，一个是沾染人口决定论色彩的毛泽东；一个是崇尚人的价值、书写"世间一切事物中，人是第一可宝贵的"几个大字的毛泽东，一个是发表"它有这么多的人，六亿人口！……少生一些就好了"的讲话的毛泽东；一个是夺取政权以前的毛泽东，一个是取得政权的毛泽东。所有这些都似乎说明，毛泽东也难逃脱古今中外许多开国大帝的巢臼：打天下时开放性与进取性十足，得天下后则渐趋保守。

感谢我国经济的持续增长和社会进步，近些年相继提供的一些文献和资料，让我有可能看到一个真实的毛泽东。"计划生育是毛主席倡导的"。

毛泽东逝世后，我们才得到毛泽东所讲的几段主张实行计划生育的讲话。那还是毛泽东光环普照的时代。由于有了这几段话，才建立了我国的计划生育制度，开始了只有我们国家才会出现的由政府安排生育指标的计划生育的历史。但是，新的资料表明，那是毛泽东废弃不用的几段话。在长达 20 年的时间里，毛泽东既没有公开发表自己有关计划生育的论述，也不曾去设置他提出过的计划生育的政府机关。所以，现在的计划生育和毛泽东并没有直接的关系。现实中有两个计划生育。毛泽东赞成避孕和节育意义上的计划生育（由公民自行决定自己的生育），并把它当作人民的民主权利；至于计划经济下的计划生育（由政府计划指标安排生育），仅只是毛泽东 1957 年前后一年多的一段时间内曾经有过而后又放弃了的一个设想。

梁中堂于 2008 年 5 月

（本文刊于 2008 年 6 月 5 日）

只要让真理独立自主地行动，它一定能够很好地生存下来。真理很少得到，而且我恐怕它是永远也不会得到权势者们的大力帮助的，因为它与他们没有缘分，很难为他们所了解，更不用说受到他们的欢迎了。真理不是靠法律教诲的，也不需要强力将它带入人们的心灵里。而谬误倒的确是借助于外力的支持和救助传播开来的。但是，如果真理不以自己的光芒来开辟通往悟性的道路，它就只能是个弱者，因为任何外来的强暴都可以强加于它。

——洛克：《论宗教宽容》

有一群绝顶聪明的人，借助神谕装着同神来往，亲热得就像他们现在走上欧洲宫廷的后楼梯一样，这时世界就完全处于迷信的统治之下。他们乞灵于神谕，把硬要神说的那一套变为法律；这种迷信存在多久，那一群人的权力也就能持续多久。

——潘恩《人权论》

尖刻的讨论很容易将人们引导到一种令人讨厌的习惯上，即假设他人动机不良。在动机问题上，宽宏大量是非常有必要的；应该相信人们的本意都是好的，而且显然是这样。然而，我们大可不必对缺乏联系的逻辑或者荒谬的推理持宽容态度。不高明的逻辑学家不自觉地犯下的罪行，比坏人刻意去干的坏事还要多。

——皮埃尔·杜邦议员的一次演说

毛泽东人口思想是毛泽东关于中国人口问题的理论和观点的概括。近现代以来，任何寻求有关中国人口问题的解决途径，都离不开如何认识中国社会性质、中国向何处去、以及如何解决中国社会问题和中国如何发展等基本问题。所以，毛泽东人口思想首先是作为一种历史观出现的，是毛泽东运用马克思主义基本原理解决中国革命和建设问题的实践过程中产生的。毛泽东人口思想具有十分丰富的内容，是毛泽东思想整体不可分割的部分。毛泽东思想是马克主义与中国革命实践相结合的产物。研究和理解毛泽东人口思想，既不能与毛泽东思想整体割裂开来，也不能离开毛泽东在革命和建设实践中探索的具体历史背景。由于历史发展的原因，我们过去对毛泽东人口思想的学习和认识，一方面要受到对毛泽东思想整体的评价和认识的局限，另一方面往往只能接触到毛泽东人口思想的一些孤立的话语片段而不得不语录式地学习，所以对其整体的研究和认识都是很不够的。近 10 几年来，随着国家经济社会的巨大发展，人们对新中国自己的历史和毛泽东思想的认识都更为客观和深入了，相继产生了一大批研究毛泽东历史和毛泽东思想的新成果。特别是一些毛泽东的文稿、文集和有关毛泽东的一些文献的相继出版，再现出许多过去无法了解的历史情节，使得我们有了一定的条件能够回到具体的历史中去研究毛泽东人口思想。

一、在革命实践中获得马克思主义人口理论

毛泽东早期革命活动就十分注意和重视人口问题。毛泽东起草的 20 年代末到 30 年代初期的红色根据地的许多政策性文件和其他各类文献，都有对人口状况进行具体的分析。这一时期的毛泽东十分重视农村调查，先后进行了寻乌、湘潭、湘乡、衡山、醴陵、长沙、永新、宁冈等一些比较系统的调查。譬如在寻乌的调查中就有"人口的成分和他们在政治上的地位""农村人口成分"等方面的内容。在《长冈乡调查》中，首先就向读者交代了该乡的"政治区划和户口"。

1931 年，毛泽东起草文件通知，要求红军各政治部、地方各级政府调查人口和土地状况。在长期革命斗争中，毛泽东运用马克思主义观察和分析问题，写下许多不朽的论著，其中也包括运用马克思主义人口理论形成的论著，如 1926 年的《中国社会各阶级的分析》、1927 年的《湖南农民运动考察报告》、1933 年的《怎样分析农村阶级》、1939 年的《中国革命和中国共产党》、1940 年的《新民主主义论》、1949 年的《在中国共产党第七届中央委员会第二次全体会议上的报告》等，都是这方面的代表作。但是，一直到中国革命即将在全国范围取得胜利的几十年里，则很少有能够全面反映毛泽东人口思想的文献。1949 年 8 月，美国政府面临其对华政策的失败，需要回答反对党的指责，从而发表了题为《美国与中国关系》白皮书和美国国务卿艾奇逊致美国总统杜鲁门的信。这两个文件，披露了一些过去难以见到的内幕材料。毛泽东抓住机遇，连续发表了 5 篇评论文章。尤其最后一篇《唯心历史观的破产》，以历史唯物论观点回答了中国革命的必然性以及最终取得胜利的根本原因。由于美国政府白皮书和艾奇逊的信件用马尔萨斯人口论的观点阐释中国革命和中国社会发展问题，这就为毛泽东提供了全面阐述自己人口思想的机会。

艾奇逊在给杜鲁门的信中说，中国人口在十八、十九两个世纪里增加了一倍，因此使土地受到不堪负担的压力。人民的吃饭问题是每个中国政府必然碰到的第一个问题。一直到现在没有一个政府使这个问题得到了解决。中共宣传的内容，一大部分是他们决心解决土地问题的诺言。

按照艾奇逊的观点，中国人口太多了，饭少了，所以发生革命。过去的政府都没有解决这个问题，共产党也不一定能够解决这个问题。根据艾奇逊这一观点和逻辑，中国已有四、五亿的人口，是一种"不堪负担的压力"，谁也无法解决的吃饭问题决定了中国要继续发生战争，继续乱下去。这是直裸裸地搬弄马尔萨斯主义的观点。毛泽东用包括美国独立战争等革命事件在内的大量中外历史说明，革命爆发的原因不是人口过多，而是由于社会制度的不合理。

接着，毛泽东反驳说：

中国人口众多是一件大好事。再增加多少倍人口也完全有办法，这办法就是生产。西方资产阶级经济学家如像马尔萨斯者流所谓食物增加赶不上人口增加的一套谬论，不但被马克思主义者早已从理论上驳斥得干干净净，而且已被革命后的苏联和中国解放区的事实所完全驳倒。

毛泽东在批判中还从历史经验提炼出一个十分著名的命题——"革命加生产即能解决吃饭问题"，并由此写下了一段脍炙人口的文章：

世间一切事物中，人是第一可宝贵的。在共产党领导下，只要有了人，什么人间奇迹也可以创造出来。我们是艾奇逊反革命理论的驳斥者，我们相信革命能改变一切，一个人口众多、物产丰盛、生活优裕、文化昌盛的新中国，不要很久就可以到来，一切悲观论调是完全没有根据的。

《唯心历史观的破产》一文的篇幅虽然不长，却是研究和领会毛泽东人口思想的最为重要的文献。首先，毛泽东不是通过对《唯心历史观的破产》的写作才产生或形成了马克思主义唯物历史观的人口思想，而是在这篇文章里比较全面和系统地阐述了自己的人口思想。毛泽东在早期的革命活动和革命斗争中，接受了马克思主义的基本原理，在指导其伟大的革命实践中产生和形成了后来被称之为毛泽东思想的理论体系。如果从文献上来研究，《中国社会各阶级的分析》等文章表明，20 年代的毛泽东已经具有极为深厚的马克思主义理论水平。在写作《唯心历史观的破产》一文时，早已经完成了由资产阶级知识分子向无产阶级革命家的转变，已经是一位成熟的马克思主义理论家、思想家和通过几十年艰苦斗争即将在一个人口大国取得政权的中国共产党的领袖。毛泽东在《唯心历史观的破产》中娴熟地运用马克思主义的唯物历史观对美国政府和艾奇逊所依据的马尔萨斯主义批判，仅仅是比较集中地体现了自己所持有的马克思主义世界观和人口思想。在一定程度来说，毛泽东在这篇文章中只是把自己已有的一些思想和观点提炼得更为概括和精辟了，把马克思主义的一些基本原理更为通俗化了。如果从思想发展史的角度进行研究，毛泽东在这篇文章中创新的思想并不多。

其次，与大多数人狭隘地将人口理论和人口思想简单地归纳为主张增加或减少人口的认识不同，毛泽东十分敏锐地首先将人口思想归结为一定的历史观，把造成旧中国贫穷落后和绝大多数中国人吃不饱穿不暖的原因归结为腐朽的社会经济制度和帝国主义的侵略，而把用马尔萨斯主义解释中国革命和人口问题的观点归结为唯心历史观。毛泽东的这一认识和观点的重要意义在于，这是理解中国社会问题和中国人口问题的本质所在。因为，对中国革命和人口问题的认识是与对中国社会问题和人口问题的性质的认识，对解决中国社会问题的方法、道路、路线及方针、政策，都联系在一起的。如果根据毛泽东的这一思想翻检和研究人口学的历史，人口理论从其产生以来就是要回答这一社会根本问题的。马尔萨斯的人口论既不是提倡节制生育，也不是主张减少人口的。马尔萨斯匿名出版《人口论》的时候，仅仅是一位刚从神学院毕业的年轻神父，那时的教会都是反对节育的。马尔萨斯在其著作中就坦率地道出了《人口论》的实质是反对社会的改革和改良。他说：

本书的目的，与其说是在提出改进社会的新计划，不如说是在教育人们必须安于一部分早已按照自然之道在进行的改进方式，并且必须不去阻碍否则就要如此去做的进展。……具有最普通的理解力的人都能领会到由人口因素产生的下列真理：（一）贫困的主要和最难消除的原因是与政府的形式或财产的不平等分配没有多大关系或没有任何直接关系的；（二）因为有钱的人实在没有能力为穷人们找到工作并维持其生活，所以，照情理说，穷人们也就没有权利向富人们需索这些东西。十分明显，如果下层阶级的人都知道这些真理，那么他们就会以更大的耐心来忍受他们可能遭受到的困苦，就不会由于自己的贫困而对政府和上层社会感到那么不满和怨恨了，在一切场合里也不至于那么容易摆出反抗的姿态或发生骚乱了……

不难理解，马尔萨斯是在做一位神父应该做的对穷人的安抚工作。但是，贫穷仍然是那时英国的普遍现象，年轻的马尔萨斯还不具有从历史哲学上回答问题的能力，就把人的生育和谷物的繁殖能力放在一起进行比较，杜撰了一个人口是按照几何级数增长和谷物按照算术级数增长的"两个公理"，然后将贫穷、饥饿、瘟疫和战争等社会现象解释为"自然法则"要求两个级数保持相对平衡的手段。这就自然地把穷人的生育当作产生社会问题的替罪羊，把人口因素当作阻碍社会进步的根源，从而陷入了唯心主义历史观的巢臼。毛泽东敏锐地抓住美国政府所持的马尔萨斯主义，深刻地揭露和批判人口决定论所代表的唯心历史观，清晰地阐述了马克思主义从生产力和生产关系、经济基础和上层建筑矛盾统一关系方面寻找人口问题根源的经济决定论的唯物历史观。

第三，美国政府和艾奇逊认为，中国所以发生革命是因为人口太多和西方思想的传入。这又是用外部因素来解释社会历史的转变。马克思批判马尔萨斯时就说：

马尔萨斯撇开了人口运动的这些一定的历史规律。这些规律由于是人类本性的历史，所以是自然的规律，但仅仅是在一定生产力水平的一定历史发展阶段上的人的自然规律，而这种生产力的发展水平则是受人类本身历史过程制约的。

毛泽东坚持唯物辩证法的内因论观点，认为中国社会发展是其自身、内在因素作用的结果，中国社会问题和人口问题的发生是中国当时的经济社会制度落后于历史发展的反映，解决了阻碍中国社会发展的制度障碍，也就解决了中国的人口问题。所以，即使马克思主义这样的客观真理也是因中国社会发展的需要才起作用的。毛泽东说：

马克思列宁主义来到中国之所以发生这样大的作用，是因为中国社会条件有了这种需要，是因为同中国人民革命的实践发生了联系，是因为被中国人民所掌握了。任何思想，如果不和客观的实际的事物相联系，如果没有客观存在的需要，如果不为人民群众所掌握，即使是最好的东西，即使是马克思列宁主义，也是不起作用的。我们是反对历史唯心论的历史唯物论者。

第四，与美国政府和艾奇逊等人所代表的资产阶级把劳动人民当作负担、累赘、包袱的观点相反，毛泽东十分推崇人的价值，提出了"世间一切事物中，人是第一可宝贵的"等思想，充分体现了马克思主义哲学关于个人存在是人类历史的前提、人是社会历史的主人、劳动人口是一切生产力的条件等观点，以及人民创造历史、人民群众是历史的真正英雄等历史唯物主义的核心思想和基本原理，反映了无产阶级革命政党特有的"人为贵""以人为本"的基本原则和为人民服务的革命宗旨。马克思主义的这一唯物历史观是支配毛泽东一生的基本思想理念，也是其一生革命的出发点和立足点。正是从这一点出发，毛泽东在革命实践中又总结制订出党的群众路线。相信群众，信任群众，一切为了群众，一切依靠群众，从群众中来，到群众中去，不仅是毛泽东领导中国革命实行人民战争取得胜利的基本法宝，也是经济建设时期的基本工作方法。

毛泽东认为，对人的尊重、崇尚人的价值等人民性的唯物主义历史观，不仅是个认识问题，而且首先是对待人、对待人民群众的感情和态度问题。1938 年，毛泽东在《论持久战》中就将取得抗日战争胜利的根本性因素归结到人民性方面，提出"兵民是胜利之本"，"战争的伟力之最深厚的根源，存在于民众之中"。毛泽东说，这不是方法问题，"是根本态度（或根本总旨）问题，这态度就是尊重士兵和尊重人民。从这态度出发，于是有各种的政策、方法、方式。"党的一切原则要实行有效，"都须从尊重士兵、尊重人民和尊重已经放下武器的敌军俘虏的人格这种根本态度出发"。在《论联合政府》中，毛泽东又进一步总结提出："人民，只有人民，才是创造世界历史的动力。"这是中国共产党为什么能够经过抗日战争迅速发展壮大的根本所在。

战争年代如此，建设时期的毛泽东也是如此。1956 年，毛泽东说：

天上的空气，地上的森林，地下的宝藏，都是建设社会主义所需要的重要因素，而一切物质因素只有通过人的因素，才能加以开发利用。

毛泽东还说：

生产力是最革命的因素。生产力发展了，总是要革命的。生产力有两项，一项是人，一项是工具。工具是人创造的。工具要革命，它会通过人来讲话，通过劳动者来讲话，破坏旧的生产关系，破坏旧的社会关系。

人民群众有无限的创造力。他们可以组织起来，向一切可以发挥自己力量的地方和部门进军，向生产的深度和广度进军，替自己创造日益增多的福利事业。

正是由于毛泽东基于对人、对人民的这一崇高敬仰和尊重的理念，将新取得政权的国家命名为人民共和国，政府称之为人民政府，并为其制订了一切属于人民、一切为了人民和全心全意地为人民服务的宗旨。

"卑贱者最聪明，高贵者最愚蠢"，是毛泽东的认识和信仰，也是世界观。这是理解毛泽东、毛泽东思想和毛泽东人口思想的钥匙和枢纽。理解了这一点，才能理解毛泽东说的"中国人口众多是一件大好事。再增加多少倍人口也完全有办法……"既不是吹牛皮、说大话，也不是"从政治斗争的需要"才要说的。这是只有像毛泽东这样对人民无限信仰和忠诚的人才配具有的一种世界观和大无畏的气概！

第五，毛泽东提出的"革命加生产即能解决吃饭问题"，集中概括和形象地表述了马克思主义关于生产力和生产关系、经济基础和上层建筑之间关系的唯物历史观和人口理论。马克思论述过剩人口问题时说：

> 社会的条件只能适应一定数量的人口。另一方面，如果说有一定形式的生产条件的扩展能力所设定的人口限制，随生产条件而变化，收缩或扩大，……人口究竟能超出它的限度多少，这是由限度本身决定的，或者确切些说，是由设定这个限度的那同一个基础决定的。

所以，人口的容量或人口过剩之类的问题都是相对于一定的社会制度或经济体制而言的。毛泽东有一次解释历史辩证法关系时说：

> 将来全世界的帝国主义都打倒了，阶级消灭了，你们讲，那个时候还有没有革命？我看还是要革命的。社会制度还要改革，还会用"革命"这个词。当然，那时革命的性质不同于阶级斗争时代的革命。那个时候还有生产关系同生产力的矛盾，上层建筑同经济基础的矛盾。生产关系搞得不对头，就要把它推翻。上层建筑（其中包括思想、舆论）要是保护人民不喜欢的那种生产关系，人民就要改革它。生产力是最革命的因素。生产力发展了，总是要革命的。

人口问题，其本质都是一定社会时期的生产关系对生产力的束缚和上层建筑落后于经济基础的结果。坚持社会革命和推动社会改革，变革经济制度和改善经济政策，调整过时的生产关系和落后的上层建筑，解放和发展生产力，就能够解决一定历史阶段的人口问题。这既是毛泽东历史唯物主义世界观的基本原理，也是毛泽东人口思想的理论基础。

二、工业现代化建设和人民的婚育自主权利

回应西方国家工业革命和现代化的挑战，改变旧中国落后的经济面貌、强国富民和赶上西方发达国家，是从晚清时期开始的几代有抱负的中国人的志愿。上个世纪 40 年代末，毛泽东和中国共产党领导的中国革命即将在全国取得胜利的时候，像苏联那样走社会主义

道路，包括实行计划经济，推进工业化和选择优先发展重工业的发展战略，都是以毛泽东为首的中国共产党决心将中国这艘航船引向经济、文化和政治等社会全面现代化航程的早已确定了的路线和目标，也是毛泽东认为带领人口众多的中国人民走上富裕之路和实践自己历史唯物论的人口思想的必然选择。

新中国是在一个相当落后的基点上开始工业建设的。毛泽东曾经在一次会议上很形象地说：

现在我们能造什么？能造桌子椅子，能造茶碗茶壶，能种粮食，还能磨成面粉，还能造纸，但是，一辆汽车、一架飞机、一辆坦克、一辆拖拉机都不能制造。

所以，从建国后恢复国民经济开始到制订经济发展计划，中央政府都把建设的重心放在建设一个比较独立的重工业体系方面。从1950 年毛泽东访苏确定苏联援助建设东北 50 个工业项目开始，"一五"计划投资 250 亿元，确定和实施的工业建设项目总计达到 1 万多个，其中大中型项目 921 个。在大中型建设项目中，苏联援建 156 个，民主德国、捷克、匈牙利等东欧社会主义国家援建项目 68 个。一个拥有煤炭和电力及石油等能源工业、冶金工业、化学工业、机械制造工业、航空工业、电子工业、兵器工业、航天工业、船舶工业等现代工业体系的建设在全国人地上全面铺开。随着工业建设的发展，军人脱下军装转到了地方，年富力强的农民被招进了工厂。至于青年学生和稍有文化的知识分子，更是国家机关、企业和服务行业争聘的对象。大规模的工业化建设很快改变了旧中国那种毫无生气、没有活力的社会面貌。已经脱离传统农业的一代新人理所当然地要求和向往着与工业化相适应的新生活。中国农业社会创造的传统的生活方式已经动摇。经济变革和包括家庭传统婚姻制度及生育习俗在内的社会变革是这一时期新生政权必然遇到的重大课题。毛泽东领导的中国共产党十分自然地站在社会变革的前列，国家政权以鲜明的态度积极扶植新生事物，支持社会变革，使得一个在经济、文化和风俗习惯等各个方面都非常保守的国家，在一个较短的时间里就能以一种全新的面貌展现在世界面前。

废除旧的婚姻制度具有反封建的性质。所以，早在共产党领导的民主主义革命时期就已经开始了。1931 年 12 月，毛泽东以中华苏维埃共和国主席的名义签署的《婚姻条例》中提出，"确定婚姻以自由为原则，而废除一切封建的包办、强迫与买卖的婚姻制度"。后来的各抗日根据地和解放区，也都有相类似的新婚姻法规定。1950 年 4 月，毛泽东主持中央人民政府委员会通过并颁布了《中华人民共和国婚姻法》，彻底废除了旧的婚姻制度。这是新中国最早颁布的法律法规之一。1950-1953 年，毛泽东直接领导党和政府在全国进行了一场深入持久地宣传、贯彻和执行新婚姻法的运动，对全民族的新的自由婚姻观的树立和形成，起到极大的推动作用。通过新婚姻法的颁布和贯彻宣传，男女平等、婚姻自由，很快都成为我国社会的新风尚。

节制生育是工业现代化的一个必然结果。建国之初，国家有关政策和法律依据传统都是限制避孕和节育的。1950 年 4 月由中央人民政府卫生部、人民革命军事委员会卫生部和中央人民政府政务院文化教育委员会联合颁发的《机关部队妇女打胎限制办法》，1952 年 5 月由中央人民政府卫生部制订的《限制节育堕胎暂行办法》和《婚前健康检查实施办法》，对堕胎和节育用具的使用、销售，都有严格的限制规定。这些规定首先与城市青年的生活发生冲突，给城市青年的学习和工作带来不便。所以，人民群众纷纷给党和政府机关反映这一问题。1954 年，卫生部在《关于改进避孕及人工流产问题的通报》中就说：

> 本部对于节育问题，过去一直采取严格限制的方针，……自实施上项管制办法以来，各地机关干部、工厂工人以及城市市民因子女过多，影响到生活工作和学习，纷纷提出反对意见……

1955 年 2 月，卫生部党组在给中央的报告中也说：

> 几年来，我们曾接到许多人民来信，其中主要是机关干部、工矿

企业的职工，他们对节育问题提出了迫切的要求，认为子女多，对工作、学习、生活以及第二代的教育均有很大困难……

由于资料的限制，我们无法确定毛泽东和中央政府最早是在什么时候开始回应群众这一要求的。根据 1957 年 3 月 24 日人民日报刊登的袁安全杨振国的文章和 1955 年 2 月中央卫生部党组《关于节制生育问题向党中央的报告》，邓小平于 1953 年 8 月就曾指示有关部门改正禁止和限制海关进口避孕药具的做法，督促下发《避孕及人工流产办法》，放宽对避孕和堕胎的限制。1954 年 5 月 27 日，全国妇联副主席邓颖超又给中央人民政府政务院副总理、中共中央秘书长邓小平写信，要求国家机关制定办法，帮助解决群众的避孕问题。第二天，邓小平即给分管卫生部的政务院秘书长兼中央人民政府文化教育委员会办公室主任的习仲勋批示说：

我认为避孕是完全必要的和有益的，卫生部对此似乎是不很积极的，请文委同卫生部讨论一下，问问他们对此问题的意见，如他们同意，就应采取一些有效的措施。

这次批示很快就有了效果，7 月 20 日，卫生部下发了经政务院批准的修订避孕及人工流产办法。11 月 10 日，卫生部又下达了《关于改进避孕及人工流产问题的通报》。该通报"拟订改进办法"，提出"避孕节育一律不加限制，……凡请求避孕者，医疗卫生机关应予以正确的节育指导。""一切避孕用具和药品均可以在市场销售，不加限制。"

1954 年 12 月 27 日，中共中央书记处书记、全国人大常委会委员长刘少奇召集国务院第二（文教）办公室、卫生部、轻工业部、商业部、中央宣传部、全国妇联等单位负责人座谈节制生育问题。刘少奇说：

关于节育问题，我们党、我们的卫生机关和宣传机关，是提倡还是反对？有些人是反对的，有的人还写了反对文章。现在我们要肯定一点，党是赞成节育的。""避孕药品与器具的供应，不要从商业问题上着眼，这是个人民需要的带政策性的问题。商业部门和生产部门都要努力供应，力求满足，尽可能做好。

刘少奇主持的这次座谈会，极大地推动了节制生育活动的在全国的开展。1955 年 2 月，卫生部党组向中央递交了《关于节制生育问题向党中央的报告》。报告中检讨了卫生部以前对节制生育问题的消极态度，提出了整改的意见和办法。3 月 1 日，中央对该报告作了重要批示。这是迄今发现的我们党和国家同意和提倡节制生育的第一份正式文件。中央在批示中说：

节制生育是关系广大人民生活的一项重大政策性的问题。在当前的历史条件下，为了国家、家庭和新生一代的利益，我们党是赞成适当地节制生育的。各地党委应在干部和人民群众中（少数民族地区除外），适当地宣传党的这项政策，使人民群众对节制生育问题有一个正确的认识。

1956 年 8 月，卫生部的《关于避孕工作的指示》不仅对于党和政府支持群众避孕和节育的目的讲得更为清楚，而且进一步指出"避孕是人民民主权利，应由人民自由使用"，并规定了政府在这一问题上的责任和义务。

我们还缺少 1956 年以前，毛泽东对待避孕和节育问题的具体意见。但是，据记载，早在 1954 年，邓小平就向卫生部党组书记、副部长贺诚和党组副书记、副部长徐运北传达过毛泽东有关节制生育的指示。依据卫生部的档案整理的《中国计划生育大事记》中的这一记载，应该属实。因为熟悉毛泽东早期领导下的党和国家的工作规则的人都知道，没有毛泽东的同意，即使毛泽东对节育问题曾经有所表示，那也是不得随意向下传达与扩散的。邓小平的传达，表明毛泽东早在此之前已经对节育问题有了肯定和支持的明确意见。其次，从这一时期卫生部和其他国家机关对节育态度的转变以及相关活动的安排，可以推测毛泽东在这一问题上的态度和作用。按照党的纪律，凡属中央日常工作和一些重大问题的处理，都须经过毛泽东的批准同意。所以，根据刘少奇在座谈会上说"现在我们要肯定一点，党是赞成节育的"判断，这一肯定性的意见应该是由毛泽东决定并代表毛泽东的。而且，这次涉及中央许多机关和部门参加的节制生育工作座谈会，很可能就是由毛泽东决定并委托刘少奇主持召开的。倘若再推而广之，如果不是得到毛泽东的意见，尚未担任中央政治局委员的邓小平也不会接二连三和如此执着地要求并不由他分管的中央人民政府卫生部改正原先对节育和避孕所作的限制规定。同样，按照这一逻辑推论，我们至少可以把中共中央 1954 年 3 月 1 日关于节制生育的批示，直接当作毛泽东的意见。

由于毛泽东领导下的党和政府的推动，那些在西方国家的民众需要经过长期斗争才能争取到的婚姻自主和有关避孕与节育自由的民主权利，新中国之后不久我们国家都顺利地实现了。从 1954 年开始，全国各大城市已经广泛开展了节制生育和避孕方法的宣传。1955年，卫生部在北京举办的一次关于避孕的宣传报告会，发出 700 张听讲票，竟有 2000 人到场。人民卫生出版社出版的《避孕常识》，不到一年的时间，在北京、重庆 9 次印刷，销售 102 万册。1956 年 10 月，地处西部的西宁市举办过两次节育、避孕的知识展览，参观者 27500 人次，印发宣传材料 5000 多册。据青海省医药公司统计，该年全省出售避孕套 76233 个，避孕帽 2141 个，避孕拴 2252 盒，避孕膏 3372 支。也是在这一年，江苏和广州、天津等地开始生产避孕药具。

三、从"革命加生产"到"不断革命"和"无产阶级专政下的继续革命"

马克思说："社会经济形态的发展是一种自然过程。"所以，凡是遵循和顺应社会发展自然过程的革命、改革和改良，就能够促进生产力的发展，促进社会进步和有利于人民生活水平的提高。毛泽东的"革命加生产即能解决吃饭问题"，十分形象地概括了马克思主义的唯物历史观的人口理论。新中国建立后，1950-1957年，全国社会总产值由683亿元增长到1606亿元，7年增长2.4倍；其中工农业总产值由575亿元增长到1241亿元，增长2.2倍。1950-1956年，按照全部人口计算的人均国民收入由78元提高到142元，平均每年增长10.5%。如果以1952年居民消费水平为100，到1956年，全国居民消费水平达到124.5，其中农村居民为116.7，城市居民为131.8。这样的增长和提高水平，在历史上是非常罕见的。但是，真理都是有条件的。毛泽东过于相信精神对物质的反作用，提出"不断革命论"，用群众运动的方式搞经济建设。1958年1月，毛泽东在一个文件中说：

不断革命。我们的革命是一个接着一个的。从一九四九年在全国范围内夺取政权开始，接着就是反封建的土地改革，土地改革一完成就开始农业合作化，接着又是私营工商业和手工业的社会主义改造。社会主义三大改造，即生产资料所有制方面的社会主义革命，在1956年基本完成，接着又在去年进行政治战线上和思想战线上的社会主义革命。这个革命在今年七月一日以前可以基本上告一段落。但是问题没有完结，今后相当长的一个时期内每年都要用鸣放整改的方法继续解决这一方面的问题。现在要来一个技术革命，以便在十五年或者更多的一点时间内赶上和超过英国。中国经济落后，物质基础薄弱，使我们至今还处在一种被动状态，精神上感到还是受束缚，在这方面我们还没有得到解放。要鼓一把劲。再过五年，就可以比较主动一些了；十年后将会更加主动一些；十五年后，粮食多了，钢铁多了，我们的主动就更多了。我们的革命和打仗一样，在打了一个胜仗以后，马上就要提出新任务。这样就可以使干部和群众经常保持饱满的革命热情，减少骄傲情绪，想骄傲也没有骄傲的时间。

毛泽东以为社会生产力发展阶段上的差距也可以像打仗一样，不断确定新的目标，然后再通过发动一次次的战役去攻破。问题是经济建设不同于战争，社会经济发展阶段不能跨越。马克思说：

一个社会即使探索到了本身运动的自然过程，……它还是既不能跳过也不能用法令取消自然的发展阶段。

毛泽东几乎是在用法令或意念取消客观存在的自然发展阶段。由于握有政权，毛泽东每确定一个目标，都能很快实现。毛泽东的经济目标和经济政策不断地跳跃和跨越社会发展阶段，从根本上颠倒了生产力和生产关系、经济基础和上层建筑之间的关系。

根据毛泽东 1940 年的《新民主义论》和 1949 年在党的七届二中全会上的报告，无产阶级在中国取得政权后的一个相当长的时期内，国家将进入新民主主义社会，分散的个体农业和手工业，城乡资本主义工商业都将长期存在。但是，建国之初，毛泽东就改变了这个方针，把"一个相当长的时期内"我国将处在新民主主义社会的历史阶段一笔勾销。1953 年 9 月，毛泽东说：

从中华人民共和国成立，到社会主义改造基本完成，这是一个过渡时期。党在这个过渡时期的总路线和总任务，是要在一个相当长的时期内，逐步实现国家的社会主义工业化，并逐步实现国家对农业、对手工业和对资本主义工商业的改造。

这就是说，从新中国诞生时起，我们就已经进入了社会主义历史阶段。

社会主义和资本主义都是建立在一种社会化的大生产基础之上的，是以生产力的巨大发展为条件的，是一定历史长期发展的结果。但是，毛泽东不仅要在一个传统的个体农业为基础的社会里建设社会主义，而且，仅用几年的时间就结束了由他规定的本来需要"一个相当长的时期"和"逐步实现"的历史阶段。几乎在过渡时期的总路线刚开始提出和酝酿期间，毛泽东就以极大的热情推动农业合作化运动。过渡时期总路线提出以后不到 3 年的时间里，全国个体农户的 96%以上就都参加了合作社，其中加入高级社的农户达到 87%。农业合作化进程加快的一个直接后果，就是带动城乡手工业合作化和资本主义工商业的社会主义改造进程的加快。到 1956 年年底，就宣布了社会主义改造已经在全国基本完成。

毛泽东说："党在过渡时期总路线的实质，就是使生产资料的社会主义所有制成为我国国家和社会的唯一的经济基础。"现在，这一目标已经实现。所以，在一次最高国务会议上，毛泽东说："社会主义革命的目的就是为了解放生产力。农业和手工业由个体所有制变为社会主义的集体所有制，私营工商业由资本主义所有制变为社会主义所有制，必然使生产力大大地获得解放。这样就为大大地发展工业和农业的生产创造了社会条件。""一个新的生产高潮已经和正在形成"。

毛泽东推动革命和建设的飞速发展，一个基本的方法就是以极大的劲头和饱满的热情自下而上地动员和发动群众，大搞群众运动。在长期革命和群众运动中形成的党的运行机制是十分适应毛泽东发动运动的。偶尔有跟不上步伐的党和国家领导人，随时会遭致毛泽东的批评。1958 年 1 月，毛泽东在南宁主持召开中央工作会议，对周恩来等人从 1956 年以来"既反对保守，又反对冒进"的做法提出了严厉的批评。刘少奇、周恩来等，都在会议上检讨了"反冒进"的错误。3 月，毛泽东在成都主持召开了中央会议，省、市、自治区的党委书记都具有了大跃进的姿态。河南省委书记吴芝圃提出，"苦干三年，改变面貌"。举国上下的高昂情绪，也激发和感染了毛泽东。4 月 15 日，毛泽东看了河南省封丘县县委给毛泽东写的一个报告，介绍该县应举农业生产合作社依靠集体力量，苦战二年，战胜自然灾害，改变落后面貌的事迹。应举社的故事感动了毛泽东，读后异常兴奋，不禁欣然命笔，要把它介绍给全国人民。毛泽东写道：

"一个苦战二年改变了面貌的合作社"，这篇文章值得一读。共产主义精神在全国蓬勃发展。广大群众的政治觉悟迅速提高。群众中的落后阶层奋发起来努力赶上先进阶层，这个事实标志着我国社会主义的经济革命（生产关系方面尚未完成改造的部分）、政治革命、思想革命、技术革命、文化革命正在向前奋进。由此看来，我国在工农业生产方面赶上资本主义大国，可能不需要从前所想的那样长的时间了。除了党的领导之外，六亿人口是一个决定的因素。人多议论多，热气高，干劲大。从来也没有看见人民群众像现在这样精神振奋，斗志昂扬，意气风发。……中国六亿人口的显著特点是一穷二白。这些看起来是坏事，其实是好事。穷则思变，要干，要革命。一张白纸，没有负担，好写最新最美的文字，好画最新最美的图画。大字报是一种极其有用的新式武器，城市、乡村、工厂、合作社、商店、机关、学校、部队、街道，总之一切由群众的地方，都可以使用。已经普遍使用起来了，应当永远使用下去。

毛泽东相信群众中蕴藏着无穷无尽的力量，相信"在共产党领导下，只要有了人，什么人间奇迹也可以创造出来"，包括在很短的时间内就可以横跨中国与发达国家之间的经济发展水平上的差距。一个月后，中共八大二次会议通过了鼓足干劲、力争上游、多快好省地建设社会主义总路线，通过了十五年赶上和超过英国的目标，通过了提前五年完成农业发展纲要，还通过了"苦干三年，基本改变面貌"等口号。一场席卷全国的大跃进，就这样出现了。人为的革命严重地破坏了生产力。仅据户籍统计的资料保守计算，1958-1961 年，全国至少比正常年份多死了 1500 万的人口，因生育率的下降又比正常年份少生育 2000 万，两项合计损失 3500 万人口。

邓小平后来总结说：

我们都是搞革命的，搞革命的人最容易犯急性病。我们的用心是好的，想早一点进入共产主义。这往往使我们不能冷静地分析主客观方面的情况，从而违反客观世界发展的规律。中国过去就是犯了性急的错误。

50 年代，毛泽东急于改变面貌，跨越经济社会的发展阶段，制造出一个又一个的革命。60 年代以后，进而提出"一大批资产阶级的代表人物、反革命的修正主义分子，已经混进党里、政府里、军队里和文化领域的各界里，相当大的一个多数的单位的领导权已经不在马克思主义者和人民群众手里"，必须发动"文化大革命"，通过"无产阶级专政下继续革命"的方式来解决。一方面，把党和国家政权机关当作"继续革命"的对象，就没有稳定的社会局面了；另一方面，群众被动员起来参加无休止的"革命"，也再顾及不到"生产"了。这都违背了马克思主义的唯物历史观和"革命加生产"的人口思想，从而给我国经济社会发展造成了极大的损害。

四、从"六亿人口的统筹兼顾、适当安排"衍生出"要有计划地生育"

70 年代后期，当计划生育主管部门把毛泽东关于计划生育的论述摘引出来宣传的时候，人们看到毛泽东以明确的语言讲节育和计划生育，是 1957 年 2 月 27 日-3 月 1 日最高国务会议上的讲话。而且，这几段讲话曾经成为我国计划生育事业得以产生和发展的基础。给人的印象是，在持续 3 天的会议上，先后讲过 3 次，也可见这一问题的重要程度。在过去的宣传中，3 次讲话是按照以下顺序编排的：

在这里，我想提一下我国的人口问题。我国人口增加很快，每年大约要增加一千二百万至一千五百万，这也是一个重要的问题，近来社会上谈这个问题的人多起来了。对于这个问题，似乎可以研究有计划地生育的办法。……并且要得到人民的完全合作。

在最高国务会议第十一次（扩大）会议上的讲话
（1957 年 2 月 27 日）

我们这个国家有这么多的人，这是世界上各国都没有的。要提倡节育，要有计划地生育。我看人类是最不会管理自己了。工厂生产布匹、桌椅板凳、钢铁有计划，而人类对于生产人类自己就没有计划了，这是无政府主义，无组织无纪律。这样下去，我看人类是要提前毁掉的。中国六亿人口，增加十倍是多少？六十亿，那时候就快要接近灭亡了。我今天不着重谈节育问题，因为我们邵力子先生是个专门的名家，他是大学专科毕业的，比我高明。还有我们李德全部长，也很注意这个问题。关于这个问题，政府可能要设一个部门，或者设一个节育委员会，作为政府的机关。人民团体也可以组织一个。因为要解决技术问题，设一个部门，要有经费，要想办法，要宣传。

在最高国务会议第十一次（扩大）会议上的讲话

（1957 年 2 月 27 日）

人口控制在六亿，一个也不多啦？这是一种假设。……现在每年增长一千多万。你要他不增长，很难，因为现在是无政府主义状态，必然王国还没有变成自由王国。在这方面，人类还完全不自觉，没有想出办法来。我们可以研究也应该研究这个问题。政府应该设立一个部门或一个委员会，人民团体可以广泛地研究这个问题，是可以想出办法来的。总而言之，人类要自己控制自己，有时候使他能够增加一点，有时候能够使他停顿一下，有时候减少一点，波浪式前进，实现有计划的生育。这一条马寅（初）老讲得很好，我跟他是同志。从前他的意见没有放出来，有人反对，今天算是畅所欲言了。这个问题很值得研究，政府应该设机关，还要有一些办法。人民有没有这个要求？农民要求节育，人口太多的家庭要求节育，城市、农村都有这个要求，说没有要求是不适当的。

在最高国务会议第十一次（扩大）会议上的讲话

（1957 年 3 月 1 日）

把以上 3 段讲话放到产生的特定背景里，是准确把握和理解毛泽东人口思想必不可少的条件。

上述 3 段话是毛泽东发表如何处理人民内部矛盾问题的讲话时说的。正确处理人民内部矛盾，是毛泽东于 1956 年年底到 1957 年年初，总结国际共产主义运动和我国社会主义革命和建设的实践经验提出来的重大理论问题。毛泽东曾把 1956 年比喻为"多事之秋"。在这一年，国际共产主义运动中出现了苏共 20 大反对斯大林事件，波兰和匈牙利事件。国内也出现了一些事件，大城市约有 1 万工人罢工，1万名大学生罢课，农村也出现了农民分社、退社，等等。毛泽东将国内国际上这些新情况新问题当作历史给社会主义国家执政党提出的新课题。苏共20大后，在毛泽东的主持下，人民日报连续发表了《论无产阶级专政的历史经验》和《再论无产阶级专政的历史经验》两篇重要文章，已经总结提出了两类不同性质的矛盾问题。12月4日，毛泽东给黄炎培的信中又说：

社会总是充满着矛盾。即使社会主义和共产主义社会也是如此。

1957年1月，在全国省、市、自治区党委书记会议上，毛泽东就这一方面的许多问题已经对地方大员们做过两次讲话。毛泽东说："怎样处理社会主义社会敌我矛盾和人民内部矛盾，这是一门科学，值得好好研究。"

1957年2月27日的最高国务会议第十一次（扩大）会议是为毛泽东发表如何处理人民内部矛盾的讲话而特意安排的，参加会议的人员是从全国召集来的1800名党和国家高级干部、各民主党派负责人和社会各界上层人士。毛泽东像以往那样，只是在会前写了一个讲话提纲，共12个问题：（一）两类矛盾：敌我阶级之间，人民内部矛盾之间；（二）肃反；（三）社会主义改造——合作化；（四）资本主义改造；（五）知识分子和青年学生；（六）增产节约，反对铺张浪费；（七）统筹兼顾，适当安排；（八）百花齐放，百家争鸣，长期共存，互相监督；（九）如何处理罢工、罢课，游行示威，请愿；（十）闹事，出乱子，都不好吗？（十一）少数民族和大汉族民族问题，西藏问题；（十二）中国可能在三、四个五年计划内，初步地改变面貌。

在讲到第七个问题"关于统筹兼顾，适当安排的方针"时，毛泽东说了前面摘引的第2段"我们这个国家有这么多的人"那段话。由于《毛泽东传》摘引的记录稿不仅要比计划生育部门摘引的更为传神，内容也有所不同，所以转抄如下。毛泽东说：

我们这个国家有这么多的人，这一点是世界各国都没有的。它有这么多的人，六亿人口！这里头要提倡节育，少生一点就好了。要有计划地生产。我看人类自己最不会管理自己。对于工厂的生产，生产布匹，生产桌椅板凳，生产钢铁，他有计划。对于生产人类自己就是没有计划，就是无政府主义，无政府，无组织，无纪律。（毛泽东这个话引起全场大笑）这个政府可能要设一个部门，设一个计划生育部好不好？（又是一阵大笑）或者设一个委员会吧，节育委员会，作为政府的机关。人民团体也可以组织一个，组织个人民团体来提倡。因为要解决一些技术问题，设一个部门，要拨一笔经费，要想办法，要做宣传。

经过一天半的小组讨论之后，3 月 1 日下午，会议安排包括有马寅初在内的 16 位民主党派、无党派或实业界的代表发言。在总结讲话中，毛泽东再次谈到人口与计划生育。这就是上述第 3 段"人口控制在六亿，一个也不多啦"那段话。

比较细致地了解毛泽东修改讲话的过程，也是准确把握毛泽东关于人口和计划生育思想的不可缺少的一环。

这次讲话后，为进一步了解情况和加深研究，毛泽东就正确处理人民内部矛盾问题又连续在全国宣传会议和天津、济南、南京、上海等 4 个地方的干部会议上作了多场的讲话或演讲。其间，毛泽东还召开了许多次不同类别人员参加的座谈会，广泛征求意见。4 月 19 日，毛泽东亲自撰写了给上海中央局，各个省、市、自治区常委，中央各部门和国家机关党组的通知，要求将正确处理人民内部矛盾问题的讨论和执行情况限期报告中央。从 4 月 24 日起，只要没有重大活动，毛泽东就专心致志地修改讲话记录稿。5 月 7 日，在被称作"自修稿第一次稿"上，毛泽东将整理的讲话记录稿上第七个问题的标题"关于六亿人口的统筹兼顾，适当安排"改为"从六亿人口出发"，并把这段内容大为压缩。修改的话说：

我国有六亿人口，这是一个客观存在，这是我们的本钱。我们做计划，办事，想问题，就要从这一点出发，千万不要忘记这一点。我国有六亿人口，好处在这里，困难也在这里。困难就是矛盾，矛盾总得去解决，也总是可以解决的。我们的方针是统筹兼顾，适当安排。

可以设想另外一种方针，就是照旧社会那样，对于大批有困难的人抛弃不管。人民政府不能这样做。这是制造矛盾的办法，不是解决矛盾的办法。

在 5 月 8 日"自修稿第二次稿"上，第七个问题增加了一段话：

不可以嫌人多，嫌人落后，嫌事情麻烦难办，推出门外了事。我们这样说，是不是要把一切人一切事都由政府包揽下来呢？当然不是。许多人，许多事，可以由社会想办法，社会是能够想出很多很好的办法来的。而这也就包括在统筹兼顾、适当安排的方针之内，我们应当指导社会这样做。

这次把计划生育的论述改为：

在这里，我想提一下我国的人口问题。我国人口增加很快，每年大约要增加一千二百万至一千五百万，这也是一个重要问题，近来社会上谈这个问题的人多起来了。对于这个问题，似乎可以研究有计划地生育的办法。如果这个办法可行的话，也只能在人口稠密的地方研究实行，只能逐步地推行，并且要得到人民的完全合作。

这就是我们在本节一开始引述的 3 段文字中的第 1 段话的来历。笔者所以用以前两段不同处理的方式，全文抄录一遍，是因为这一段话已经将计划生育部门引述时省略掉的一些文字补充进来了。任何一位读者都可以发现，毛泽东用了一段思想深邃、文字严肃的论述取代了 1 月 27 日讲话时生动、活泼与诙谐、幽默的那段话。5 月 8 日晚 10 点，在"自修稿第三次稿"上，毛泽东给第七个问题又增加和改写了一段话：

为什么要提这样一个问题，难道还有人不知道我国有六亿人口吗？知道是知道的，不过办起事来有些人就忘记了，似乎人越少越好，圈子紧缩得越小越好。抱有这种小圈子主义的人们，对于这样一种思想是抵触的：调动一切积极因素，团结一切可能团结的人，并且将一切消极因素转变为积极因素，为建设社会主义的伟大目标服务。我希望这些人扩大眼界，真正承认我国有六亿人口，承认这是一个客观存在，是我们的本钱。

5月9、10日，毛泽东改出了"自修稿第四次稿"。但是，第七节中有关节制生育和计划生育的内容却被全部删去了，另外加了一句话："我国人多是好事，当然也有困难。"毛泽东决定把经过 4 次"自修"的稿子作为"草稿第一稿"，分发给中央政治局常委和部分书记处成员、几位党内"秀才"，征求他们的意见。

5月24日，毛泽东决定将第二个征求意见稿发到在京的中央委员、候补委员和几位党内"秀才"。毛泽东在修改的征求意见第3稿中，又恢复了关于人口和计划生育的内容。25 日，征求意见范围扩大到在京参加会议的各个省、市、自治区负责同志。27 日，毛泽东修改出征求意见的第4稿。28 日，毛泽东要求将征求意见的第5稿发给各个省、市、自治区党委书记，政治局委员、候补委员，中央书记处书记、候补书记，以及几位党内"秀才"。6月1日，在被称为"秀才"的参与下，形成了征求意见第6稿。6月16日，稿子仅作了少量修改，为第9稿，并注"六月十六日定稿"。17 日，又有一次修改，注明"最后定稿"。6月19日，《关于正确处理人民内部矛盾的问题》同一天在《人民日报》和苏联《真理报》发表。公开发表后，我们最为感兴趣的这一部分成为：

七、统筹兼顾、适当安排

这里所说的统筹兼顾，是指对六亿人的统筹兼顾。我们作计划、办事、想问题，都要从我国有六亿人口这一点出发，千万不要忘记这一点。为什么要提这样一个问题，难道还有人不知道我国有六亿人口吗？知道是知道的，不过办起事来有些人就忘记了，似乎人越少越好，圈子紧缩得越小越好。抱有这种小圈子主义的人们，对于这样一种思想是抵触的：调动一切积极因素，团结一切可能团结的人，并且将一切消极因素转变为积极因素，为建设社会主义的伟大的事业服务。我希望这些人扩大眼界，真正承认我国有六亿人口，承认这是一个客观存在，是我们的本钱。我国人多，是好事，当然也有困难。我们各方面的建设事业都在蓬勃地发展着，成绩很大，但是，在目前社会大变动的过渡时期，困难问题还是很多的。又发展又困难，这就是矛盾。任何矛盾不但应当解决，也是完全可以解决的。我们的方针是统筹兼顾、适当安排。无论粮食问题，灾荒问题，就业问题，教育问题，知识分子问题，各种爱国力量的统一战线问题，少数民族问题，以及其他各项问题，都要从对全体人民的统筹兼顾这个观点出发，就当时当地的实际可能条件，同各方面的人协商，作出各种适当的安排。决不可以嫌人多，嫌人落后，嫌事情麻烦难办，推出门外了事。我这样说，是不是要把一切人一切事都由政府包下来呢？当然不是。许多人，许多事，可以由社会团体想办法，可以由群众直接想办法，他们是能够想出很多很好的办法来的。而这也就包括在统筹兼顾、适当安排的方针之内，我们应当指导社会团体和各地群众这样做。

本文所以比较详细地叙述那 3 段被认为属于毛泽东有关人口与计划生育方面最为重要的论述的产生或来历，修改的过程，及其最后的命运，是要说明这一通常被认为是毛泽东最重要的人口思想在《关于正确处理人民内部矛盾的问题》中的地位，以利于我们准确理解和把握毛泽东人口思想。首先，《关于正确处理人民内部矛盾的问题》是毛泽东进入社会主义革命和建设时期最重要的著作。毛泽东把正确处理人民内部矛盾当作社会主义改造基本完成后的国家政治生活的主题，是毛泽东社会主义革命和建设理论中最重要的内容，在毛泽东思想中占有十分重要的位置。但是，计划生育这一后来被我国政府认为是由毛泽东开创的事业和"基本国策"，却没有进入毛泽东要讲的 12 个问题之中。不错，毛泽东在这里提出了计划生育。而且，毛泽东十分重视这一著作。从讲话产生，到公开发表，历时 113 天，先后 4 次"自修稿"和 10 个征求意见稿，可谓认真修改、反复推敲。令人深思的是，公开发表时不仅删去了 2 月 27 日讲话中关于"要提倡节育，要有计划地生育"这段话，没有收入 3 月 1 日总结讲话中回应马寅初的"人口控制在六亿，一个也不多啦"那段话，甚至连"自修稿的第二次稿"中重新撰文修改和添加的"在这里，我想提一下我国的人口问题"那一段文意严谨的话也没有了。薄一波曾经说过，毛泽东发表讲话时，"(1)删去了对斯大林和苏联的批评。这些在讲话中篇幅是很大的，在发表时一句也没有了。(2)删去了对若干有'左'的倾向文章（以及有右的倾向的文章）的批评。(3)删去了各种各样的具体实例。这些内容之所以删去，有的是当时不应公开；有的是适应当时形势的需要；还有的是可有可无等等。"无论毛泽东删去计划生育的内容属于薄一波说的哪一种情况，都无法回避这样一个事实，即30年来我们一直引述宣传证明毛泽东主张应该实行计划生育的一些论述，实际是毛泽东废弃不用的一些话。

其次，毛泽东是在讲"统筹兼顾，适当安排"时衍生出"要节育，要计划生育"来的。但是，"统筹兼顾、适当安排"为什么就要节育和计划生育呢？毛泽东最后没有收录节育和计划生育的内容，说明二者不存在必然的逻辑关系。由于看不到2月27日讲话的记录稿，所以无法确定那次讲话时是如何展现这一推理的。在提前写的讲话提纲中，毛泽东在"（七）统筹兼顾，适当安排"下面写有"从六亿人口出发，节育。"几个字。但是，同样的问题也发生在这里，即从我国那时已有的6亿人口出发，为什么就一定要节育和计划生育呢？1月27日，毛泽东在省、市、自治区党委书记会议结束时，也曾讲到这一方针。不过，那次的提法是"统筹兼顾，各得其所"。另外，那次也讲到"六亿人口"，却没有引出节育问题，说明6亿人口与节育或计划生育也都没有必然的联系。但是，读那次讲话，可以帮助我们寻找理解其间逻辑关系的线索。毛泽东说：

第二点，统筹兼顾，各得其所。这是我们历来的方针。在延安的时候，就采取这个方针。一九四四年八月，大公报作社评一篇，说什么"不要另起炉灶"。重庆谈判期间，我对大公报的负责人讲，你那个话我很赞成，但是蒋委员长要管饭，他不管我们的饭，我不另起炉灶怎么办？那个时候，我们向蒋介石提出的一个口号，就是各得其所。现在是我们管事了。我们的方针就是统筹兼顾，各得其所。包括把国民党留下来的军政人员都包下来，连跑到台湾去也可以回来。对反革命分子，凡是不杀的，都加以改造，给生活出路。民主党派保留下来，长期共存，对他们的成员给予安排。总而言之，全国六亿人口，我们统统管着。比如统购统销，一切城市人口和农村里头的缺粮户，我们都管。又比如城市青年，或者进学校，或者到农村去，或者到工厂去，或者到边疆去，总要有个安排。对那些全家没有人就业的，还要救济，总以不饿死人为原则。所有这些，都是统筹兼顾。这是一个什么方针呢？就是调动一切积极力量，为了建设社会主义。这是一个战略方针。实行这样一个方针比较好，乱子出的比较少。

根据杨尚昆同年 1 月 27 日的笔记，毛泽东还说：“人是要吃的，常常要想到。”

2 月 27 日以后，毛泽东在其他场合不止一次地讲过“统筹兼顾，适当安排”的方针。3 月 20 日，毛泽东在南京作的报告中强调说，“这是一个战略方针”。在这一次讲话中，毛泽东回答了我们的疑问。他说：

一九四九年，人民政府成立的那一年，我们只有二千二百亿斤粮食，去年我们就有了三千六百亿斤粮食，增加了一千四百亿斤。但是多少人吃呢？我们这个国家的好处就是人多，缺点也是人多，人多就嘴巴多，嘴巴多就要粮食多，增加这一千四百亿斤粮食就不见了，有时还觉得没有粮食。一九四九年缺少粮食，现在还是不够。

毛泽东站在中央政府的立场上，把一个国家当作一个大的家庭，“我们都管”。六亿人口“是要吃的”。从一个家庭出发，“嘴巴多就要粮食多”，人口增长快，增产的粮食就不见了，有时还觉得没有粮食，很自然地提出了节育和计划生育的问题。

第三，如果按照毛泽东从讲话到《关于正确处理人民内部矛盾的问题》公开发表的时间顺序仔细研究，可以发现我们感兴趣的这一部分的修改思路是按照两条线索此消彼长地进行着。第一条线索是关于节育和计划生育的提出及修改过程。建议读者将本节开头摘引毛泽东的 3 段论述按照发生时间的先后顺序排列，然后按 2、3、1 的顺序重读一遍，可以明显地感觉到最初一次的讲话活泼、幽默，思绪恣意纵横，自由驰骋，后两段则一次比一次严肃和拘谨。相对于前一次，较后一次的总在不断地增加一些限制性的语言，譬如 1 月 27 日那段话海阔天空，无遮无拦，3 月 1 日则说"人口控制在六亿，一个也不多啦？这是一种假设。"到 5 月 8 日修改稿又说，"这也是一个重要的问题"，"对于这个问题，似乎可以研究有计划地生育的办法。如果这个办法可行的话，也只能在人口稠密的地方研究实行，并且要得到人民的完全合作。"其实这里只是抽出一些主要句子来说明，如果读者按照时间发生的顺序阅读，就可以跟随作者感受从一个较高的语境逐步退却的那种氛围和整体的演变。另外，5 月 8 日，毛泽东在"自修稿第二次稿"中用修改的段落取代讲话稿，不只是文字严谨取代了活泼语言，而且有关人口和计划生育的内容也远都没有前次涉及的那么多了。还有，5 月 10 日，毛泽东"自修稿第四稿"将节育和计划生育的内容完全删去，5 月 24 日予以恢复，最终决定还是全部删除，反映出作者虽有过犹豫和反复，但最终还是选择了完全放弃和退却到底。

与此相对应，第二条思想线索是集中在尊重人、对人的价值的崇尚与肯定方面。我们仍然按照时间发生顺序来阅读，毛泽东不断地在这一部分增加肯定人、肯定人民群众和人民政府为人民服务等方面的内容。譬如，5 月 7 日，毛泽东把胡乔木整理的讲话记录稿第七个问题的标题"关于六亿人口的统筹兼顾、适当安排"直接改为"从六亿人口出发"。修改的话中说："我国有六亿人口，这是一个客观存在，这是我们的本钱。"5 月 8 日，增加的话中说："不可以嫌人多，嫌人落后，嫌事情麻烦难办，推出门外了事。"修改的有关人口与计划生育的一段话中说："如果这个办法可行的话，也只能在人口稠密的地方研究实行，并且要得到人民的完全合作。"5 月 8 日晚 10 点钟的修改稿，要求把六亿人口和从六亿人口出发的问题提高到建设社会主义的伟大目标的高度来认识，还说："真正承认我国有六亿人口，承认这是一个客观存在，是我们的本钱。"5月9、10日的修改稿，删去了人口与计划生育的内容，增加了一句话："我国人多是好事，当然也有困难。"总之，如果读者细心跟着毛泽东的修改过程阅读有关的内容，完全可以感受到毛泽东思绪的变化，感受出在人口与计划生育的思路上退却的同时，关于人的价值、人民是历史主人和"人是第一可宝贵的"等唯物主义历史观的人口思想的复归。

五、计划经济体制下的计划生育

在毛泽东领导下，党和政府在1954年就把群众的避孕和节育要求提高到"人民需要的带政策性的问题"来认识，要求卫生部、商业部和生产部门做好服务工作。为什么毛泽东在正确处理人民内部矛盾的重要讲话时又提出这一问题呢？1956年10月12日，在接见南斯拉夫妇女代表团时，毛泽东说：

过去有些人批评我们提倡节育，但是现在赞成的人多起来了。夫妇之间应该订出一个家庭计划，规定一辈子生多少孩子。这种计划应该同国家的五年计划配合起来。目前中国的人口每年净增一千二百万到一千五百万。社会的生产已经计划化了，而人类本身的生产还是处在一种无政府和无计划的状态中。我们为什么不可以对人类本身的生产也实行计划化呢？我想是可以的。

毛泽东认为，社会的生产已经计划化了，人类本身的生产也应该计划化。也就是说，毛泽东由计划经济进一步提出计划生育。由国家的计划到家庭的生育计划，而不是各个家庭仅仅根据自己的实际情况制订生育计划，这就使得计划生育这一概念有了通常的节制生育所没有的一些特别的含义。我们还无法确定毛泽东最早一次阐述计划生育时的具体情况。但是，可以确定的是，毛泽东提出的计划生育的概念是与国家经济计划相联系的。1969年3月24日，周恩来在全国计划会议座谈会上说：

要计划生育，要节育。这件事，毛主席至少讲过三次，一次是订"一五"计划的时候，一次是"大跃进"的时候，一次是订"三五"计划的时候。

也说明了，从计划经济的要求上认识计划生育，是理解计划生育理念的本质。我们知道，节育是工业革命以后越来越普遍的现象。西方发达国家比我们早 100 多年，像印度等有些发展中国家的政府也在我们之前就开始提倡了。所以，有两个计划生育。一个是家庭计划和节育意义上的计划生育，人民民主权利意义上的计划生育；一个是与国民计划相联系的计划生育。由生产计划产生生育计划的，才是毛泽东的发明。"计划生育是毛主席提倡的"。1976 年毛泽东逝世后，我国计划生育事业就是由诠释毛泽东的这一理念而迅速膨胀与发展起来的。

毛泽东为什么在这个时期提出计划生育呢？因为，经过几年的经济恢复和建设，特别是国家"一五"计划的一些重大项目有不少已经建成或者即将建成，工业化迅速改变了国家的经济面貌。只有社会主义才能救中国，只有社会主义才能使中国富强。这是毛泽东和毛泽东之后几代人的坚定信仰。在毛泽东看来，工业化、计划经济、社会主义，都是一体的。正如邓小平在 1985 年说的那样：

我们总结了几十年搞社会主义的经验。社会主义是什么，我们并没有完全搞清楚。

计划经济的实质是由政府集中管制和配置经济资源。但是，政府统制和管理一切，无法把许多问题解决得好。毛泽东把原来的"统筹兼顾，各得其所"改为"统筹兼顾，适当安排"，表明已经发现"我们都管"却无法做到使各个方面都能够满意的程度。这时的毛泽东还不可能从计划体制方面寻找原因，那就因为中国人口太多了。"它有这么多的人，六亿人口！这里头要提倡节育，少生一点就好了。"社会生产已经计划化了，为什么不可以对人类本身的生产也实行计划化呢？"我想是可以的"。

即使从计划经济的原则出发提出计划生育，毕竟还是把社会问题的症结归结到人口生育方面，其结果和马克思主义批判的马尔萨斯人口论还是走到一起来了。无产阶级取得政权以后，怎么也和资产阶级的政府一样嫌弃人口过多起来了呢？1956年到1958年，毛泽东常常遭遇到这一个问题的困扰。在《关于正确处理人民内部矛盾的问题》中，毛泽东是通过最终放弃人口和计划生育的论述达到矛盾的解决的。讲话出版后的一段时期内，毛泽东还没有完全摆脱因人多导致一系列困难的思考，但已不像讲话和讲话前那样纯粹讲节育、要求与生产计划相联系的计划生育之类的论述了，也不再有设置计划生育的国家机关的主张了。与此同时，这一阶段的有关讲话中重视人的价值、突出人民性的思想性则明显加强了。所以，我们在这一时期的一些没有经过字斟句酌的推敲处理的讲话记录稿中，常常可以看见两个毛泽东：一个是对人的价值、对人民群众的作用予以充分肯定和无限崇尚的毛泽东，一个深受众多人口重压的毛泽东。在没有完全放弃从人口方面寻求出路之前，毛泽东总是在自己设置起来的两块界碑之间左冲右突。1957年10月，党的八届三中全会是毛泽东发动经济建设大跃进前夕的一次重要会议，这时的毛泽东已经开始调动全国人民走向一条狂热的大道。10月9日，毛泽东在会议结束前的讲话中说：

我看中国就是靠精耕细作吃饭。将来，中国要变成世界第一个高产的国家。有的县现在已经是亩产千斤了，半个世纪搞到亩产两千斤行不行呀？将来是不是黄河以北亩产八百斤，淮河以北亩产一千斤，淮河以南亩产两千斤？到二十一世纪初达到这个指标，还有几十年，也许不要那么多时间。我们靠精耕细作吃饭，人多一点，还是有饭吃。我看一个人平均三亩地太多了，将来只要几分地就尽够吃。当然，还是要节制生育，我不是来奖励生育。

在讲到人口和计划生育问题时，毛泽东说：

计划生育，也来个十年计划。少数民族地区不要去推广，人少的地方也不要去推广。就是在人口多的地方，也要进行试点，逐步推广，逐步达到普遍计划生育。计划生育，要公开作教育，无非也是来个大鸣大放、大辩论。人类在生育上头完全是无政府状态，自己不能控制自己。将来要做到完全有计划的生育，没有一个社会力量，不是大家同意，不是大家一起来做，那是不行的。

几天后，我们在仅能得到的两句讲话中，也可以发现计划生育和人民性并存的现象。10 月 13 日，在最高国务会议上，毛泽东说：

计划生育也有希望做好。这件事也要经过大辩论，要几年试点，几年推广，几年普及。

1958 年 1 月 28 日，毛泽东本来要在最高国务会议上鼓舞士气，原准备只讲"人多好"，并没有想讲节育和计划生育问题。但是，在讲话时，却又不得不为驱散头脑里的人口和计划生育的阴影再设置一些文字。毛泽东说：

人多好还是人少好？我说现在还是人多好，恐怕还要发展一点。你现在要人家节育，但我们一是工具不够，二是宣传不够。农民字都不认识，还有早婚的习惯，你强迫他节育，又不行，他不能控制自己。人类还不能掌握这个劳动力的扩大再生产，几亿人口还不能掌握自己的命运。我看要搞到七亿人口，就会紧张起来，邵（力子）先生那个道理就会大兴。邵先生之道大兴之日，是七亿人口到八亿人口之时。你现在讲，他横直不听。但是我并不是说不要做宣传，不要制造工具。要做宣传，要尽可能做宣传。我是赞成节育的，并且赞成有计划地生育的。像日本人一样能控制。现在人多一些，气势旺盛一些。要看到严重性，同时也不要那么很怕。我是不怕的，再多两亿人口，我看问题就解决了。走到极点就会走向反面。现在我看还没有达到极点。中国地大物博，还有那么一点田。人多没有饭吃怎么办？少吃一点。

要节省。一方面要节育，一方面要节省，要成为风气。

中共中央成都会议，是毛泽东发动大跃进过程中的一次重要会议。18 天的会议，毛泽东和各个省、市、自治区党委书记们互动，党的高级干部一个个都已经是跃跃欲试了。3 月 23 日，毛泽东在陶鲁笳发言时的插话，又一次在对立的两极之间穿梭。毛泽东说：

要破除迷信。"人多了不得了，地少了不得了"。多年来认为耕地太少，其实每人二亩五分地就够了。宣传人多，造成悲观空气，不对。应看到人多是好事，实际人口七亿五到八亿时再控制。现在还是人少，很难叫农民节育。少数民族和人口少的地区可不节育，其他地方可试办节育。一要乐观，不要悲观；二要控制。人民有文化了，就会控制了。

马克思说，社会的条件只能适应一定数量的人口。但是，毛泽东还认识不到计划体制对中国人口的压迫。1986 年，邓小平开始反省计划经济的局限性。他说：

我们过去一直搞计划经济，但多年的实践证明，在某种意义上说，只搞计划经济会束缚生产力的发展。

也就是在这个时候，邓小平开始寻求市场化改革的趋向，把中国引导到一个快速发展的轨道上。不过，这已经是毛泽东去世 10 多年以后的事情了。为什么社会主义计划经济制度下的中国会产生严重的人口问题，是毛泽东临终前也没有弄明白的问题。所以，计划生育曾是萦绕在毛泽东头脑里的一个理念和思考。由于这一理念与他在战争年代获得和形成的唯物主义历史观的人口思想有着明显的冲突，经过对如何处理人民内部矛盾问题的讲话记录稿的修改，已经动摇了实行计划生育的理念。1958 年春天之后，毛泽东几乎再也没有主动讲过与经济计划相联系的计划生育。1959 年前后，《毛泽东选集》第 4 卷的编辑出版工作已经进入最后阶段。1960 年初春，当毛泽东选择广州市郊区的一处别墅坐下来审读第 4 卷文稿时，被收录作为该选集最后一篇文章的《唯心历史观的破产》中批判艾奇逊的一些铿锵有力的文字再次映入眼帘：

中国人口广大是一件极大的好事。再增加多少倍人口也完全有办法……

世间一切事物中，人是第一个可宝贵的。在共产党领导下，只要有了人，什么人间奇迹也可以造出来。我们是艾奇逊反革命理论的驳斥者，我们相信革命能改变一切，一个人口众多、物产丰富、生活优裕、文化昌盛的新中国，不要很久就可以到来，一切悲观论调是完全没有根据的。

《唯心历史观的破产》注定要成为一篇划时代的作品。1960 年 9 月，《毛泽东选集》第 4 卷出版。时间过去了 11 年。按照中国旧历，为 12 年，正好一个地支轮回。1949 年 9 月，毛泽东写完《唯心历史观的破产》，宣告了一个时代的结束。也就是从那一刻起，毛泽东开始把中国带入一个崭新的历史时代。1960 年 9 月，当毛泽东把《唯心历史观的破产》一文公开出版后，又以一位无产阶级革命家应有的大无畏的姿态出现在历史舞台上。包括 3 年经济困难时期在内，毛泽东再都没有说过"它有这么多的人，六亿人口！""少生一点就好了"，以及"要有计划地生育"之类的话。

六、几点结论

第一，人口理论是关于一定社会人口问题产生的原因及其解决方法的学说。毛泽东人口思想是毛泽东关于中国人口问题的理论和观点的概括。毛泽东不是一位专门研究人口现象的学者。毛泽东是一位伟大的革命家、思想家和政治家。毛泽东一生都在寻求解决近现代中国社会主要矛盾和问题的道路和方法，并领导中国人民取得翻身解放和成功地使国家获得了一定的工业基础。毛泽东把马克思主义与中国革命实践相结合产生了毛泽东思想。毛泽东的人口思想是和他的伟大革命实践紧密联系在一起的，是毛泽东思想的一个重要组成部分。既不能离开特定的历史背景研究和理解毛泽东人口思想，也不应该把毛泽东人口思想和毛泽东思想整体割裂开来。

第二，人口理论必须要回答产生人口问题的根源是什么。这就决定了人口理论不是关于增加或者减少人口的学说，而首先是一种历史观。毛泽东在革命斗争中接受和继承了马克思的历史唯物主义，在马克思主义的指导下分析中国的社会矛盾和问题，正确揭示了中国人口问题的性质和历史根源，特别是在批判美国政府所持的唯心历史观的马尔萨斯人口决定论观点过程中，全面阐述了自己的人口思想。"世间一切事物中，人是第一可宝贵的"和"革命加生产即能解决吃饭问题"，是毛泽东人口思想中最主要和核心的内容。虽然这两条的具体表述都具有革命战争年代的痕迹和批判的色彩，但是，它们集中地体现了马克思主义的唯物历史观的精髓。由于毛泽东人口思想所具有的人民性和进取性的品格，历史才选择了毛泽东，把其塑造为中国人民的伟大领袖。同样，由于这一思想所具有的品格，使其能够成为动员全党，并唤起和带领全国人民争取国家独立、建设美好家园和寻找富裕生活的全民族的共同理念。这是毛泽东一生都在努力实践的理念和人口思想，也是产生毛泽东领导下的革命年代的人民战争、和平年代的群众运动的思想基础。

第三，新中国建立以后，毛泽东开始在一个新的历史时代探索和实践他的人口思想。将一个经济文化落后和人口众多的国家建设成为一个工业化的具有高度现代文明程度的伟大国家，是毛泽东提出并得到全党和全国人民拥护的总目标。人民政府通过在城市依靠工人和维护工人阶级的利益，在农村实现"耕者有其田"的办法，不长的几年就基本解决了中国人民的"吃饭"问题。在一个传统农业国家进行工业现代化建设，必然地创造出人民的新生活，自然地发生包括传统婚姻制度、生育观念、生育行为和一系列其他社会习俗在内的社会许多方面的矛盾和冲突。毛泽东及其领导下的人民政府站在社会变革的前列，颁布和实施新的法律法规，支持人民的新生活。特别是党和政府把婚姻和节制生育问题提高到人民民主权利的高度，废除封建婚姻制度，改变限制避孕和节育的有关规定，成为 50 年代初期最有影响的两项重要改革。劳动人民经济翻身、政治解放，人民团结，民族和谐，男女平等，婚姻自由，节育自主，都属于 50 年代新中国的主要社会气象。

第四，新中国一系列的经济制度改革解放和发展了生产力，使得中国经济社会有了较大的发展。但是，毛泽东急于改变中国落后的面貌，提出"不断革命论"，企图通过发动群众和群众运动的形式实现社会经济发展阶段的跨越，违背了社会发展的自然规律。60 年代以后，毛泽东又进一步提出的"无产阶级专政下继续革命"的理论，发动"文化大革命"，将革命的对象转向国家政权机关，动员人民群众进行无休止的革命，则更为严重地违背了马克思的历史唯物主义基本原理和"革命加生产即能解决吃饭问题"的毛泽东人口思想。

第五，节制生育是工业现代化创造的一种更符合人性的生活方式。在毛泽东的领导下，党和政府把节育当作人民群众的民主权利，在我国工业化建设的初期阶段就及时地改变和改革国家机关的有关制度，积极支持人民群众的避孕和节育要求。除了赞成和支持人民群众的避孕和节育要求以外，毛泽东在 1957 年"如何处理人民内部的矛盾"的讲话中，从"六亿人口的统筹兼顾、适当安排"的方针出发，衍生提出了计划生育的思想。毛泽东在讲话和修改讲话记录稿其间形成的 3 段有关计划生育的论述，是毛泽东逝世后我国实行计划生育制度的依据。但是，毛泽东公开发表他在社会主义时期的最主要的理论著作——《关于正确处理人民内部矛盾的问题》时，却是把那些有关计划生育的论述全部删去了。

毛泽东是从我国当时计划经济的现实出发产生计划生育思想的。特别是在上个世纪 50 年代中期，国家工业化的许多重大项目都是以国民经济计划的方式实施的。所以，毛泽东由计划经济产生了计划生育的想法。从历史来考察，毛泽东由计划经济引发计划生育的思想仅仅是 1956-1957 年前后一段时期的设想。虽然一直到逝世，毛泽东都未能突破计划经济体制的狭隘局限，正确认识我国经济社会问题的根源，但是，在《正确处理人民内部矛盾的问题》一文的修改过程中，已不再把人口众多当作经济困难的原因，认为"六亿人口是一个决定的因素""是我们的本钱"，强调人的作用，并教育党和政府尊重人的价值。所以，在长达 20 多年的时间里，毛泽东既不公开发表自己有关计划生育的论述，也从没有准备设立自己所说的计划生育的政府机关。

第六，如果仅考察新中国以后毛泽东对计划生育的认识，因其概念的含义不同而有不同的情况。就节制生育和人民自主权意义上的计划生育来说，从 50 年代初期到其逝世，毛泽东一直是持赞成态度的。由国家经济计划决定的计划生育或根据政府计划安排生育的计划生育思想，则仅只是毛泽东在 1956-1958 年大约 2 年的时间里产生过的一种想法或理念。这一时期的想法或理念又以 1957 年 2 月 27 日讲话到 6 月 19 日《关于正确处理人民内部矛盾的问题》公开发表为界，分前后两个阶段。毛泽东在讲话之前产生过计划生育思想，主张要像生产计划那样实行生育计划。"讲话"公开发表后，虽然毛泽东还讲过计划生育，但是，已经不再强调计划化，而明显增强了有关论述中的人民性并特别强调人的因素作用和价值。1958 年春天以后，毛泽东就再也没有讲过国家计划意义上的计划生育。

——写于 2007 年 10 月至 2008 年 5 月

（分 5 部分刊发于 2008 年 6 月 5 日）

计划生育是毛泽东放弃了的一个设想

　　题目中所说的计划生育是指由政府分配生育指标的一种生育制度，而不是通常意义的避孕和节制生育。计划生育是 1957 年 2 月 27 日毛泽东在最高国务会议上发表长篇讲话中，由计划经济引发设想让生育也实行计划而使用的新一个词汇。从此，这一词汇开始在社会上广泛流传。究其本质来讲，节制生育是工业现代化创造的一种更加符合人性的新生活。避孕和节育现象是随着工业革命首先在发达国家出现的。之后，跟着工业化的发展在世界几乎所有的国家得到越来越普遍的认同。现在，即使在包括穆斯林国家在内的那些教会势力很大的地区，国家并不提倡，教会往往持反对态度，但随着经济现代化的渗入和普及，越来越多的家庭也还是加入到避孕和节育的行列。与此相应的事，几乎所有的国家的妇女生育率都有了明显的下降。特别是由于最近 20 多年经济全球化浪潮的推动，1980 年到 2002 年，有一大批发展中国家，比如希腊、罗马尼亚、泰国、巴西等发展中国家，生育率下降得比我们国家还快，还低。但是，毛泽东创造的计划生育新词汇主要不是指大家通常理解的由老百姓自愿实行的避孕和节育这一层含义。其实，也是由于党和政府的支持，在毛泽东这次讲话之前，我们国家的各大中城市市民，特别是国家青年职工和已婚的青年学都已经广泛实行了避孕与节育。毛泽东在 1956—1957 年（也许最早应该是 1955 年，现在发现的文献显示最早是 1956 年）提出的计划生育新概念，是指按照政府的生产计划实行生育计划。1956 年 10 月 12 日，毛泽东接见南斯拉夫妇女代表团时说：

　　夫妇之间应该订出一个家庭计划，规定一辈子生多少孩子。这种计划应该同国家的五年计划配合起来。目前中国的人口每年净增一千二百万到一千五百万。社会的生产已经计划化了，而人类本身的生产还是处在一种无政府和无计划的状态中。我们为什么不可以对人类本身的生产也实行计划化呢？我想是可以的。

这段话是 1999 年《毛泽东文集》出版后，最近几年才逐渐被人们知道的。在毛泽东逝世以后的 30 几年里，人们比较熟悉的毛泽东主张计划生育的讲话是发生在 1957 年春天的另外 3 段话。我将有关部门宣传的这几段语录原文抄录如下（本文取自中国人口出版社 1997 年出版的彭珮云主编《计划生育全书》中《毛泽东关于人口和计划生育的论述》）：

在这里，我想提一下我国的人口问题。我国人口增加很快，每年大约要增加一千二百万至一千五百万，这也是一个重要的问题，近来社会上谈这个问题的人多起来了。对于这个问题，似乎可以研究有计划地生育的办法。……并且要得到人民的完全合作。

在最高国务会议第十一次（扩大）会议上的讲话（1957 年 2 月 27 日）

我们这个国家有这么多的人，这是世界上各国都没有的。要提倡节育，要有计划地生育。我看人类是最不会管理自己了。工厂生产布匹、桌椅板凳、钢铁有计划，而人类对于生产人类自己就没有计划了，这是无政府主义，无组织无纪律。这样下去，我看人类是要提前毁掉的。中国六亿人口，增加十倍是多少？六十亿，那时候就快要接近灭亡了。我今天不着重谈节育问题，因为我们邵力子先生是个专门的名家，他是大学专科毕业的，比我高明。还有我们李德全部长，也很注意这个问题。关于这个问题，政府可能要设一个部门，或者设一个节育委员会，作为政府的机关。人民团体也可以组织一个。因为要解决技术问题，设一个部门，要有经费，要想办法，要宣传。

在最高国务会议第十一次（扩大）会议上的讲话（1957 年 2 月 27 日）

人口控制在六亿，一个也不多啦？这是一种假设。……现在每年增长一千多万。你要他不增长，很难，因为现在是无政府主义状态，必然王国还没有变成自由王国。在这方面，人类还完全不自觉，没有想出办法来。我们可以研究也应该研究这个问题。政府应该设立一个部门或一个委员会，人民团体可以广泛地研究这个问题，是可以想出办法来的。总而言之，人类要自己控制自己，有时候使他能够增加一点，有时候能够使他停顿一下，有时候减少一点，波浪式前进，实现有计划的生育。这一条马寅（初）老讲得很好，我跟他是同志。从前他的意见没有放出来，有人反对，今天算是畅所欲言了。这个问题很值得研究，政府应该设机关，还要有一些办法。人民有没有这个要求？农民要求节育，人口太多的家庭要求节育，城市、农村都有这个要求，说没有要求是不适当的。

在最高国务会议第十一次（扩大）会议上的讲话（1957 年 3 月 1 日）

这种语录式的排列宣传在过去几十年里给人的印象是毛泽东主张计划生育，并且主张要设立政府机关进行管理。现行的计划生育制度似乎就是按照毛泽东的这一讲话思想发展起来的。但是，这里有不少的误区。首先，这样的宣传极容易给人造成的印象是，这一话题是在最高国务会议上国家领导人讨论的重大议题，毛泽东特意就重大问题发表的深思熟虑的意见。实际却不是这样。这次会议是特意为毛泽东发表演说而召开的。历史上的最高国务会议第 11 次（扩大）会议也不是我们通常理解的扩大规模，为聆听毛泽东的演说而是从全国各地召集的党和国家高级干部、民主党派负责人和社会各界知名人士共计 1800 人。其次，这样的排列宣传给人造成的另一个印象是，毛泽东在一次会议期间先后 3 次讲述这一问题，足以说明问题之重要。其实，毛泽东这次讲话像以往一样根据会前拟定的提纲展开演说的。在提前所列的 12 个题目中，计划生育并没有添列其中。毛泽东在讲到第 7 个问题"统筹兼顾，适当安排"时，衍生讲出妙趣横生的一段话。第三，这样的排列无法领会毛泽东的思想变化，以为毛泽东在反复强调和讲述一个十分重要并且已经成熟的思想。其实，上面引述的第 2 段话才是毛泽东讲话时讲的，第 3 段是在会议经过 3 个半天对毛泽东讲话讨论后作会议结束语时回应马寅初的发言所讲的，

第 1 段话是 5 月 8 日修改讲话记录稿时毛泽东另外写的一段替代 2 月 27 日发表讲话时即席发挥的那一段话。而且，在有关部门多年引述中用符号"……"取代的是"如果这个办法可行的话，也只能在人口稠密的地方研究实行，只能逐步地推行，"这样 3 个句子。根据国家人口和计生委提议立项的国家社会科学基金重大委托课题《新中国人口五十年》，毛泽东在 3 月 1 日的讲话中明确说"是不是可以搞成有计划地生产，这是一种设想。"如果读者按照发生的顺序重新阅读这 3 段话，可以发现毛泽东一次比一次增添了不少的限制词，一次比一次更严谨。第四，人们只知道这几段讲话是发生在最高国务会议上的讲话，很少知道那是毛泽东发表如何处理人民内部矛盾的讲话时所说的。毛泽东根据这次讲话记录稿形成并出版了《关于正确处理人民内部矛盾的问题》。这是毛泽东社会主义时期最重要的一部理论著作。如果说毛泽东主张和提出计划生育，而且这个问题又那么重要，为什么毛泽东公开发表和出版时没有保留而是把它们全部都删去了？

1956 年前后，一大批"一五"计划铺开的工业建设项目如期完成，还有较多的在建项目逐渐投入生产。这些工业企业在国家经济发展中发挥了骨干和中坚作用。但是，优先发展重工业的发展战略也严重损害了农业、轻工业和文化教育等许多同等重要的第 3 次产业的发展，严重影响了城乡人民群众生活水平的提高。加上这一时期毛泽东尤其对待农业合作化所抱有的热情和极大积极性，农业合作化的发展不断提速，都直接伤害甚至与破坏了农业生产力。所以，这一时期国家在收获工业化的巨大成果的同时，也遇到人民的生活、孩子上学、青年就业等许多困难。以毛泽东为首的党和国家领导人正在信心百倍地建设一个强大的社会主义祖国，绝对不会想到计划体制有什么问题。那时，连苏联的优先发展重工业的战略和路线都认为是社会主义的本质要求，是坚决不能动摇的。在经济和人口这一对矛盾面前，毛泽东产生了由政府管理老百姓生育的计划生育设想。但是，在修改处理人民内部矛盾的讲话记录稿时，毛泽东意识到这一设想是与唯物历史观直接对立和冲突的。根据中央文献研究室编著的《毛泽东传》，毛泽东在字斟句酌地认真修改讲话记录稿的过程中，不断地在减少和冲淡讲话时提出的有关计划生育的内容，与此相应又不断增加人民性，注重人的价值和人的因素，要求人民政府为人民服务，等方面的内容，一直到最后完全取消了节育和计划生育的论述。

1960 年 1 月，毛泽东审读《毛泽东选集》第 4 卷的文稿时，又一次通读了自己 10 年前一举马克思主义基本原理驳斥美国政府和艾奇逊时所讲的许多铿锵有力的话。1949 年 9 月，毛泽东在评论美国白皮书时说："中国人口众多是一件大好事。再增加多少倍人口也完全有办法，这办法就是生产。西方资产阶级经济学家如像马尔萨斯者流所谓食物增加赶不上人口增加的一套谬论，不但被马克思主义者早已从理论上驳斥得干干净净，而且已被革命后的苏联和中国解放区的事实所完全驳倒。"特别是曾经鼓舞了中华民族一代人的一段话，也再一次感染了伟大领袖毛泽东：

世间一切事物中，人是第一可宝贵的。在共产党领导下，只要有了人，什么人间奇迹也可以创造出来。我们是艾奇逊反革命理论的驳斥者，我们相信革命能改变一切，一个人口众多、物产丰盛、生活优裕、文化昌盛的新中国，不要很久就可以到来，一切悲观论调是完全没有根据的。

至此以后到逝世，毛泽东再也没有讲过由政府规定老百姓生育的计划生育。岂止如此。十分注重宣传和舆论作用的毛泽东始终都没有公开发表过自己有关计划生育的言论，一直牢牢掌握国家最高权力的毛泽东也没有设置他在那次讲话中提议过的计划生育的政府机关。

——写于 2008 年 6 月 30 日

（刊发于 2008 年 7 月 4 日）

关于制定计划生育法的几点意见

按 语

最近翻检资料，发现 1998 年 11 月 28 日在国家计生委人口专家委员会（北京怀柔）讨论计划生育立法问题时的这篇发言稿。10 年前的这篇文章，早已被遗忘了，否则，2003 年印制《我国生育政策研究》时，一定会收入到那本书里去的。

——2009 年 1 月 7 日

因为多年来我国具体的人口生育政策不合理，所以导致计划生育立法的条件不成熟。从我国计划生育工作和公民的实际生育状况来看，需要制定一个计划生育法。但从目前的计划生育状况看，还不具备立法的条件。不过中国的许多问题说不准，偶然性很大，人际关系很重要，如果要通过这样一个模糊的计划生育法，也许可以办成。

法规司的同志将计划生育法产生的背景做了较为详细的介绍。我再补充一点。我认为计划生育立法在过去近 20 年里几上几下，至今意见、分歧都很大，给人的感觉是条件不成熟却硬要去挤、去钻。我认为现在应从大背景上讲立法的理由，我们国家目前正处在由法制不健全向法制国家过渡，作为国家根本大法的宪法规定"公民有实行计划生育的义务"，政府亦把控制人口和计划生育作为基本国策，各级政府和计划生育部门把这一工作制定为目标，公民和家庭亦把计划生育当作自己行为规范，但我们缺少一个具体的计划生育法，这从全国的法制建设上来说就不完全，从我国的法制建设的总框架上和中华人民共和国的法律体系来说，需要制定一部计划生育法。就是说，计划生育法是从宪法派生出来的，我国的法制建设和以宪法为根本大法的法律体系需要这一具体法。全国人大作为立法机构，需要通过这样一部法，国家计划生育委员会需要一部人大通过的法律作为自己工作的法律依据，各级政府和每一个公民、每一个家庭来说也需要这样一部法以使宪法上赋予的计划生育权利义务更为直接和具体。我以为需要从这个角度来讲一讲计划生育立法的必要性。

既然这个法是从宪法中有关计划生育派生的，所以，我以为这个法的名称就叫中华人民共和国计划生育法。考虑到有些同志讲的大人口观，希望执行人口委员会的职能，可以称"人口和计划生育法"，但该法的主要方面在计划生育，主要内容讲计划生育。

即使这样讲，我们亦难以让人大通过。我赞成法规司难点问题予以回避的方法。计划生育法准备了 20 年得不到通过，主要问题发生在我们的具体生育政策同广大农民的矛盾，具体生育政策不合理，要把不合理的政策强行取得法的形式，这样就导致计划生育法得不到通过。乔晓春同志讲计划生育法的形象和面貌，我说这个问题像毛泽东讲的"既好看又好吃"这两个标准。毛泽东 1949 年底访苏，在苏联待了几十天，就等着要制定一个中苏友好和平条约，要有几个援助项目。"好看"是形式上的，"好吃"是实用的。现在我们法律体系从宪法到各级政府、公民、家庭的行为上缺少一个具体的计划生育法，出现一连串的缺环，我们先得到这样一部法，就是前进了一大步。我认为计划生育部门做点妥协，把具体的生育政策回避了，不去讲。不作具体的规定，准许生几个或不让生几个，这和世界各个国家的通常做法是一致的，每个国家都不规定生育数目，这样的法就好通过了。

从这样的观点或指导思想出发，我提议计划生育法这样写法。第一，必须在总则中再设一条，专门从法学上定义"计划生育"，即进一步诠释宪法上讲的计划生育。第二，从结构上再做一些调整，即把现在讨论稿上的"计划生育"这一章分为两章，一章写公民和家庭依据宪法所赋予的计划生育相关的权利、义务，现在有关公民的权利有不少都写了，但分散在各章中，如第二章"人口发展规划和目标"

里的第十条"国家尊重和保护人的全面发展的权利"，第四章"计划生育"里的第二十五条"公民有获得避孕节育知识和在计划生育专业人员指导下自由选择避孕节育方法的权利"，第五章"生殖健康服务"里的第二十八条"人人享有生殖健康的权利"等，就是讲公民和家庭的权利义务的。再分一章写计划生育部门和各级政府实行计划生育即对人口规划、人口计划的制定程序、管理，对公民和家庭实行计划生育提供服务等方面的规定。这两章是计划生育法的核心部分。

田雪原同志提出克隆技术要不要写，主要是考虑克隆技术是人类科学技术的发展和应用，象这样的问题在法的讨论稿中还有婴儿性别鉴定和输卵管输精管复通的问题。这都是有关社会如何对待科学技术的发展问题，记得 10 年前我们专家委员会成立的第一次例会上，我曾经反对当时刚刚提出要发文反对性别鉴定，把反对性别鉴定写到一些文件及法律文本上去。我反对这样的意见。我曾说过，很难相信在我们专家委员会这样具有高深文化素养的专家层中，一致通过决议反对科学技术的推广和应用。利用 B 超等新技术鉴定受孕卵子的性别是人类科技进步，是人类认识自身客观性的新进展。这样的技术对社会只有好处，没有坏处。我们讲的计划生育应该是数量和性别的统一。一个家庭不仅要选择孩子的数量，而且会选择孩子的性别。不让用 B 超等新技术鉴别既是拒绝科学，又会为家庭、社会带来较高的成本。因为不让他鉴别受孕细胞的性别，他会通过溺婴、弃婴、再生育的方式来追求孩子的品种（性别）。毫无疑问，性别方面的盲目性会导致多生育。从实践方面看，我们企图通过拒绝新技术的方式避免新生儿性别比例失调的问题，也是不切合实际的。科学技术在什么时候都是同人类进步同方向的。如果一个国家或一个政党对科学技术采取拒绝和反对的态度，害怕科学技术的应用，那一定是在什么地方出了问题。

（刊发于 2009 年 1 月 7 日）

对毛泽东 70 年代两句有关人口指示真伪的考证

  计划生育是毛泽东于 1956 年前后在我国第一个五年计划执行得相当顺利并且不少的工业项目已经投产之后提出来的。这一具有中国特色的词汇除了具有国外节制生育或家庭计划的含义外，还特别指由政府制订的与物资生产计划相联系的人口生育计划、控制人口过快增长等多种含义。这一词语在 1957 年 2 月 27 日由毛泽东在特地为他召集的 1800 人参加的最高国务会议第十一次扩大会议上讲出去以后，社会上广为流传了，而根据这次讲话整理出版的《关于正确处理人民内部矛盾的问题》一文却被删去了。毛泽东不仅没有公开发表过自己关于人口和计划生育的谈话（据现在所掌握的资料看，毛泽东所有涉及人口和计划生育的文献都是以讲话或者谈话形成的，没有为此写文章论述过），而且在 1958 年初春以后，都很少再讲到这一个问题。60 年代中期以后，美国朋友埃德加·斯诺两次访华都主动谈到计划生育，毛泽东与卫生部、外交部等政府官员谈话，虽然也曾经涉及这个问题，但都是在节制生育这一层含义上讲的。

  毛泽东在世的时候，公开发表或者向下传达他的讲话和文章，都必须经过他的同意。1952 年，负责警卫毛泽东安全的公安部部长罗瑞卿因职务之便曾聆听到一次关于过渡时期总路线的讲话而未经许可向下作了传达，被中央发现后作了检讨并请求处分。1959 年 10 月 13 日，中央针对当时个别单位擅自印发毛泽东的有关指示的做法，下发了关于纠正乱印乱发毛泽东和中央其他领导同志讲话记录的指示。"文化大革命"开始后，对出版毛泽东著作的规定，被造反派视为反对和限制出版毛泽东著作，群众组织一度竞相印刷未曾出版的毛泽东文章和讲话。1967 年 5 月至 11 月，中央连续下发《关于改进革命群众组织的报刊宣传的意见》《关于建造毛主席塑像问题的指示》《关于上海市革命委员会查获一个非法编印、贩卖毛主席著作的投机倒把集团的通报》《关于严禁在书刊、传单上泄密问题的通知》和《关于严禁私自翻印未发表过的毛主席照片的通知》等五个文件，反复申明，"凡是未公开发表过的毛主席的照片和作品，不论个人或集体像，未经中央审查同意，一律不得私自翻印。"我国第一次公开发表毛泽东关于人口和计划生育的讲话是 1978 年 7 月 9 日的人民日报社论《书记挂帅，全党动手，进一步搞好计划生育》，被引述的话是："人类要控制自己，做到有计划地增长""计划生育，要公开作教育""计划生育，也来个十年规划。"不过，这几段话都是毛泽东在 1957 年所讲的。从事计划生育工作的人都知道，毛泽东在 70 年代还讲过"中国人口太多"和"人口非控制不行"这样两句话。比如，作者手头至今还保留一份国务院计划生育领导小组办公室在 1976 年 9 月毛泽东逝世后印制的《伟大领袖和导师毛主席对计划生育的指示》，其中最后两段文字是：

……并且说，你们应该发展人口，中国人口太多。非洲人还不够。

摘自《毛主席会见赞比亚总统卡翁达时的谈话》（一九七四年二月二十二日）

人口非控制不行。

摘自中发中发〔1975〕4 号文件（一九七五年二月二十二日）《计委"关于一九七五年国民经济计划的报告》

如果把这两句话放进社论里，比以上几段话更可以突出社论的主题。但是，人民日报社论为什么没有采用它们？

这两句话第一次见著于正式出版物是孙沐寒的《中国计划生育史稿》，书中说：

1974 年 2 月，毛泽东在同赞比亚总统卡翁达谈话时说"中国人太多"。同年 12 月 29 日，毛泽东在国家计委《关于一九七五年国民经济计划报告》上批示说："人口非控制不行"。这是他逝世前一年多，对我国人口问题最后一次表态。反映了他对解决我国人口问题的重要性认识加深了，紧迫感增强了。这两句话，对他 1958 年的错误观点，是一个明确的否定，也是对 1957 年的正确观点的发展。毛泽东同志在晚年犯了错误，在思想理论上有许多错误观点。但是在人口问题上，却是用正确观点改正了错误观点。这个指示对七十年代的计划生育实践和理论的发展起到了积极作用。

据考查，毛泽东没有讲过这两句话。关于前一句话，因为毛泽东会见卡翁达的谈话内容已经公开出版，考证起来就较为简单。这篇文章不长，全文摘录如下：

毛泽东：希望第三世界团结起来。第三世界人口多啊！

卡翁达：对。

毛：谁是第一世界？

卡：我想应该是那些剥削者和帝国主义者的世界。

毛：第二世界呢？

卡：是那些已经变为修正主义分子的人。

毛：我看美国、苏联是第一世界。中间派，日本、欧洲、澳大利亚、加拿大，是第二世界。咱们是第三世界。

卡：我同意主席先生的分析。

毛：美国、苏联原子弹多，也比较富。第二世界，欧洲、日本、澳大利亚、加拿大，原子弹没有那么多，也没有那么富，但是比第三世界要富。你看这个解释好不好？

卡：主席先生，你的分析很确切，十分准确。

毛：研究一下吧。

卡：我想不用研究，我们的意见就可以取得一致，因为在我看来，这个分析已经很确切了。

毛：第三世界人口很多。

卡：确实如此。

毛：亚洲除了日本，都是第三世界。整个非洲都是第三世界，拉丁美洲也是第三世界。

"人口非控制不行"被引述很多，但关于这句话产生的时间和出处却很不一致。我对其作了一些梳理，有以下几种版本。

1. 1957 年 1 月 25 日。

郭志仪："1957 年 1 月 25 日，毛泽东在国家计委《关于 1957 年国民经济计划的报告》上批示：'人口非控制不可。'"该文没有注明资料引自何处。

2. 1974 年 12 月 29 日（包括 1974 **年年底之说**）。

孙沐寒："同年 12 月 29 日，毛泽东同志在国家计委《关于一九七五年国民经济计划报告》上批示：'人口非控制不行'"。该文没有注明资料引自何处。

史成礼："1974 年底，毛泽东在国家计委《关于 1975 年国民经济计划报告》上作了'人口非控制不行'的批示。"在另一处又说："12 月 29 日鉴于我国人口多、基数大、计划生育工作难度大的情况，毛泽东同志在国家计委《关于 1975 年国民经济计划报告》上批示：'人口非控制不行'"。两处都没有注明资料引自何处。

国家计划生育委员会《当代中国的计划生育事业》编写组："一九七四年十二月二十九日，毛泽东在国家计划委员会《关于一九七五年国民经济计划报告》上作了'人口非控制不行'的批示。这些指示不仅当时具有现实指导意义，而且一直是计划生育工作的指导原则。"在另外一处则说："（一九七四年）十二月毛泽东主席在国家计委《关于一九七五年国民经济计划报告》上批示：'人口非控制不行。'"该书两处也都没有注明资料引自何处。

彭珮云主编《中国计划生育全书》："（1974 年）12 月 29 日毛泽东提出：'人口非控制不行'"。该书没有注明资料引自何处。

路遇主编《新中国人口五十年》："（1974 年）12 月 29 日毛泽东在国家计划委员会《关于 1975 年国民经济计划报告》上批示：'人口非控制不行'"。该文没有注明资料引自何处。

3. 1975 年 1 月 25 日（包括 1975 **年 1 月之说**）。

彭珮云主编《中国计划生育全书》："人口非控制不行。《关于计划生育的指示》、见国家计委《关于一九七五年国民经济计划的报告》（1975 年 1 月 25 日）"。

纪晓华："1975 年 1 月，他（毛泽东）还提出：'人口非控制不行。'"该文没有注明资料引自何处。

4. 1975 年 2 月 10 日（包括 1975 年之说）。

杨魁孚："1975 年 2 月 10 日，毛泽东在《国家计委关于一九七五年国民经济计划的报告》上批示：'人口非控制不行。'在他年事已高逝世的前一年还念念不忘地关心着人口问题，再次重申'人口非控制不行'的科学论断。"该文引自彭珮云主编《中国计划生育全书》。在另一篇文章里，作者几乎原文又重复了这段话："1975 年 2 月 10 日，毛泽东在《国家计委关于一九七五年国民经济计划的报告》上批示：'人口非控制不行。'这表明就是在他逝世的前一年还念念不忘地关心着人口问题，并再次重申'人口非控制不行'的科学论断。"

路遇主编《新中国人口五十年》："1975 年，毛泽东在国家计委《关于一九七五年国民经济计划的报告》上批示：'人口非控制不行。'在他年事已高逝世的前一年还念念不忘地关心着人口问题，再次重申'人口非控制不行'的科学论断。"该文引自彭珮云主编《中国计划生育全书》。

从上述引述中可以看出，不仅不同作者和不同书（文）引述的时间、出处甚至于文字都有所不同，甚至于同一作者同一本书中不同地方的时间也很不一致。引述如此混乱反映了所谓毛泽东批示的不确实。如果仅从文件来考证，国家计划委员会《关于一九七五年国民经济计划的报告》属于毛泽东"已圈阅"文件。按照一般考察来说，据此可以肯定毛泽东在这一文件上并没有明确的批示文字。但是，作为中央文件附件的国家计划委员会的报告中却有"人口非控制不行"这句话。所以，分辨毛泽东的直接批示和该报告的文字还需要进一步做些考证工作。

"圈阅"文件是上个世纪 70 年代初中期逐渐形成的一种经过毛泽东处理的文件形式。所谓"圈阅"就是毛泽东在所呈送的文件上画了一个圈，具有已经阅读过、知道了、同意等多方面的含义。与"毛主席已圈阅"同时存在还有等级较高的"毛主席批示""毛主席批示已同意"等几种中央文件形式。如果毛泽东有明确的批示文字，该文字则以"最高指示"形式出现，各级党委和政府不仅"传达不过夜"，而且要组织群众上街游行广为宣传。所以，如果这份文件确实有毛泽东批示"人口非控制不行"的话语，就不会以"毛主席已圈阅"的形式下达，而属于级别更高的"毛主席以批示"类别的文件。为什么会在这个时期形成毛泽东的"圈阅"文件？这是由毛泽东当时的身体状况引发而产生的。建国以来，毛泽东的健康和起居情况一直是新中国党和国家的最高机密，即使政治局的大多数成员也都属于被保密范围。1971 年林彪"913"事件后，毛泽东的健康状况急转直下。"圈阅"制度就是在毛泽东健康状况已经无法适应正常工作情况下逐渐形成的。根据近年一些对毛泽东晚年生活情况的披露，1972 年 2 月 12 日，曾发生一次长达 20 多分钟的休克。此后，病魔就再也没有离开毛泽东。1974 年春天，毛泽东的视力下降，看东西日益模糊。有时需要秘书代读文件、在文件上画圈。6 月，毛泽东的健康状况再度出现明显问题。中央决定第 2 次为毛泽东成立医疗组，成员包括心血管内科、神经内科、麻醉科、耳鼻喉科、呼吸管和外科，以及重病护理等方面的专家。从 1974 年 7 月份开始，身患多种疾病的毛泽东离开北京，赴武汉、长沙等地"易地休息"。在湖南的日子里，毛泽东健康状况继续下降，步履蹒跚，行动艰难，右侧麻痹，要人喂食。1975 年 2 月 8 日，离开长沙经南昌到达杭州时，毛泽东身体已经非常虚弱，除了白内障、说话含混不清外，两腿时常疼痛，脚也肿得很厉害，站立不起。从医疗小组给政治局汇报的日程推算（在这次汇报之前有关毛泽东的病情只有周恩来等极个别领导人和毛泽东身边的工作人员知道），2 月 10 日应该是难得经毛泽东同意而为他进行身体检查的时间。连续 4 天的体检表明，毛泽东患有肺心病、冠心病、右臂部褥疮和血中含氧量过低等疾病。总之，1974 年年底到 2 月 10 日前后，毛泽东的眼睛和其他疾病都到了很严重的程度，书写已经很困难，一切都要依靠工作人员。

既然属于圈阅文件，说明 1975 年 2 月 10 日毛泽东批准这个文件时没有形成文字批示。那么，这句话是怎么来的呢？原来，这是一句在国家计委《关于一九七五年国民经济计划的报告》中的原话。1975 年 1 月 25 日，国家计委在给中央的报告中的第七个问题"发展文教卫生事业，搞好计划生育，搞好环境保护"中关于计划生育问题说："计划生育是毛主席提倡的，人口非控制不行。遵照党中央指示，各级党委都要把这项工作列入议事日程，指定一位负责同志分工抓好这项工作。要动员各方面的力量，搞好宣传教育，提高群众实行晚婚和计划生育的自觉性……"可见，"人口非控制不行"是 2 月 10 日毛泽东批转国家计委的报告以前就已经有了的话。那么，这句话会不会是国家计委向中央报告之前毛泽东已经作过的批示呢？也不可能。笔者手头有一份当年计划生育部门下发的《中央负责同志在七五年计划工作座谈会上关于计划生育的插话（据记录整理)》（1975 年 1 月 22 日），也许能够揭开这个谜底。我将原文抄录如下。

（当卜海马天水等谈到主席对今年国民经济计划指示，一方面要把生产搞上去，另一方面要对人口加以控制，人口增值率要下去时）

王洪文副主席：

各省同志要抓一下，人口再增加不得了。第一把手要亲自抓。有一位常委要经常抓。只要政策落实，是能降下来的。河北的经验可证明。但方法要注意，主要是政治上教育，关键是做好思想工作。

回去要认真抓一下，经常有一位常委分工抓，或一位书记也可以。

人口控制，尤其在大城市，如果降到千分之五或者六，上山下乡就用不着做那么多的工作了。

华国锋同志：

这件事关系到民族健康，有利于教育和生产，河北南宫经验很说明问题。要搞一个切实可行的计划。我国农村人口比例大，这个工作也主要在农村。但做起来任务艰巨，我们也要向医疗卫生一样，把计划生育的重点也放在农村。

王洪文当时是党中央副主席，其党内位置排序仅次于毛泽东、周恩来的第三号人物。毛泽东在南方养病和周恩来总理住院治疗期间，由王洪文主持中央日常工作。华国锋时任政治局委员、国务院副总理。四届全国人大会议于 1 月 13-17 日刚刚召开，因为周总理住院，国务院副总理新的分工还没有明确。但之前华为国务院业务组成员、国务院计划生育领导小组组长。由于所引文件中王洪文的插话和华国锋插话空一行，不清楚华国锋的插话是紧跟着王洪文的，还是在另外场合。

马天水时任中共中央委员、中共上海市委书记、上海市革命委员会副主任。因张春桥任中共上海市委第一书记、上海市革命委员会主任，姚文元任中共上海市委书记、上海市革命委员会第一副主任，王洪文任中共上海市委书记、上海市革命委员会副主任，三人都长期在中央工作，根据《邓小平年谱》，马天水当时在上海市主持工作。马天水为什么讲这番话？原来在 1974 年 12 月 31 日中央发文通报表扬和转发了上海市和河北省的计划生育先进经验。其中上海市革命委员会《关于上海开展计划生育和提倡晚婚工作的情况报告》所列举的经验说，"要求各级党组织把计划生育和提倡晚婚工作列入议事日程，积极抓好。""现在各级党组织普遍加强了对计划生育工作的领导，建立和健全了计划生育领导小组和办事机构。同时，注意发挥妇女、工会、共青团等各个群众组织的作用。从公社到生产队，从街道到里弄，从工厂到车间、班组，基本上做到层层有人抓，块块有人管，从组织上保证了计划生育工作的顺利开展。"中央下发的通知中说：

上海等先进地区的经验说明，搞好计划生育，关键在于各级党委要把这项工作列入议事日程，切实加强领导，经常抓、抓得紧。要充分发挥妇联、工会、共青团等群众组织和政府有关部门的作用，做到各级有人抓，层层有人管。

可以看出，国家计委报告中的有关计划生育工作的那段话已经体现了这一文件的精神。中央批转上海的经验刚刚发生，马天水还处于兴奋状态中，所以在王洪文等中央领导在场的场合主动讲起计划生育问题。

但是，按照 1 月 22 日的这个纪录稿，马天水是由"主席对今年国民经济计划指示"时引申谈到计划生育的，说明毛泽东有过对国民经济计划的指示而没有关于人口和计划生育的指示。据《毛泽东传》的记述：

二月十日，（毛泽东）批准《中共中央批转一九七五年国民经济计划的主要指标》及其附件《一九七五年国民经济计划主要指标》。……在中央的《通知》中，首次向全党公布了毛泽东关于"把国民经济搞上去"的指示。

"把国民经济搞上去"是毛泽东在大约 3 个月前讲的。1974 年 11 月 6 日，毛泽东在长沙会见外宾。陪同外宾来长沙的李先念在给毛泽东汇报经济情况时，毛泽东讲了这句话。李先念回到北京后，曾在政治局会议上作过传达。马天水根据会议"首次"传达的毛泽东的"要把国民经济搞上去"的指示（记录整理人将其理解为"对今年国民经济计划指示"），引发了"一方面要把生产搞上去，另一方面要对人口加以控制，即人口增殖率要下去"和王洪文的一段重要插话。3 天后，即 1 月 25 日，又最后形成了国家计划委员会呈送中央的报告中"计划生育是毛主席倡导的，人口非控制不行"这样一段文字。显然，有人把国家计委报告中"计划生育是毛主席倡导的"直接相连的一句话"人口非控制不行"当成了毛泽东的话。顺便指出，这样的误解早在这一文件产生不久就开始了。笔者手头保留的一份华国锋当选为党中央主席后由国务院计划生育领导小组办公室整理印制的《华国锋主席有关计划生育工作的讲话》，因为距离国家计委的报告批示时间很近，华国锋在讲话中还没有说这句话是对该委报告的批示，而是笼统地说"毛主席指示'人口非控制不行'"。

（刊发于 2009 年 2 月 14 日）

生育政策不是一个试验或实践问题

按 语

经济观察报的采访发表后，社会反响很大，以至于网站在文章粘贴后不几天干脆将其屏蔽，不再让网友们去辩论。其实，翼城县试点工作开始后不久，社会反响就很大。那时山西省翼城县的试验在国内外的影响程度比现在高多了，特别是从中央到地方的各级党委政府以及计划生育部门，几乎没有不知道翼城县"晚婚晚育加间隔"生育试点的。20多年来，每个时点上，翼城县的数据和效果都要好于全国、全省、全市的平均水平；国家计划生育委员会的官员和地方领导考察后的结论也都说试验是成功的。但是，试验结果要表明什么，以及为什么不能在全国推行更为宽松的政策？20多年的争论和顾虑，似乎没有任何发展与进展。直至现在，我们似乎还是停留在起点上。为证明这一认识，我将1985年试点后不久国家计划生育委员会政策规划处处长李宏规给我的一封信及附件即对我的《论我国人口发展战略》一书的意见粘贴在下面，读者可以自行判断。李宏规同志1998年从国家计划生育委员会副主任职位上退下来（准确讲是退到全国人大教科文委员会），1985年翼城县试点属于他所领导的政策规划处管理。李宏规同志1985年9月7日给我的信属于第一次发表，而他对拙著《论我国人口发展战略》一书的意见书则不是第一次在较大范围与读者见面。1985年年底，该意见书被转送有关出版社和我所在的单位党组织，以及山西省委常委和省政府各位领导同志。2003年，我在拙著《我国现行生育政策研究》（自印本）和《人口论疏》（自印本）两本书里都曾予以刊出，并送李宏规同志。

附录一

梁中堂同志：

你好！

惠书收到，读了一遍。

王伟主任对你的著作很重视，令我写出意见。看后，又让我将意见告你和省计生委。现寄上，有何看法，欢迎来信提出。

祝好！

李宏规

1985 年 9 月 7 日

附录二

王伟同志：

梁中堂同志《论我国人口发展战略》一书所载的 13 篇论文，我以前看过一部分，这次从头到尾系统地但只是粗略地看了一遍。有以下几点看法：

一、从学术角度看，梁从 1979 年以来敢提出不同观点，向人口研究领城的"主流派"挑战，这是符合百家争鸣的，是不容易的。

二、梁论文集的发表对于纠正过去工作中确实存在的某些片面性，有促进作用（如老龄化问题、社会抚养指数等）。

三、梁的论文除提出学术观点外，也对我国计划生育工作形势、方针政策进行了评论，对某些方面提出了尖锐的批评。如果只是在内部提出来，那是正常的，因为它符合耀邦同志提出的，提倡开动机器，深入钻研问题，大胆发表意见，是我们发展大好形势解决许多困难的有决定意义的一项。

但是，梁的一些观点同紫阳同志、先念同志最近关于人口问题的谈话精神相悖，公开发表出来，势必会被国内外攻击我们的人所利用。比如他认为："在我们党的历史上，还从来没有过别的什么工作像计划生育那样，长期建立在与群众严重对立的基础上"（127 页）

"1979 年度开始，更进一步在全国范围内大张旗鼓地推行了'一对夫妇只生一个孩子'，实际上是'一胎化'的人口政策"。"由于计划生育造成的与群众普遍对立，使党的各级领导工作很被动。"（140—141）"近几年来，我们离开了我国的实际情况，提出了不可能达到的生育政策和过高的生育指标，党群关系紧张，计划生育工作和党的各级领导被动。"（149 页）"几年来的生育政策同群众造成了普遍对立，受到群众的普通抵触"。（150 页）新的人口发展战略与过去的提法"不同的仅仅是过去靠强迫，工作作风简单化"。（155 页）

对梁中堂文章的一些不正确意见，在 1984 年 4 月 4 日，周伯萍同志召集的一次会议上也曾指出过。

四、梁提出的人口战略、人口目标和生育政策是缓和渐变的一种形式。目前正在山西翼城县试点，是否就是最佳方案，有待实践检验，现在就把这个战略谈成是"一个可以使我国计划生育工作摆脱窘境的绝妙方案"（新华社内部稿），显然是不严谨的。事实上，梁在提出他的方案时，对执行过程中可能碰到的困难考虑甚少，因而结果不会象他预想的那么好。（这一点我在去年 8 月成都人口学会议时向他提出过）

总的来说，梁中堂同志论文集的发行，对我们完善和执行生育政策有好处。建议委内有关同志（尤其是搞政策规划、外事、对外宣传的同志）看一看、议一议。同时也建议委领导或有关负责同志找梁中堂同志谈一次，以发挥论文集的积极作用，避免因公开发行可能出现的副作用。

以上意见供参考。

敬礼。

办公厅政策规划处

李宏规 1985 年 8 月 20 日

（刊发于 2009 年 4 月 13 日）

八十年代临汾地委试图在全区扩大翼城县的试点

我讲生育政策不是一个试验或实践的问题，是后来意识到翼城县的试点是在一种偶然的情况下实行的，这如同守株待兔那个寓言一样，幻想再会有这样的事情，就是对我们国家的体制完全不了解。1986 年，翼城县所在的临汾地区曾经很认真地对待该县的实践经验，要求在全区推行。我与分管的副专员、地区计划生育委员会主任等一行带着地委和行署的报告进京，等待了 5、6 天，连国家计划生育委员会主任的面都见不上。下面是当时的两份文件，粘贴在这里，供有兴趣的朋友阅读，然后想一想着这事情的背后究竟为什么？

（一）临汾地委、临汾地区行署领导同志在听取翼城县和地区计生委汇报"两晚一间隔"生育办法试点工作时的讲话纪要

（根据记录整理，未经本人审阅）

一九八六年五月二十四日上午，临汾地委书记杜五安，行署专员王民、地委副书记王耕溪、行署副专员樊玉龙等领导同志，专门在临汾宾馆西楼二层会议室召集"计划生育晚婚晚育加间隔"试点工作汇报座谈会。出席会议的有临汾地区计生委王伯牲、杨焕雄、张怀玉，翼城县委副书记杨俊莲等同志，省计生委顾问、省人口研究所所长梁中堂同志应邀到会。

会议首先由翼城县委和临汾地区计生委的同志汇报了翼城县试点工作和关于全区二〇〇〇年总人口的测算情况，梁中堂同志就全国的计划生育工作形势和"两晚一间隔"生育办法的理论基础谈了自己的看法。

杜书记和其它几位领导同志在听取了汇报和发言后，对翼城县

试点工作和全区计生工作做了讲话。

杜书记说："翼城县的试点工作已经进行一年了。一年来，我们地委和行署多次交换过意见，认为这种办法是个好办法，符合我们国家的实际。今天听了同志们的汇报，我认为：翼城的工作是令人满意的，试点工作搞得不错，请你（对翼城杨）回去之后转达我及地委、行署对翼城县委、县政府同搞计生工作的同志们的谢意。感谢他们为我们提供了成功的经验。同时，也感谢梁中堂同志对我区工作的热情指导。"

"目前。在农村实行生一胎，农民接受不了。也有实际困难。如果这一个孩子造成农民家庭的困难，实际上也就成了社会和国家的包袱和负担。我们早就考虑在全区推广翼城县的办法，但不知是否会突破 358 万这个二〇〇〇年的包干指标。刚才听了计生委同志的测算情况汇报，看来是不会超过的。因此，我个人认为，翼城县的办法，有在全区推广的价值和意义。"

"现在，因为实行一胎化，计生工作是硬着头皮去做的。如果推广县城县的办法。允许农村生二胎，多胎就好控制了。我们共产党人是为群众服务的。包括为群众的生育服务。可是，现行的生育政策，不合民情，不顺民意，群众抵触情绪大，我们硬着头皮去干怎么能为群众服务呢？目前，政治安定，经济繁荣，唯有计划生育不合群众的切身利益，群众意见大，影响了党群关系。我们党应该关心群众的切身利益，允许农民生二胎。即使让农民生的迟一些，拉长二胎的间隔，群众都好接受。"

王专员插话说："农村生一胎不顺民心，是现行政策中存在的一个问题。"

杜书记接着说："我们希望农村实行翼城的办法，并不仅仅是为了我们好做工作。这是个极为次要的问题。关键是党在群众中的威信和党群关系。我们这些干部很少能在一个地方干很多年。而党的三中全会以来的政治经济等政策更得民心。提高党的威信，改善党的关系，这才是我们这些党员应该考虑的大事情。"

"我们希望上级组织和领导。在我们地区的人口包干指标内，给我们计生工作的自主权，允许我们自行完善我区的计生政策，允许我们有步骤地推广翼城的办法，地委可以向上级立'军令状'。如果因为实行'两晚一间隔'的生育办法。突破了人口包干指标，那么可以处分我们。地委负责，首先处分我和王专员。"

"实行翼城县的办法。我们应该把每年、每个计划年度的人口增长搞清楚。有个计划，做到心中有数，各级党委要对计生工作负责，计生部门要加强，超生的人要罚。领导干部也要受罚。青年领结婚证的同时，就把计划生育准生证发下去，让她（他）们知道自己何时生第一个，何时生第二个。在计划外生育要受到什么处罚，这些要和本人订合同。总之，要有一套制度和具体规定"。

王专员说："全区实晚婚晚育加间隔的生育办法，我的意见是，省里只要不追究不禁止就可以，我们要争取计生工作的自主权。"

樊副专员说："全区实行晚婚晚育加间隔的生育办法。过去，我们和省计生委谈过，未给以答复，我们能不能把地委、行署的意见，直接向国家计生委汇报一下，争取得到支持。再向省委、省政府写出正式报告，同意后我们就搞。"

杜书记说："可以这样办，如果同意，我们专门召开三级干部会议，解决实施步骤和有关规定，各级书记和行政主要负责人要抓这项工作。"

王副书记说："把翼城县的试点工作总结一下，咱们写出个全面实行的方案。向国家计生委汇报一下。我们实行这种办法，有两个有利条件，一是地委、行署重视。二是计生委班子得力。"

杜书记补充说："三是现在计生工作基础好，四是有翼城的经验。"

樊副专员最后说："现在三中全会以来的方针、政策，群众是十分拥护的，就是对生一胎有意见，如果能采取这个办法，群众就更满意了。顺民心，合民意，党群关系可以大大改善。"

在会议即将结束时，地委，行署的领导同志，向翼城县和地区计生委具体部署了下一段的工作，并要求有关人员尽快起草给国家计生委的汇报材料。同时，四位领导同志以地委和行署的名义聘任梁中堂同志为临汾地区计划生育工作的顾问，请他对全区的计生工作给予指导。

山西省临汾地区行政公署计划生育委员会

（二）中共临汾地委、临汾地区行署关于在全区进行晚婚晚育加间隔生育办法试点工作的请示

国家计划生育委员会：

经国家计划生育委员会、中共山西省委、省人民政府的批准，我区翼城县于 1986 年 5 月初开始，试行了梁中堂同志提出的"晚婚晚育加间隔"的生育办法。一年来，试点工作进展顺利，发展健康。实践证明，在农村实行"晚婚晚育加间隔"的生育办法，效果是很好的，主要表现有四个方面：

第一，增强了群众遵守婚姻法的自觉性，提高了妇女平均初婚年龄。试行"晚婚晚育加间隔"生育办法前，翼城县农村妇女在 20 周岁前结婚的占 5%左右，去年 9 月至今年 4 月份，全县共有新婚夫妇 1262 对，全部在法定结婚年龄以上结婚，其中妇女达晚婚年龄（23 周岁）的达 1060 人，晚婚率达到 83.99%。

第二，已婚妇女普遍推迟了初育年龄。试点前，翼城县妇女初育年龄平均为 24．36 岁，比试点前提高了 1.17 岁。

第三，计划外怀孕减少，人流数量下降。试点前，翼城县出生人数与人流比平均为 1：0.87，今年 1 至 4 月份，全县共出生 956 人，人流 625 例，比去年同期减少了 250 例，下降 40%，出生与人流比为 1：0.64。

第四，符合实际，顺乎民意，减少了阻力，密切了党群关系。实行"晚婚晚育加间隔"的生育办法，允许生 2 胎，即能控制人口增长，不会突破计划生育指标，又符合广大群众的意愿，工作好做多了。过去少数地方为了实现一胎化，搞强迫命令，把干群关系弄得很紧张，乡镇干部反映："上边压，群众骂，咱在中间受不下。"试点后，

186

广大群众反映说："党中央是咱的知心人，干部是咱的贴心人，咱一定要按国家政策办事。"今年 1 至 4 月份，翼城县共有新婚夫妇 818 对，晚育率达 92%；计划外生育 19 个，比去年同期下降 41%；多胎一个（属术外怀孕）。全县有 89 对夫妇表示终生只生一个孩子，并领取了独生子女证。

翼城县的试点工作，在全区引起很大反响，各县、市普遍认为，实行"晚婚晚育加间隔"的生育办法，既符合我们的国情，又符合民意，是行之有效的好办法，纷纷要求试行这一办法。为了使试点工作能够顺利进行，很快取得经验，而且不致使人口的增长失控，地委和行署一方面加强对翼城试点工作的领导，一方面将试点工作情况通报各级党委和政府，讲清翼城试点工作的意义，明确指出实行"晚婚晚育加间隔"的生育办法，必须具备以下四个条件：一，各级领导切实把计划生育工作放在非常重要的议事日程，坚持常抓不懈；二，各级计划生育机构健全，队伍坚强，服务设施完善，基础工作扎实；三，计划生育政策落实，奖励和限制都能兑现；四、杜绝或基本杜绝了多胎，保证不突破人口包干指标。同时又明确指出，一个新的生育办法的实行，要经过上级政府的批准，不得擅自决定。

经过将近一年的工作，翼城试点和全区面上的计划生育工作都取得了很大进展。根据各县、市要求和广大农民群众的呼声，以及我区计划生育工作的基础，经过对全区 2000 年内的人口发展的测算，我们认为，在我们地区全面开展"晚婚晚育加间隔"的生育办法试点工作，条件已经具备。

第一，我区现有人口 315.6 万。上级根据 2000 年将我国人口控制在 12 亿左右的战略目标，分配给我区的指标是 358 万。如果实行"晚婚晚育加间隔"的生育办法，即城市基本维持生一个不变，农村在继续提倡一对夫妇只生一个孩子的基础上，妇女平均 23 周岁初育，30 周岁以上生第二个孩子，那么，2000 年全区总人口将控制在 351 万左右。如果考虑到人口控制过程的复杂性，即使出现 5—10% 的多胎，总人口仍然可以控制在 353—356 万之间。

第二，我区各级党委和政府对计划生育工作十分重视，几年来，都已取得了计划生育工作的一定经验。1986 年全国计划生育双先会上，我们地委和行署还荣获了先进集体的奖状。

第三，建立了各级计划生育的专业队伍，并基本上形成了一整套行之有效的计划生育工作制度。

第四，经过多年的工作，广大群众的生育观已有根大转变，到 1985 年，全区人口出生率由 1979 年的 16.32‰下降到 12.53‰，多胎率由 28.48%控制到 6.98%。

第五，我们已经取得了翼城县试点的基本经验。

在我们地区全面开展"晚婚晚育加间隔"生育办法的试点工作，既有现实可能性，又符合中共中央（1986）13 号文件关于"对各种试点要加强领导，认真总结经验，积极加以推广"的精神，而且比一个县的试点更有说服力。我们拟请提出这种生育办法的省计生委顾问、省人口研究所所长梁中堂同志做我们的顾问，指导我们全区的试点工作。我们有信心、有决心搞好全区的试点工作，为探索具有中国特色的计划生育新路子做出贡献。

特此报告，请批准！

中共临汾地委
临汾地区行署
1986 年 6 月 3 日

（刊发于 2009 年 4 月 19 日）

一次流产的试点研讨会

按 语

下面这篇文章曾经在我的个人网站粘贴过一段时间。最近网站关闭，考虑到前几篇都是关于翼城县"晚婚晚育加间隔"生育试点方面的信息，所以把它也粘贴在这里。

1985 年翼城县试行"晚婚晚育加间隔"生育试点后，几经周折，1987 年终于得到国家计划生育委员会的肯定。那年秋天，由王伟主任主持，国家计划生育委员会在翼城召开了"全国部分农村全面贯彻计划生育政策研讨会"，全国 12 个允许农村普遍生育二胎的县和甘肃省酒泉地区参加了会议。1988 年 1 月 25 日，彭珮云走马上任接替王伟担任国家计划生育委员会主任。2 月 10 日晚上，彭珮云同志在崇文门她的家里约见了我，听取我对人口和计划生育工作的意见。

与彭珮云同志第一次见面是由王文同志安排和引见的。王文同志和彭珮云以及王汉斌同志都是北平解放前地下党领导的城工部的老同志，解放后又都在北京市委工作。从 1998 年王文老去世后，彭珮云同志让国家计划生育委员会到翼城县调查的同志捎话，索要我整理印制的王文遗著《求索集》，以及其他一些事情看，虽然王老 50 年代后政治坎坷，他们老同志之间的友谊和情感还是深厚的。当然，在这次会见后很久一次谈话中我才醒悟过来，彭主任能在上任后不久愿意见我，和翼城县试点在当时全国大盘子上的地位也不无关系。

在彭主任家里交谈了许多问题。我曾经在见面前写过一份提纲，后来根据交谈内容整理了一篇题为《计划生育的形势还是乐观的》的文章，收录在 1994 年出版的论文集《生育高峰期的探索》一书中。

和本文有关的问题是，彭珮云同志提出待 3 月份人大会议后，希望去翼城县看一看"晚婚晚育加间隔"生育试点。我当时理解，彭主任的国家计划生育委员会主任的任职还需要经过全国人大常委会通过这一法律程序。

因为和彭主任见面已经是春节前一周的事情了，整个正月一般也不会再去县里。所以，什么时候将彭主任要去翼城县的消息传达给地区和县里的同志，已经记不清楚了。但是，印象深刻的一点是，我有比较长的一段时间精力并没有放在计划生育试点工作方面。4 月中旬的一天，正忙于其他工作时临汾行署计划生育委员会主任王伯生突然闯进我家。王主任工作泼辣、事业心强，几年来，我们共同为试点工作倾注了大量心血，相互关系相当融洽。一进家门，王主任就说："你不是说彭主任开过人大会议要去翼城吗，昨天全国人大会议已经结束，有确定的消息没有？"

我回答说再未曾联系过。王主任不由分说，要我们立即动身去北京，当面与彭主任敲定行程。

我们是乘王主任的伏尔加轿车连夜去北京的。那时我国的公路交通还十分落后，记得我刚刚完成并出版的我国第一部分析交通运输状况的专著中，对高速公路和高速列车的概念也都很陌生。我们在河北境内完全是在一些县内公路上慢慢行走，直到第三天才到达北京。那时的国家计划生育委员会还临时附设在位于西直门立交桥侧的国务院第四招待所。我们一进国家计划生育委员会的机关，立即感到一片的忙乱。原来，这次人大会议上发生了一些人借前两年人口生育量回升，攻击人口生育政策，攻击王伟前几年工作不力，要求回到 80 年代初期严格执行的"一胎化"生育政策上去。为此，3 月 31 日，全国人大会议期间，由总书记赵紫阳主持召开了第 18 次中央政治局常委会，听取国家计划生育委员会关于计划生育工作的汇报，澄清了许多事实和重申了现行生育政策。这是中央在两会期间一定召开计划生育工作会议的起始和开端。我们到达国家计划生育委员会机关的时候，似乎机关刚刚传达了中央政治局常委会的精神。政策规划处副处长彭志良同志带我们一起在珮云秘书姚秀清的办公室等候。彭珮云同志在小姚的办公室与我们见面。彭主任说，中央政治局常委会刚刚开过，需要召开全国计划生育工作会议传达总书记的讲话，恐怕会议前无法抽身去翼城了。什么时候去，再定。

5月9日至12日，国家计划生育委员会召开全国计划生育主任会议，传达了中央政治局常委会会议精神。大约6月上旬，王伯生主任和我再上北京。彭珮云同志甚至还和我们约定了去翼城和离开的路线和车次。彭主任说，她离开翼城县后要直接去四川。在确定她不在省城太原逗留后，我提出去翼城时可坐由北京至西安的36次特快，在侯马站下车。在翼城县活动两天后，再由侯马乘太原至成都的直达快车去四川。可能是已经在国家计划生育委员会工作了一段时间，也有了许多人以为国家计划生育委员会的主任去翼城县调查，社会上就认为要改变生育政策的想法。所以，彭主任向我提出，你最好在翼城召开一个什么会议，请我去参加你的会。鉴于试点开始后，学术界的许多朋友都向我表示，希望有机会去翼城考察。我立即回答说，我们在翼城召开一个学术界的研讨会，您来参加。根据翼城县夏天热冬天冷的气候特点，我提出会议时间安排在9月初。

回来后又和学术界的一些朋友作了一些协商。记得武汉大学的程度教授给了我一些建议。程教授是比我年长许多的老师，此时已经到退休年龄。1980年前后，他也曾经拥护“一胎化”的生育政策，后来在研究中对此又多有疑问。1986年10月，中国人口学会在湖北宜昌召开的“中国人口发展战略讨论会”其间，因为已经发生了主持中央数据出日常工作的书记处书记胡启立批示国家科委的报告，要求“收回成命，取消试点”和回到“一胎化”，全国的形势已经很严峻。程教授竟然还在会议上发起组织了一次活动，邀请我就翼城县“晚婚晚育加间隔”生育试点情况，向关心试验的同志做了一次报告。所以，我对程教授十分敬重。程教授提出，既然请大家去，就应该给大家提供一系列数据。显然，计划生育部门的数据是不足信的，我从事人口和计划生育研究工作以来，基本上不用计划生育系统的报表分析人口生育状况。所以，我请马培生帮助我设计，在翼城县搞了一个 1%家庭婚育状况的人口抽样调查。

抽样调查的时点定在 7 月 1 日零时，调查和调查汇总，加上调查结果与计划生育报表差异很大，县委县政府的主要领导受到很大震动，情绪都有点低落。所以，调查结果和分析报告完成后，我又就此做了几天的工作。离开炎热的翼城县，已经是 7 月中旬了。回到太原，才收到国家计划生育委员会 7 月 21 日在北戴河召开第一届人口专家委员会的通知。我是 19 号从太原动身，20 号顺道在北京看望了省委书记李立功，21 号到达北戴河。此时正值华北地区雨季，一路伴随着大雨。

我刚刚抵达，还未曾歇脚，就被办公厅副主任刘玉良召唤到彭珮云的住处，质问我会议通知等等都是怎么一回事。

原来，在我 7 月初去翼城调查前，猛然发现高校已经到暑期放假前夕，我们 9 月初的会议将是新学期刚开学之际，要期望全国一流的一些学者能够与会，必须赶在暑假前把会议日期先行通知到本人，人家才可以安排下个学期最初的课程。所以，我在太原市以山西省人口学会、临汾行署和翼城县委县政府的名义，给全国不同观点的、有一定影响的学者发了一份在翼城召开试点讨论会的会议通知。通知上明确写了国家计划生育委员会主任彭珮云同志届时将参加会议。一是我仅仅把这个会议通知当作一个意向的文件。因为，除了从事这项工作者以为这件事重要外，别人都有自己的工作，邀请人家参加，往往不一定对此有兴趣。组织会议要根据回执才能决定会议规模，然后再正式发出通知。二是马上无法加盖临汾行署和翼城县的印章。从 1984 年山西省人口学会成立后，我是第一副会长。会长赵军同志曾经是分管文教卫生的副省长，当选时是省政府顾问兼省计划生育委员会主任、党组书记。1985 年离休后，赵省长多次申明不再担任学会职务。一开始他还参加我们的一些活动，这几年已经不再参与任何与学会有关的工作了。所以，我把管理学会印章的省计划生育委员会宣教处处长、学会副秘书长宁金菊叫过来，加盖了省人口学会的图章。可能还同她谈了会议准备的一些情况，包括准备把有关试点前因后果的一些资料都整理提交会议。由于属于学术会议，学会又是发起和牵头单位，我让宁处长带了一份通知给省计划生育委员会其他两位副主任，他们也是学会的副会长。

在将近半年关于彭主任来翼城县的事情上，我一直没有向省计划生育委员会讲过。一方面是事情并没有完全确定下来。另一方面，我比较了解国家机关工作运行的程序，即上级机关没有确定和没有让传达的事情，一般不应该由个人随意向下面透露。如果工作决定后，国家计划生育委员会会直接通知省计划生育委员会。所以，大约6月底省计划生育委员会新任主任李绍先到任后，因为都属于运城籍干部，我曾经到他临时住的宾馆里看望，尽管谈论很多，但也没有向他提及这件事情。

但意外恰恰由此生发。1988年，国家计划生育委员会进行了一项2‰人口生育节育抽样调查，调查时点也确定为7月1日零时。7月7、8号，是我和马培生在翼城县搞人口抽样调查的时候，国家计划生育委员会副主任常崇煊带着政策规划处处长李宏规到山西检查2‰人口生育节育抽样调查工作。李绍先把宁处长带回去的关于9月初翼城县开会的通知交给常主任看。常主任是国家计划生育委员会第一副主任、党组副书记，是仅次于彭珮云的领导。常主任和李宏规都没有听说过这件事情。不用说那时候，即使现在国家计划生育委员会主任去一个县里检查工作也是计划生育部门的一件大事，加上去翼城这个生育二胎的试点县，更属于一个十分敏感的事。包括国家计划生育委员会的同志在内，认为翼城县的会议和彭主任去翼城县的事情，可能都是梁中堂编造的谎言。常主任离开山西的时候，向到车站送行的李绍先说，关于珮云同志去翼城的事情，我回去一定给你问清楚。送走北京的领导，省计划生育委员会的负责人又拿着那份会议通知去省政府见分管省长吴达才，说梁中堂向全国发了会议通知，并且编造彭珮云参加会议的谎言。吴省长看过会议通知后问：

"会议通知是由人口学会发的，学会会长是谁？"

回答说：

"赵军。"

"那你们去问赵军同志。"

那位负责人到赵军省长家里，回答说"确有其事"。省计划生育委员会掀起的这场风波似乎并没有到此为止。省里和临汾行署分管计划生育工作的领导通了不止一次电话，通报梁中堂的招摇撞骗。

根据彭珮云同志将一到达北戴河的我找到她的房间质询的态度看，常主任回北京后也没有把这件事当作一般情况处理。至少，两位领导之间又发生了一次不愉快。当我把会议准备工作的前后汇报后，彭主任没有过多地询问和指责，也未向我解释什么，但口气缓和了许多，并且用带有一定自我批评成份地口气说：

"我原以为距离会议的时间还很长，所以没有及时在委里通气。"

专家委员会的会议即将结束时，彭主任又将我通知到刘玉良的房间，向我叮嘱回山西后主动向省计划生育委员会通报这件事情，并当面交代刘玉良以国家计划生育委员会的名义给山西省计划生育委员会发一份明传电报，给予正式通知和通报。

8月初回到太原后，很快就去拜访了李绍先主任。气氛当然显得不很自然。李主任仍然讲得得体、简单和明了：

"我们已经收到国家计划生育委员会的明传电报。关于会议，我们没有意见，你去和地区的同志商量。"

一个不设防的思维很容易地就跟着别人走。因为距离原来确定的会议日期已经不到一个月了，会议的正式邀请通知还没有发出去，会议许多资料也没有准备就绪，甚至于会议的经费以及会议如何开法都没有落实。所以，我立即动身赶赴临汾。从 1985 年在翼城县试点以来，和地区、县里的同志有着共同的事业和目标，几年来一起工作，一起奋斗，一起经历了许多困难和压力，自认为建立了很好的感情，决定会议事宜不会有什么问题。那天中午，王主任把我从火车站直接拉到地区宾馆旁边电影院的对外饭馆。菜肴仍有临汾、洪洞两地盛产的甲鱼，但行署分管副专员樊玉龙与我几句交谈，已经让我明白事情不那么简单了。在我将最近的一些误解和北戴河会议其间彭主任的意见、李绍先前一天的话做了简洁的介绍后，樊专员说，会议放到明年还是好些。我回答说，中央的一位部长直接下到一个县里的决定不是那么容易的事情，如果其间发生变化，可能事情就无法挽回了。樊回答说，杨专员最近不在机关，这事需要等专员回来才能确定。席间，樊还对那个会议通知把地区行署和下一级的翼城县委县政府并列为会议发起人，表示了相当的不满。饭后，我和王主任去翼城，樊专员则驱车北上太原。王主任在车上告诉我，其间省计划生育委员会主任和樊专员曾经通过许多次话，甚至于有过几次晚间连续数个小时的电话。所以，等我几天回太原再见李绍先时，明确告诉说，地区不同意今年开会，那就明年吧。

10月6日，全国人大教科文卫委员会和国家计划生育委员会联合召开十一届三中全会10周年理论讨论会。会议下榻大连金州宾馆。记得10月初大连黄昏的天气已经有了太多的凉意。一天晚饭后，与彭珮云同志散步，自然说到山西对翼城会议的抵触。珮云同志说，翼城县我是一定要去的，这是总书记的交代。她对我讲，山西省准备召开计划生育工作会议，李绍先请她参加。珮云说：

"我不参加他们的会议，他们会说梁中堂请你，你去，我们请你不去。有意见。"

还说去山西后，再给他们做做工作。

10月25日下午，彭珮云由四川省重庆市飞太原，参加山西省计划生育工作会议。由于我作为顾问参加会议，也去机场迎接。彭由机场直接到山西交通大厦的会议上。晚上，省政府宴请后离并返京。27日下午，计划生育工作会议举行大会。副省长吴达才与我在主席台相遇。吴省长对我说：

"那个会议还是要开的。前天晚上省政府在迎泽宾馆宴请彭主任时，彭主任对王（森浩）省长说了。"

起初我尚未反映过来。当我知道是说翼城会议时，向吴省长说，根据翼城县的气候和条件，那只有放到明年 5、6 月份了。

来年 4 月 15 日，胡耀邦逝世，学潮；5 月动荡之后，赵紫阳下台。"六四"风波尚未完全平息，中央派员分赴各地检查、安抚地方局势。到山西巡视的是中央政治局委员、国务委员李铁映。一次，吴达才副省长向李铁映汇报山西省有个翼城县的计划生育试点时，李立即打断说：

"我知道，那是赵紫阳的试点。"

1990 年 1 月，中国人口学会在北京蓟门饭店召开学术研讨会及换届会议。针对会议上许多"翼城县是赵紫阳的试点"说法，我在大会发言中讲，赵紫阳作为曾先后担任国务院总理和党中央总书记的党和国家领导人，必然地参与和领导了许多重大事件。我们不能由于他在个别问题上的错误就否定他参与过的所有事件。也就是在这次会议上，一次与彭珮云单独在电梯相遇，她给我叮嘱说：

"什么也别说，坚持下去。"

至此之后的 10 多年里，虽然每年都见面若干次，但我们都不再提及此事。

1994 年，国务委员彭珮云来山西视察地方病防治工作，由省委常委、副省长张维庆陪同从晋城市去临汾市曾途经翼城县驰车而过也无意逗留和过问。彭主任这次终诠到太原后，照例入仕晋祠宾馆。在省委党校学习的樊玉龙副专员接到通知，要聆听彭国务委员的报告。樊专员特地赶到省社科院见我，意在我去见彭主任能旧话重提。我去倾听了报告，也见了彭主任，但终究再无法提起那件事情了。

——2007 年 6 月 13 日

（刊发于 2009 年 7 月 25 日）

记一次学术活动的始末

按语

本文原是 1999 年 5 月中国人口学会政策专业委员会赴翼城县考察"晚婚晚育家间隔"生育政策实施情况的《调研资料汇编》的后记，考虑到有助于了解翼城县的试点情况，集中粘贴在这里。

中国人口学会政策专业委员会赴翼城县调查研究活动是由李宏规同志倡导和发起的。1996 年 9 月，国家计划生育委员会和中国人口学会在陕西省汉中地区召开"中国欠发达地区人口与可持续发展研讨会"，会议邀请了一批专家。我因为有其他安排，请谭克俭同志代我出席会议。翼城县计划生育委员会主任冯才山同志，也作为正式代表参加了研讨会。在这次会议上，时任国家计划生育委员会副主任、中国人口学会常务副会长的李宏规同志，对冯才山同志讲，翼城县实行"晚婚晚育加间隔"的生育政策 10 多年了，许多专家都想去实地考察一下。中国人口学会的政策专业委员会希望明年适当时间，在翼城县召开一次中国生育政策研讨会。会议结束后，冯才山同志向县委县政府有关领导做了汇报。

我正式知道这一消息是在一个月以后。1996 年 10 月中旬，中国人口学会为准备第二年在北京即将召开的第二十三届国际人口科学大会"中国人口论坛"，在长沙召开预备会议。其间，李宏规同志把我叫到他的房间，通知了这件事情。1985 年春节，我向中央提出进行生育政策试点的目的，是要尽快完善农村生育政策。那时以为，中央对生育政策的改进意见是明确的，只是有关部门有顾虑。经过试点，可以消除这些顾虑，使"晚婚晚育加间隔"生育办法能很快在全国推行。没有想到，这个试点一试就是 10 多年。1985 年开始试验时，李宏规同志是国家计划生育委员会政策规划处的处长，试点单位就由他们负责。10 多年来，有关人员去翼城考察的很多，宏规同志却始终未有成行的动议。我还清楚地知道，这时候在翼城县召开研讨会，和完善生育政策几乎没有任何直接的联系。但是，实地考察翼城的实验，是学术界许多同志多年的愿望。为同仁提供条件，满足同仁的愿望，也一直是我多年的心愿。所以，为配合这次会议，我承诺为会议准备资料和争取一定的经费。

山西晋南农村的气候，冬天寒冷，夏天炎热，会议最好安排在 5 月或者 10 月。1997 年，国家计划生育委员会和中国人口学会都把主要精力投入到 10 月召开的国际人口科学大会的工作方面，翼城县的会议未能排上。1998 年 8 月底，李宏规同志电话通知我，翼城的会议取消了。说实在的，我很熟悉国家机关的工作方式，所以，在没有正式的会议通知前，我既没有为会议作资料准备，也没有为会议筹备经费。但是，县里的有关同志却不是如此。冯才山同志从汉中开会回来后，一方面向领导做了汇报，另一方面积极做准备。1997 年没有召开会议，才山同志要向领导和各方面汇报、解释，并且要求上面、下面都不要松懈，说 1998 年还是要开的。现在决定把会议取消了，中央机关又不对县级机关负责，要由才山同志告诉县委书记说那个会议不开了。一定会有人说："说开是你，说不开还是你。""说不定压根就没有这档子事。"县里的同志是很难的。为此，我又在电话里向宏规同志讲了一些意见，无非是这次会议的起因是中央机关，下面的同志做了不少的工作，如果会议不开了，派几位同志下去考察一下，对县里的同志也是个交代。9 月 8 日至 10 日，不清楚是事情的巧合，还是李宏规的安排或促成，国家计划生育委员会政策法规司司长江亦曼、副司长施春景一行考察了翼城。

事情当然不是到此为止。1998 年 11 月的国家计划生育委员会的人口专家委员会上，张纯元教授向我问及取消会议的原因。张教授是最早支持翼城县试点工作的学术界朋友之一。1985 年试点工作铺开后不久，张教授就带领北京大学人口所的 5 位专家和研究人员考察、指导翼城县的工作。在之后较为艰难的日子里，张教授经常给我以鼓励。我按照自己的理解向张教授做了解释。在李宏观同志通知我取消会议前，在北京召开了国际遗传学大会。一些会议参加者在会议上发表了反对和指责中国"一胎化"政策的言论，在国际上也有一些反响。在这样的背景下，由国家计划生育委员会的领导出面去翼城县讨论生育政策，可能被认为是一个敏感的问题。张教授建议说，我们以人口学会的名义出面，可以和计生委无关。李宏规此时已从国家计划生育委员会副主任的位置上退了下来，所以也赞同这个主意。这样一来，宏规同志召集曹景椿和我，一起研究来年去翼城的事。曹教授也是多年来支持翼城试点工作的朋友之一，同时，也是中国人口学会政策专业委员会成员。为了突出学术界的色彩，会议发起单位除中国人口学会政策专业委员会外，还有山西省社会科学院。为了方便工作，我同时提议由李宏观给山西省计划生育委员会主任做工作，请山西省计划生育委员会也作为发起单位之一，参与准备工作。当然，在准备过程中，实际推动工作进展的，还是李宏规同志。

最后，我愿意借这个机会再次向李宏规同志带领的专家、学者表示衷心的谢意。诸位专家学者在翼城考察期间，对试点工作提出了许多指导性意见。我在向翼城县的同志介绍时说过，这是我国人口学界一流水准的专家。现在，每个人都可以从专家的发言理解这一点。

——1999 年 7 月

（刊发于 2009 年 8 月 17 日）

我的自述

重新粘贴前的题记

下面这篇文章曾经于 2005 年 12 月粘贴在我的个人网站（liangzhongtang.cn）上，不知道什么原因，经营了好几年的那个网站突然就消失了。考虑到最近这一组文章都是由 3 月份经济观察报报道翼城县的生育试点引申出来的，这篇文章对于试点的背景也有所交待，所以就把它重新粘贴在这里，为新的读者提供一些参考材料。

2009 年 8 月 24 日凌晨

按语

写作这段文字的准确时间已经无法考究了，因为我压根儿就忘记了还有这么一篇文章。2003 年一次从外地回来，卫桂香已经给电脑里录入了一大半，问从哪里发现的，回答说地下室。2000 年我被调动到省政府经济研究中心后，让办公室的同志领了几位民工，把我在社科院办公室两大间里的书和资料全塞进新分住房的地下室，从此以后我都很少去那个杂乱的小屋子。从文章的最后文句看，这篇文章似乎没有写完就住笔了。我推断应该是 1990 年年底我调入山西省社会科学院以后，新的工作岗位还没有完全适应，看书做研究都一下进不了状态，才有时间写这样的东西。另外，那时也是准备从人口学领域暂时退出，新的研究领域尚没有确定，也只能写这些东西。或者，因为要把研究的重心转移到经济改革领域，才要将过去 10 多年人口研究方面的一些事情记述下来。所以，它可能是在 1991 年上半年的某一段时间里，断断续续草就的，因为下半年已经有经济改革理论方面的文章发表了。

手稿本来都没有题目，现在的题目是录入和校对时加上的。

——2005 年 12 月 30 日

（一）调进山西省委党校

1978 年 7 月调到山西省委党校工作之前，我在山西最南部的永济县虞乡镇担任领导。那时还是"政社合一"的时候，乡镇都统一称"人民公社"。因为刚结束"文化大革命"，准确地说，我是中共虞乡公社党委的副书记、革命委员会主任。那年五月初的一天，下午二点许，我在村里检查生产回来，一进公社大门，通讯员就接过我的自行车，一边向我的宿舍兼办公室走，一边告诉我县委办来电话通知，让我下午在公社等着，地委党校的曹校长要见我。虞乡镇曾经做过县城，后来成立解虞县才被撤掉县城的建制，但在运城县到永济县的铁路和公路线上，仍是一个大镇。当时的中共运城地委党校就设在这里。通讯员告诉我的地委党校曹校长，名叫曹充生，曾任我所在的永济县县委副书记。1973 年我从部队复员后，先被分配到永济中学当政治教员，后又在县委宣传部（当时是政工组宣传办公室）及党校（当时称五七干校）任理论教员，曹充生分管宣传和组织，经他推荐我先任党校校长，后又调虞乡公社。一年前，曹调地委党校任校长后，我们两个单位仅隔一条马路，于是我经常去看望他。

下午五时许，地委党校来电话要我过去一趟。在曹校长办公室里除了地委党校的领导外，还有三位没见过面的客人。曹校长首先向一位红面白发，个子矮胖，面容慈祥的老者介绍说："这就是梁中堂。"然后又告诉我说："这位是省委党校的副校长王守贤同志。这两位是和王校长一起来的卫仰霞、赵文斌同志。"王校长转过来问我的年龄、经历、家庭情况。接着就直截了当地问我愿不愿意去省委党校工作。这一消息真是令人喜出望外，我不假思索地回答说："这是我多年来求之不得的。"

　　送走王校长一行后，曹校长向我细述了事情的原委。王副校长来运城出差。我调到省委党校后才知道1977年胡耀邦到中央党校主持工作，华国锋兼任党校校长。中央要求省地县恢复"文革"中被解散的各级党校。山西省委党校在文革前已经很有规模，但文革中已被解散。现在要在原来的"五七干校"的基础上恢复党校，行政干部还好说，从哪里去找教员？运城地区在山西历史上就是出"秀才"的地方，王守贤这次特地来运城挑选教员来了。在见我之前，已在运城选了薛书田、李广胜二位。当然，此事曹校长并不知道。王守贤在运城办完事之后，提出要去当时黄河流域最大的提水站——尊村引黄工程参观，地委派曹校长陪同。王守贤一行至永济县委招待所，县委书记王创元去看王守贤。一阵寒喧之后，王创元转过头来对曹充生说：

　　"中堂这娃近来很不安心，找过我几次，要求回县委党校工作。"

　　曹回答说：

　　"这是他的真实想法。他在部队读了不少马列理论著作，所以一直想搞理论工作。"

　　"把你们这个年轻人给我行不行？"王守贤突然插话。

　　"当然可以。"王创元并不把王守贤此话当真。

　　等王创元走后，王守贤进一步向曹充生了解我的情况。从1974年开始，我就在曹的手下工作。尤其是1976年，我作为驻二娄寺大队的社教工作队队长，住在该村，和曹书记有过更多的接触。三娄寺村在办农业合作社时，毛主席曾对新华社记者写的该村《严重的教训》一文通讯，写过一个著名的"按语"。"文革"期间几乎没有谁不曾讲过的"政治工作是一切经济工作的生命线"的这句话，就是在这篇按语中提出来的。所以，三娄寺大队的社教工作在全县的政治格局中是很有地位的。曹那时是县委副书记，分工抓政工。三娄寺大队社教工作队是曹直接抓的点。曹书记每次下乡蹲点，就和我住一个土炕，吃同一家社员的饭。我希望到学术研究机构工作的想法，曾多次给曹校长谈过。在此之前，因为回不到党校，1977年恢复高考后，我曾参加高考，公布成绩在录取线之上。可能因为已经是公社党委副书记、革委会主任了，终未录取。两个月前，我又报考了北京大学黄枬森先生的哲学研究生，考试成绩还未通知。虽说王守贤是副校长，但那时校长是省委书记王谦兼着，排在前面的另一位常务副校长自报到后就住医院。王守贤主持党校工作，所以实际上是他说了算。听曹充生详细介绍我的情况后，王守贤决定调我走，并要曹充生和县委正式谈一下。

王创元在他的办公室听了曹校长来意后，不禁面有难色。因为我在永济工作还有一些背景。1966 年"文化大革命"开始时，我已在永济中学高中部毕业，报考北京大学哲学系的志愿表都已经填写过，就等一个月后的考试了。文革中我曾是学校师生中多数派的"领袖"。因为年龄较大，在运动中一直持较为温和、稳健的态度，曾在县里两派中都有较好的名声。县委书记王创元那时是县里干部中的"造反派"，和我们学生支持的干部是对立的。由李俊卿任书记、曹充生任副书记那一任县委时，永济县曾提拔了我们几位同学任公社主干。王创元接任书记后，已经从公社拿掉我们几位同学所任的环节干部。我过去要求从公社调回党校，王创元可能怕人们说他有"派性"，所以没有答应。现在如果同意放我走，不是一样会有人议论说是"排除异己"？经沉思后，王创元请副书记李文渊一块商量。李文渊和王创元都同在永济县长期工作，但为人正直，作风正派，在干部中很有威望。王创元将事情原委诉说后，李文渊即发表意见说：

"省委党校环境优美，是个搞学问的地方。梁中堂有志于此，我们还是成全他吧。"

王创元立即通过曹充生回复王守贤，如果本人没有意见，县委同意放梁中堂。这就是文章一开始出现的故事。

大约 10 多天后，省委组织部调令就到了我手里。6 月中旬，我收到北京大学黄枬森教授来信，说因为我缺少外语成绩，根据北京大学的规定，不能录取。黄在信中问我是否愿意去山西大学，如同意，他可以向山西大学推荐。原来，我是急于想离开行政岗位，先考大学，未被录取，后又报考黄的研究生，因为需要大学毕业才具有报考资格，报考前我曾给黄先生去过一封信述及我的情况。黄先生根据我的情况，亲自回信说可视为大学同等学历报考。那时考外语、基础课、专业课及政治等共五门。只是英语过去中学时就未学好，从 1966 年"文革"后更未曾顾及，现在突然要考试，尽管那时考试可带词典等工具书，但要达到及格的水平是根本不可能的。我想与其考上几十分，还不如没有成绩。所以英语试卷就没有答。现在黄先生来信要向山西大学推荐，表明我基础课和专业课等成绩较好。我调省委党校以后，北京大学曾将我的成绩寄给我，除英语外，其他各科都在 60-70 分之间。

6 月底，我带着永济县委组织部的介绍信，同时怀里揣着黄先生的信，乘火车来到太原。我当时是这样想的，我的本意是要去高等学府或研究机关。但我是一个未曾上过大学、没有高等教育学历的年轻人，省委党校调我去干什么？如果仍是搞行政或教学管理，那我还是该去读研究生。同时，我自认为经过 10 多年的刻苦学习，早已超过了研究生的学识，如果现在能到学术机构搞研究，何须再跟上别人去读早已读过的书？

记得我晚上从永济坐火车，第二天上午 9 时许，省委党校派去车站接我的同志即将我引到王守贤校长的办公室。王几乎未同我说几句话，即派人把教研室主任周学曾找来，要他领我去教研室介绍学校和教研室情况。同时，王守贤校长还通知行政处为我安排住宿。我一看这种情况，毋须多说，是到党校做教学工作了。中午，我坐在太原市五一广场邮电营业室的大厅里，给黄[illegible]森先生写了一封诚恳感激他的信，并述说我已调到山西省委党校，做学问的梦可以实现了，所以就不必再读研究生了。

1978 年 7 月 28 日，告别家人，我正式到山西省委党校上班。

（二）与人口学结缘

1978 年的省委党校远不是今天这个样子。党校的机构还比较少，下设办公室、组织处、行政处、教务处、教研室和图书资料室。我报到时，虽然已有不少"文革"前的老教员已经陆续回来，但总共也只有十几个人。那时的教员主要限于哲学、政治经济学、党史等几门专业。所有教员都在一个教研室。教研室主任周学曾是校党委委员，记得那年四十三、四岁，很精干。此外，还有几位五十多岁的老同志，尤其是几位行政级别很高的老教员，显然是参加革命工作较早的老革命了，分任其他学科的教研组负责人。

虽然那时不按学科分教研室，但每位教员却是有专业的。因为我不是大学科班出身，我到党校后应选什么专业，一度犹豫不决。我选择理论研究这一行，是因为从小对文学的喜好，到高中后，一度喜欢上政论文章。1968 年当兵后，实在没什么书看，开始读能搞到手的马列著作。并围绕马列著作读了一些哲学、政治经济学及世界史方面的书。大约就是这个时候读了马克思的《资本论》，并立志做一个书生。70 年代初转业到地方前，是因为在部队无法实现一辈子做理论工作的愿望，便和县里负责安置工作的同志说好给县革命委员会核心组当理论教员，所以闹着要回地方。当时正赶上国家重视出版马列著作，到地方后读书的时间更多了。到 1976 年调乡镇工作之前，接着我在部队当兵时读的书，几乎读遍了国内出版的马列中文版书籍。在这十多年的自学过程中，我还比较系统地自修了哲学、政治经济学、历史和宗教、逻辑等十多门课程。因为发誓一辈子搞学问，所以总是希望把哲学即方法论方面的知识搞得扎实一些。70 年代初，为了学好自然辩证法，我还选修了生物学和有关量子力学的知识。调动工作前的一些日子里，我对马克思《资本论》中的辩证法问题兴趣正浓，记得还写了有关《资本论》辩证法问题的研究大纲。所以，就我本意讲，我想搞几年哲学研究，然后再反过头研究政治经济学。但我到党校后不久即面临着教研室一分为五即哲学教研室、政治经济学教研室、党史、科学社会主义教研室及文史教研室。周学曾同志在征求意见时，我曾明确提出要去哲学教研室，但他始终坚持要我搞经济学（他是分组后的政治经济学教研室主任）。周学曾为人纯朴，但很会处理事，尤其是处理包括上下级关系和同事间的关系。虽如此，我仍然觉察到周对我的爱惜。从那时起，我们的关系一直处得很好。

1978 年的 9-10 月份，就在教研室说分但却没有分、说没分却又已经开始分别活动的时候，一天下午，周学曾把我找去。他指着在他办公室里坐着的一位身材娇小的一位中年妇女向我介绍说：

"这位是省计划生育办公室的小刘。"

同坐的还有党史教员郭庆效。周学曾对我说：

"根据上级的规定，党校要有一位教员搞人口学，过去曾确定过一位姓刘的老师，他曾去石家庄学习过一段时间，但学习回来后不久即调回河北省了。前不久又指定让郭庆效同志搞，现在根据学科的分置，学校决定让搞经济学的同志承担这个任务。我们考虑，你承担这个任务比较合适。"

接着，被称为小刘的女同志说：

"我叫刘玉莲。事情是这样的，根据中央的决定，党校应开设人口理论课。最近，我们又接到通知，11 月份在北京召开全国人口理论讨论会，现在需要落实一下参加会议的同志。"

郭庆效同志也说了几句，大致是这个任务原来是刘某承担，前段因为他刚调来，临时指定到他头上，论学科这不对口，他也没有着手工作，等等。

我对这突如其来的事的反应与其说是高兴，还不如说是反感。人口学在我国已被取消近 20 年，对我这一代人来说，几乎是闻所未闻。我是来做学问的，而生孩子有什么学问？这是其一。其二，在那时我们调入的教员是经济学方面的力量最强，显然是老的和有点资历的教员都不愿搞这人口学和计划生育，我的资历最浅，所以，此事就当然地落在了我的头上。虽然对我来说别无选择，但它又必然地会令人不愉快。

1978 年 11 月 1 日至 7 日，全国第一次人口理论讨论会在国务院第一招待所召开。这次会议是在国务院计划生育办公室支持下召开的，筹备组织和主持者则是恢复不久的中国人民大学理论研究所。中国人民大学在"文革"中曾被解散，部分原来从事人口统计教学工作的教员分配到北京经济学院工作。1973年，刚刚恢复联合国席位的中华人民共和国要参加在布加勒斯特的世界人口大会，政府需要就人口问题写出一篇大会发言。这时，偌大的一个中国就人口问题可以说简直就像文盲一般。原中国人民大学从事人口统计工作的刘铮、邬沧萍等参与了为大会准备发言的部分工作。这次会议之后，广东、四川等地计划生育工作的实践需要，也开始呼唤人口学。北京经济学院受命成立了人口理论研究室。1978年中国人民大学恢复时，这个人口理论研究室的几乎原班人马由北京经济学院转过来，成立了人口理论研究所。

刘铮可以说是一位领导型的学者，具有学者的风范，又有一定的社会活动能力。从70年代初开始到80年代末，他一直是中国人口学的主要带头人。尤其是70年代，他活跃于全国各地，为中国人口学的复苏做出了巨大的贡献。1978年的第一次人口学理论讨论会，主要是由刘铮主持，同时，他还邀请了著名经济学家许涤新及分管计划生育工作的副总理陈幕华。这次会议主要就人口规律问题、中国所存在的"待业"问题等进行了讨论。公正地说，这次会议组织的有声有色。可惜我仍然有一个"不搞人口学"的念头，会前会后都存在一种抵触情绪，不仅未写论文，而且会上也不愿意发言。直到1979年的5、6月份，我一直沉浸在这样的情绪中。在这一段时间，我主要学习英语，再就是写一些有关哲学方面的文章。大约是6月份吧，北京又来了通知，说是11月份要召开全国第二次人口理论讨论会。学校仍决定由我参加。既然如此，不能再空着手去，应该带篇论文。可写什么呢？计划生育办公室的同志说，如果需要下去调查，他们可以陪同并让地、县的计划生育办公室提供帮助。这样，省计划生育办公室的张小来——一位抗战年代参加革命的老同志、刘玉莲——一位极为机敏而且热情的女同志，和我一块先去了晋中地区的盂县，后又去了运城地区的永济县和芮城县，共调查了约一个多月。

写个什么样的文章呢？当时，中国的经济情况极为困难，人口问题很突出。其中最为现实的问题还是升学和就业，这都与增长极快的人口有关。所以，控制人口方面的题目最有现实性。在调查其间，陈慕华副总理在中央党校有过一个计划生育和人口问题的报告，代表中国政府提出一个分两步走的人口发展方案，第一步，在 1980 年将人口增长率降到千分之十的基础上，争取 1985 年自然增长率降到千分之五以下。第二步，到 2000 年，争取达到零度增长。实际上，在各级计划生育部门的工作上，已经开始向每对夫妇只生一个孩子的方向过渡。这比大约不到一年前的一个中央文件上规定的关于计划生育政策更为激进和紧迫了。那一个文件在过去"晚、稀、少"的基础上提出"最好一个，最多两个"。才过了几个月，又是一个"只准生一个的政策"。因为我是一个农民的儿子，在这之前在乡镇工作过，对我国农村有很深的了解。要使我国农民只生一个孩子，是脱离我国农村实际的。假使如此，在下个世纪将会给中国带来另一类的人口问题。同时我还知道，我国从 1964 年人口普查后，到 1979 年，期间有 15 年没有进行过人口普查和人口登记了。国家能掌握的只有这些年里公安部门从下至上的各年出生和死亡人口数。因为当时我国的计划经济体制，几乎每一个人都在一定的团体里工作和生活，户口登记制度极为严格，因而也还是比较准确的。但这也仅限于各年新出生儿和死亡人口的登记。没有进行过较多项目的人口统计，新出生婴儿数因存活情况不明确，户籍登记的人口出生数到第二年就不确切了。所以，对于人口预测十分重要的各个年龄人口状况莫不如此。所以，陈慕华副总理的这一分两步走的方案是怎样提出来的？我国人口控制的方案怎样制定才切合我国的实际和科学？我决定就写这方面的文章。

　　着手写文章后发现的问题更多。第一，分两步走的方案是要求 1980 年把人口增长率降到千分之十的基础上实施的，而 1979 年的人口增长率依统计报表还在千分之十四，在一年里要求自然增长率下降三个千分点，是很难做到的。第二，分两步走的第一步要求 1985 年把人口增长率降到千分之五以下，那时的死亡率约千分之六，就是说，届时的出生率为千分之五左右，出生人口应在一千二百万左右。实际情况是，1985 年新婚夫妇也在一千二百万对左右。即使以一千万对计算，要使增长率达到千分之五，除已婚夫妇不得生育外，新婚夫妇中还得有百分之七十以上达到终生只准生一个孩子。第三，因为人口构成上的原因，70 年代末每年新出生人口已经下降到不到二千万，而这几年新出生人口将是本世纪末进入新婚和生育高峰期的人口。如果说要求 2000 年人口增长率达到零，那就是说，该年新出生人口数应该等于同期死亡人口，按照当时的死亡率水平大约只有七百万。倘若如此，就只能在平均每个家庭生一个孩子的基础上，要求有百分之二、三十的家庭不生孩子，死亡率再有一定程度的上升，人口才可能实现零增长。通过简单的计算发现，当时我国全国人大已通过并由国务院反复向国内外宣布的人口目标，却是十分荒谬的。

在写作论文的过程中，我对实行只准生一个和允许百分之七十的妇女生二个，实行晚婚晚育和延长二胎生育间隔的办法分别进行了预测和分析。我在文章中十分推崇用晚婚晚育和延长生育间隔的办法，认为这是可以被农民接受的唯一的好政策。从 70 年代开始实行计划生育的同时，城乡对结婚年龄都有一定的限制，其中城市要求男 27 岁、女 25 岁始得初婚；农村男 25 岁、女 23 岁始得结婚的规定，所以我按第一种方案预测妇女平均在 23 岁生育。按照第二种方案预测时，要求第二胎生育间隔延长到八——十年，即城市男 27 岁、女 25 岁结婚者，第二胎间隔八年，按农村男 25 岁、女 23 岁结婚者，二胎间隔为 10 年，主要是希望女方在 34、5 岁之前的最佳年龄把孩子生完。

文章写完后，大约九月初，我曾去北京一趟。因为我心里总是不踏实，即不相信这么大的一个国家，政府公开宣布的一个目标，竟然连粗略的计算也没有。所以，我希望能见到一些权威人士做点解释。当然，我第一个希望见到的是刘铮同志。一天下午，记忆中是中国人民大学开学的日子，我在校园内去人口所的路上遇到刘铮。他很忙，好像学校的一位副书记要找他。我们站在路边上说了不到 5 分钟的话。我说，经过计算，我国政府分两步走的人口发展目标将是不可能实现的。我简单地讲了理由。刘铮回答说：

"这是一个争取达到的目标。能实现固然好，不能实现也没什么要紧。"

听后不禁谔然。

来北京之前，因为中国社会科学院《未定稿》上刊登过一篇田雪原支持"一胎化"的文章，我在见过刘铮后，又拜见了田雪原。和田的照面是在他们经济研究所每礼拜二下午集中学习的一次会后。田也很忙。我讲了在中国期望较大比例的一胎可能性是不现实的。田大致讲了《未定稿》上的一些话，不外中国人口问题已经到了关键时刻，"事在人为"，只要中央下决心执行这样的政策，就有可能做到。因为在前一年多的时间里，胡乔木曾有过一篇讲经济规律的文章，在思想界及全国都有很大的影响，各行各业都在强调客观规律性。所以，田的观点对我印象也很深。

北京之行给我感慨颇多。我们这么大的一个国家，就是这么做事。所以，修改的文章语气更为尖锐，增添了论战性的成份。最初只是为参加会议写篇很随意的文章，不想这篇文章却把我推入人口学的研究领域，改变了我的人生轨迹。

（三）一石击水

1979 年 12 月 11-14 日，全国第二次人口理论讨论会在四川成都召开。这也符合中国人的性格。四、五百人，送交大会的论文约 100 多篇。会议的主题当然是人口控制问题了。令人完全可以感受到，会议的主题是迎合全国的气氛，有不少人的文章都是鼓吹"人口革命"，认为实行"一胎化"不仅可以削平中国人口生育高峰，而且是中国人口史上的革命。

大致在会议第二天的下午，一位清瘦精干的中年妇女在小组会上找到我，通知说会议领导组决定让我大会发言。这位通知我的人是中国人民大学的周清老师。她参加大会资料组的工作，大会发言是由她和林富德等几位同志从提交会议的论文中筛选。当然，周清老师没有想到，她看中我的论文并提出让我大会发言，对我来讲意味着什么。我在会议之前已经意识到我的文章会产生强烈反响。那时我的家还在永济电机厂，是从太原去成都时火车必经之地。会前，我在家里有过几天的逗留。我还清楚地记得在永济电机厂西面的田野里陪同姬小平散步，我向他述说了我将去参加什么样的会议，我的论文的基本观点以及将会产生的影响。姬小平是我在永济县委党校时的领导姬昌来的孩子。我去县委党校之前，姬昌来是支部书记兼校长。我去后第二年，姬要我当校长他任书记。等我离开党校后，他又是书记兼校长。小平那时在铁道部永济电机厂工作，和我爱人在一个厂里。因为我和姬昌来的特殊关系，小平那时很愿意和我接触。我虽然在会前给小平说过我的论文有一定的现实性，但也像周清老师一样没有想到它会造就我一生的历史。

第一位在大会发言的是四川财经学院副院长刘洪康教授。刘先生是位老革命、经济学家，从前些年开始，刘铮就拉上刘先生一起搞人口启蒙工作。这次会议选择四川，一方面可能由于四川省是当时我国人口最多的省份，在整个 70 年代计划生育工作做的好，人口出生率下降很快，陈慕华副总理多次表扬过。另一方面可能是因为刘先生做工作的结果，他为这次会议做了许多工作。

接着由我发言。发言中主要讲了实行"一胎化"政策可能产生的后果及我认为解决中国人口问题的最好办法。祖父母、父母和儿女三代人"四二一"结构，持续和急剧的生育率下降带来的"人口老化"，人口年龄倒金字塔和未来可能出现劳动力紧张、兵源不足，等等，在此之前我国人口学届几乎还未曾使用过"人口老化"的概念，对中国人口未来一些情况的预测也几乎没有公开讨论过，我这篇文章在大会发言后，会议简报又刊登了我在发言中罗列的推行只准生一个的人口政策后可能出现的各种后果：（1）人口老化过程由于出生率连续剧烈降低，将十分严重。（2）无子女照顾的老年人太多，社会问题严重。（3）经济年龄结构特殊，社会负担加重。（4）人口年龄构成显著变化，对国民经济发展将带来直接的影响。（5）人口政策的反复变化，将对社会政治生活带来很大的影响。

中国人已经习惯了一个时期只听一种声音，猛然听了这不同的批评观点，一下子炸了锅，以至于我的关于解脱人口困境的意见，根本听不进去了。会上就有不同的反响。国家计划生育委员会办公室主任栗秀珍就在参加我所在的那个小组会上说："问题哪里会有那么严重？"那时国家还没有设立国家计划生育委员会，国务院有一个计划生育领导小组，办公室设在卫生部。陈幕华副总理担任国务院计划生育领导小组的组长，栗秀珍是副组长兼办公室主任，是实际主持这方面工作的领导同志。她在我们小组反驳我前一天大会上的发言时，我想她并没有认识出我就在场。陈幕华副总理是 12 月 12 日大会结束以后赶到成都的。她没有参加理论讨论会，而是留下各省计划生育办公室的主任又开了五天会。因为我没有参加这个会议，不清楚会议有什么精神。只在返回太原的路上听到了广播中陈幕华副总理的讲话要点：把计划生育工作的重点转到一对夫妇最好生一个孩子上来，是解决我国人口的战略任务。就在同一次讲话中，陈还说，当前社会上对提出"最好生一个"的议论很多。例如，说实行一对夫妇最好生一个"会使人口老化"。她说，因为人口出生率减少，在相当年代以后，老人是会多一些，这是自然的事。但在我国，在一个时期内，不必担心因此出现人口"老化"的问题。因为即使我国人口增长率持平，每年仍有一大批新出生力量投入社会，发展生产所需要的劳动力是不会枯竭或不足的。再说，今后随着四化的实现，对劳力的需求还会相对减少。她还说，也有人担心孩子少了，供养老人数目增大会加重负担。这个问题随着生产发展，是完全可以得到圆满解决的。将来在人口发展过程中，出现新的问题，国家会根据实际情况采取相应的措施。最后，她总结说："总之，对提倡'最好生一个'的种种担忧是没有必要的。"可以看出，这几乎完全是反驳我论文中的观点。

人口学从 70 年代复苏开始，大多是起因于行政因素。1978 年第一次全国人口理论讨论会仅限于计划生育部门、高校系统、社会科学院系统、党校系统和军队系统。成都会议又杀出一支新的生力军进入人口学领域，而且，由于特殊原因，这支队伍在之后的几年里不仅十分活跃，且在中国人口及计划生育领域里一度还执牛耳，影响极大。这就是由七机部（后称航空航天部）第二设计院和西安交大为主的搞计算机的一些同志。70年代末的还没有微电脑之类的东西，计算机在国内是很神秘的玩艺。所以，人们并不了解它。第一次人口理论讨论会时，七机部的李广元在北京大街上看到大街上到处张贴的"全国第一次人口理论讨论会由此向前走"的路标，不禁喜出望外，一路找到会上，要求参加会议。工作人员向刘铮请示，刘铮也以为这些搞数学的人起什么哄。但既然来了，就算列席吧。连材料也没有发给他。我在大会发言后，李广元听出我有对中国人口的预测，所以来和我聊天。都是年轻人，聊过之后，就已经相当熟悉了。李广元是"文化大革命"中毕业的中国科技大学的学生。70年代中后期，任他们二院副院长的宋健去欧洲做访问学者，某研究所向他提议测算象谜一样对国外既为迷惑又很有魅力的人口问题。宋键也十分奇怪用控制论还能预测人口。他把从国外带回的一大摞资料摔给李广元。李广元从此跑统计局，跑公安部，就开始了人口预测。

李广元问我：

"你关于今后20年的人口数字是怎么算的？"

"用笔算的。"我回答说。

"那多慢呀？用计算机简单多了。把参数向里边一代，给个指令，要多少年的结果都能很快打出来。比如今后一百年的人口预测，要不了一个小时，就全打出来了。绝对准确。"

李广元那时有34、5岁，长得很精干，热情活跃，很快在会上就成了令人注目的人物。不几天，许多人都知道了用计算机预测人口既准确又可靠。只要收一些手续费，不论全国的或那个省的，数字往他那里一输，计算机就打印出来了。70年代末到80年代初，中国人口没有普查，包括各省的人口，虽然有个统计数据，但大家都知道是不一定可靠的。至于未来的人口，传统的办法就是手工或者手摇计算器计算，要个 10 年、20 年的数据，也要算上个把月。各地做计划生育工作的人，莫不希望有个让别人都信服的人口数据。所以，不少人都向李广元预约，要会后替他们计算本省市的人口数字。大会最后一次发言时，李广元在会上介绍了他们怎样用控制论方法测算中国未来的人口。1979 到 1980 年前后是我国从上至下崇尚科学技术的时代，尤其是控制论和系统工程，都是大多数人闻未所闻的学科，感觉神秘的不得了。加上李广元很会演说，进一步感染了会议的气氛。我清楚地看到坐在主席台上的栗秀珍是如何被征服的，并且在那时已经意识到，国家计划生育办公室将由此转而依靠这批人。

其实，在会议上交流用计算机预测人口结果的，还有西安交大的一位中年女教师，叫王月娟，在小组会上给我的印象是温文尔雅，一点也不哗众取宠。在下面交谈中，李广元曾向我问及他认为属于难以解决的一个问题，他说，在预测中，妇女生育率好解决，譬如让妇女只生一个，一百年不变，一百年的数据就出来了。但死亡概率如何选择，却无法确定一个标准。我向他建议，2000 年的死亡概率用日本 70 年代末的，可能好一些。这是因为，也许 20 年后我国的生活水平可能还赶不上日本 70 年代末的，但有许多医疗保健先进的卫生手段及生活方式会比 70 年代末的日本的一般民众享受面大一些。这都会对人口死亡概率起作用。等 1981 年冬在北京召开的第三次人口理论讨论会上重逢时，李广元告诉我他这方面的参数是选择了日本。

（四）无法展开的争论

成都会议之后，"提倡一对夫妇只生一个孩子"的活动迅速升级，同时对只生一个的政策的诠释，宣传也逐步形成强大的攻势。正如我所预料的，在这强大的宣传活动中，七机部二院搞计算机的那批很有能量的人，被紧紧地抓住，为其拼命地使劲鼓吹。1979 年 12 月中旬全国第二次人口科学讨论会和全国省、市和全军计划生育办公室会议结束后，1980 年 2 月 13 日，一个"自然科学和社会科学工作者"合作"应用现代控制论的方法"预测百年中国人口的研究结果就发表了。根据这个小组科学研究表明，"从现在起大力提倡一对夫妇只生一个孩子，到 1985 年普遍做到'一胎化'，那么本世纪末人口自然增长率可接近零，全国总人口可控制在十一亿以下。"因为这是中国社会科学工作者和我国控制论最高权威合作的"课题"结论，在中央及民众中影响都相当大。但是，我清楚地知道这不是科学论证，而是以科学的形式为长官意向诠释。1980 年 3 月 7 日，《人民日报》又发表了宋健、田雪原、李广元、于景元《关于我国人口发展目标问题》的文章，《人民日报》3 月 18 日发表了田雪原《关于人口"老化"问题》的文章。同时，在内部的许许多多会议上，"一胎化"被解释成为解决我国人口问题唯一科学和正确的选择。

我对这一时期所谓"自然科学和社会科学工作者"合作进行的所谓"成果"以及这些人的表现，极为不满。这种不满程度甚至超过对那些仓促制定政策的人。当然，就是到现在我也不认为这些学者应对"一胎化"后果负有主要责任。但是，如果当时没有这些人装腔作势，以伪科学唬人和推波助澜，也许 1980 年中央不会有一个号召人们只生一个的"公开信"，全国也就没有一个"一胎化"的生育政策，成千上万的农民就不会经受 10 多年来的磨难，80 年代以来的我国历史就是另外的样子。至少，现今新的国家领导人不会以为"一胎化"的政策是经过科学论证制订的，也许改变生育政策不至于像现在这样仍然遥遥无期，农民不再无限期地经受折磨，也许……。因为，参加"自然科学和社会科学工作者"合作的各个成员，并不具有解决预测、论证我国人口发展目标这一课题的素质。可能许多人会认为我这一段话讲得过于尖刻，但我要在这里申明一下，和那些在关乎我国人民切身利益的大事面前所持有的态度比较的话，我这里讲的都是相当严谨和负责任的。不错，这个小组的一些人现在都已经成为我国科学界或者学术界的顶尖级人物，但是，人们可以检索或者要求那个由"自然科学工作者"和"社会科学工作者"合作组成的研究小组的任何一位成员自己提供一份科研成果目录，在 1980 年 2 月 13 日发表这个要求中国必须实行"一胎化"的结果前，有哪一位曾经有过同类的研究成果问世或者具有较长时间从事这方面的研究经历？宋健、李广元、于景元都是搞数学的，那时李广元可能做的预测工作多一点，但也刚开始。成都会议李广元参加会议提交宋健、李广元的文章是《关于人口问题的定量研究》。和七机部二院大约同时以相同方法研究人口预测的是西安交大的几位搞数学和系统工程的老师，王月娟参加会议提交王浣尘、蒋正化、王月娟、邵福庆的文章《用系统工程方法研究人口问题》。从这两拨研究人员这一时期提交的文章看，我国学术界用系统工程预测和研究人口问题都刚开始。中国社会科学院在 1980 年以前没有一个能像中国人民大学人口研究所那样具有人口研究素质的学者。田雪原刚从教育部的行政岗位上调到中国社会科学院经济研究所不久。根据当时的政治需要，中央要为马寅初先生平反，任务落实到中国社会科学院经济研究所。也可能因为田雪原刚来，加上他过去也在教育部门工作、北京大学毕业，或者还应该包括他自己也可能对这个问题具有独特、敏锐的认识和积极性，为马寅初平反的一些工作就落到他的头上。直到两个月前的成都会议上，田雪原的文章是《要建立科学的社会主义人口理论》及有关马寅初平反的资料，而没有涉及人口预测及人口发展目标方向的研究。我不清楚"自然科学"和"社会科学"具体是怎样结合的，但我知道在成都会议上还没有这样的结合。所以，满打满算所有的时间，也不到两个月。在这么短的时间里就能够做出一个《自然科学和社会科学工作者合作进行人口研究首次对我国未来一百年人口发展趋势作了多种测算》的重大成果，就能够对"中国人口发展目标"发表结论性意见，并且摆出一副"舍我其谁"的架势，要求 7、8 亿之众的民族用自己的生活、生命实践他们仓促计算的结果，至今回忆起来，仍然认为这些人不仅不具有一位科学家应该具备的诚实品格，而且缺少一个为百姓、为自己民族负责的起码良知。

其次，在我国的控制论专家做人口发展目标预测时，我们国家从

1964 年开始已经 15 年未做过人口普查了。搞人口学研究的人那时还不太理解，但现在终于知道，这意味着没有条件进行人口预测。人们那时能得到的人口年龄性别等构成，是从公安部门得到的。这样的数字是经过许多变通处理之后，在无可奈何的情况下使用这些数据也不是不可以，但必须认为这是一种假设，是一种可能的趋势，以此作为依据制定政策，要中华民族按此付诸行动，让所有的中国人都按照一种模式生活，使成千上万的农民倾家荡产和流离失所，在那时所有从事这方面研究的人都很明确的。在 1981 年初春召开的全国第三次人口科学讨论会上，1987 年中国人口学会召开的"中国人口发展战略研讨会"上，以及许许多多内部会议上，他们公开为"一胎化"的后果进行辩解。说中国要现代化，农民就必须做出这些牺牲，尽快地减少人口，更何况许多地方的农民生活水平极低，一代一代地周而复始地生存下去有什么意义？记得当时我就气愤地反驳说，再穷的人也有他的欢乐，他的幸福。任何人都不能因为他穷，就取消他存在的权利。有几次会议期间，我曾直接给他们说，农民被计划生育折腾成这个样子，你们这批人是有责任的。

如果是个人素质的不高，出道时间不长，并且没有意识到材料上不充分，所以，仍有一种自信，似乎也无可指责。"初生牛犊不怕虎"，此之谓也。但是，这些人在发表其所谓研究成果的手段和对一些计算结果的解释上瞒天过海，毫无职业道德的做法，实在让人不能不小看他们。譬如，坚持实行"一胎化"为最佳政策，就必须回答由此导致的"老化"和负担指数上升的问题。这个问题是由人口生育政策引起的，它讨论的问题当然是从 1980 年开始执行"一胎化"的这一代年轻人老年时的人口老化程度和社会负担问题。但是，首都的"自然科学工作者和社会科学工作者"在其报告和文章中总是喋喋不休地说"本世纪内不致发生'人口老化'，到二十一世纪头二十年内，这一问题也不严重"。我们知道，当时讨论的人口政策主要是针对 60 年代初到 70 年代末平均每年出生 2500 万左右总计 4 亿多人口的这一代人的生育行为，老化之类的社会问题也应是他们晚年的事。而这一部分人进入 65 岁的人口统计范围，就是二十一世纪第一个二十年之后。用二十一世纪二十年代之前的老化状况来搪塞，就是偷换概念，就是所答非所问，同时还是对没有人口学知识的民众的误导和欺骗。为什么本世纪最后二十年和下个世纪最初二十年老化问题"不严重"？根本原因就是从 50 年代开始的 30 多年的高出生率。我们由此作为"一胎化"的生育政策的论据，反而是该感谢过去的高出生率。还有，这个小组称对各种方案的人口预测作了 100 年的测算，但在论述""一胎化"导致 2020 年以后的老化指数将可能最高时就不提了。1980 年 3 月 18 日《人民日报》上的一篇文章是这样说的："如果从今年起平均生育率大幅度降低，到 1985 年降低到并且一直保持为一（简称"一胎化"方案），2000 年六十五岁以上老人所占比重为百分之八点九。二零一七年为百分之十六点二，二零二二年为百分之二十点八，二零二七年为百分之二十点六。"为什么举例分析到二零二七年嘎然而止了？我们知道，人口统计上讲的老化指数是指 65 岁以上老人在总人口中的比例。1959-1962 年是我国"三年困难"时期，每年生育人口很少。从 1963 年补偿性生育开始，我国进入了一个连续近 15 年以上的高生育时期，这些年平均每年出生人口大约在 2500 万，1963 年开始的最初 5 年，每年接近 3000 万。比如根据 1982 年的人口普查，1963 年出生的人口是 2700 多万，而 1962 年仅只有 1500 多万。2027 年是包括 1962 年在内的"三年困难"时期出生少的人口进入老化年龄的统计年份，2028 年是从 1963 年高出生年代的人口开始进入老化年龄的统计年份。就是说，2028 年开始，我国老龄化指数将迅速提升。1980 年讨论计划生育政策时，具有实质意义就是针对 1963 年以后出生的人应该实行什么样的生育政策，所以必须讨论他们的晚年时社会是什么样子才最有针对性。但是，这个小组的所有文章都只讲 1963 年出生的人在达到 64 岁前的情况，此后就不再作陈述了。

从 1980 年初开始，自然科学和社会科学都论证"一胎化"的可行性和科学性，搞得举国上下沸沸扬扬。外人不知，无论中国的"自然科学"也好，或者"社会科学"也好，主客观条件都不具备论证那时必须出台的人口生育政策的条件。现在看，那时真有点"闹剧"的味道。但真实性也的确如此。我国此后就开始步入这一陷阱，至今还未能从其中走出来。

从全国第二次人口理论讨论会开始，到1988年，是我从事学术活动最为活跃，成果最多的10年。因为会上许多本来很简单的问题都受到质疑，在从成都回家的火车上，我即开始写一篇进一步引伸人口政策的论文，这就是后来刊登在《经济问题》杂志上的《中国人口变动五十年展望》。写这篇文章时，我的一个主导思想是希望提醒人口学界，讨论人口问题必须从现实的年龄结构出发；分析未来的人口问题，也必须从年龄结构入手。1980年初以首都"自然科学和社会科学"合作形式发表的许多文章，实际上也是针对我给成都会议的那篇论文的。所以，我毫不犹豫地拣起了掷向我的手套。除了上面说的这篇文章外，这个时期还写了《关于我国人口老化的趋势和对劳动资源问题的分析》《关于我国人口老化的几个问题》《也谈我国人口发展目标》和《论人口目标对社会经济结构的影响》，等等。这些文章因为直接反对"一胎化"，当然很难发表。不过，那时人口学界还有个好风气，即写下文章相互寄送，也是一种内部交流方式。记得1980年的3、4月份，我在看了《人民日报》发表的鼓吹"一胎化"的文章后对其文风很气愤，也给《人民日报》寄了一篇文章，不过不是为了发表，我不是不想发表，而是深知我的文章不可能发表。在信中我说得很清楚，送这篇文章和写这封信的目的是让报社知道，人口学界还有不同的声音，希望该报能把我的文章存档，待几十年后让人们知道我们向错误的路子上走时，曾有人提出过异议。我从那时开始的人口学研究生涯，在很大程度上就是由这种思想支配的。尤其是在80年代中期马赢通和张晓彤站出来以前，人口学界几乎还没有人公开反对"一胎化"。所以，那时我常常对自己说，"你存在的理由就是要表明世界上还有不同的声音"。若非如此，我可能早就告别人口学了。

因为那时我们从极"左"的禁锢中还没有完全走出来，科学沦为政治"婢女"的现象还很严重。所以，不合时宜的论点是很难走向社会的。为此，我只好利用内部会议且以较为含蓄的方式进行。记得1981 年 2 月底在北京召开第三次人口科学讨论会时，我提出的论文是《对我国人口学发展的几个问题的认识》，实际上论述的是生育政策问题。为了回避讨论政策，才说人口学。中国人民大学人口研究所的林富德老师在小组会上发言时说："我看了梁中堂同志提出的论文，我为他感到遗憾。他在讨论一个十分现实的问题，但却不得不以'人口学'的名义去论述。"正是在这样的条件下做研究，所以又无不时时处处感到的一种憋气。

（五）写作和出版《人口学》

从 1979 年 12 月底开始的半年里，我除写了上面这些文章外，还写了几篇关于马尔萨斯和"两种生产"的理论文章。即使如此，我仍感到有用不完的精力。因为许多文章不能发表，同时又觉得许多人口学方面的道理那么简单，却不得不花费很大的力气去解说。所以，我越来越认为有必要写一个理论性的东西，系统阐述人口学的一些基础原理。导致写作《人口学》专著的直接冲动是读一篇有关苏联学者阐述"人口科学体系"的通讯。这是一篇翻译动态的文章。苏联莫斯科大学经济系人口研究中心 Д.И. 瓦连捷伊教授主编的《人口学体系》，由中国人民大学的侯文若翻译，1981 年出版。在此之前，我曾读过瓦连捷伊主编的《马克思主义人口理论》。总的说，对这些东西都不满足。1980 年夏天的一个中午，我在读中国社会科学院 1979 年第 2 期《国外社会科学著作提要》上刊登的"关于人口学的知识体系"这篇文章时，脑子里突然闪现出一个与其截然不同的人口科学体系。那时我爱人的工作还未从永济调来，在机关食堂吃完午饭后躺在办公室的床上看到这篇文章，脑子里出现了一个有关人口学体系的框架，我急忙翻身把脑子里的东西记下来，随后基本上就按这个结构开始了《人口学》的写作。

　　我的人口学理论结构是依照黑格尔的历史和逻辑的统一的原则建构的。黑格尔和马克思都认为，历史从那里开始，认识也应该从那里开始。所以，我从学说史出发，然后展开到基本理论，再到用基本理论阐述现实问题。整个理论体系可以看作是一部认识史和本学科的学说史。因为当时产生写这样一部书的动机就是中国缺少一本基本理论著作，是为现实需要写作的。所以，在过了十多年后再看这本书，免不了许多幼稚的地方。但我引以为自豪的除了其独特的体系外，关于近代人口思想史，尤其是关于马尔萨斯和马尔萨斯主义的批判，以及当代人口论争即对罗马俱乐部的《增长的模型》的批判，都是支撑我这一本书的最成功部分。由于内心产生的激情和冲动，我从六、七月份开始，到1981年春节前就把书稿送到了出版社。当我在2月底第三次人口科学讨论会上请七机部二院的张正卿同志用几张大纸把篇章目录抄出，征求订户时，在大会上曾形成一个不小的轰动。有次吃饭时和于景元坐在一起谈起罗马俱乐部，他劝我对梅多斯的批判持慎重态度。我回答说，对罗马俱乐部的报告所做的数学模型我不置可否，因为数学是我的短处。但我是批判它的理论基础，批判它的哲学基础，这是他们的致命弱点。

　　谈到出版，我至今仍然由衷地感谢山西人民出版社的李之爱、余大中和姚文锦同志。1980年6月份的一天，我拿着打印好的《人口学》（最初定名为《人口学概论》），章节目录，找到余大中同志。余当时是政治读物编辑室主任，因为同是我们永济人，过去曾经见过面。余大中告诉我说河北人民出版社出过一本人口学的东西，受到联合国的好评。所以，他说人口学的选题好。看了我的编章目录后，他评价说很活泼，有文学风采，他愿意列入选题，要我抓紧时间写。大约十月份，我在电话中得知已列入来年的选题计划。

　　现在我们喊出书难。那时其实也很难。在一定程度上说，那时比现在更难。现在出版社多了，每年出的书也多。而且，现在只要有钱，书总可以出。那时每个省就一家出版社，每年仅出二、三十本书。不存在有钱可以出书的事。在当时人们的思想中，一辈子能出一本书就很不容易了，即使自己出点钱也愿意。所以，余大中答应我，争取列入选题，我就很高兴。从六月中旬开始，我投入到紧张的写书工作中。那时人口学方面的资料很少，国内的东西几乎没有什么可以参考的。现在仍能看出来，我的书几乎全是由各个学科提炼而成的。大约春节前，我就把几位学生帮我抄好的书稿交给了余大中。余回答我说，估计次年四、五月份即可出版。

实际问题并不那么简单。大约四、五月份，出版社约我去。余大中将李之爱同志介绍给我，说这是你这本书的责任编辑，他看过了你的稿子，让他和你谈。李之爱刚从部队转业，在部队曾在北京军区的《战友报》任过记者，是一位很热心的人。现在可以说，这本书如果不是他多次从中周旋，《人口学》可能是另外一种命运。因为初次见面，话也不多。大意是说他粗略地读过，每一章题目下还有一段引文作题记，这没有必要；引用的注也太多，过于繁；等等。要我根据他的意思再改一遍。回来后，我依他的意见作了处理，请打字员把稿子打印出来，大约在九、十月份，二次送去。这次李之爱几乎没放置，就送给了余大中。余大中同志是个体育爱好者，尤喜打乒乓球。隔三差五我去出版社催，大中总说没看完。直到 1982 年夏，书的上部才送到副总编姚文锦手里。这时，我才真正懂得了出版社的三审制度。

姚文锦同志是个工作十分认真的人。后来的几年里，我同他交往很多，所以有很切身的体会。他整天看书稿，看的也很细。有几次和我一起出差，坐在火车上，住在宾馆里，他都是在看稿子。他看过的稿子总能具体地提出第几页第几行有什么问题。到这时我才知道，出版社的三审制的一审、二审并不认真看稿子，工作全推到终审即主审那里。这已是出版社不公开的秘密。大家都知道是怎么一回事，只是不说破罢了。所以，我在后来的关于出版问题的一篇文章里指出，要改革现在出版制度，现在的主审，其实仍是一审；另一个问题是，出版社编辑一般是杂家，或者至多通一门二门，要审专家学者的东西，除了政治上把关外，专业上不可能提出什么中肯的意见。但他必须提出许多问题要作者修改，以表示他读过稿子，也懂行。编辑代表出版社审查稿子，只有他们有出版权，作者对编辑的意见就不能不听。编辑控制作者，这是中国出版界的一大弊端。书稿到姚文锦那里大约又接近一年，才通过付排。在这之前，姚曾多次问过我，这本书的特点是什么？我回答说，我的书的理论结构和框架是别人没有的，其次这本书是我国第一本由学者个人独立撰写的人口学专箸。1983年出版后，因为在社会上引起哄动，省委书记李立功召集我和出版社的同志座谈。出来后，姚文锦送我回党校。他在车上对我无不歉意地说："这本书我还是认识迟了。"我笑着对他说："什么事情总要有个过程。"就在这本书送印刷厂前，姚文锦对《人口学概论》不满意。叫什么名字好？一天晚上李之爱送我上电车回家时，我突然说："就叫《人口学》好了。"李之爱连声说这个书名好，《人口学》就是这样诞生的。应该说，从初审到终审，包括后来书稿进印刷厂，工作人员都从本意上愿意让这本书出版，但仍历经了三年多的时间。一本书我仅写了半年，却在出版社呆了三年。出版制度确实到了非改革不可的时候了。

（六）请缨试验

1980年9月25日，中共中央关于控制人口致全体共产党员、共青团员的公开信之后，我国计划生育政策发生了巨大变化。本来，根据主管部门的意见，他们积极向中央做工作，希望制定一个《一对夫妇只生一个孩子》的中央文件。因为许多领导同志对"只生一个"表示怀疑，还有不少持反对态度，这样的文件很难通过。那时中央书记处由胡耀邦任总书记，对科学技术和教育很重视，常组织书记处和中央领导听科学技术之类的报告。因为中央不少人对实行"一胎化"持怀疑态度，主张"一胎化"的人就建议请领导同志听一听控制论和用控制论预测的中国人口发展的前景。那时的中国人别说控制论和系统工程，就连听这几个字都很神秘。加上反对和怀疑的老同志都不可能说出许多人口学的道理来（说真的，那时还没有连人口学家也谈不出许多人口学知识来），只是就感情上认为"一胎化"应慎重推行。

这样，中央才以"倡议书"的形式提出"一对夫妇只生一个孩子"。但是，在中国这块法制还不健全的情况下，全国各地都有不分城乡地推行"一胎化"，把"倡议书"当作中央文件和生育政策去执行。

我不愿在这里重述八十年代初农民深受"一胎化"折磨的情景。从我国的经济社会发展水平以及传统文化决定的生育方式等方面看，农民生两个孩子是必然要发生的，这对国家和农民个人来说，都是有益的。但农民生了两个孩子就受处罚。从此 70 年代末到 80 年代初，农民在经济上正处于因为重新分到土地而积极性焕发，生活出现转机的时候。但每到年末却又因生了二胎受罚。

80 年代初我处在极度工作旺盛的状态中，那时也不很懂生活节奏及身体的保养，同时经济力量也未达到能够有较好的生活，身体素质较差，常常处于感冒状态。1984 年春节前，我连续几天躺在床上，想着农民无辜地受人折腾，而国家并不因此而能达到预想的目的，我们实际上是处在一个怪圈之中，这种情况不应再继续下去了。我突然萌发了给中央写信的念头。春节时，写出题为《把计划生育工作建立在人口发展规律的基础上》的报告，呈给总书记胡耀邦。这篇文章主要是通过分析我国人口的年龄构成特征，揭示出我国人口在本世纪最后 20 年死亡率和死亡人数将有所增长，持续 10 多年的高出生率和大约 2000 年后开始人口低增长的历史。由此，提出采取晚婚晚育和延长生育二胎的办法，完全可以把人口控制在 12 亿左右的水平，从而建议放弃"一胎化"。

这篇报告被中央批到国家计划生育委员会。该委曾在有关干部中进行过讨论。从 1979 年 12 月份的人口科学讨论会议之后，我的学术观点被当作反对计划生育政策的代表，在人口学界及计划生育系统是很熟悉的。所以，这篇报告理所当然地被国家计划生育委员会否决了。但当时在国家计划生育委员会政策研究处工作的张晓彤同志却对此很赞同。张晓彤是卫生部部长崔月犁的儿子，从内蒙古自治区插队回城不久，对中国农村的情况很熟悉。他也不相信"一胎化"在农村能够行得通。张将我的报告的复印件送给中国人口情报中心的马瀛通，让他按照我提出的办法重新计算。马瀛通刚从美国东西方中心学习人口回来，人口统计学的造诣很深，计算机技术相当好。经过具体测算后，他们同意我的看法。于是以他们二人的名义，又给国务院写了题为《人口控制与人口政策中的若干问题》的研究报告。他们在报告中批判形而上学对待 2000 年人口指标的同时，还进一步建议说："我们认为，梁中堂同志在给胡耀邦同志的信中，提出的晚育加间隔的办法是可行的。他的推算不准，提出的间隔 8 到 10 年也很难行通。但如果允许农村在 24 岁生育第一胎之后，隔四五年再生一个，则有利于人口控制，又较易为农民所接受。这个做法，会在多数群众拥护、支持下把多胎降下来，使生育高峰趋向平缓，还可使几个年龄组的生育移至 2000 年后，增加完成本世纪末人口控制指标的可能性。初步推算，采用这个办法，到本世纪末全国人口可在 12 亿 3 千万左右。如果能以《计划生育法》来公布这个办法，可以减少群众对政策稳定性的怀疑。2000 年以后，城乡都可以采用这个办法。"

7 月 30 日，赵紫阳同志对该文批示说：

送耀邦、万里、乔木、依林、启立同志阅。我认为此文有道理，值得重视。所提措施，可让有关方面测算一下。如确有可能，建议采用。本世纪人口控制指标，可以增加一点弹性，没什么大了不起。

该文和紫阳同志、启立同志、建秀同志的批示一并作为"中央书记处会议参阅文件［1984］21 号"印刷，送耀邦同志。耀邦又批示：

同意紫阳同志的意见，这是一份认真动了脑筋、很有见地的报告。提倡开动机器，深入钻研问题，大胆发表意见，是我们发展大好形势、解决许多困难的有决定意义的一项。我主张按紫阳同志提出的请有关部门测算后，代中央起草一个新的文件，经书记处政治局讨论后发出。

在很长时间里，马、张的报告和中央领导的批示情况，我并不知道，所有的过程都是在北京的极小圈子里进行的。1984 年 8 月份，中国人口学会委托四川省人口学会召开了一次中国农村人口控制和计划生育的学术讨论会。我受邀请参加了会议。在这次会议上，遇见了国家计划生育委员会政策研究处处长李宏规。李是从部队转业到国家机关的，过去，没有见过面。李告诉我："你的有关农村妇女生二胎的观点中央很熟悉，胡耀邦、赵紫阳等领导同志都知道。"在谈话中，他还告诉我，持这样观点的还有一些同志。因为几乎我一直"孤军作战"，所以，很希望了解与我相同观点的同志。他说，譬如全国人大常委会法制工作委员会的王文同志。这是位老同志，已经离休了。这是第一次听说王文老。没想到后来同王文老结下了深厚的友谊，成为"忘年交"。

了解到耀邦、紫阳等领导同志对我学术观点的具体意见是 1984 年 11、12 月份之后。中国人口学会秘书长张乐群老先生在一次给我的信中提到马、张二同志对我学术观点的支持以及耀邦、紫阳对马、张文章的批示，进而，我了解了批示的具体情况，以及国家计划生育委员会对耀邦、紫阳批示所持的消极态度。

根据耀邦、紫阳同志的批示，国家计划生育委员会应很快做两件事，一是组织人员按照我提出的"晚婚晚育加间隔"的生育办法进行测算工作，二是起草文件，准备在人口生育政策方面实行转变。但是，国家计划生育委员会总是拖着不付诸行动。为了推动事情的进展，我于 1985 年春节又书寄中央书记处书记胡启立郝建秀同志，提出三条建议，一是组织人口学专家及从事社会科学的人参与组织人口测算工作，二是准许研究人员下农村调查，三是希望同意让我用"晚婚晚育加间隔的生育办法"在一、二个县进行试验。中央这次又是把我的报告批转到国家计划生育委员会。张晓彤在接到报告后，请示国家计划生育委员会党组成员、分管政策研究的办公厅主任梁济民同志，批示山西省计划生育委员会，同意由我在山西选择一、二个县试行"晚婚晚育加间隔"的生育办法。国家计划生育委员会主任王伟可能当时不在北京，副主任周伯萍同意梁济民的意见，让政策研究处分别通知山西省计划生育委员会和我本人，要求我尽快制定办法和选择试点。

（七）翼城县试点县的缘由

翼城县的试验是在完善农村生育政策没有任何进展的情况下的一次新的突破和机遇。我元月 14 日给胡启立郝建秀同志的信由中央信访局 2 月 12 日转给王伟同志。信访局在致王伟的公函中很客观地说梁中堂"就落实耀邦同志和紫阳同志对张晓彤的'人口控制和人口政策中的若干问题'的批示提出三条建议，现将原信送上，请阅酌"。王伟同志在接到批件后，于 2 月 25 日仅批示"请周、季、政研阅"。周、季即国家计划生育委员会副主任周伯萍、季宗权二同志。"政研"显然是指国家计划生育委员会政策研究处。不清楚周伯萍同志是什么时候看到王伟同志的批件，季宗权同志是 2 月 25 日看了的，未表态。3 月 7 日，国家计划生育委员会党组成员、办公厅主任梁济民向在家主持工作的副主任周伯萍同志请示说："关于梁中堂同志提出的晚婚晚育加间隔的试点问题，建议让山西省计划生育委员会邀请梁中堂同志共同研究方案，在山西省进行试点。"周伯萍同意并批示通知山西省计划生育委员会。

国家计划生育委员会 1985 年 3 月 11 日通知山西省计划生育委员会，3 月 21 日又通知我的。在给山西省计划生育委员会的公函中说：

特转去梁中堂同志给胡启立、郝建秀同志的信和我委副主任周伯萍同志的批示，请你们研究后，将试点安排告诉我处。

给我的公函则稍长一些：

梁中堂同志：

您好！

您在今年元月十四日致胡启立、郝建秀同志的信，于二月底转到我委。委里梁济民同志（办公厅主任）批示建议山西省计生委请您一同在山西省就您提出的方案设想找一、两个县进行试点，委员会（副）主任周伯萍同志同意此意见。我们于一周前已将您的信和周（副）主任的批示寄山西计生委。请您直接与山西省计生委联系。

致礼！

国家计划生育委员会政策规划处

一九八五年三月二十一日

在接到这封公函的同时，收到张晓彤同志给我的信。实际上，国家计划生育委员会给山西省计生委和我的公函，都是由他起草的。这是我们第一次联系。他在信中的一开头就对我说：

自看过您的《人口学》就想与您建立联系，前些日子又看到您今年元月给胡启立、郝建秀的信……。我们看后，即转送办公厅主任梁济民同志，他作了批示希望能看到山西省有这样二胎间隔的试点出现。现在全国还没有采取这个方式的试点县，多是生了一个女孩允许再生一个的，故现在若能打开这个突破口，在全国都有重大的指导意义。

我是 3 月下旬从香港回到太原的。大约 4 月上旬我和山西省计划生育委员会的几位领导在一起研究了几次试点的选择、准备等问题。那时山西省计划生育委员会主任、党组书记均由省政府顾问赵军同志兼任。赵军同志在此之前曾是山西省副省长，分管教科文卫和计划生育工作。省计划生育委员会副主任肖玉英、冀永裕、李俊喜等都很支持。尤其是担任党组副书记的肖玉英，对此很热心。因为省计划生育委员会的这个班子是和我担任其顾问同时由省委省政府任命组建的，我们在一起很随便。我在会上谈了我的指导思想以及选择试点县的几个条件。

因为我所研究的人口生育政策属于全国性的，其最终的决策是要由中央决定的，我具体生活、工作在一个小省的省会里，为了使我的具体生活、工作环境能有利于我的研究，我过去的原则一直是对省的具体工作尽可能少地发表意见，除个别县以外，总的说，我对各地的计划生育工作不很了解，所以，并没有框框，或者一定要定那个县。我当时想，既然是试点县，那么，一定要有代表性，唯此才有说

228

服力。我在和计划生育党组确定试点县的原则时，提出选点的四个条件：第一，经济文化上都要有代表性。经济上应该中等偏上，文化方面主要交通比较便利。总的讲，是要一个以农业为主的县，这在我国北方是极为普遍的。经济上又不要很贫困是因为搞试点要求日常必须的开支可以支撑。有些县很穷，县计划生育委员会实际上因为经费奇缺而没有办法工作。这样，如果试验效果不理想，届时无法说清是因为实行我提出的新的办法还是因为工作不力所致。第二，交通便利。是想试点开始后，难免要经常去指导工作，来去方便一点。第三，因为我提出的这种办法是要各地基层和人民群众自愿接受的，靠当地干部和民众去工作，所以，要求试点县的县委、县政府的干部工作能力强，人口状况的底子比较清楚，对试点有积极性。第四，县里的干部同省级机关有一定的私人关系，对我们不说假话和官话，我们能了解真实情况。

最初讨论试点问题时，赵军同志正在北京，根据肖玉英同志的意见，希望把试点放在晋城市的高平县。总的来说，过去晋东南地区的计划生育工作比其它地市都要好一些。80年代中期，晋东南地区一分为二，行政区划变动为长治市和晋城市。肖玉英同志原来是省教育厅副厅长，1983年机构改革没有留在教育口，到省计划生育委员会以后，抓晋城市较多一些，这次又倾向把试点放在工作基础较好的高平县。因为我对晚婚晚育和延长二胎生育间隔的办法很自负，认为除了工作不认真的地方——在那里任何政策都推行不开——无论那个县，都会收到好效果。所以，我当时已原则上同意放在高平县。并且已代省计划生育委员会起草好向省委省政府请示在高平市试行"晚婚晚育加间隔"生育办法的请示报告，只等我去高平调查符合我提出的试点县的四个条件，文件即行发出。就在这时，赵军同志从北京回到太原。肖玉英向赵汇报后，赵的意见是放到临汾地区的翼城县。翼城县在80年代初是山西省计划生育战线的先进县。但和高平县一样，我也未去过翼城县。实际上，关于这两个县的具体地理位置，我都需要借助地图才能找得到。所以，我对此并无任何框框。肖玉英同志的意见是既然赵军同志提出翼城县，请我先去翼城县调查，如果翼城县符合我的条件，我在翼城县给他打了个电话，他把我原来计划在高平县试点的请示报告改为翼城，立即报告省委省政府。

4 月底，我和社科院张广柱同志先到临汾。张广柱同志与我同年出生，也有相同的经历。他是 1980 年考入社科院经济研究室，后对人口学有兴趣。1984 年省委让我在社科院筹备人口学研究所时，因为张广柱同志在此时正协助我编写《山西经济》，我们在各方面都很合得来，所以提出愿意到人口所工作。从去翼城县的调查到试点全面铺开，张广柱同志一直协助我工作。

临汾地区是我较为熟悉的地方。70 年代之前，临汾地区和运城地区还没有分开，同属晋南地区，行政公署就设在临汾城里。我下去调查时，和地委副书记王耕溪、组织部长赵文斌、宣传部长陈焕章，都有过一定程度的交往。王耕溪在山西日报社工作过，1983 年从《人口学》出版后，我曾一度变成了新闻人物，所以新闻出版界有不少朋友。陈焕章同志"文革"前是临汾地委办公室主任，"四清"和"文革"时还有个"学毛箸办公室"，他仍是主任。临汾地区和运城地区分开时，他到运城地委，曾任地委秘书长，那时我正在永济工作，有过接触。赵文斌同志是从省委党校出去的，曾陪同王守贤从永济把我调来。所以，到临汾后，王耕溪、赵文斌、赵焕章等，凡地委住家的领导几乎都出面来见我。王耕溪同志手里拿着前几天省委办公厅编的《政务信息》对我说，这上边已经介绍了您关于晚婚晚育和延长二胎生育间隔以及胡耀邦、赵紫阳的批示，这种办法很好，一定会受到农民的欢迎。他首先代表地委和行署向我表示，希望我能把试点放在翼城县。

尤其是地区计划生育委员会的同志表现出极大的热情。计划生育委员会主任王伯生原来是地区妇联会的主任，80 年代初改做计划生育工作。1983 年中国人口学会委托北京大学在山东潍坊市召开农村人口问题讨论会时，王伯生同志、张广柱同志和我都参加了这次会议。王伯生和张广柱在会上曾有过更多的接触。副主任李英、杨焕雄等，王伯生几乎把机关的所有同志都带领上，陪同我去翼城县调查。李英同志是一位老干部，50 年代被划成右派后，曾下放到农村生活了 20 多年，他在了解了我提出的办法之后，立即领会了精神实质，说这才是"中国式的计划生育道路"。

从临汾行车一个多小时到达翼城县。该县位于临汾市东南端，由侯马到晋东南的必经之地，山地、丘陵、平川兼而有之。从地域上说，翼城县和晋东南的长治市、晋城市连接在一起，都是抗日战争时的革命根据地。我们到达翼城县时，县委书记武伯琴在临汾开会，县长李殿臣、县委副书记杨俊莲、副县长程发聘及计生委主任安斗生接待了我们。按照我的指导原则，首先希望见到县委书记和县长，听一听他们的意见，摸清他们的态度。因为尚不能确定是否在这里搞实验，所以说是来作调查。县长见我后听说要调查计划生育工作，并且涉及政策问题，态度一下子就变了，嗫嚅而语："可不敢去做什么调查，下面政策刚稳定，农民听说调查就乱了，让我们没法工作。"我想，这样的干部状态，如何能够担当试点单位的重任？但地区计划生育委员会主任王伯生、县委副书记杨俊莲、副县长程发聘等都坚持让我等一等武伯琴。两天后，可能是县里派人去临汾市向武伯琴做了汇报，据武见我时说，是听到我的情况后，急忙赶回来的。

武伯琴约模五十一、二岁，精明强干。没有听我介绍完，就立即表态说："翼城县做这方面的试点，是为摸索中国式计划生育道路做贡献，别说试验成功了对我们县有好处，即使试验失败了，农村现在大多数农民就是生二个孩子，除了干部好做工作，对翼城县的农民来说，能有什么损害？请您带调查组在我们县先做几天调查，如果基本条件能符合您的要求，我代表县委欢迎您选择翼城县做实验。"

在之后的几天里，我们先后在该县的隆化镇、北撖乡、武池乡和乡镇干部、村干部及农民进行了多次座谈，参观了乡镇、村一级的计划生育档案，听到基层干部和群众异口齐声地认为只有农村放开生二个孩子，才好管理的呼声。除了乡镇及村里的计划生育信息管理、基层干部对计划生育工作的熟悉等条件外，通过几天的接触，令我感到兴奋地是安斗生等几位计划生育专干的业务素质和对工作的投入精神。我当时想，翼城县计划生育工作基本条件至少不是较差的，如果在这样的县里由我亲自指导试验还不能有明显的效果，我提出的办法在全国还有什么实际意义呢？我和张广柱谈了我的想法，然后又同武伯琴谈了一次话，确定试点在该县进行。5 月 3 号或者 4 号，我在翼城县打电话告诉在太原等待消息的肖玉英同志，请他以省计划生育委员会的名义向省委省政府请示在翼城县试行"晚婚晚育和延长间隔"的生育办法。

（八）铺设实验

山西省计划生育委员会要求翼城县试行由我提出的"晚婚晚育和延长二胎生育间隔"的报告，是 1985 年 5 月初送给省委省政府的，7 月上旬，才由省委书记李立功、分管文教和计划生育工作的副省长张维庆批示同意。省委领导迟迟不予批示，可能还有点吃不准。因为计划生育在 1980 年推行"一胎化"之后，已经变成是一个十分敏感的社会问题，不少的领导同志是不愿意在这个问题上惹麻烦的。关于试行"晚婚晚育和加间隔"生育的好处，我曾向李立功同志谈过，国家计划生育委员会同意我在山西试点的情况，立功同志也清楚。所以，在报告上去之后，我不愿意催促它，而是让省委领导自己权衡这个事情。实际上可能还有别的原因，这就是省委领导在此问题上不一致。因为在翼城县推行试点后，大约 1988 年夏，有两次在北京的景山西街 5 号，即山西省驻京办事处，立功同志当着我的面向省长王森浩同志谈及我在翼城试点的情况，提出在山西扩大推行，省长却"王顾左右而言他"。1989 年我下翼城县挂职锻炼后，分管文化教育的副省长吴达才去临汾视察，在霍县招待所吃饭时，他向其他同志介绍我的情况，又一次说，梁中堂的主张是控制人口的好办法，可惜省政府的意见不统一，现在只好通过允许农民生了一个女孩可以再生一个的政策。从这些情况推测，省委省政府的领导可能有不同的认识。还有一个基本估计，省计划生育委员会副主任肖玉英在试点的问题上也是非常积极的。肖玉英曾经是团省委的干部，在李立功书记手下工作过，有可能给立功书记做了一些正面的工作。

7月中旬，我和张广柱再赴翼城。县委研究同意后，开始推行实验。试点工作在很大程度上取决于新的生育规定。在此之前，县里并没有自己的有关计划生育的合乎法律程序和规范化的规定，主要是执行省里的计划生育条例和"有关政策"。通常，问题就出在执行政策上。政策都是原则性的，而在下面执行时就有许多具体的、不同的做法。这些具体做法都全凭不同时期的不同条件而决定。为了严肃及合乎法律程序，我向县委及县政府提议，由县人大通过一个类似于省人大的计划生育条例，而不是由县委或县政府来发文件。那时的县人大主任是李玉保同志。李主任告诉我县级人大没有立法权，只可以制定一些类似于规定之类的东西。所以，我就为之起草了《翼城县计划生育试行规定》。按照我的设计，这是一个原则性的文件。在此基础上，再以县计划生育委员会的名义拟定一个有较强的可操作性文件——《翼城县计划生育试行规定实施细则》。前一个文件由县人大常委会通过，后一个由县委县政府名义转发。

在申请搞试点的时候，我就有一个观点，即我提出的晚婚晚育和延长生育间隔的办法是在中国农村普遍适用的，这些农村是在没有我直接参与下就可以推行的。所以，我不愿意自己过多的介入。我相信这样一个观点，即理论一旦掌握了群众，就会赢得物质力量。如果这一理论是正确的，群众会有更多的创造来弥补提出者的不足使之日臻完善。但是在翼城县试点开始的日子里，我参与的却很多，有些还是很具体。比如计划生育"试行规定"和"实施细则"几乎一字一句都是由我起草的，县委常委会、县政府以及县人大在讨论时都很少有什么变动。我所以这么做，是因为当时的形势和试点工作的性质决定的。我的这一办法从提出就引起很大的争议，要求试点是因为在面上无法推动的情况下，希望在对方严密的防线中打开一个缺口，或者有如在封闭体上撕开一个裂缝，让光线和清新的空气透进来。但那时的指责也很多，说如果发生政策变动就会引起社会动荡，挫伤基层干部的积极性，形成抢生局面，出现生育率上升和人口失控，等等。这实际是反对完善生育政策的一些托词。如果我们总体设计不好，真的出现一些混乱，就有人会不加分析地把这一做法扼杀。此外，翼城县在全国这盘棋中是试点，但就本县来说，它是政策上的转变，这也有一个政策的衔接问题。我们必须使其在前后工作中稳妥地进行。我曾经想，类似这样的转变是一个复杂的社会行为，把握它是一门艺术。所以，我很乐意在这一工作上多付出一些辛勤劳动。

在经过一段时间的准备后，7 月 23 日开始，县里开办了一期骨干培训班，乡镇分管计划生育工作的党委副书记、副乡镇长、计划生育助理员、村委会分管计划生育的村干部，集中培训了三天。在此之前，县直机关曾召开了一个大会，各部、委、局及县直各单位的领导参加，把试点的情况向大家作过通报。乡镇的党委书记、乡镇长也都通报过了。两次会议我都讲了话，每次回都很成功，赢得了大家的拥护。

培训班由副书记杨俊莲、副县长程发聘主持，主讲的有我、张广柱及地区计生委主任王伯生。在这次活动中，尤令我感动的是王伯生同志。那时正是晋南酷暑季节，她已是 50 多岁的妇女了，培训会议一结束，和我、安斗生挤在吉普车内，一个乡镇一个乡镇地跑，检查乡镇主要干部对实行"晚婚晚育和延长二胎生育间隔"认识和理解的情况，看在执行政策的过程中有无问题。那时的翼城县经济社会发展水平远不像现在这样，县城和乡镇的交通上都是土路，有不少纯粹是乡间小道，最艰难的是中午饭后接着去另一个乡镇，烈日热毒，吉普车内闷热得无法忍受。我当时只有三十六、七岁的年纪，经受这样的磨难，吃这样的苦总还能够承受，而王伯生那样的年纪，也和我们一起奔波，着实令我感动。

试点工作从 1985 年 7 月份培训工作开始，发展的一直很健康，符合最初的设想。我觉得，事情能够顺利进展，除了这一办法深深地获得翼城县干部群众的拥护外，一大批对试点工作抱支持态度的干部是至关重要的。县委书记武伯琴、副书记杨俊莲，对试点工作每取得的一个进步，都寄予了极大的关注。副县长程发聘同志是整个试点工作的核心，许多工作都是通过他实施的。在后来的日子里，程发聘常常形象地比喻说："翼城县生育试点时，梁中堂是设计师，我是工程师。"永远使我不能忘记的是以安斗生为首的县计划生育委员会的一批专干们。我从试点工作一开始就产生了这样一个念头，即以安斗生为主的县计生委的一批干部，真正可以称得上是计划生育工作的专家。我在调查的时候提出了计划生育工作粗放、批评那种脱离基层人口状况，如妇女生育状况而层层下达人口指标的传统式的计划生育体制，提出了一个由下而上、再由上而下制定生育计划的思路。很快，他们就沿着我的这一思路在实际中改革了计划生育指标形成和下达办法。在此基础上，接着还搞了乡镇和村级的具体管理办法如"四表一笺""一薄一卡"等。1987年国家计划生育委员会主任王伟来翼城时，对此法极为赞赏，要参加会议的单位学习。1988年，他们又进一步为解决农村无人常年抓计划生育工作的难题，支持南唐乡北史村实行计划生育工作"承包制"，并在全县推广。在工作中能够发现问题，创造性地解决问题，这是翼城县计划生育干部素质高的充分体现。

（2009 年 8 月 23 日分 4 部分刊发）

《新中国六十年的计划生育》序言

　　本文最初是应一家报纸的约请撰写的。基本完成后，自知这样的稿子不会采用，就改为给一个学术期刊主办的会议撰写提交的论文。然而会议主办方宁可要我在大会上报告去年已发表的一篇论文，也不希望我以这篇论文的内容在会上发言。那么，这篇文章就只好接受我的大多数关于人口和计划生育方面的文章的命运——自行印制了。

　　鉴于一些年来人口学界和有关部门提出的"计划生育以来我国少生 4 亿人"的语句的泛滥，本文有意回避了不同时期对我国人口数量问题的描述和讨论。因为，自从我提出了避孕和节制生育是工业革命创造的一种新生活的命题以后，越来越认识到生育率的下降本来是工业现代化的结果，而与政府控制人口的举措无关。也许就这个意义上来讨论导致生育率下降的原因是经济社会现代化还是现行的计划生育制度，有点像中世纪经院哲学家们争论了数百年的"把猪带到市场上的是绳子还是手？"，但更符合那个被冠名为狐假虎威的成语。有些人从人种学意义上把发达国家的妇女描述得生性就比发展中国家的妇女生育率低，但是，事实上西方民族的妇女不仅在历史上不比别的人种的妇女少生，即使今天也不乏一口气生育过 10 多个孩子仍不肯歇息的英雄母亲（我们暂且先不计那些人工授孕的）。远古的不说，我阅读达尔文的自传，从达尔文祖上到他那一代人，也就是18 世纪后期到 19 世纪末大约 100 多年的样子，其祖父先后娶过两个妻子，前妻 17 岁结婚 30 岁死亡期间 13 年生育 4 子 1 女。后妻也属于第二次婚姻，以前的生育史已无法考证，仅 1781 年 34 岁时与达尔文祖父结婚至 1792 年期间 12 年就生育过 4 子 3 女。另外，可能是在两次婚姻之间的 11 年鳏居期间，达尔文的祖父还有 2 个无法考证其母的私生女。达尔文的母亲生育 2 子 4 女。达尔文的妻子则生育 6 子 4 女。但是，到上个世纪 50 年代，当现在世界上大多数育龄妇女都使用过的一天一粒的杰诺酮避孕药丸和男子使用的轻薄、舒适、安全的避孕套问世以前，欧美主要发达国家的生育率就已经降到比现在发展中国家还低的水平。究其原因，当然应该归结为工业现代化在那些国家出现得早。上个世纪 50 年代以后，几乎所有落后民族国家的政治家都把工业化道路当作本国迅速摆脱贫困的唯一选择，半个多世纪下来，绝大多数发展中国家的妇女生育率也都有了显著的下降。根据世界银行的资料，目前世界上至少有一半以上的国家和地区的妇女生育率比我国低或者相当于我们的水平。最近 30 年来，在发展中国家的生育率持续下降的行列中，有不少比我们的速度还要快，譬如泰国的妇女总和生育率由 1980 年的 3.5 下降到 2002 年的 1.8，同期我们由 2.5 降到 1.9。必须说明的是，除了我们国家以外，无论发达国家还是其他发展中国家，其生育率的下降都是在没有类似于我们的生育政策情况下得到的。是不是中国必须实行特殊的政策才会有别人的效果？也不是。正如本文的研究指出的那样，我国的现行的计划生育制度是 1979 年开始迅速建立起来的。但是，上个世纪 60 年代末到 70 年代末之间的 10 年里，我国的妇女生育率从 6.0 左右下降到 3.0 以下，其变化之快乃是古今中外历史上绝无仅有的。

100 多年前，基督教在欧洲许多国家还有很强的影响力。一位长期在宗教信仰和科学研究结果的矛盾中饱受折磨的伟大科学家晚年时反思说："……把信仰上帝的思想反复灌输到儿童的头脑中；这对于他们还没有发育健全的头脑会发生极其利害的、而且可能有遗传性的影响，致使他们再也无法排除信仰上帝的思想，正好像猿类难以放弃对蛇的恐惧和预防的本能一样。"几十年来听惯了控制人口增长的宣传，对于这样的观点已经不加任何怀疑地当作真理与常识接受下来了。其实，一个家庭自愿采取避孕措施和实行有计划地生育来规划自己的人生，与一个国家提出一个控制人口的目标而要求每个人只准许生育政府规定的孩子数量的生育制度是完全不一样的。不要说在生育问题上政府本来就不该推行强制性的政策，而且，在目前的发展水平上，是否应该提出控制人口这样的理念都是值得怀疑的。恩格斯不仅拒绝而且认为自己毫无义务回答讲坛社会主义者提出的无产阶级社会主义者有什么办法可以消除可能发生的人口过剩的威胁以及由此而来的新的社会的垮台的危险这样一类的问题。恩格斯认为，这一类问题是那些讲坛社会主义者们的自以为是的"超智慧所产生的疑问"，回答这一些人的"荒谬已极的胡言乱语"，"简直是浪费时间"。接着，恩格斯说："人类数量增多到必须为其增长规定一个限度的这种抽象可能性当然是存在的。但是，如果说共产主义社会在将来某个时候不得不象已经对物的生产进行调整那样，同时也对人的生产进行调整，那么正是那个社会，而且只有那个社会才能毫无困难地作到这点。"过去的宣传把这段话当做恩格斯主张控制人口和实行计划生育的依据，其实相反，恩格斯对实行人口调整这一个问题是持排斥态度的。如果退一万步要接受它，恩格斯还设置了两道防火墙：抽象的可能性，以及实现了对物的生产进行调整以后。显然，我们还远没有达到可以对物的生产实行调整的时代，曾经以为已经实现计划经济和可以自觉作为的认识是多么的幼稚。有一位政治家说过："我们政治人物，对人民要有责任感。政治人物所作的决定，影响到千千万万人民的前途和发展。一个错误的决定，可以导致千万的人离乡背井，家破人亡。一个好的决定，可以让多少人，让子孙好好地发展。"30 年前，当现行的计划生育制度酝酿产生的时候，主要是以城里人的生活方式和社会条件为对象设计的，我们这个教授阶层当然可以不假思索地连同支撑这一政策的一大堆理论体系一并接受它。但是，同样是包括我们这个教授阶层在内的社会却很少愿意花费时间思索一下，那个无须证明而推行的政策却给无缘过城市生活的农民带来了多少实际的伤害。

为此，我还编辑了一个甚至于比我的正文还要长的附录。几十年来，每天每时发生在我们周围的事情却不准浮出水面。但是，只要有机会让光线照射到这块土地上，就会有人用写生的铅笔把它素描出来。那怕稍有平等意识和民主、法制观念的人，稍有博爱情怀的人，读了这样文章，了解了每天都有可能发生的故事，就会有一个自己的判断。辑录的 5 篇文章所记录的事实或者已经得到政府有关部门的印证，或者文章出自国内经严格管理的较大媒体机构的记者之手，即使在今天互联网等各类媒体都有了较大发展的时代来看，也属于难得冒出来的稀有作品，弥为珍贵。

2009 年 10 月 30 日

（刊发于 2009 年 11 月 10 日）

新中国六十年的计划生育：两种含义和两个三十年

> 我们仅仅知道一门唯一的科学，即历史科学。
>
> ——马克思恩格斯
>
> 历史服务于长跑、服务于中跑，但很少服务于短跑。
>
> ——罗宾·温克

如果把避孕和节制生育当作工业现代化以来民众实际生活的需要，那么，从建国之初群众提出这方面的诉求和新生政权迅速做出回应算起，计划生育也有了 60 年的历史。历史学家罗宾·温克在他的《牛津欧洲史》中说道："……我们也是历史的产物。这就是为什么我们要学习历史，以我们的方式提出我们的问题。因为，如果没有向我们的过去提问，也就不能向未来提问。"对过去历史给予不断地反省和重新认识，是充满自信和积极面向未来的表现。

避孕、节制生育和计划生育

避孕和节制生育是工业化奉献给人类的一种更符合人性的生活方式。固然，古代社会也不乏避孕和限制频繁生育的行为。但是，由于经济社会发展的水平还比较低，一方面是不具备避孕和节育的条件，大多数民族都只能依靠弃婴和延长哺乳期达到节育的目的，落后的方式方法决定节育仅只是社会个别现象。另一方面，部落或国家的首领们往往从维持自己的政治实力出发总是希望人口增殖，因而对自己臣民的节育行为持反对态度。圣经上记载的犹大儿子俄南依据上帝的旨意与寡居的嫂子同床，却不愿意让其为哥哥传接后代而故意把精液射在地上，终受上帝惩治的故事，曾经是西方国家教会和世俗统治者处罚平民节育行为的法典和依据。首先是工业革命以来的经济社会发展，极大地降低了婴幼儿的死亡率，人们无需再通过较多的生育才能追求到足够的儿女。其次，社会发展为人类创造了一种新的生活，使得每个个人生命活动越来越多的部分通过家庭以外的社会组织来完成，养儿防老的家庭职能已经式微淡薄。还有，接受教育的时间越来越长，必须承担的社会职业，也都不许可妇女再像以前那样过多地生育。可能最为重要的一点还是，科学技术的进步也打破了上帝把人类的性和生育捆绑在一起的最初设计，为其选民尽情享受性生活所带来的愉悦而不必担忧过多的生育后果提供了充分的条件。所以，即使那些把宗教视为生命的国家和民族，也挡不住紧紧跟随在工业现代化后面的越来越普遍的避孕和节制生育新生活。

计划生育是由毛泽东创造的一个词汇。1956 年前后，当这一全新的提法开始在毛泽东和他周围的领导人之间交换意见的时候，避孕和节制生育已经在新中国的各大城市较为普遍地开展，国家机关也按照党的最高领导层的意见已经调整和基本理顺了相关的规章和制度。50 年代中期，随着"一五"时期一些大型工业项目的顺利竣工，毛泽东尝到了计划经济的甜头。另一方面，由于政府管制一切经济资源和包办一切，也开始感受到了人口的压力。所以，一个奇特的设想在毛泽东富有浪漫主义情怀的头脑中逐步形成。1956 年 10 月，毛泽东在接见外宾时说：

> 夫妇之间应该订出一个家庭计划，规定一辈子生多少孩子。这种计划应该同国家的五年计划配合起来。目前中国的人口每年净增一千二百万到一千五百万。社会的生产已经计划化了，而人类本身的生产还是处在一种无政府和无计划的状态中。我们为什么不可以对人类本身的生产也实行计划化呢？我想是可以的。

不过，这属于内部谈话。一夜之间，让计划生育的提法响彻神州大地，是 1957 年 2 月 27 日在中南海怀仁堂的演说。在总结国际共产主义历史经验和我国社会主义实践活动的基础上，毛泽东提出了处理人民内部矛盾这一社会主义历史阶段的重大命题。中央以扩大的最高国务会议的方式从全国召集了包括党和国家高级干部、各民主党派的领导人、社会各界代表等 1800 多人的大会，聆听毛泽东的讲话。关于计划生育，毛泽东说：

> 我们这个国家有这么多的人，这是世界上各国都没有的。要提倡节育，要有计划地生育。我看人类是最不会管理自己了。工厂生产布匹、桌椅板凳、钢铁有计划，而人类对于生产人类自己就没有计划了，这是无政府主义，无组织无纪律。这样下去，我看人类是要提前毁掉的。……关于这个问题，政府可能要设一个部门，或者设一个节育委员会，作为政府的机关。

1956 年到 1957 年，一个具有初步工业化体系的现代化国家的雏形正在东方大地浮现，计划经济即将圆了 100 多年来中国志士仁人的富强中国的梦，再加上在中国各族人民的心目中如日中天的毛泽东的深刻而又风趣、幽默的语言，生育也实行计划的思想深深地打动了在座的听众。会议之后，经过各个民主党派及社会贤达在全国政协的会议上广为传播，继而又在人民日报、光明日报和文汇报等各大报纸上频繁出现。春风绚丽，计划生育一词开始在中国不胫而走。

但是，正当全国都在传播这一词汇所体现的全新理念的时候，毛泽东在长达 3 个多月字斟句酌地对这次讲话录音稿充实和修改过程中，发现了这一思想观点与自己在革命战争年代接受的崇尚人的价值，承认人民群众在历史中的中心地位的马克思主义唯物历史观有严重的冲突。所以，毛泽东正式出版这一重要著作时，决定把所有关于计划生育的内容都予以删除了。而且，一直到逝世，毛泽东在长达 20 年的时间里既没有公开发表过曾经多次的有关计划生育的谈话，也没有设置由他提出的作为政府机关的计划生育部门或节育委员会。

继毛泽东之后，计划生育这一词汇主要在两层含义上被广泛流传着，一是指工业革命以来逐渐风行的避孕和节制生育，又称家庭计划或家计计划，另一种是指我国独自实行的由政府决定国民生育行为的现行的计划生育制度。

历史往往会有一些巧合。回顾新中国 60 年的计划生育，恰好以 1979 年为界分前后两个 30 年。第一个 30 年即 1949-1979 年，我国开始建立和并逐步强化计划经济体制，政府适应工业化发展的需要赞成和鼓励群众自愿实行避孕和节育。第二个 30 年即 1979-2009 年，是反省计划体制，明确提出由计划转向市场经济的改革，却迅速建立并严格实行由政府决定每个家庭生育的计划生育制度。

1949—1979 年：避孕和节制生育 30 年

由于避孕和节育是工业化的结果，早在上个世纪初期，上海等地的报纸就有了节制生育的宣传。但是，和其他大多数国家一样，旧中国的政府对这一类事情通常都是没有回应的。共产党所领导的新中国是从民主革命起步的，主张男女平等，鼓励妇女参加革命和走向社会。所以，长期的革命过程中，革命青年早就遇到过频繁的生育与革命事业的矛盾，产生避孕和节育的愿望。由于社会发展和条件的限制，革命青年一定发生过寻求有效的节育措施和方法的问题。新中国建立的初期，一方面是经济上开始大规模的工业建设，吸收大批青年男女进城参加工作。另一方面是新建立的民主政权正在完成民主革命赋予的任务，领导工农劳动群众经济上翻身，政治上获得解放，教育和宣传人民群众在新社会应获得的民主权利。围绕中央人民政府成立不到半年就颁布的《婚姻法》和 1954 年的普选，是 50 年代初期党和政府发动群众提高民主意识的重头戏。1949 年新中国建立，是中国翻天覆地的大变化，党的以马克思主义理论为核心的意识形态也给给社会带来许多新思想、新理念。生活在这一全新的历史时代的青年人大都充满了理想，而过早和频繁的生育，必然地与现实中的学习、工作和生活发生冲突，自然会提出避孕和节育的要求。即使对于一般工农劳动家庭来说，子女多负担重，不利于改善生活，也都是浅显的道理。在这样的背景下，党和政府敏感地认识到避孕和节制生育是涉及"人民需要的带政策性的问题"。刘少奇代表党中央对国家机关明确表态说："现在我们要肯定一点，党是赞成节育的。1956 年，卫生部的一份文件则进一步指出：

> 要知道避孕是人民民主权利，应由人民自由使用，政府应准备一切条件，来指导并解决群众对避孕的需要，以使广大群众能有计划的生育、调节生育密度，保证妇女和儿童的健康，并可减少人工流产手术，和因人工流产手术所招致的一切痛苦和危害，卫生行政领导人员必须重视避孕问题，澄清过去一切不正确的思想，应该积极行动起来，广泛宣传，教育群众，使人们能了解避孕的积极意义。并能具体实施计划生育，减少生活上、工作上、经济上、健康上的一切困难。

我们现在可以看到的最早的文献是 1954 年 5 月，时任全国妇联副主任的邓颖超向刚刚担任中央秘书长的邓小平写信，反映一些青年妇女要求自由实行避孕和节育的要求。邓颖超在信中说：

> 我收到了铁道部国际运输局易惟敬和中央电影局魏韵森二同志的信，提到关于已婚女同志生孩子太多的困难及避孕的问题。这个问题有许多机关妇女干部也曾经反映过，确是带普遍性的。据我所知，有不少已婚男女干部为避孕，由于得不到指导及适宜的药物工具等，被迫自行盲目解决，采用了一些有损身体健康的办法或引起疾病，以致造成不良的后果。倘主管及有关方面不及时注意，采取主动的方针和适宜可行的步骤，任其自流，则会使许多干部因缺乏避孕的医疗卫生常识而造成不良后果，将影响干部的身体健康，也影响其家庭幸福的工作和学习。因此，我们认为有必要提请主管机关及有关方面予以考虑，采取措施才好。按照目前我国人口出生数相当高，首先在机关中的多子女母亲和已婚干部的自愿节制生育实行避孕者中，推行有指导的避孕，是可行而又必须的，也不致有何不良影响。国家卫生机关应主动的拟定办法，帮助干部解决避孕问题。此事曾得你面许同意，特再请批示交有关机关着手进行，是所切盼。

5 月 28 日，即邓颖超写信的第二天，邓小平即给政务院的秘书长习仲勋批示说：

仲勋同志：我认为避孕是完全必要的和有益的，卫生部对此似乎是不很积极的，请文委同卫生部讨论一下，问问他们对此问题的意见，如他们同意，就应采取一些有效的措施。

从邓颖超的信件和邓小平的批复中都可以了解到，在此之前，城市青年对这一问题的反映已经很多，中央领导对此也曾有过明确的支持性的意见。需要再次提醒的是，新中国的中央政府能很快对这一问题作出反应，除了当时强调人民群众的民主权利和为群众服务的大背景以外，还在于党的领导人在长期的革命生涯中也都有过生育频繁影响革命工作这样的经历，民主革命时期形成的革命队伍的平等观念等优良传统，能够对下层的合理诉求作出及时的回应。这样，包括一些发达国家在内的许多国家的人民需要经过许多年的斗争才能争取到的民主权利，新中国在很短的时间里就都做到了。

由政府直接推动其发展一直是新中国的计划生育工作的一个显著特点。除了制定一系列规章制度以利于人民群众自觉实行计划生育以外，政府作为一项日常的工作还有许多的举措，包括针对当时群众文化普遍落后，缺乏生儿育女的科学常识，举办各种形式的展览，撰写通俗性的小册子，宣传人体生理卫生和避孕节育的科学知识，投资和引进生产避孕器械的工厂。60 年代初中期，炔诺酮口服药丸和宫内避孕器在发达国家市场上刚一出现，国务院就要求国家科委组织科学攻关小组试制安全、高效的避孕药械。60 年代后期，即使在国际关系紧张，国家战略方针确定准备打仗的情况下，仍然从战备物资中拨出足够的橡胶材料，供给生产避孕套。70 年代以后，根据广大农村缺医少药的实际情况，定期选派医疗队伍巡回下乡宣传计划生育和为村民提供具体的节制生育服务，已经成为城镇卫生部门的一项制度。

国家财政承担居民避孕和节育的全部费用也是新中国计划生育

的一个重要特色。国家免费提供计划生育服务经历了一个具体的发展过程。由于避孕和节育总是和医疗卫生捆绑在一起，最早向党和政府提出实行避孕和节育要求的城市青年大都属于国家机关或军队干部，医疗费用在供给制时代全部由财政负担。实行工资制度以后，国家机关、军队和国家事业单位的干部职工享受公费医疗，大型厂矿企业也都参照国家机关，都将避孕和节育费用列入医疗经费由财政或者企业负担。50 年代中期以后，计划生育成为各级政府的一项日常工作，卫生部门要在城镇居民中推行避孕和节育活动，先是城镇居民中没有工作和经济来源的积极分子的节育费用要由组织宣传活动的卫生机构负担，后来发展到全体城镇居民都由所居住地区的卫生部门承担。60 年代以后，在毛泽东的推动下，国家也免费给农民提供避孕和节育服务。

与共和国后 30 年的计划生育制度比较，前一个 30 年的最大特征是按照毛泽东的"只能在人口稠密的地方研究实行，只能逐步地推行，并且要得到人民的完全合作"，由人民群众自由实行避孕和节育。当然，因为政府从一开始就把计划生育当作自己的工作，特别是 50 年代后期越来越感觉到人口的压力，难免在某些地方和某个时候出现强制现象。70 年代初期，有些地方甚至已经开始制定一些"土政策"用以限制居民的生育。但是，这类情况一经发现，总是要受到上级的批评和纠正。1973 年，时任国务院计划生育领导小组组长的华国锋，曾在一次计划生育汇报会上批评说："我们要多从宣传教育着手，解决人的思想认识问题，不要订一些条条框框限制，不要强迫命令。有的地方规定，不按计划生的不报户口。这不行。人家生出来了嘛，在新社会还要叫他健康成长。""有的地方生孩子发卡片，这样做不好。"所以，那时的计划生育完全是在由群众自愿实行避孕和节育意义上来说的，虽然一些地方提出了诸如"一儿一女一枝花"，"晚、稀、少"，以及"一个少、两个正好、三个多了"，也仅只是意向性的号召，并不强制实行。从总体上来说，什么时候采取避孕措施，选择什么方式避孕，以及生育几个孩子，何时生育，都由群众自己决定。

几个认识问题。

上个世纪 70 年代后期以来，几乎所有的文章都把新中国初期中央卫生机关严格限制人工流产的制度和海关禁止进口避孕药械的规定当作毛泽东鼓励人口增长的证据，实属望文生义的解释。即使在医学科学有了较大发展和医疗技术有了较大提高的今天，人工流产仍然是一项危及妇女生命的手术，现代医学在很长时期内都对其采取否定的态度。但是，随着节育行为的较大发展，要求人工终止妊娠的妇女人数的剧烈增加，继续执行严格限制的政策实际上就是把大量的妇女推到没有医疗条件的、无证照的地下医师那里，更无法保障广大妇女的生命安全。这样，越来越多的国家才逐渐放宽了对人工流产的限制。也是由于人工流产手术绝对数量的增长，现代医学对人工流产技术才有了较大的提高和改进，从而降低了技术事故的比率。不过在 1950 年那个时代，几乎世界上所有的国家对人工流产都还采取极为严格的限制规定。至于海关查禁避孕药械，也都与那时的传统观念和保守的思想意识形态有关。即使在以自由为标榜的美国，那时的报纸也不得刊登或者邮递宣传避孕药械的广告。麦卡锡主义盛行的时候，美国检察官甚至于因此把一些人诉之为有伤风化而送上法庭。所以，在早期的时候，由于历史的传承关系，几乎所有的国家传统的规章制度和主流的意识形态对于避孕和节制生育都是很有抵牾的。苏联是世界上较早实行自由的节制生育制度的国家，也是在 1955 年才放宽对于人工流产的限制。日本一直到 1999 年法律才许可自由销售避孕药，美国的一些州直到现在还不允许妇女自由实行人工流产。1950 年前后，中国共产党刚刚掌管国家政权，即使在大多数领域都属于革命和革新，也会在某些方面沿袭一些传统的规章制度。新中国限制人工流产和明令海关查禁避孕药械也都属于对传统制度的沿袭，与鼓励或限制人口并没有直接的联系。相反，1949 年 9 月，毛泽东在《六评白皮书》中批判美国政府的马尔萨斯主义观点的话还在人们的耳边回响：

世间一切事物中，人是第一可宝贵的。在共产党领导下，只要有了人，什么人间奇迹也可以创造出来。我们是艾奇逊反革命理论的驳斥者，我们相信革命能改变一切，一个人口众多、物产丰盛、生活优裕、文化昌盛的新中国，不要很久就可以到来，一切悲观论调是完全没有根据的。

这段话语通俗易懂，观点明朗，铿锵有力，还在鼓舞着共产党人和翻身解放、当了国家主人的中国人民。大家都还沉浸在革命成功的豪迈气氛中，是不会相信当家作主的人民能够成为国家的负担，需要通过避孕和节育来解决一切社会问题的。

有不少人认为，毛泽东听从了民主人士邵力子和马寅初的意见，才有了节制生育和控制人口的想法和举措。这也不符合那一时期的历史事实。众所周知，邵力子和马寅初早在解放前都主张节制生育。但那是另外一回事。建国后那一类人口学观点都一概被斥之为马尔萨斯主义，已经销声匿迹了。1949 年 9 月政治协商会议上，两位老先生都当选为第一届全国政协委员（邵力子在建国后的 10 月 9 日全国政协一届一次会议上又当选为全国政协常委）。那时的政协委员是直接参加国家政权机关的，其中马寅初担任建国后以毛泽东为主席的中央人民政府委员会委员、中央人民政府政务院财政经济委员会副主任，邵力子担任以周恩来为总理的中央人民政府政务院政务委员会委员。毛泽东和周恩来召开的有关会议，马寅初和邵力子当然是要参加的。50 年代初期，党和政府基于关心群众生活和尊重人民的民主权利等方面的考虑，赞成避孕和节育，邵力子和马寅初作为国家领导机关的成员应该是清楚的。所以，倒是他们事先知道党的最高层的态度后，才又发表他们解放前就提出过的旧主张。据资料讲，建国后邵力子第一次谈避孕和节育问题，是在 1953 年的一次政务院的会议上。而早此前一年的 7 月，邓小平已经奉调进京担任政务院副总理。因为是发生在政务院会议上的事情，周恩来当然说得清楚。1956年 11 月 10 日，周恩来在中共八届二中全会的报告中说："……要提倡节育。这个问题的发明权本来是邓小平同志的，后来邵力子先生在人民代表大会上讲了。"可见，现有邓小平等党内高层先有对这一问题的意见，然后才是邵力子在 1953 年政务院会议和 1954 年 9 月全国人大一次会议上的发言，以及此后公开发表的文章。新中国后，马寅初第一次讲人口问题是 1955 年在全国人大一届二次会议上。据当事人的日记，7 月 12、13 两日，马寅初和邵力子在浙江代表团小组会议讨论全国五年计划时，都发言讲了节制生育问题。由于其他代表的反对，经劝说后，马寅初于 15 日把整理的发言稿清样自动收回。所谓马寅初中南海畅谈人口论，其实是 1957 年 2 月 27 日毛泽东讲话中提出计划生育后，马寅初在 3 月 1 日大会上的发言。那天下午，会议安排了社会各界代表 16 人发言后，毛泽东还做了 45 分钟的总结讲话。马寅初在大约 10 分钟的发言中，主要回应了毛泽东前两天讲话中关于计划生育的内容。

上个世纪 70 年代后期开始有一个观点，说批判马寅初新人口论以后，政府就不搞计划生育了，结果使得人口多增加 3 亿。这也是不符合实际的。一方面，节制生育本来就是群众的生活需要，是不可能放弃的。另一方面，也许因为计划生育是毛泽东提出来的，在我国长达几十年的极左思想占主导地位的时期，也没有人批判和否定过。从 50 年代中期开始，政府把计划生育当作自己的一项经常性的工作以后，也许像经济、教育、卫生等各项工作一样，因为不时的政治运动出现过干扰，形成某一个时期政府部门对该项工作的懈怠，但是，即使像"文化大革命"那样的极端运动期间，计划生育工作也没有被批判、否定和终止过。有一个实际的例子。继上个世纪 60 年代初中期之后，上海市在"文化大革命"中一直是中央肯定的计划生育先进单位，属于给全国出经验最多的地方。被"四人帮"长期控制的地方尚且如此，说明那个时代里各个政治派别在计划生育问题上的认识还是一致的。

1979—2009 年：现行计划生育制度 30 年

在我国计划体制下，狭隘的社会条件容纳不下体制以外的人口。毛泽东以其独特的政治敏锐性，在计划经济之初就已经感受到人口的压力。一方面共和国的开国元勋们都坚定地相信计划经济是社会主义的本质特征，只有社会主义才是强国富民的根本道路，不会想到通过改革和改革计划体制拓宽经济社会发展，解放生产力的问题。另一方面，我们国家的文化传承中也缺少现代市场经济国家的法制传统，思想观念中缺少罗马法学关于公法和私法基本规则的训练。所以，不仅毛泽东会产生政府决定居民生育的设想，重要的是这一设想也能够得到社会广泛的认同。在毛泽东自己放弃以后，计划生育的设想继续被经济建设第一线的党和国家其他领导人周恩来、陈云、邓小平以及李先念等接受和发展。

可能是因为肩负的担子的不同，周恩来生前就特别强调计划生育。1970 年，他在一次接见卫生部军管会人员时强调说：

不能把计划生育和爱国运动放在一起。计划生育属于国家计划范围，不是卫生问题，而是计划问题。你连人口增加都计划不了，还搞什么国家计划！

这一观点得到重视和加强，是在毛泽东逝世以后。1978 年，党和政府开始在一些会议和报刊上强调社会主义计划经济要求计划生育，为实行政府管制国民生育提供理论依据。"我国是社会主义国家，国民经济有计划按比例发展，人口也应纳入国家计划，有计划地增长。"从此，类似的一些观点，诸如有计划地控制我国人口的增长，人口增长要同国民经济的发展相适应，以及人口增长是直接关系现代化建设速度和中华民族兴旺发达的一件大事，成为 70 年代末 80 年代初的计划生育宣传工作的主要基调和重要指导思想。

党的十一届三中全会确立了邓小平和陈云在党和国家事务中的领导地位。1979 年初春，邓小平和陈云对实行计划生育、限制人口过快增长连续发出了许多次强硬的指示。邓小平提出，要规定一些政策，通过立法，以限制人口增长。李先念在向陈云介绍"最好一个，最多两个"的生育政策时，陈云回答说："再强硬些，明确规定'只准一个'。准备人家骂断子绝孙。不这样，将来不得了。"几个月以后，全国人大会议上，党中央主席、中央军委主席、国务院总理华国锋在政府工作报告中提出，"要订出切实可行的办法，奖励只生一个孩子的夫妇"。会议以后，"只准生一个"的"一胎化"生育政策，就开始不分城乡地在全国普遍推行开来。1980年8月和11月的政治局扩大会议决定形成了胡耀邦、赵紫阳分别主持党中央和国务院日常工作的政治格局。1982年2月，在连续推行了三年的"一胎化"基础上，中央适当调整了生育政策，明确规定：

国家干部和职工、城镇居民，除特殊情况经批准者外，一对夫妇只生育一个孩子。农村普遍提倡一对夫妇只生育一个孩子，某些群众确有困难要求生二胎的，经过审批可以有计划地安排。不论那一种情况都不能生三胎。对于少数民族，也要提倡计划生育，在要求上，可适当放宽。

文中农村"某些群众确有困难"，特指农民家庭生育了一个女孩的可以再生一胎。这一后来被谓之为"现行生育政策"，是近30年来的现行计划生育制度的基础。按照这一政策规定，同样属于中华人民共和国的公民，完全由于出生或生长在不同的地区，或因属于不同的民族，或因所做的职业，甚至于完全因为偶然性因素譬如你要是农民的话要决定于你第一个孩子是男是女来决定是否允许再生育一个。以此为依据形成的相关法律，又对应该享受相同公民权的公民分别授予生育一个，两个，或者三个孩子的权利。

随着工作的变化和发展，计划生育由过去群众自主选择避孕和节育的含义逐渐发生了改变。1978年以后，计划生育逐步纳入到国民经济计划体系，把人口自然增长率列为计划目标，从中央到地方一级一级下达必须完成的生育计划，各个家庭再根据政府计划计算的指标配给生育指标。当大家都把经济社会发展的困难直接归结到人口数量方面，并且仅仅以加减乘除方法计算人均资源的时候，一切就来得简单、清晰了。出生人口越少，平均分配的生产量就越大。而且，"一胎化"政策产生以后，制订人口计划和计算、分配生育指标都逐渐变得多余了。所以，70 年代末 80 年代初，计划生育还曾经是由政府按照计划分配指标的生育制度；后来，就简化和发展为根据政策规定管理居民的一种生育制度。

除了生育政策以外，后 30 年与以前最显著的不同是以 1981 年 3 月经过全国人大常委会决定成立国家计划生育委员会为标志，自上而下建立健全从中央到最基层的居民居住地建立的计划生育管理机构和配置的专职管理队伍。]在此之前，虽然国务院曾几度设立过计划生育领导小组，但那都是临时性的机构，所谓的国务院计划生育委员会或者国务院计划生育领导小组的成员都是由有关部委组成。避孕和节育服务本来就属于医疗卫生工作，除了国务院计划生育委员会或领导小组下设一个很少人员编制的计划生育办公室以外，过去的计划生育具体工作一直都是由各级卫生部门负责组织和实施的。设立国家计划生育委员会以后，作为政府组成单位，具有了国家行政管理职能，统一管理全国的计划生育工作。有了从国家计划生育委员会到乡镇一级的行政管理机构以后，计划生育工作已经由过去主要为群众的节制生育服务职能转变为贯彻现行生育政策，管理和监督每个家庭（妇女）的生育行为。

此外，后 30 年的计划生育制度还获取了完备的国家法规形式。1978 年五届全国人大一次会议上通过的《中华人民共和国宪法》明确规定："国家提倡和推行计划生育。"由于处于计划生育转变和过渡时期，这样的表述也可以理解为国家支持和保护公民自愿实行节制生育。但是，后来的发展显然是把计划生育立法引向第二层含义即如同对经济管制一样由国家管制居民生育的计划生育制度。1979 年年初，中央主管部门在寻求国家计划生育法的立法的同时，明确要求地方先行制订具体办法鼓励只生一个，严格限制二胎和二胎以上的生育。由于考虑到一个国家的立法明确规定公民具体生育孩子的数量在国际上的影响问题，国家计划生育法的立法工作曾经有过一个停滞时期。在此期间，有关部门把立法工作的重点转移到省、市、自治区的地方立法方面。上个世纪 80 和 90 年代，各个省、市、自治区都以现行生育政策为基础制订了具有法律约束力的《计划生育条例》，明确规定不同的居民家庭许可生育孩子的数量，以及违反所列规定应该承受的处罚。2001 年，在文字上回避了具体的生育数量的情况下，全国人大常委会终于通过了《中华人民共和国人口与计划生育法》。至此，现行的计划生育制度终于得到了一个完备的法律体系。

把计划生育列入各级党委和政府工作的日程，是党的一贯主张。但是，前后两个 30 年的具体做法和内容还是很不相同的。1979 年以后，计划生育被当作各级党政"一把手"的主要工作。80 年代国有企业改革引入承包机制以后，各级政府也将重大经济社会发展目标按照承包方式在上下级政府之间签订责任状，其中把人口和计划生育单列出来，作为各级党委和政府必须完成的责任目标。在此基础上，逐渐形成了计划生育"一票否决制"，即各级党委、政府，各部门、各单位，凡上级下达的年度人口和计划生育目标管理责任制考核未达标者，取消当年和下一年综合性先进、荣誉称号的评选资格。此外，其主要负责人、分管人口和计划生育工作的负责人，当年年度考核不得确定为优秀和称职等次；一年内取消各类先进、荣誉称号的评选资格，不得提拔和晋升职务；任期内被否决两次以上的，予以降职或免职；已提拔或转（调）任后发现有"一票否决"情形的，予以追溯否决。进入新世纪以后，绝大多数省、市、自治区的党委和政府都已经公开颁发《人口和计划生育"一票否决制"实施办法》，对以上内容作出明确规定。

计划生育的"一票否决制"当然不仅仅对于党政主要领导具有以上的约束力，实际上，对于那些被"一票否决"掉的地方和单位的所有人来说，都有可能失去许多应该享有的资源和权利。由于计划生育指标考核不及格，连评选先进的资格都被取消，先进单位享受的许多待遇和机会就失去了，该单位所有成员的年终奖金和应该拥有的许多资源也失去了。这当然是对于国家机关和国家企事业单位来说的。在农村，如果对违反计划生育具体规定的当事人无法实施惩治的情况下，抓捕或扣留家属、亲族或者邻里的事情，也都是屡为发生的。

当然，共和国后 30 年的计划生育工作最为核心的问题还是对于育龄妇女的管理和对于违反生育规定的当事人的处分。根据《中华人民共和国人口与计划生育法》和各个省、市、自治区的《人口与计划生育条例》，"统一实行计划生育服务证管理制度，对已婚育龄妇女的生育、避孕节育、孕情检查、生殖保健等计划生育有关服务进行管理。已婚育龄妇女应当按照规定领取计划生育服务证。"

下面是原文抄录广东省的"人口与计划生育条例"的几段文字：

第四十二条　实行计划生育合同管理制度。计划生育合同应当明确生育、避孕节育、孕情检查，以及计划生育技术服务、奖励保障等方面的内容。

乡镇、街道人口和计划生育工作机构或者村（居）民委员会应当与育龄夫妻依法签订计划生育合同。

国家机关、社会团体、企业事业单位和群众自治组织与建立承包、租赁、劳动关系的单位以及个人，应当依法签订计划生育合同。

依法签订的计划生育合同受法律保护。

第四十三条　对拒不履行避孕节育和孕情检查义务的流动人口育龄夫妻，有关单位和业主应当依照合同规定停止承包或者租赁、辞退解雇、收回房屋。

第四十四条　各级医疗机构和接生单位在对孕妇进行孕期检查及接生前，应当查验其计划生育证明。对无计划生育证明的，应当及时通报当地人口和计划生育行政部门，并协助人口和计划生育行政部门按照有关规定处理。

第四十五条　流动人口育龄妇女在离开户籍所在地前，应当到户籍所在地乡镇或者街道人口和计划生育工作机构办理计划生育证明。

流动人口育龄妇女到现居住地后，应当向现居住地乡镇或者街道人口和计划生育工作机构交验计划生育证明。

第四十六条　有关行政部门办理流动人口育龄妇女的居住证（暂住证）、就业证等证件时，应当核查其经现居住地乡镇或者街道人口和计划生育工作机构查验过的计划生育证明，没有计划生育证明的，应及时通报给现居住地乡镇或者街道人口和计划生育工作机构。

用人单位和个人应当负责被招用的已婚育龄流动人口的计划生育管理工作。对没有计划生育证明的流动人口育龄妇女，不得招聘雇用。

向已婚育龄流动人口出租或者出借房屋的业主，应当配合当地乡镇或者街道人口和计划生育工作机构做好已婚育龄流动人口计划生育管理工作。对没有计划生育证明的流动人口育龄妇女，不得出租或者出借房屋。

其实，有关部门根据这个条例制订的实施细则更为精致和细密。这一类法规实施的结果，一方面是公民的最为深处的隐秘全在阳光之下，另一方面与社会发展要求越来越简单和解放羁绊人的社会约束的方向和趋势相悖，政府在为公民的生活和工作、追寻自由和幸福的道路上又人为地设置了许多障碍。

如果居民按照相关的条例规定生育子女的，似乎就没有什么社会冲突了。如果违反了生育计划或政策，则需要交纳一定的社会抚养费。社会抚养费的额度通常是根据超生者的经济收入来确定的，一般都要达到被处罚的人没有能力缴纳或者令其十分心疼的程度。下面是引自浙江省《人口与计划生育条例》中关于经济处罚的规定：

违反本条例规定生育的，对男女双方分别按照统计部门公布的当地县（市、区）上一年城镇居民人均可支配收入或农村居民人均纯收入的下列倍数征收社会抚养费：

（一）多生一胎的，按照二倍至四倍征收；

（二）多生二胎以上的，按照前一胎的征收标准加倍征收；

（三）符合再生育条件但不到间隔生育时间生育以及已满间隔

生育时间但未经批准生育的，按照零点五倍至一倍征收；

（四）未婚男女已满法定婚龄非婚生育第一胎的，按照一倍至二倍征收；

（五）未满法定婚龄生育的，按照一点五倍至二点五倍征收；

（六）有配偶的一方与他人非婚生育的，按照第一项、第二项规定的标准加倍征收；

（七）民政部门、计划生育行政部门、乡（镇）人民政府、街道办事处发现收养子女不符合《中华人民共和国收养法》规定的，应当责令当事人在五个月内改正；当事人未在五个月内改正的，按照第一项、第二项规定的标准征收。

个人年实际收入高于当地城镇居民人均可支配收入或农村居民人均纯收入的，还应当按照其超过部分的一倍至二倍加收社会抚养费。

对于违反计划生育条例的人当然不只是经济上的处罚，还包括行政的以及社会各个方面的处罚和约束。按照《浙江省人口与计划生育条例》和《浙江省人口和计划生育"一票否决制"实施办法》的相关规定，如果超生人员是党、团员的要开除党籍、团籍，属于国家机关和事业单位、国有企业、国有控股企业或者乡镇集体企业职工，要受到开除或者解除聘用合同的处理。此外，超生人员在五年内不许被国家机关和事业单位、国有企业、国有控股企业或乡镇集体企业招工及录（聘）用；五年内不得选为村（居）民委员会成员和评为先进；七年内不得享受公费医疗福利；七年以上十四年以下不得享受农村股份合作制分红及其他集体福利，以及五年内取消其各类先进、荣誉称号的参评资格；不得入党入团；不得推荐为党代表、人大代表和政协委员；取消村党组织委员候选人资格，等等。

这样，现行的计划生育制度已经演变成为一个以严格限制妇女生育行为为目的的社会管理制度。

谈一些涉及后 30 年计划生育同时期的背景材料和自身的经历。

我国现行计划生育制度当然是在我国政府的推动下产生和发展

起来的。但是，70 年代末 80 年代初奠基和启动的时期，国际社会的巨大推手作用也是一种不可忽视的力量。第二次世界大战以后，国家独立和民族解放如雨后春笋。一大批发展中国家和我国一样在工业化浪潮中有了较大的发展，由于婴儿死亡率的大幅度下降和人民健康水平的提高，人口增长的势头一度很猛。首先是发达国家的政要和学者对于发展中国家的人口占有世界总人口中的比例提高产生了恐惧。60 年代到 70 年代，"人口爆炸""人口适度论""只有一个地球"等等理论和宣传纷至沓来。特别是罗马俱乐部的研究报告关于世界前景的研究所具有的所谓最前沿科学成就的外衣，把这一类包藏着发达国家的强烈意识形态的理论观点推到了顶端。从 50 年代到 80 年代，发达国家的政府和许多富人不断慷慨解囊，支持发展中国家的节育和控制人口，一部分是出于人道主义的帮助，还有一部分人乃是寻求灵魂上的解脱和消除发展中国家的"劣等民族"所占世界总量中的份额越来越高而给自己内心带来的焦躁不安。如前所述，一方面是宥于计划体制的狭隘眼见，在所表现出来的经济和人口关系中只能把人口因素当作产生困难的原因。另一方面，由于没有法制传统，所以，这一直接损害人民群众民主权利的思想构想能够经过长期的酝酿而被国民普遍接受。有人以为发达国家中总还有一些人没有用人权理论批评和攻击我国的计划生育政策，但是，多年来我却从不少的所谓友好人士的语言文字中读出另外一种没有说出来的思想观点，尽管中国强制性的计划生育做法是不人道的，可不对那些人实施绝育之类的措施，他们就只会像田鼠一样生活——吃饭、打洞、睡觉和繁殖。

也是在我国现行的计划生育制度得以迅速建立、发展和繁荣的时期，支撑其存在的社会基础却发生了根本的转变。1979 年——党的十一届三中全会以后，实行改革开放的方针，我们开始走上了改变和改革计划经济体制，建立自由、民主和法制社会的探索之路。1985年，邓小平开始反省对于毛泽东那一代共产党人曾经是坚定不移的所谓社会主义计划经济。他说："我们过去一直搞计划经济，但多年的实践证明，在某种意义上说，只搞计划经济会束缚生产力的发展。……多年的经验表明，要发展生产力，靠过去的经济体制不能解决问题。"1993 年，党的十四届三中全会提出，我国经济改革的目标是建立社会主义市场经济。2001 年年底，中国承诺遵守以发达的工业国家为主的基本规则从而成为世界贸易组织的一员，由计划体制向市场经济转变成为我国改革的主要任务。由于直到现在我们还是政府制订计划，由政府调控实现计划目标，所以，按照市场经济是通过市场配置资源的经济制度来衡量，计划体制转向市场化的改革还没有破题。但是，30 年来，政府仅仅朝向市场化的方向走了几小步，我们就取得了历史上从来没有的巨大发展。

　　1978 年，我在一个农村公社任党委副书记、革委会主任（相当于现在的乡镇长），和父母亲一起生活，每年还需要使用点特权从公社小农场买两麻袋约 400 斤小麦贴补一家 6 口人的口粮。我所在的公社属于大公社，供销社主任每个季度要把分配的自行车、缝纫机和手表等紧缺商品的票证送给我，由我在全公社分配。通常情况下，自行车稍多一些，大约 4 或者 5 辆。1982 年，一位品学兼优的北京青年学生从太原毕业后考回北京，就读中国人民银行的研究生，给已经在山西省委党校当理论教员的我写信，要我想办法给她买一辆自行车。我托人在县里买了一辆凤凰牌自行车，再从太原托运到北京。1987 年我当教授以前的几年，家里已经有了在 1980 年以前脑子里还根本没有概念的彩色电视机、电冰箱和全自动洗衣机。也是在 1987 年前后，我在撰写我们国家交通经济的第一本专著《中国交通运输结构研究》的时候，无论怎样开动脑筋去想象，都无法弄明白什么是高速公路、高速铁路，以及全封闭等等究是何物。今年，我国的高速公路里程已经超过 8 万公里，位居世界第二名。高速铁路达到每小时 380 公里，根据普京访华带的项目清单，中国建设高铁的企业还要去给俄罗斯建高铁。30 多年前我在县里工作时，全县就县委书记、县长（那时叫革委会主任）各有一辆相对固定的 212 吉普车，其他县委县革委领导工作时需要出车都是轮派用车。现在，许多年轻人都开着私家车。需要向读者提醒的是，这样的变化都是出现在中国由 9 亿人口继续增加到 13 亿多的过程中。所以，并不是人口阻碍了社会的发展，中国人多了影响了我们致富。相反，是如马克思说的，社会的条件只能适应一定数量的人口，社会体制限制了我们的进步。人是世间最可宝贵的。无论何时，只要政府愿意，哪怕像过去 30 多年那样稍稍在旧制度上打开一个缝隙，人民群众就可以焕发出巨大的创造力，国家就得到了翻天覆地的变化。

结束语

新中国六十年计划生育可分前三十年和后三十年两个阶段，1949-1979 年是新中国谋求建立和加强计划经济时期，国家实行人民群众自愿的节制生育的制度；1979-2009 年，党和政府开始反思计划体制，寻求改革和改变计划经济时期，明确国家有计划经济向市场经济体制转变的情况下，开始建立和实行了极为严格的由政府决定人民群众生育行为的现行的计划生育制度。

（刊发于 2009 年 11 月 24 日）

为《新中国六十年的计划生育》一文所加的补充语

　　至少就目前来说，我的文章主要不是为博客所写。在所谓博客之前我就有了个人网页，那主要是觉得自己还有一些有用的资料，所以想把过去几十年的文章挂上去，供有兴趣的人查找。有比较熟悉的朋友希望我写博客，多次动员无效后，就帮我把博客先建起来，然后通知我。为不拂朋友的好意，就把自己的相关论文粘贴在上去。我知道这样的文章并不为人所爱，所以连我自己都很少看我的博客，更少看网友们对我的评语。偶尔翻前一段粘贴的《新中国六十年的计划生育：两种含义和两个三十年》，发现有读者读了该文的序言后，质问我在序言中所说的给农民的伤害是什么。我在自印本主要选录了 5 份有确凿证据、得到政府及有关方面证实的事件，其中附录一"黄陂事件"，引自 360 度网站，张维庆答记者问："黄陂事件"，[1] 雁塔人口网，国家计生委主任张维庆"详解人口政策"，[2] 以及东湖社区网站[3]。附录二《中国计划生育第一案》，引自《财经》杂志 2007 年第 15 期（出版日期 2007 年 07 月 23 日），查阅该报的电子版也可找到。附录三为《一本发黄病历牵出 10 年前一桩惊人秘密》，引自《现代金报》2009 年 8 月 14 日刊登该报记者蒋振凤等人的一篇报道。读者也可以通过该报的电子板搜索到。附录五为《山东省临沂市计划生育暴力执法事件》[4]。还可参看国家人口计生委新闻发言人、政法司司长于学军就山东临沂计划生育有关情况的初步调查结果发表谈话，2005 年 9 月 19 日（摘自国家人口和计划生育委员会网站），[5] 株洲

1　参见 http://www. 360doc.com/content/081027/06/78924_1831192.html

2　参见 http://www.ytjsj.gov.cn/Index/ Catalog63/1256.aspx；

3　参见 http://bbs.cnhubei.com/ dispbbs.asp?boardid=26&id=1345618&star=1&page=1

4　该文摘自 http://www.douban.com/group/topic/2906598/

5　参见 http://hi.baidu.com/tim8498/blog/item/ 8ff600 3864e127f0b311c72b.html；

市计划生育委员会网站[6]。以上附件读者可以寻找相关的网页，就不再这里浪费空间了。只有附录四没有在网上出现过，该文转引自新华通讯社 2000 年《内参选编》第 23 期，全文如下。

利辛县孙庙乡计生办私设"土牢"关押农民

新华社合肥讯　安徽省利辛县孙庙乡计划生育办公室一般计划生育学习班为名，私设"土牢"，近两年非法关押农民达数百人次。

记者日前走进孙庙乡计生办，穿过三重院落、两道铁栅门、一条狭窄过道，终于找到这座"土牢"。里面有三间相通的房间，每间约 14 平米，左右厢房的窗户都以用砖块封死，只要中间厅堂的大门一关，里面就漆黑一团。一进门，一股恶臭扑鼻而来，蚊蝇轰然而起，地上是砖块、稻草、烂鞋子和已经干瘪的粪便。在这里，计生办拘禁关押的农民多时达七八十人，且男女老少混杂一起，许多被关押过的农民说起"土牢"里的日子仍然心有余悸。

高唐集村农民李炳灿的老伴在这里被关押了一个多月。她说，在关押期间，每天除了三次吃饭的时候可以出来放放风，其余时间都关在黑屋里面。里面备有一两只木桶，供男女大小便使用。她被关押时正值麦收前，天气闷热，3 间黑屋里始终关押着几十号人，人多的时候，连桶上都坐伤了人。早晨醒来，身上粘得又是屎又是尿，长尾巴蛆到处乱爬。后来是在熬不住，就托了个"人情"，才把睡觉的地方挪到门口。曾在 1999 年 5 月被关押了 3 天的夏营村原村长张仪告诉记者，有一天他一个早晨竟从墙缝、砖缝、被子和地铺的稻草里捉到 40 多条蛆。在这样的环境下，许多被关押的农民得了病。病情较轻的农民就吃点药打个针之后继续关押，是在撑不住地可以放出去，但必须找一个家里人来顶替。

在这座"土牢"里，高唐集村农民马引生下了她的第二个女儿。

6　参见 http://www. zzfpc.gov.cn/ReadNews.asp?NewsID=1937&BigClassID=17&Small ClassID=1&SpecialID=41

她 1999 年 2 月 7 日被带到计生办，经过一路折腾，已进入临产期的马引当晚就感到不适。好在被关押的三十多个男女农民中有位 50 多岁的老太太帮助接生，马引总算在次日凌晨产下一个女婴。但当马引的丈夫找到计生办负责人，提出可否找个人顶替马引，先让母女回家条例时，这个负责人却说，马上交 1 万元罚款，不用结扎也可以放人，否则马引必须关在计生办，直到结扎为止。计生办还把前来探望的马引父亲关了起来，到第二天才放回去。万般无奈之下，马引只好在产后第三天先把女婴送回家，自己随计生办人员到县城去做手术，但因血相太高被医生拒绝。马引在"土牢"了度过了 1999 年春节，在产后第 11 天到县城做完绝育手术，才被放回家。

许多被关押的农民并非当事人，而是亲属，这就是当地群众所称的"株连九族"政策。汝寨村农民汝富彪的大儿子于 1999 年被认为违犯了计划生育政策，由于汝富彪当时正牵头给乡里装修房子没办法关押，计生办干脆把汝富彪的亲家翁关进了黑雾，直到一个多月以后交了 5000 元才放回家。

这里罚款也极为混乱，一是大部分农民交钱以后没有拿到任何收据。二是除了按规定收取的计生罚款，每个被抓到计生办的农民还要额外支付交通费数 10 元到 100 元，每天的学习费 20 元。用农民的话说就是"人带到计生办，不管有没有违反计生政策，不交点钱就别想出来"。今年 70 岁的孙庙村农民罗芝合，由于拿不出二儿的计生罚款，竟被关押了六七个月。关押期间，罗芝合的老伴由于心急上火等原因，造成双目失明。为照顾老伴，罗芝合每天为计生办干一些清理厕所、打扫办公室卫生等杂活，以此作为每天回家做三顿饭的代价，饭后还要返回"土牢"。

更离谱的是，计生办人员有时竟采取"放水养鱼"的政策。汝寨村农民马月荣说，她三儿媳妇怀第二胎时，计生办负责人告诉她，只要交 3000 元就可以对这事睁只眼闭只眼，不然就让她儿媳妇去流产。等到钱交了，小孩也生了，计生办却又把马月荣关进黑屋里，要求她必须再交 8100 元。拿不出钱的马月荣因此被关押了两次共达数月之久，最后看到实在榨不出油水，才把她放了回来。

　　孙庙乡党委书记李保福告诉记者，计生办关押人的事情在 1998 年以前发生过，但自 1999 年以后绝对没有发生，计生干部都是在按照国家和省里的有关政策依法行政。但记者了解到，就在今年 5 月 18 日，并为超生的程新村农民程允、程西亭等 6 人仍被带到计生办，直到次日每人交了 50 元不明不白的费用之后，才被放回来。知情的农民告诉记者，这次受这么点钱、时间这么短就放人，据说是这几天上面要来人检查工作，不然，哪会这么"便宜"他们。

（记者徐金平白海星）

　　记得 1984 年 2 月底到 3 月初，国家计划生育委员会根据中央书记处 108 次会议的指示精神召开全国计划生育工作会议，研究改变作风，正确执行生育政策。国家计划生育委员会主任王伟曾在会上指出："有的地方出现过用野蛮的办法，抄家、封门、砸锅、扒房子、毁坏庄稼、牵走牲畜，破坏群众的基本生产资料和生活资料，甚至围村突击，拉人游街、变相监禁群众、株连亲属、乡邻等。"在中央党校的一次报告中，他还提到有的地方组织"夜袭队"，晚上去抓计划生育"超生户"或结扎对象。中共中央书记处联系计划生育工作的候补书记郝建秀自始至终参加了这次会议。郝建秀和中央政治局委员、中央书记处书记、国务院常务副总理万里都在会议上讲了话。两位党和国家的领导人的讲话中也都谈到王伟在报告中所列举的作风问题，说明计划生育工作造成的负面问题的严重性和普遍性。20 多年过去了，这样的事情仍旧不断发生。一直以来，我们在这个问题上有两个误区。一个是总把它当作个别地方的工作作风问题。其实，这是一个很具有普遍性的问题。只是长期以来不准报道、不准许揭露，把矛盾和问题捂起来，才导致偶然所闻、所见。在基层，在地平线以下，在我们的视野之外，这样的事情是不断发生的。另外一个是一味地责备基层干部，认为是个别地方的干部水平低，没有处理好问题所致。其实，这些地方的干部还是认真工作的，甚至于就是因为他们严格地和认真地执行政策才导致了干群关系紧张。如果那些地方的干部圆滑一些，善于通融，甚至于睁一只眼闭一只眼，事情就不至于发展到与群众对立乃至强制和出现暴力。所以，不能把这一类问题仅仅推诿为作风问题。作风，乃是本质的反映。计划生育部门层出不穷的作风问题，正好反映出这一工作的极端不合理性。

（刊发于 2009 年 12 月 30 日）

试论"公开信"在"一胎化"
向现行生育政策转变过程中的作用和地位

——写在中共中央致党、团员"公开信"发表 30 周年

按语

朋友向来知道我对 1980 年前后的计划生育历史有自己的理解和认识，所以，在《中共中央关于控制我国人口增长问题致全体共产党员、共青团员的公开信》发表 30 周年之际，约我写一篇短文。不想，一下笔就又写成了一篇长文章。所以，分 4 段粘贴在下面。有俗话说"拿着鸡毛当令箭"，无论历史或现实都不鲜见。不常见的倒是一片鸡毛可以在几十年里都可以被当作令箭在那里使用。有人把 1980 年3 到 5 月说成是制订"一对夫妇生一个孩子"的关键时期。而那时是中共中央书记处成立和胡耀邦担任总书记都不到一个月的时间，赵紫阳还没有当上国务院常务副总理，华国锋还是党中央主席、国务院总理和中央军委主席。无论华国锋还是邓小平—胡耀邦赵紫阳，两个方面的较量尚未明朗化的情况下，谁可以出面主持制订重大政策？"公开信"明明是邓小平-胡耀邦赵紫阳政治体制产生和萌芽之初的一个过渡性文献，竟被人利用为最高准则，以至于邓—胡赵体制形成后正式产生的现行生育政策不仅长期被人抵制、曾被政策设计者设想的"历史阶段的政策"没来得及走第二步，就连刚走的第一步的政策至今也从未被完全实行过。——这也是历史吧。

2010 年 6 月 19 日

"现行的计划生育政策"这一提法最早是在 1984 年党的 7 号文件颁布之后，中共中央书记处给国家计划生育委员会党组的一个内

部通知里提出来的，它是指 1982 年中央 11 号文件中对我国城镇、农村和少数民族的生育问题所作的不同的政策规定。而在此之前，1978 年 10 月 26 日，中共中央颁发的 69 号文件中，曾经有一个"提倡一对夫妇生育子女数最好一个最多两个"的政策规定。1979 年 1 月，全国计划生育办公室主任会议以后，计划生育工作着重点很快转到"鼓励生一胎"上，不分城乡地要求"一对夫妇只生育一个孩子"。所以，在 1979 年上半年到 1982 年 2 月中央 11 号文件产生前的大约 3 年里，我国计划生育实际执行的是一个"一胎化"的政策。中共中央 1980 年 9 月 25 日发表的《关于控制我国人口增长问题致全体共产党员、共青团员的公开信》（本文简称"公开信"），则是我国计划生育由"一胎化"向现行生育政策发展过程中的一个缓冲和过渡，拐点和转向路标。

一、"公开信"之前已经有了一个"一胎化"的生育政策

上个世纪 50 年代初中期到 70 年代初，党中央、国务院有关计划生育的文件都是颁发给各级党委和政府的，其内容也都是要求各级党委和政府做好计划生育宣传和服务工作。70 年代初中期，情况有了转变，开始对群众的生育行为有所希冀和要求。1974 年 12 月 31 日，中共中央转发上海市革命委员会《关于上海开展计划生育和提倡晚婚工作的情况报告》中有了"晚、稀、少"。1978 年 10 月 26 日，中共中央批转《关于国务院计划生育领导小组第一次会议的报告》中有了"提倡一对夫妇生育子女数最好一个最多两个，生育间隔在三年以上"。但是，这两个地方提出来的具体生育政策与后来发展的情况还是有原则的不同，这就是那时不仅在中央层面上还没有相应的法规限制，同时也不主张地方党委和政府制订法规强制要求群众必须这样做。事情发生根本性的变化，是在 1979 年 1 月由国务院计划生育领导小组召开的全国计划生育办公室主任会议以后。在这次会议

上，中共中央政治局委员、国务院副总理、国务院计划生育领导小组组长陈慕华讲话说：

> 要心中有数，要做工作，要把多胎控制住，鼓励生一胎，把人口降下来。我算了一下：一年如果只生 700 万到 800 万，比现在再少生 1000 万，扣去死亡 600 多万，一年净增 100 到 200 万，事情就比较好办了。现在一年出生 1700 万到 1800 万太高了。各省要提一个人口控制数字，作个规划，作为自己的奋斗目标。

陈慕华像一位运用地图制订作战方案的将军。70 年代末是 1960 年前后出生的人开始进入婚龄年龄的时期，每年大约出生不到 2000 万人口，已经是生育低谷时期，陈慕华要求每年再少生 1000 万，达到净增 1、200 万。这应该是最早的人口增长为零的设想了。所以，陈慕华提出“鼓励生一胎”，也是“提倡一对夫妇只生一个孩子”的最初的思想起因。就在这次会议上，陈慕华布置说：“全国要制订一个政策，首先要各省、市自己搞试行。”所以，10 天以后，反映这次会议要求的人民日报社论提出：

> 我们提倡一对夫妇生育子女最好一个，最多两个。各省、市、自治区，可以根据当地实际情况制定有利于计划生育的政策、措施。对于只生一胎，不再生第二胎的育龄夫妇，要给予表扬；对于生第三胎和三胎以上的，应从经济上加以必要的限制。

应该说，会议要求制订法律法规限制生育的精神，符合这一时期党和国家领导人的思想主张。1979 年 2 月 9 日，邓小平在一份《对控制人口增长的建议》上批示说：“建议好好议一下，规定一些政策，以限制人口增长，看来是必要的。”3 月 23 日，邓小平又在中共中央政治局会议上讲话说：“人口增长要控制。在这方面，应该立法，限制人口增长。”所以，绝大多数省、市、自治区都在这次会议以后以党委或者革命委员会的名义出台了《计划生育试行规定》。

全国计划生育办公室主任会议以后，国务院计划生育领导小组在就在全国重点抓“鼓励生一胎”的工作。不长的时间，各地就培养出一批只生育一个孩子的先进地区、先进单位和先进个人。仅仅从人民日报上来检索，1979 年 5 月 19 日，有"在抓好思想教育的同时采取必要的经济措施兰化奖励终身生一个孩子的夫妇"的报道。5 月 21 日，有"提高群众计划生育的自觉性大邑县龙凤公社积极宣传只生一个孩子的好处"的报道。6 月 9 日，"什邡、江津两县从今年二月份以来，分别有三千三百对和八千八百多对已生一胎的夫妇，响应不再生第二胎的号召，从而使这些地区人口自然增长率不断下降，计划生育工作取得成绩。"6 月 22 日，有"争做计划生育的促进派贵阳市奖励计划生育的先进单位和个人，二十三位年轻父母倡议每对夫妇只生一个孩子""表彰只生一个孩子的育龄夫妇合肥市和天津和平区分别颁发光荣证和独生子女证"和"上海县虹桥公社一百五十九对育龄夫妇提出倡议实行计划生育只生一个孩子"等 3 篇报道。6 月 27 日，陈慕华在中央党校给领导干部讲计划生育课时，已经向各级领导干部提出"把工作重点放在'最好生一个'上来"。陈慕华说："计划生育工作要把重点转移到最好生一个上来，今后计划生育工作的要求是'晚婚、晚育、少生'，一对夫妇只生一个孩子……"

国务院计划生育领导小组把计划生育工作的重点放到"最好一个"上来，得到了党和国家最高领导人的支持。粉碎"四人帮"以后，李先念协助华国锋主持国务院的日常工作。1979 年 4 月 5 日，李先念代表党中央、国务院在中央工作会议上讲话说："我们一定要认真做好思想教育工作，订出切实有效的办法，包括法律的和经济的办法，鼓励一对夫妇最好只生一个孩子。比如说，农村口粮分配要分等定量，城市住房分配不能只根据子女的多少。"

6 月 1 日，党中央副主席陈云对上海市负责人谈话说："人口问题解决不好，将来不可收拾。"陈云提出，要采取五条措施：一是大造舆论，要造三五年的舆论；二是制定法令，明确规定只准生一个；三是加强避孕药物的研制、发放和相应的医疗工作；四是对独生子女实行优待政策，如在招工时优先安排等；五是实行社会保险，解决"养儿防老"问题。在谈到"制定法令"这条措施时，陈云说："先念同志对我说，实行'最好一个，最多两个'。我说再强硬些，明确规定'只准一个'。准备人家骂断子绝孙。不这样，将来不得了。

6月18日，华国锋在给人大会议的政府工作报告中提出："要定出切实可行的办法，奖励只生一个孩子的夫妇……"。

10月15日，邓小平会见外宾时指出，人口问题是一个重要问题。现在，我们正在把计划生育、降低人口增长率作为一个战略任务。我们提倡一对夫妇生一个孩子。凡是保证只生一个孩子的，我们给予物质奖励。

由于党中央和国务院的全力支持，国务院计划生育领导小组提出的把工作重点转移到"最好生一个"上来的决策很快就在各地得以贯彻和执行。四川省于6月和12月召开了两次市、地、州计划生育办公室主任会议，总结经验，推动一对夫妇只生育一个孩子的工作。7月31日，江苏省革命委员会在通过《关于计划生育若干问题的暂行规定》中，明确提出"把计划生育工作的重点放到'最好生一个'的目标上来"。9月20日，吉林省省委书记于林在全省计划生育工作会议上讲话说："……把计划生育工作的重点放到做好一对夫妇只生一个孩子的工作上来，坚持'晚婚、晚育、少生'，控制二胎，杜绝三胎。"

1979年年底，中共辽宁省委宣传部、省总工会、共青团省委、省妇联和省计划生育办公室联合发文，要求"以发展和巩固一对夫妇只生育一个孩为中心"，做好1980年元旦、春节期间的计划生育宣传活动。由于年初生育计划按照"最好一个最多两个"的政策口径下达，生育政策调整后，这次宣传活动还要求做好1980年生育指标的调整和1981年计划的摸底工作。"一九八一年生育指标安排，应本着一对夫妇一个孩子的精神进行落实。"

为了认真贯彻把计划生育的重点转移到"只生一个"上，山西省革委会在9月上旬召开了全省计划生育先进集体先进个人代表会议。省委书记贾俊在大会讲话中强调说："要把计划生育工作重点放在一对夫妇最好只生一个孩子上来。"会议上，245名只生一个孩子做了绝育手术的代表向全省育龄夫妇发出倡议，"争做只生一个孩子的带头人"。省委第一书记、省长王谦在该年召开的省五届人大二次会议报告中也强调说："……必须把计划生育工作的重点放到'最好生一个孩子'上来。"全省计划生育先代会之后，许多地区都组织了只生育一个孩子做了绝育手术的先进分子报告团，到各地宣讲先进事迹。截至 1979 年年底，全省已经有 1 万多育龄夫妇只生育一个孩子，阳城县、屯留县、高平县，一些公社只生育一个孩子的比例已经达到 90％以上。1980 年元月召开的全省计划会议上，已经按照"把计划生育工作的重点放在'最好只生一个'上来"的要求对人口计划进行了调整。2 月 29 日，省人民政府计划生育领导组办公室发布政策性文件《关于大力提倡一对夫妇只生一个孩子的几点意见》说："大力提倡一对夫妇之生一个孩子，这是当前实行计划生育，控制人口增长的重点。"要把"成效落实到'一胎化'上"，"认真做好一胎化的巩固和发展工作"。

经过将近一年的卓有成效的工作，"只生一个"已经成为一项全国性的政策。12 月 18 日，陈慕华在全国计划生育办公室主任会议上总结说："一对夫妇最好生育一个孩子，这是从今年以来开展计划生育工作的实践中，总结出来的控制人口增长的好经验。""把计划生育工作的重点，转移到一对夫妇最好生一个孩子上来，是解决我国人口问题的战略任务。"陈慕华说："过去我们说，'最好一个，最多两个'，现在提出'最好一个'，后面那个'最多两个'没有了。这是目前人口发展中的一个战略性要求。"其实，就是陈慕华不做这样的总结，我们从以上叙述中也不难发现我国生育政策在 1979 年的转变的轨迹。从年初的全国计划生育办公室主任会议开始，计划生育由最初的"鼓励生一胎"做起，逐步在实际工作上和各地制订的法规要求上取消了"最多两个"。这样，在不到一年的时间里，我国计划生育就完成了由 1978 年 10 月份中共中央 69 号文件中提出的"最好一个最多两个"向"只生一个"的生育政策的转变。到 1979 年年底到 1980 年年初，"提倡一对夫妇只生一个孩子"已经经常是人民日报大号黑体和通栏的标题了。

二、"公开信"发布后不久开始制订现行生育政策

从现在可以得到的资料分析，中共中央在"公开信"发表后不到一年的时间里，就已经着手制订新的政策。1981 年 9 月 10 日，中共中央书记处召开第 122 次会议，听取并讨论了陈慕华关于计划生育工作的汇报。会议认为，农村实行各种形式的联产计酬生产责任制后，我国的计划生育工作面临着一些新的情况，须对计划生育工作的方针政策进一步加以研究，使其更加符合实际情况，易为广大群众接受，以便经过工作可能实现。近年来的实践经验证明，今后在城市仍然应该毫不动摇地继续坚持提倡每对夫妇只生一胎，在农村则要根据农村实行责任制以后的新情况，制定一个为广大农民能够接受的比较坚定的长期的政策，使党的计划生育的方针政策和多数农民取得一致。只有这样，计划生育工作才能顺利开展下去。

虽然会议对于改变和完善政策的理由解释为农村生产责任制的改变，但是，熟悉这一历史变革的人都知道，农村实行家庭联产承包责任制是 1982 年 1 号文件作了中央对此不作统一规定，由各地根据自己的实际情况自行选择责任制形式的文件规定以后，家庭承包责任制才在全国农村如雨后春笋般发展起来。1981 年 9 月中央书记处 122 次会议召开之际，农村改革还处于一种胶着状态，各个省、市、自治区党委对于坚持人民公社集体所有制和承包单干的争论尚无定论。所以，我以为中共中央书记处这个时候提出改变和改革计划生育政策，最主要的还是主持中共中央和国务院日常工作的领导人出于对"一胎化"生育政策执行后果的疑虑，从当时农村社会的现实出发的。自从 1979 年实行"一胎化"生育政策以来，由于生育政策和农民实际生育意愿的巨大差距，引起农民的极大不满，激化了农村的党群、干群关系。笔者没有搜集到连贯的群众来信来访的统计资料，但从 1976 年和 1984 年上半年的群众来信来访数量的比较可以从一个

很小的侧面反映出，严紧的生育政策已经严重影响到了农村的社会稳定。1976 年，国务院计划生育办公室和卫生部（当时的卫生部门具体负责计划生育工作，大多数地方的计划生育办公室都附设在卫生局内，甚至占用卫生部门的行政编制）共收到群众来信 642 封，到 1984 年上半年，各级计划生育部门共处理群众来信 123734 件，接待来访 57265 人次。特别重要的是，1977 年国务院计划生育办公室的《情况反映》中所反对的违反政策和强迫命令等现象，1979 年以后不仅都成为普遍现象而且有的都已变成政府的具体规定。该期《情况反映》说：

反映强迫命令的信二百三十封，占百分之三十六。主要反映个别地区的基层单位在开展计划生育工作中，不是依靠细致的思想教育，启发群众自觉的落实节育措施，而是靠"硬性规定"卡的办法，如规定四十岁以下已有两个或三个孩子的夫妇，都要作"结扎"手术，已上节育环的也要取环"结扎"，并限期完成；对未安排生育指标而又怀孕五、六个月的也要动员中止妊娠，个别的甚至派民兵强拖硬拉到医院。对思想不通，不肯实行手术的人，有的就扣发全家口粮，不让出工或出工不记工分，甚至倒扣工分；有的规定生第三个孩子起，扣发产假工资，不准报销住院费；有的规定不给报户口，或报户口不给口粮；个别工厂规定"小三子"喂奶的时间要扣工资，小孩入托要增收入托费等等。以上错误做法，严重影响了党和群众的关系。

我们对照一下辽宁省革命委员会 1979 年颁发的《关于计划生育工作若干问题的规定（试行）》。

1. 一九七四年以来，职工因超计划生育造成生活、住房、困难的，不能作为享受困难补助和扩大住房面积的条件；农村社员因超计划生育造成生活、住房困难的，不能作为国家或集体社会救济、增加住宅基地的条件。

2. 从本规定颁发后，职工超计划生育的，产假休息期间不发工资。生育中的一切医疗费用自理。其超生的子女不得享受直系亲属劳保医疗待遇，保托费全部自理。农村调整自留地时，超生子女不给自留地。

    3．本规定颁发六个月后超计划生育的，其子女出生日期到十四周岁止，职工，由夫妇双方所在单位每月分别从工资中征收百分之十的多子女费；农村社员，从夫妇双方全年共分钟分别征收百分之十的多子女费，年终分配时，有生产对一次扣除。……其子女，七周岁前，除布票、线票、棉花票外，不发各种商品、副食品供应证；十四周岁前，口粮：城镇按议价供应，农村按超购价收口粮款。

再看上海市的相关规定。

第十二条对未列入计划而生育第二个子女的，产妇的生产住院费和产假期间的医药费自理，不享受产假期间的工资照发和工分照记的待遇；多子女的托费和参加工作以前的医药费（合作医疗费）自理。农村中没有以上福利待遇的社队，可扣发夫妇双方连续三年收入的百分之十。

第十三条一对夫妇生育第三个及三个以上多生子女的，产妇的生产住院费和产假期间的医药费自理，不享受产假期间的工资照发和工分照记的待遇，多生子女的托费和参加工作以前的医药费（合作医疗费）自理。从多生子女出生之月起，到年满十六周岁止，夫妇双方应分别按工资或劳动工分收入的百分之十缴纳多子女费，职工由所在单位按月收取，纳入本单位福利费使用。农村社员由所在单位在年终分配时收取，纳入本单位公益金使用。

第十四条未经结婚登记而怀孕生育的，一切医疗费用均应自理，不享受产假期间工资照发和工分照记的待遇。

不难设想，当1977年有关部门批评的这些现象成为这一时期各级政府下发的《计划生育试行规定》中的普遍政策规定和基层干部普遍要求的情况下，基层社会的稳定状况将会是一种什么情况。因为1984年的政策比较1980年前后还有所宽松，所以，应该认为1980年前后比以上这些现象更严重。处在当时的党中央、国务院一线的领导人，不能不考虑这一形势。

中央书记处 122 次会议不是讨论，而是明确提出可供选择的两种放宽农村计划生育政策的方案。一种方案是，提倡每对夫妇只生一胎，允许生两胎，杜绝三胎。第二种方案是，一般提倡每对夫妇只生一胎，第一胎生育女孩的，还可以再生一胎。不管采取那一种方案，都要切切实实做好工作。除了做好思想政治工作外，还要有切实可行的经济上的奖惩措施。比如超过两个孩子，要多交公益金、公积金。也可以考虑正式立法，对农村超过两胎、城市超过一胎的，征收超生税。在少数民族中，也要提倡计划生育。

会议决定，请陈慕华根据书记处讨论的意见，走走群众路线，找有关的专家和基层同志讨论一下这个问题，10 月底拿出一个简明扼要的文件，先发给各省、市、自治区党委征求意见，然后在 11 月中央工作会议上，再征求各省、市、自治区党委书记的意见。

按照中共八大到"文化大革命"前的工作惯例，政治局常委、国务院总理通常会列席书记处相关的一些会议。显然，国务院总理赵紫阳参加了这次书记处会议，并具体提出改善生育政策的两种方案的意见。中央书记处 122 次会议召开之际，国家计划生育委员会也邀请省、市、自治区党委或者政府分管计划生育工作的领导同志，在北京座谈计划生育政策。可能是中央书记处会议的精神在座谈会上传达后，引起会议较大的波动和反响。9 月 12 日，赵紫阳在一张便函上写道：

耀邦同志：看了计划生育会议快报。为了这个问题全党有一个统一的正确的认识，可否这次会议不做定案，由各省、市同志先回去给省委、市委传达讨论一次，然后再回来集中定案。如您同意，可批给慕华同志。

胡耀邦即刻在赵紫阳的便函上批复说：

同意紫阳同志的意见，请慕华同志按此办理。

从赵紫阳和胡耀邦来往的便函，可以推断出胡耀邦、赵紫阳在现行生育政策的制订过程中的一致态度。

从中央书记处 122 次会议内容和开法，我们至少可以推测这样几点。第一，这次会议能够提出一个很成熟的、得到书记处成员认可和可供选择的两个方案来取代正在农村推行的"一胎化"的生育政策，至少在其提出者的思想里已经有过较长时期的思考，也不排除曾经在一定的范围内进行过的调查研究。第二，由于这一政策是由国务院总理赵紫阳提出来而要在中央书记处会议上研究通过的，按照常规此前应该以某种方式与胡耀邦等中央书记处成员有过一些沟通。第三，赵紫阳关于农村生育政策的两种方案已经得到胡耀邦和其他书记处主要成员的赞同，否则，不会召开这次会议；即使召开了，也不会如此顺利地得到通过。第四，如果考虑到召开这样的会议需要在一些相关人员之间的沟通，需要会议组织者做一些准备工作。那么，中共中央书记处准备制订现行生育政策的时间起点还要提前一些。假设国务院和中央书记处主要成员之间在完善和改变"只生一个"政策问题上还有过较大的分歧，那么，赵紫阳和胡耀邦等中央主要领导同志产生要改变和完善"只生一个"政策的时间还要向前提一个时间段。就是说，很有可能在产生"公开信"的前后，或者在"公开信"发表后不太长的时间里，胡耀邦、赵紫阳等中央领导人就已经产生了改变"只生一个"政策的想法了。

根据国家计划生育委员会党组给中央的报告，26 个省、市、自治区党委上报了具体意见。同意书记处第一方案允许农民生育二胎的有山西、辽宁、浙江、河南、广西、云南等 6 个省、自治区；同意第二方案允许农民家庭有了一个女孩的可以再生一胎的有北京、天津、内蒙、江苏、安徽、福建、山东、湖北、湖南、广东、四川、贵州、陕西、甘肃、青海等 15 个省、市、自治区和全军计划生育领导小组。河北、吉林、黑龙江、上海、江西等 5 个省市则主张不改变《公开信》的政策口径，在具体掌握上可以松一些。西藏、新疆、宁夏等 3 个自治区未报意见。

　　我们还无法看到各个省、市、自治区党委给中央报告的内容，但是，从国家计划生育委员会党组给中央呈报的文件中了解到省、市、自治区党委第一书记座谈会的一些情况。在12月召开的征求《中共中央国务院关于进一步做好计划生育工作的指示》（征求意见稿）意见的省、市、自治区党委第一书记座谈会上，与会同志主要对二胎问题提出看法，总的希望严格控制，没有人主张放宽。黑龙江杨易辰、江苏许家屯、国家计委宋平等提出，《指示》（征求意见稿）对生第二胎的限额占已生一个孩子夫妇总数的百分之五十定得太宽了，最多掌握在百分之四十，低限也以百分之十为好。天津胡启立提出，"必须严格控制二胎，对符合政策规定的，经过审批可以有计划地安排。"辽宁郭峰、湖北陈丕显、四川谭启龙等提出，不要在《指示》中规定生二胎的百分比，由各地内部掌握较好。其他省份的同志对《指示》（征求意见稿）没有提出不同意见。天津、吉林、四川的同志提出，《指示》中要肯定基层计划生育干部的工作，并支持他们把工作做好。康克清提出，对超生孩子的夫妇采取扣发一定比例的工资等经济限制的办法不好，会使他们生活困难，工作中会造成强迫命令。

　　从国家计划生育委员会党组的这份报告看，如果不是该报告的写法有问题，那么至少是省、市、自治区党委第一书记座谈会的开法有问题。因为，至少有6个省、自治区给中央上报同意中央提出的第一个方案。根据党的纪律、工作制度和相关程序，上述6省、区党委的报告一定是在第一书记的主持下产生的，给中央呈送的报告也必须是由党委第一书记签发的。即使党委第一书记不同意出席党委会议大多数人的意见，也必须服从党委集体的决议。但是，我们看不到国家计划生育委员会党组给中央报告座谈会上同意中央第一种方案的省、区党委第一书记阐述自己党委意见的发言。相反，辽宁省委书记郭峰发言中讲了与他们给中央报告很不一致的话。如果是国家计划生育委员会这个报告属于如实反映座谈会精神的话，那么，至少座谈会也存在这样的可能，即和我国现行体制下官方的许多座谈会通常都会发生的现象一样，会议参加者往往不是根据自己的认识而是按照会议主持人的意图发言。如果这个假设是事实的话，一些本来持支持中央第一方案意见的省、区党委第一书记感觉座谈会的气氛不适宜讲述他们的意见，不仅放弃了发言，甚至于有的人还讲了与原来党委决议的意见相反的话。当然，会议主持人也没有主动征求6省、区党委第一书记的意见。

由于中央提出的是二择其一的两个方案，而当时的国家计划生育委员会和绝大多数省、市、自治区党委要求选择相对严紧的第二个方案。所以，中央最终放弃所提第一个方案。1982年2月9日，中共中央、国务院按照当时最高规格的文件形式（即"红头文件"）颁发了《关于进一步做好计划生育工作的指示》。文件关于现行生育政策的具体规定说：

> 我们的计划生育工作要继续提倡晚婚、晚育、少生、优生。具体要求是：国家干部和职工、城镇居民，除特殊情况经批准者外，一对夫妇只生育一个孩子。农村普遍提倡一对夫妇只生育一个孩子，某些群众确有困难要求生二胎的，经过审批可以有计划地安排。不论那一种情况都不能生三胎。对于少数民族，也要提倡计划生育，在要求上，可适当放宽。具体规定由民族自治地方和有关省、自治区，根据当地实际情况制定，报上一级人大常委会或人民政府批准后执行。

引文中农村"某些群众确有困难要求生二胎的，经过审批可以有计划地安排"是中央接受国家计划生育委员会党组的意见对原来第二种方案中农民家庭"只有一个女孩的夫妇可以再生一个"所作的特别表述。国家计划生育委员会党组在此前给中央的报告中提出建议说："对于中央文件中是否要写明'只有一个女孩的夫妇可以再生一个'，有两种不同的意见。一种认为，写明好，否则基层干部不好掌握；多数认为，中央政策要直接和群众见面，写明了会进一步助长重男轻女思想。我们同意后一种意见。各地农村生第二胎的比例，本着从严掌握的精神，由各地根据具体情况安排，指示中就不要写生育二胎的比例数了。"按照通常的理解，这一表述是中央和国家计划生育委员会对"女儿户"特别表述所达成的共识，不影响政策的实际执行。但是，文件下发以后，有关部门一直在"某些群众确有困难"这一实际文字上做文章，整个 80 年代在具体放宽政策和允许生育二胎的比例上一直没有突破占据当年出生人口 10% 这一尺度。

分析中央新制定的现行的生育政策，主要包括三块，一是国家干部和职工、城镇居民，除特殊情况经批准者外，一对夫妇只生育一个孩子。所谓"特殊情况"，是指一些省、市、自治区在"公开信"发表后规定个别特殊情况经过批准可以生育二胎。二是农村普遍提倡一对夫妇只生育一个孩子，只有一个女孩的夫妇还可以再生一个。三是少数民族可以有更为宽松一点的生育政策。

比较现行生育政策与此前已经连续执行 3 年的"一胎化"的生育政策，一方面，现行生育政策是对"一胎化"生育政策的肯定和延续。现行生育政策没有否定"一胎化"。除了当时占据总人口不足 5% 的少数民族以外（人口超过 1000 万的壮族实行和汉族相同的生育政策），无论对于城镇或者农村，现行生育政策仍然强调和坚持"提倡一对夫妇只生育一个孩子"。另一方面，现行生育政策又是对"一胎化"的部分纠正和遏制。首先，现行生育政策把城镇和农村区别开来，纠正了原来不分城乡地在全国实行"一刀切"的极端做法。其次，规定"女儿户"的政策以后，一下就解放了农村中将近 50% 的农民。那时候的情况是 10 亿人口，8 亿农民。稳定农村中一半左右的人口，对于稳定全社会举足轻重。再其次，按照当时中央的部署和安排，以"女儿户"为核心内容的现行生育政策仅仅是一个过渡性的、历史阶段的政策。1984 年中央 7 号文件下达后不久，中央在给国家计划生育委员会党组的一个通知中说："我们关于计划生育的实质，就是要逐步做到，除城市、城市郊区外，在大部分农村地区，要逐步做到允许第一胎生女孩的再生第二胎。这一点，只在实际工作中掌握，不公开宣传，并要有一个缓和渐变的过程。从长远看，如果能切实做到杜绝多胎，则允许生二胎并没有多大危险。……因此，现行的计划生育政策，仍是一个历史阶段的政策。今后，随着我国经济、文化水平等方面的提高，还可以进一步完善。"这是中央第一次用"现行的生育政策"来概括 1982 年党的 11 号文件所制订的生育政策。按照中央这个通知中所展示和规划的生育政策发展的前景，接着还将实行普遍允许农民生育二胎。虽然因为历史的原因，从总体上来说，全国在整个 80 年代都没有走到现行生育政策所允许的宽松尺度上。但是，由于党中央、国务院制订的这一政策毕竟以较大的幅度放宽了正在实施的"一胎化"所要求的严紧尺度，就在一定程度上纠正和遏制了把弦绷得越来越紧的计划生育工作发展趋势和具体生育政策。

三、"公开信"是从"一胎化"走向现行生育政策的一个拐点和路标

受前苏联的影响，我国的历史学、社会学和政治学在研究制度和政策变迁时往往都会把党的方针、政策的发展看作是党的相应政策从始到终和以一贯之的结果，忽视领导机构和领导人的具体变动对于政策延续和发展的影响。而事实上，无论一个政党或者一个国家领导机构和领导人员的变更往往都可能够成为原来方针、政策发生变动的原因。我国生育政策之所以从"一胎化"发展到现行生育政策，就是由于期间中共中央领导机关机构设置和中央党政领导人发生重大变化所致。中共中央 1980 年 9 月 25 日公开发表的"公开信"，就是当时中央党政领导机关机构变动和领导人更迭过程尚未完成期间的一个具有过渡性质的文献。

这一时期的中央领导机构和领导人的变动是从党的十一届三中全会开始的。1978 年 12 月召开的三中全会上，陈云当选为党中央副主席，开始确立邓小平和陈云在中央的实际领导地位。在稍后召开的政治局会议上，决定党中央设立秘书长、副秘书长，负责中央日常工作，并确定胡耀邦担任秘书长。1980 年 2 月，中共十一届五中全会上，选举胡耀邦、赵紫阳为政治局常委。会议还决定设立中央书记处，作为中央政治局及其常务委员会领导下的经常工作机构，并选举

胡耀邦为总书记。3 月 17 日，中共中央决定撤销一年前成立的以陈云、李先念为正、副组长的国务院财政经济委员会，成立以赵紫阳为组长的中央财经领导小组。4 月 17 日，人大常委会任命赵紫阳、万里为国务院副总理。4 月 25 日，华国锋召开国务院常务会议，决定赵紫阳协助华国锋主持国务院日常工作。8 月 18 日，中央召开政治局扩大会议，会议决定向全国人大建议华国锋不再担任国务院总理职务，由赵紫阳接替。9 月 11 日，五届全国人大三次会议决定赵紫阳为国务院总理。11 月 10 日到 12 月 5 日，中共中央政治局会议同意接受华国锋辞去党中央主席和中央军委主席职务的请求，并决议向六中全会建议同意华国锋辞去中央主席、中央军委主席职务，建议选举胡耀邦为中央主席职务。会议决定六中全会前暂由胡耀邦主持中央政治局和中央常委工作，由邓小平主持中央军委工作。1981 年 6 月，中共中央十一届六中全会选举胡耀邦为中共中央主席，选举赵紫阳、华国锋为中央副主席，选举邓小平为中央军委主席。至此，终于完成以邓小平为核心、胡耀邦赵紫阳处于党政一线领导位置的中国政治格局。

1980 年初春，"一胎化"生育政策在全国推进的势头正属强劲。但是，中央确定的由中央书记处作为中央的经常工作机构和胡耀邦赵紫阳处于中央党政一线领导体制的开始形成，使得事情发生了外界不易觉察的微妙变化。一方面，中央书记处成立后需要熟悉各个部门的工作。另一方面，新设立的领导机关也需要建立起与各个部门之间的正常的隶属关系。安排国务院计划生育领导小组 5、6 月份向中央书记处的工作汇报计划，就属于这种性质。由于胡耀邦、赵紫阳和同一时期走到一线的中央书记处以及国务院领导岗位的其他领导人，大都是邓小平和陈云推荐的人选，其思想观念和对当时中国经济社会的总体认识也都是和邓小平陈云基本一致的。所以，就人口和计划生育方面来说，诸如中国的人口形势很严峻，人口太多拖了现代化建设的后腿，社会主义计划经济要求计划生育，计划生育必须抓紧，等等，在这样的一些问题上的认识，胡耀邦赵紫阳和邓小平陈云并没有不同的看法。但是，作为处在一线的比较亲民、勤政、务实的党和国家领导人，胡耀邦赵紫阳则对于正在推行的"一胎化"政策提出了疑问。根据美国人类学家、人口学家 Susan Greenhalgh 对参加这次中央书记处会议的一些当事人的采访，胡耀邦赵紫阳都显示了对"一胎化"生育政策的忧虑。"胡耀邦用'这些数字不得了'这样的评论表达了对中国人口数字的失望。""他不停的问'行吗？行吗？'。同时，也被一孩政策的负面社会经济后果所困扰——关于劳动力、新兵兵源、独生子女的教育等问题——以及其他的一些问题，都表示了担忧。"由于此时的赵紫阳已经担任国务院常务副总理，很可能也受邀参加了这次会议。所以，Susan Greenhalgh 继续写道："我的被调查者也把赵紫阳置于持怀疑态度的人当中。""宋健说，仍未说服赵紫阳，但是他的立场只是少数派。"

可能作为国务院常务副总理的赵紫阳在国务院的一些会议和相关的场合上流露出对"一胎化"生育政策有所怀疑，也许中央书记处会议前的准备和组织工作中透露了胡耀邦赵紫阳的忧虑。总之，有迹象表明，会议之前的气氛已经令陈慕华不安。6 月 13 日，陈慕华以咨询计划生育汇报提纲的起草稿中引用陈云 1979 年 6 月 1 日对上海市负责人谈话中关于加强计划生育的话是否准确为由，将准备向中央书记处汇报的相关材料一并报告陈云。因为根据党的工作制度，中央领导在外地视察工作中的重要讲话或者相关指示，中央都会以通报的方式发给中央和相关的地方党政领导机关。所以，陈云前一年给上海市负责人的关于计划生育问题的谈话，作为政治局候补委员、国务院副总理兼计划生育领导小组组长的陈慕华是没有必要予以核对的。所以发生这样的事情，显然是陈慕华以此为由向处于二线的陈云寻求指示和帮助。可能陈慕华信中还婉转地表达了对中央书记处会议和继续推行"一胎化"生育政策的某种担忧。14 日夜，陈云用语气坚定的话给陈慕华回信说："你引的我去年讲的话没有错。""我认为，提倡只生一个孩子是眼前第一位的工作，至于由此而产生的一些问题则属于第二位的问题。"15 日清晨，陈云再次致信陈慕华："限制人口、计划生育问题要列入国家长期规划、五年计划、年度计划。这个问题与国民经济计划一样重要。关于这点，我已与姚依林同志谈过，他是很同意这个意见的。"姚依林此时任国务院副总理兼国家计划委员会主任、中共中央书记处书记兼中央办公厅主任。陈云补充这一条信息是否也是向陈慕华通报中央书记处重要成员姚依林的态度，也未可知。

1980 年 6 月 26 日，中共中央书记处召开会议，由中央政治局常委、中共中央总书记胡耀邦主持听取了陈慕华关于人口和计划生育的汇报。会议没有像通常那样形成重要决议或指导性文件。3 个月以后，中共中央公开发布《关于控制我国人口增长问题致全体共产党员、共青团员的公开信》。虽然在当时的语境和政治环境下，国务院计划生育领导小组借"公开信"公开发表之机把"一胎化"生育政策推到一个前所未有的阶段。但是，笔者当时拿到"公开信"的第一感觉就认为它是国务院计划生育领导小组的一个"滑铁卢"，表明结束"一胎化"的时日已经不远了。

毫无疑问，"公开信"是对"一胎化"生育政策现状的一定程度上的肯定。这是新近走上党和国家一线领导位置上的领导人必须接受的一个重要现实。不用说胡耀邦赵紫阳对这一政策本来就是基本接受的，即使有一定程度的保留和的抵触，从党的工作原则和所处政治格局的实际出发，也必须从稳定全局的原则出发，暂时肯定各个局部既成的现实和基本关系，保障党和国家最高权力的稳步移交和等待完全稳定政治局势以后，再逐步解决各个局部性的工作上的问题。所以，"公开信"对当时计划生育工作的评价和认识，对"一胎化"生育政策在"提倡一对夫妇只生育一个孩子"的"提倡"的意义上的认识和肯定，并不代表中共中央书记处对"一胎化"政策的完全肯定和接受。

其次，"公开信"不是通常颁布重大政策、法令性质的文件所惯用的"红头文件"。相反，它属于一种宣传性文体或者是宣传性质的宣传物。熟悉新中国以后的中国共产党党务运作规则的人都了解，大凡涉及到重大政策性的问题需要发布，党中央都是以极为严肃的红头文件郑重通知各个省、市、自治区党委和军队党组织，向全党讲明该政策的意义并就宣传和贯彻执行该政策对各级党组织提出明确的要求。1980年9月25日公开发布的"公开信"不是下发给地方和军队党组织的通知，而是以公而告知的方式直接向党、团员宣传一种既定的方针、政策。显然，"公开信"和"红头文件"所具有的分量是决然不同的。

再其次，从上个世纪50年代初中期开始提倡节制生育和计划生育以来，都是以中共中央的名义向地方和军队党组织发出做好计划生育工作的指示，特别是对于计划生育工作具有重大性的政策或重要事项予以通知的时候，往往还以中共中央和国务院共同联名的方式。在较多数的情况下，则是以党中央提出相关政策，国务院和各级党委政府付诸执行。但是，"公开信"是以倡议党、团员响应"国务院的号召"的方式提出问题的，这就隐含和重申了一个话语，即"提倡一对夫妇只生育一个孩子"是由国务院提出来的。我们无法确定"公开信"为什么会以这种方式展开论述，但它至少给人一种与以往党中央、国务院在计划生育工作方面步调一致有所不同的感觉。

第四，"公开信"是在号召和倡导性的层面认可和肯定"一胎化"政策的，它没有把其当作强制性的法规来看待。"公开信"提出，"每个同志都要积极地耐心地向周围的群众做工作，每个做计划生育工作的同志都要成为宣传员，帮助群众解决思想问题和实际问题，并且坚决不干强迫命令违法乱纪的事，也劝说别人不干强迫命令违法乱纪的事，以便正确地实现国务院的号召，促进社会主义四个现代化的实现。"这都是和那种因"一胎化"而把农村搞得鸡犬不宁的现状不协调的。

第五，"公开信"倡议的对象是全体共产党员、共青团员特别是各级干部，而不是我国全体公民。所以，"公开信"最多可以将其归结为对自己党员的一种纪律约束，二不能算是给全体公民制订的具有强制性质的生育行为的规范。

第六，"公开信"继续倡导上个世纪 50 年代以来的党对计划生育工作的原则。"计划生育涉及到家家户户的切身利益，一定要把思想工作放在首位，坚持耐心细致的说服教育。某些群众确实有符合政策规定的实际困难，可以同意他们生育两个孩子，但是不能生三个孩子。对于少数民族，按照政策规定，也可以放宽一些。节育措施要以避孕为主，方法由群众自愿选择。"这样的原则表述，特别是关于"某些群众确实有实际困难"的表述，实际是提出了改善"一胎化"生育政策的原则和方向。总之，"公开信"的发表，一方面对于当时不分城乡、不分民族地"一刀切"式地执行"一胎化"生育政策是一定程度的缓冲和遏制。另一方面，为一年后中央书记处 122 次会议提出的农村生育政策的两种可供选择方案，以及少数民族应该有更为宽松的政策等现行生育政策的制订埋下了伏笔。

所以，如果从现象上来看，由于有关部门不仅利用"公开信"的发表当时就把执行"一胎化"生育政策的工作推向一个前所未有过的高度，而且几十年来一直把它当作推行极为严紧的生育政策的一个领头羊。但是，如果从历史逻辑来考察，"公开信"是我国计划生育由 70 年代末的"一胎化"通往 80 年代初期形成的现行生育政策的一个拐点和转向路标。

四、一些误导正确认识和客观评价"公开信"的错误观点

由于受到我国社会发展阶段的限制，30 多年来，党和政府对计划生育工作的过分的维护使得其常常成为一个十分敏感、脆弱的话题，包括人口和计划生育政策在内的许多涉及计划生育工作方面的问题都很难进行科学研究，严重影响了社会的正确认识和客观评价。特别是长期在从严控制人口和必须严紧地执行计划生育政策的语境和氛围下，一方面是因为有关部门一直利用在一种特殊历史背景下产生的"公开信"中仅只能承认的一对夫妇只生育一个孩子的具体表

述而突出宣传"公开信",把其当作中央同意"一胎化"的具体政策性文件予以宣传,实质上是对"公开信"的一种绑架。另一方面,个别学者有意渲染和拔高"公开信",把其说成是提出"一胎化"的历史性文件。不仅把"公开信"推到一个不适当的历史位置上,用"公开信"抵制现行生育政策,使得近30年来现行生育政策无法按照中央原来的计划及时转变到普遍允许农民生育二胎的政策上,而且造成长期以来同意、默认和容忍一些省、市不执行和实际上是在抵制现行生育政策的局面。所以,我们必须澄清有关"公开信"和"一胎化"生育政策关系上的一系列错误观点和认识,把"公开信"放在历史本来的历史位置上,才能正确认识和客观评价它在我国计划生育政策发展进程中的作用和地位。

第一个问题,提倡一对夫妇只生育一个孩子的政策是在1980年6月26日中共中央书记处会议以后的"公开信"中才提出来的。本文已经用大量事实说明,早在"公开信"产生之前,计划生育部门已经以"只生一个"为中心辛苦工作了一年多了。其实,即使不了解历史,只要稍稍客观一些,从"公开信"本身都可以了解到这一点。"公开信"第一句话就说:"为了争取在本世纪末把我国人口总数控制在12亿以内,国务院已经向全国人民发出号召,提倡一对夫妇只生育一个孩子。"一篇仅有2000多字的文章,其中有三处强调说,提倡一对夫妇生育一个孩子是"国务院的号召"。不就是说,"只生一个"是"公开信"之前的一项已有的政策吗?

第二个问题,在"公开信"之前,提倡"只生一个"仅仅在我国个别地方和个别单位实行过。如前叙述,1979年6月18日,华国锋在政府工作报告中提出"要订出切实可行的办法,奖励只生一个孩子的夫妇"。一周后,陈慕华在中央党校向全国各地来党校学习的党和政府部门的领导干部讲课时,不仅提出"计划生育工作要把重点转移到最好生一个上来",而且要各个省、市、自治区的领导干部马上打电话回去,立即行动起来。从1979年年中开始,人民日报社论和重头文章连篇累牍地宣传"只生一个",怎么能说它只是一些个局部地区的做法呢？

另外，从计划生育工作的统计报表制度的改革和计划生育指标体系的变化，也可以反映出"只生一个"已经是 1979 年的一项具有全局性的重大工作。根据笔者手头保留的一份山西省计划生育办公室《关于转发"国计育字第 38 号文件"的通知》，1978 年国务院计划生育办公室设计的"计划生育（半）年报表（表式）"中，共计 20 项需要填写的数据，还没有与"独生子女"相关的指标。1979 年，国务院计划生育领导小组办公室已经加强自 1973 年以来的统计报表制度，开始在国家统计局单列计划生育统计，同时改变和改革了计划生育统计指标体系，增加了与"只生一个"的相关统计指标。1979 年，全国现有一个子女的夫妇 1535.4 万，其中已经领取独生子女证的夫妇 610.1 万，领证率为 39.7%。在全国各省的报表中，仅有青海和西藏、宁夏等 3 个省、自治区没有"独生子女"的相关统计数据（江西省仅有独生子女数），连新疆自治区也有了相关的统计，充分说明"只生一个"在 1979 年已经是一项全局性的工作了。

第三个问题，一对夫妇只生一个孩子在中共中央"公开信"之前仅仅是国务院计划生育领导小组提出来的一个提倡性的号召，所以不是中央的政策。也许，包括"公开信"本身在内，似乎也都给人传达了这样一种观点。我们不清楚"公开信"的起草者为什么要把"只生一个"仅仅当作国务院的号召，而不是党中央和国务院一致的已有政策。分析其中原因，可能是从严肃的政策层面来认识，既然说"提倡"，那就不能归结到基本的政策方面。或许，中央书记处及其文书起草班底都属于新的人员而不了解计划生育工作的实际情况，仅仅从正规的文件方面看党中央确实没有对此作过专项的决议和规定。还有，当时的中央正在解决华国锋问题，处在从其手中分权的阶段。"公开信"作这样的表述，是新设立的中共中央书记处向华国锋叫板的一个信号：提倡只生育一个孩子是国务院的号召，并不代表党中央。但是，不管怎么说，这种观点都是不符合事实、不正确的。

首先，提倡只生一个不仅仅是国务院分管计划生育工作的领导人在此之前的个别讲话。即使不说陈慕华多次代表党中央、国务院的讲话，党中央的其他主要领导人不仅都讲过，而且有些甚至于还都是在党和国家最高规格的会议报告中讲出来的。上面已经提到，华国锋、邓小平、李先念、陈云都在1979年明确讲过"提倡一对夫妇只生育一个孩子"。其中，李先念是代表党中央、国务院在4月召开的中央工作会议上所做的主报告中讲到的，华国锋是在 1979 和 1980 年两次人大会议的政府工作报告中讲到的。这些，都是在"公开信"发表之前。

其次，那是一个党的"一元化领导"和党政不分的时代。在国务院任职的主要领导包括了党中央主席华国锋和副主席邓小平、李先念、陈云以外，国务院的其他 14 位副总理也全都是中共中央政治局委员或候补委员。在这样的背景下，说国务院的重大决定仅是国务院的工作而不代表党中央的意志，是很牵强的。

还有，如果说仅仅有党中央的主席、副主席和众多的政治局委员、候补委员的政治身份还不能代表党中央的话，那么，应该肯定的是，鼓励和提倡"只生育一个"实际都是经过中央政治局会议讨论通过的。李先念在中央工作会议上的讲话必须在会议前经过政治局会议讨论通过，会议上报告之后公开发表的讲话就是中央工作会议讨论通过的。另外，按照我国政府的工作运行程序，包括国务院总理在内的各级政府提交人大会议上的政府工作报告，都是会议前经过同级党委讨论通过的。就是说，华国锋在五届人大二次会议上关于"奖励只生一个孩子的夫妇"和五届三次会议上关于"要普遍提倡一对夫妇只生一个孩子"的报告，都是经过中共中央政治局会议讨论通过的。

另外，据不完全统计，作为党中央的机关报人民日报在1979年5月到 1980 年 9 月 25 日"公开信"发表期间的不到一年半的时间里，不算文章内容中宣传"只生一个"的政策，仅在文章题目上突出宣传"只生一个"的文章就多达 29 篇。譬如，1979 年 7 月 6 日，人民日报报道陈慕华在中央党校讲课的题目是《把工作重点放在"最好生一个"上来》。12 月 23 日，人民日报刊载新华社报道全国计划生育办公室主任会议精神的新闻稿《提倡一对夫妇最好生一个孩子》。1980 年 2 月 3 日，刊载新华社报道"婚姻、家庭、计划生育座谈会"的消息《提倡一对夫妇生一个孩子》，等等。在当时每天一张仅有 6 个版面的报纸来说，如此重要和重点报道的内容不属于党中央制订的政策的话，那么，可能就再也找不出什么属于人民日报应该宣传的党的政策了。

第四个问题，人口政策需要党中央、国务院的制订，并经人大会议批准，提倡一对夫妇生育一个孩子未经过这些程序，也未经人大会议的审议和批准。历史常常和人开玩笑。本来，追究只生一个的合法性本该是反对这一政策的人，现在却反过来成为维护这一政策人来讲这个道理了。但是，即使如此，这一问题也是站不住的。我们国家是一个法制很不健全的国家。特别是在那个刚刚结束"文化大革命"不久的时代，不仅党和政府下发的文件，就连领导讲话和报纸上的文章都可以起到政策和法规的作用。就不这样讲，"只生一个"也是经过人大会议审议通过的。华国锋在 1979 和 1980 年两次人大会议的政府工作报告，那都是经过出席会议的全体人民代表表决通过的。所以，从我国法律法规的等级上来说，"提倡和鼓励一对夫妇只生育一个孩子"是比 20 多年后产生的《中华人民共和国人口与计划生育法》的规格还高的法律法规性决定。

第五个问题，提倡一对夫妇只生育一个孩子的政策不是"一胎化"。这样的说法是"一胎化"生育政策有了不好的名声以后的事情。一对夫妇只生育一个孩子的政策有许多种提法，包括鼓励和提倡一对夫妇生育一个子女、"最好生一个""只准生一个""独生子女"政策，以及"一胎化"等等，其含义都是相同的。在早期的党的文件和报刊上，这些提法都可以看到。陈慕华就认可上述说法的一致性。她说："去年在华总理《政府工作报告》中提出了'奖励只生一个孩子的夫妇'，也就是我们常说的'最好一个'。"现在可以查到最早使用"一胎化"这个词语的，就是陈慕华。1979 年 6 月 27 日，陈慕华在中央党校的讲课中说:"……这足以说明,只要我们下大力气,花大功夫,做好工作,一胎化的比例是可以越来越高的。为了推广和普及一胎化……"前面引述过的山西省革命委员会计划生育领导组办公室文件《关于大力提倡一对夫妇只生一个孩子的几点意见》,其中用了 8 个"一胎化"。期间,国务院计划生育办公室负责人回答记者的有关问题,也用过"一胎化"这个词。

再说一点情况。1979 年 7 月份,山西省计划生育办公室建议我为参加全国第二次人口理论讨论会撰写文章前,向我介绍国家已经确定的人口政策就是"一胎化"。不仅我提交 12 月份的会议论文中使用了"一胎化"这个词汇,而且还有参会的代表以"一胎化"为题提交会议的论文。可见,"一胎化"被创造出来后最初使用的时候,并不是一个臭名昭著的词汇。相反,它是作为"只生一个"政策的另外一种称呼出现的。而且,由于更为通俗、形象,被人们广泛使用过。

说到这里,有必要重提一段插曲。田雪原同志最近在一本书中说:

笔者参加国际会议,常常看到和听到一些与会者将 20 世纪的中国人口政策说成是 'one child policy'(一孩政策),国内也有人称之为 '一胎化政策',这是值得商榷的。每逢此时,本人总要出来解释,说明中国向来没有 '一孩政策' 一说,而只说 '提倡一对夫妇生育一个孩子',但那不是人口政策的全部,仅仅是人口政策的一部分而已,用 '一孩政策' 或 '一胎化政策' 概括是不适当、不准确的。从推行提倡一对夫妇生育一个孩子将近30年的结果看,也没有 '一孩化' 或 '一胎化'。

下面,我们重温一段历史和阅读几段文章。

1979 年 8 月 11 日,陈慕华在人民日报发表文章,代表我国政府提出 20 世纪末的人口目标和分两个阶段的发展方案。她说:"从我国的实际情况出发,长期地、自觉地、有计划地控制人口增长,这就是我们的方针。我们必须坚持这个方针,争取本世纪末做到人口自然增长率为零，即人口不增长。为了达到这个目标，我们设想分两个阶段来努力。第一个阶段，争取到一九八五年把人口自然增长率从现在的千分之十二降到千分之五左右。第二个阶段，争取在二〇〇〇年人口自然增长率降到零。……必须大力提倡和推广一对夫妇只生一个孩子。这是使人口自然增长率降低到零的主要办法，也是群众可以接受的办法。"

1980 年 2 月 13 日，新华社发表重要新闻稿《自然科学和社会科学工作者合作研究人口问题首次对我国未来 100 年人口发展趋势作了多种测算》。文章一开头就说："最近，首都几位科学工作者应用现代控制论的方法，首次对我国未来 100 年人口发展趋势作了多种测算。他们得到的大量数据表明，从现在起大力提倡一对夫妇之生一个孩子，到 1985 年普遍做到'一胎化'，那么，本世纪末人口自然增长率可接近零，全国人口可控制在 11 亿以下。看来这是解决我国人口的最理想的方案。"文章的结论说："当务之急是尽快把人口增长率降下来，向'一胎化'方案过渡。"

1980 年 3 月 7 日，宋健田雪原等人在人民日报发表文章说："如果选择第五种方案，全国育龄妇女尽快实现'一胎化'，那么到本世纪末我国人口的自然增长率便可降低到零左右，总人口又不超过十一亿，随后由于人口的惯性发展将出现人口减少的趋向。这可能是解决我国人口问题比较理想的一个方案。"

3 月 18 日，田雪原在人民日报发表文章，反驳"一胎化"会迅速导致人口老化的观点。在这篇 3000 字的文章中，作者 4 次使用"一胎化"这个词汇，极力宣传实行"一胎化"的好处。文章说："当务之急，就是要把人口的自然增长率比较快地降下来，提倡一对夫妇只生一个孩子，向着人口自然增长率为零的战略目标前进。"

翻检 1980 年的人民日报，共有 6 篇使用"一胎化"这个词汇宣传一对夫妇生育一个孩子的文章，其中有 3 篇就是宋健田雪原的。所以说，虽然"一胎化"这个词语是陈慕华在 1979 年提出来的。但是，宋健田雪原在 1980 年初春"亮相"时就打着"一胎化"的旗号。

"一胎化"提法能够在当时的大江南北得以唱响，也得益于宋健田雪原等人的不遗余力的宣传。

第六个问题，"一胎化"是一个概括性的提法，并没有很确切地用意。事实上并非如此。1980 年前后的那些年，全国的计划生育工作能够一下子上了很高的台阶，就是因为"一胎化"在那个时代是一项具体的政策。所谓化者，势也，变化之态势。"一胎化"就是要求每对夫妇只准许生一个孩子。陈慕华在一次讲话中就说："我们现在的要求就是'最好一个'，这个口号是经过调查提出来的。如果我们不能做到这一点，那么，华总理提出的八五年降到千分之五的目标就实现不了，二○○○年人口增长的目标就达不到。我们应该从现在刹车，这个'刹车'距离就是两亿人口。即从现在做起，按农村百分之八十，城市百分之九十的夫妇生一个孩子计算，到二○○○年，还要增加两亿人。如果做不到这一点，两亿还打不住。只有这样，才能把人口控制住。"过了不到一个月，陈慕华又说："只有逐步做到城市百分之九十五、农村百分之九十的育龄夫妇只生一个孩子，到本世纪末，我国总人口才能够控制在十二亿左右。"8 月 11 日，国务院计划生育办公室负责人以《为什么提倡和奖励一对夫妇只生一个孩子？》为题回答记者问。文中说："要降低出生率，就必须从现在起，提倡和奖励一对夫妇只生一个孩子（特殊情况，有计划安排二胎生育）。"所以，所谓提倡、鼓励一对夫妇生育一个孩子，除了极个别特殊情况生育二胎以外，要求城乡 90%以上的家庭只生一个，这还不够确切？

第七个问题，一胎化政策当年是提倡，而非强制。其实，即使现在说提倡一对夫妇只生一个孩子是提倡而非强制，也是不符合事实的。前面我们曾经列举辽宁省革命委员会 1979 年颁布的《关于计划生育工作若干问题的规定（试行）》对于超生二胎以上和未规划指标的生育的处罚。1980 年 4 月，辽宁省政府对那个"试行规定"中"提倡一对夫妇最好生育一个子女，最多不超过两个（包括送给他人抚养）"的规定，修改为"要求一对夫妇只生育一个子女"，"未经批准生育第二胎者，按生革委会《规定》中超计划生育的规定给予处分和经济制裁"。就是说，修改后的规定已经变为未经批准生育二胎的属于出发对象了。按照前一年的规定，超计划生育就失去正常的粮油等生活必需品的供应。对于当时每一个中国人都必须依靠国家某个具体单位或者农村集体才能生活的人来说，即使说是"提倡"，但是，再生育的孩子得不到应有的各种生活必需品的票证供应，实际上已经使得你别无选择了。

下面是安徽省阜阳县一位 1979 年选招到公社（即乡镇）担任计划生育专职干部记述最初下乡宣传"独生子女政策"的情况，也说明那时是怎样"提倡"的。这位"几乎在计划生育战线干了一辈子"的计划生育干部在文章里写道："宣传之后，就让大队书记、会计挨家统计谁家应该上环、谁家应该结扎。大队书记、会计非常不情愿，被逼无奈，随便写几个人的名字上报了事，至于他们的亲属当然是一个不报。

有了上报的人员名单，随即就从全公社抽选一些'二愣子头'青年人组成工作队，出其不意地在一个半夜冲到户上，拉起手术对象就做手术（当时上环有的就在农户家中，结扎手术则到公社专门指定的屋子里去做）。超生罚款的征收也不统一，只是根据孩子数量罚 50 元至几百元不等。

工作方式可概括为'通不通三分钟，三分钟过了一阵风'。更有'喝药不夺瓶，上吊不解绳''宁要家破，不要国亡''民不爱国，国不爱民'的说法。当时的计生恶性案件时有发生。"

那时的计划生育工作都是通过县、地区（市）、省或者全国的计划生育"宣传周"或者"宣传月"等活动进行的。每进行这些活动时，都需要抽调县医院的妇科和外科的医生组成"计划生育宣传队"。因为可以做手术的医生少。设备也不够，每次宣传活动都需要提前制定好下乡的路线和经过各个公社的时间安排，巡回进行"宣传"。本人手头有那时的几个地区进行这类活动的统计数据，说明上面那位安徽省的计划生育专职干部所说的"宣传"成效。山西省临汾地区在 1979 年 4 月 15 日开展的计划生育突击 40 天的活动中，人流、引产

5321 例，上环 10535 例，女扎 483 例。晋中地区在同年 9 月 8 日到 10 月 4 日期间掀起的"提倡一胎、控制二胎、杜绝三胎"的 26 天运动中，全区上环 2658 例，人流 1747 例，引产 107 例，女扎 537 例，男扎 17 例。其中有 280 对有生育能力的夫妇，生了一个孩子后做了绝育手术。

由于几十年来计划生育方面的负面的情况不允许宣传报道，有关部门也很少透露整体性的情况，所以，我们用 1984 年国家计划生育委员会主任王伟的一段话来理解。他说："如有的地方出现过用野蛮的办法，抄家、封门、砸锅、扒房子、毁坏庄稼、牵走牲畜，破坏群众的基本生产资料和生活资料，甚至围村突击，拉人游街、变相监禁群众、株连亲属、乡邻等。"有的地方甚至组织"夜袭队"，晚上去抓计划生育"超生户"或结扎对象。

希望这些情况能够回答那种所谓的"提倡"是否具有强制性的问题。

认识到"公开信"之前有一个强硬的"一胎化"生育政策，"公开信"发表一年后有一个由中共中央、国务院颁布的以农民"女儿户"为核心的现行的生育政策，并且了解到 1980 年正是解决华国锋问题和邓小平、胡耀邦赵紫阳政治格局尚未完全形成的时期，就可以理解《中共中央关于控制我国人口增长问题致全体共产党员、共青团员的公开信》是一个具有临时和过渡性的文献，是我国计划生育政策由"一胎化"向现行的生育政策转变过程中的一个拐点和转向路标。

——写于 2010 年 5 月到 6 月

（本文分 4 部分刊发于 2010 年 6 月 9 日）

"公开信"的历史地位和作用

按 语

昨天听朋友介绍，正在南京召开的"中国人口学会"的会议上，仍然有人在大会上发言说，"公开信"制订了"一对夫妇生育一个孩子"的政策，再过一千年历史将证明这一政策是功德无量的事情。其实，"公开信"作为一个过渡性的文献并没有出台任何政策。作为一份历史性文献，必须从其历史发生的背景出发才可以对其有正确的理解。我的那篇《试论"公开信"在由"一胎化"向现行生育政策转变过程中的地位和作用》就是分析其历史背景的。由于文章太长，择其要义，供网友阅读。

——2010 年 7 月 4 日

1980 年 9 月 25 日发表的《中共中央关于控制我国人口增长问题致全体共产党员、共青团员的公开信》（本文简称"公开信"）之前，计划生育部门已经不分城乡地在全国推行了一个"一胎化"的生育政策。"公开信"发表一年后，中共中央、国务院就联合发文颁布了一个以农村"女儿户"可以生第二胎为重要内容的现行生育政策。历史上依次出现的"一胎化"政策、"公开信"和现行生育政策，分别产生于我国特殊历史时期的 3 个不同阶段。"一胎化"形成的 1979 年，虽然经过党的十一届三中全会已经确立了邓小平陈云在中央的实际领导地位，但是，华国锋仍然是主持中央工作的党中央主席、国务院总理和中央军委主席。国务院计划生育领导小组在这一年提出并竭力推行的"一胎化"，所以受到这一时期几乎所有的中央领导的支持。"公开信"是中央书记处 1980 年 6 月 26 日听取国务院计划生育

294

领导小组关于人口和计划生育工作汇报后的产物。但是，当半年前国务院计划生育领导小组准备工作汇报的时候，中共中央书记处才设置了不到一个月。回过头来看，1980 年 2 月设置中央书记处和让胡耀邦担任总书记，仅仅是邓小平解决华国锋问题的一系列重要战略步骤的开始和起点。所以，无论对于刚刚设置的中央书记处还是总书记胡耀邦，都只能迁就和安抚局部工作而稳定大局，不可能在这一个时期制订和出台重大政策。计划生育汇报会以后，以中央名义发一个公开信，"要求所有共产党员、共青团员特别是各级干部，用实际行动带头响应国务院的号召"，"提倡一对夫妇只生育一个孩子"，乃权宜之计。当 1980 年 9 月赵某担任国务院总理，1981 年 6 月召开的党的十一届六中全会上胡耀邦担任党中央主席、邓小平担任中央军委主席，从而最终完成了邓小平和胡赵分处我国中央党政一线、二线的政治领导体制之后，同年 9 月，中共中央书记处 122 次会议就提出并以"红头文件"（中共中央 1982 年 11 号）形式颁布了被称之为"现行的计划生育政策"的重大政策。把"一胎化""公开信"和现行生育政策都回归到当时的实际历史位置之中分析，现行生育政策在一定程度上是对过于严厉的"一胎化"政策的纠正，而"公开信"作为党和国家的中央领导机构和人事重大变动过程刚刚起步后的产物则属于临时性的安排从而具有缓冲性质和过渡性的特点，是我国计划生育政策由"一胎化"向现行的生育政策转变过程中的一个拐点和转向路标。我在上一篇博文中说过"鸡毛当令箭"。是因为几乎所有的人都说"公开信"制订了"只生一个"的政策。而"公开信"第一句话就明确说"为了争取在本世纪末把我国人口总数控制在 12 亿以内，国务院已经向全国人民发出号召，提倡一对夫妇只生育一个孩子"，说明是把"公开信"之前就已经存在的政策变成是在这里新制定的政策了。本来，中共中央、国务院以"红头文件"颁发的现行生育政策是指导计划生育工作的原则，应该是上个世纪 80 年代以来各个省、市、自治区《计划生育条例》和现在的《中华人民共和国人口与计划生育法》的基础，却从来都没有搞过什么庆祝会、纪念会之类的活动。相反，30 年来的每个 9 月份，都要搞一次规模宏大的周年纪念活动。"公开信"俨然成了中央制定的计划生育政策的重要文献，而真正承载现行生育政策的那个"红头文件"则连那些在中央政府从事计划生育领导工作的人也不甚了了了。过渡性的安排变成了长久之计，拐点变成了终点，拐点遮盖了终点。这其中缘由，仅仅用历史误会可以解释得通？

——2010 年 7 月 4 日初稿，5 日再做过文字修改

（刊发于 2010 年 7 月 13 日）

一点说明

有朋友转告，近期网上有传梁中堂曾多次参与人口普查。本人曾作过人口普查研究，也发表过一些有关人口统计和人口普查的文章及议论，但从未参与过人口普查工作。因近期一直做有关计划生育"公开信"的研究，无暇顾及普查问题，谨作以上简短说明。

梁中堂 2010 年 7 月 15 日

（刊发于 2010 年 7 月 15 日）

关于"公开信"的几个细节问题

写完《试论"公开信"的历史地位和作用》以后，感觉还有一些细节问题需要向一般的读者做些交代。

一、"公开信"不是中央书记处汇报会议的正式决议

《中共中央关于控制我国人口增长问题致全体共产党员共青团员的公开信》（本文简称"公开信"）是 1980 年 9 月 25 日以新华社通电的方式发公诸于世的，人们见到的 9 月 26 日人民日报第一版刊载的文章，也没有交代产生它的原因和来龙去脉。1980 年 2 月 23 日到 29 日召开的十一届五中全会会议上决定设立中央书记处，作为中央政治局及其常务委员会领导下的经常工作机构，并选举胡耀邦担任总书记。中央书记处于 6 月 26 日听取陈慕华人口和计划生育汇报以后，至"公开信"发表期间中央再没有关于计划生育方面的重要活动。根据中共中央书记处书记胡乔木 1980 年 7 月 10 日给宋健回信中说："7 月 6 日的信和告党团员书初稿都看了。你的文章写得很快……"宋健给胡乔木写信是 7 月 6 日，距离书记处汇报会议结束仅 11 天，由此推测起草和准备"告党团员书"即"公开信"的写作，是起因于 6 月 26 日中共中央书记处汇报会。

但是，查国家计划生育委员会编的有关计划生育重大活动中关于这次会议即《中共中央书记处会议听取陈慕华关于人口和计划生育的汇报》这一条中，却没有任何有关"公开信"的信息。由于整段文字不长，我就将全文转述如下：

1980 年 6 月 26 日，中共中央书记处召开会议，由中共中央政治局常委、中共中央总书记胡耀邦主持。会议听取并讨论了中共中央政

治局候补委员、国务院副总理陈慕华关于人口和计划生育的汇报。

这是近30年来社会了解这次中央书记处汇报会议情况的唯一来源。国家计划生育委员会整理的这段文字没有注明来源。但是，熟悉党和政府文秘规则的人都知道，国家机关对中央的正式会议的传达和宣传，都是有严格纪律的。这段文字一定来源于中央书记处会议后的规范的会议通报。由上述文件引述可以确定，第一，这次会议仅仅是听取和讨论了陈慕华的汇报，但没有形成任何决议和决定。否则，不用说会议有重大决议或决定，即使明确有一般性的决议和决定，中央关于会议的通知和通报上不可能不作反映，国家计划生育委员会整理的党中央有关自己工作的重要精神更不可能发生遗漏。要知道，会议有关决议、决定才是相关会议精神的反映和灵魂。什么是决议、什么是决定？新华词典解释决议这一条目，是指"经会议讨论，表决通过的议案"。关于决定，是"对如何行动定下主张；也指所决定的事项"。这就是说，"公开信"是 1980 年 6 月 26 日中共中央书记处会议的产物，但它不是这次会议的决议，甚至于都不属于会议正式的决定。第二，进一步分析，它甚至于都不是主持会议的胡耀邦提出来的。至少，不是胡耀邦明确和强调提出来的。否则，作为主持会议的政治局常委、总书记胡耀邦在会议期间或者最后总结、结论中明确提出的意见，也一定会作为会议的一般决定写进会议的通知和通报中去的。根据会议通知和通报并没有包含颁布"公开信"的内容来推测，这一意见可能是个别与会的书记处成员比如胡乔木提出这样的动议，而作为会议主持人胡耀邦虽然没有明确响应但也没有表示反对，然后，被一步一步推动做成的一件事情。怎么会是这样？这需要从当时的历史背景中去了解。

二、"公开信"产生时的政治背景

"公开信"是中共中央的文献。那么，了解产生它时的中央政治变动的背景就具有决定性意义。

历史走过去以后，我们可以总结说，毛泽东去世以后的华国锋执政是我国走向新时期的一个过渡阶段。而结束这个过渡时期，正是1980 年前后。1978 年 12 月召开的党的十一届三中全会上，陈云当选为党中央副主席，开始确立邓小平和陈云在党中央的实际领导地位。但是，华国锋仍然是这个时期主持中央工作的党中央主席、国务院总理和中央军委主席。邓小平解决华国锋问题和逐步建立邓小平、胡耀邦某某某政治体制是同一个问题的两个方面。在三中全会稍后召开的中共中央政治局会议上，设立秘书长、副秘书长，负责中央日常工作，并确定胡耀邦担任秘书长。经过一年多的试探性工作以后，1980 年 2 月，中共十一届五中全会上，选举胡耀邦、某某某为政治局常委。会议决定设立中共中央书记处，作为中央政治局及其常务委员会领导下的经常工作机构，并选举胡耀邦为总书记。3 月 17 日，中共中央决定撤销一年前成立的以陈云、李先念为正、副组长的国务院财政经济委员会，成立以某某某为组长的中央财经领导小组。4 月17 日，人大常委会任命某某某、万里为国务院副总理。4 月 25 日，华国锋主持召开国务院常务会议，决定某某某协助华国锋主持国务院日常工作。8 月 18 至 23 日，中共中央召开政治局扩大会议，会议决定向全国人大建议华国锋不再担任国务院总理职务，由某某某接替。9 月 11 日，五届全国人大三次会议决定某某某为国务院总理。11 月 10 日到 12 月 5 日，中共中央政治局会议同意接受华国锋辞去党中央主席和中央军委主席职务的请求，并决议向六中全会建议同意华国锋辞去中央主席、中央军委主席职务，建议选举胡耀邦为中央主席职务。会议决定六中全会前暂由胡耀邦主持中央政治局和中央常委工作，由邓小平主持中央军委工作。1981 年 6 月，中共中央十一届六中全会选举胡耀邦为中共中央主席，选举某某某、华国锋为中共副主席，选举邓小平为中央军委主席。至此，终于完成了以邓小平为核心、胡耀邦某某某处于党政第一线领导位置的中国政治格局。

1980 年 9 月 25 日发布的"公开信"源自于 6 月 26 日的中共中央书记处关于陈慕华的人口和计划生育汇报会，而根据田雪原的说法，这次会议应该是在 5 月 12 日，在此之前，又有 3-5 月的几次人口座谈会。把这半年多的信息整理和连接起来，就追朔到了 3 月份，那是设置中央书记处和胡耀邦担任总书记都不满一个月的时候。设置中央书记处和让胡耀邦担任总书记，是邓小平解决华国锋问题的起步和开始，华国锋也是经过长期党内斗争成长起来的政治家，不可能没有一点觉察。所以，这一个时期的华国锋不可能对人口和计划生育这一类问题有较大的思考。胡耀邦主持中央书记处的工作，也主要是服从邓小平政治战略的大局，属于配合性质，暂时还不会做出较大动作。所以，至少是在 3 月份陈慕华准备向中央书记处汇报召开人口和计划生育问题座谈会的时候，刚刚走马上任的胡耀邦还不可能有出台有关计划生育重大政策的意愿。

再说，胡耀邦和其他新当选的中央书记处书记们也暂时都还不具有制订重大决策的条件。中共中央书记处为什么要召开会议听取和讨论陈慕华关于人口和计划生育汇报？一方面，我们需要记着刚刚设立的中共中央书记处既是恢复"文化大革命"前党和国家的政治领导体制，同时又是从华国锋手上分权。中共中央书记处需要通过加强同各个省、市、自治区党委和中央部委的工作联系，建立起直接的中央和地方、中央和中央部委机关之间的政治隶属关系。另一方面，新当选的11位中共中央书记处书记大都是从地方或者部门性的工作岗位选拔上来的，既不熟悉党和政府的全局性的工作，也不熟悉其他地方和部门性的工作。一个一个地方和一个一个部门分别向书记处汇报工作，是达到这两个目的的最好途径和办法。应该说，最初安排在 5 月 12 日的中共中央书记处关于人口和计划生育工作汇报会，就是在这样的情况下发生的。有这样的前提条件召开的中央书记处会议对于胡耀邦和其他书记处成员本来就带有学习和熟悉工作性质，而不可能到任伊始就要出台重大的政策。不要说这一时期党中央和国务院新到职的领导人与邓小平陈云具有相同的政治理念和看法，即使对一些局部工作的现状有所不满，也会服从当时的政治大局，以安抚和绥靖为基本策略，等待政治权力顺利移交以后再视机解决。

实际上，胡耀邦某某某在 6 月 26 日的中共中央书记处会议上流露了已经执行了一年多的"一胎化"生育政策的担忧。美国的人类学家、人口学家 Susan Greenhalgh 曾经对于我国 1980 年后的计划生育政策决策问题进行了 20 多年的跟踪研究，根据她对参加这次汇报会的一些当事人的采访，"胡耀邦用'这些数字不得了'这样的评论表达了对中国人口数字的失望。""他不停的问'行吗？行吗？'。同时，也被一孩政策的负面社会经济后果所困扰——关于劳动力、新兵兵源、独生子女的教育等问题——以及其他的一些问题，都表示了担忧。"她在新出版的书中继续写道："我的被调查者也把某某某置于持怀疑态度的人当中。""宋健说，仍未说服某某某，但是他的立场只是少数派。"所以，在这样的情况下，会议更不可能做出重大决议或决定，甚至连起草"公开信"都没有成为会议的明确决定。

三、"公开信"的作者是谁？

按说，"公开信"是以中共中央的名义发出的，它已经成为党的文献，属于集体的结晶，原来的文字作者是谁已经不很重要。何况，党的文件往往经过许多个领导的审阅和批改，最后形成的文字都与起草文字有了较大的变化。但是，由于几十年来有关部门把"公开信"拔高到不适当的位置，人口学界也就常常有人炒作这个问题。

说到这里有必要就我们党和国家几十年来的重要文献产生的一般工作程序做一些交代。通常，党和国家具有全局性的文件、文献当然是直接出自于中央机关的。譬如中央全会、中央工作会议上以及政治局会议上的文件、文献，以及相关的领导人的重要讲话，一般都是来自于中央机关或者相关的领导人组织的专门的起草班子。而以中央名义发出的具有部门工作性质的文件和文献，以及以中央名义召开的具有部门性质的会议产生的文献或文件，除了完全来自中央机关以外，往往会由主管部门提供相关资料，然后由中央机关负责文件的起草；有时甚至于基本上由主管部门起草文件经中央机关把关修改后再通过一定的决定程序以中央的名义发出。就中央和部门的关系来说，实际工作部门往往愿意先由自己起草相关的文件，可以把本部门的一些基本诉求通过中央的口说出来。对于类似中央书记处听取人口和计划生育汇报会之类的中央会议所产生的文件，如果是会议前拟定要做出的决议或决定，而且时间和其他条件许可，往往都是由相关部门和中央机关联合起来在会议前起草好的。

了解了一般情况下的中央文献的可能产生方式以后，再来讨论"公开信"是谁起草的。首先需要明确的是，"公开信"不是会议前就有准备的。因为，它不是通常的会议已成决定了的决议案或者重大决定。相反，它可能出自会议期间或者会议即将结束时某领导人（很可能是胡乔木或者胡耀邦）的临时性的动议。由于属于临时性动议，会前不可能有准备，而会后的起草工作落在谁的头上就有了极大的偶然性。不管怎样，文本总得有一个或者一个为主的起草者。

我们既不清楚会议上是如何提出发布"公开信"，也不知道怎样落实和交代起草者的。但是，从现在掌握的资料看，至少宋健和刘铮都有过一个初稿。宋健会后不久就给胡乔木一份"告党团原书初稿"，题目为《为人民长远利益而少生优育》，约 6000 多字。根据胡乔木 6 月 10 日给宋健回信说："这篇文章的缺点是不适宜于告党团员书这样的要求。说到材料不尽通俗（按对全国亿万人民说话的标准说）和切合当前主要课题，广大群众最关心的问题解答不够，同时篇幅也长一些"。宋健后来对自己这篇文章注释说，"本文是作者于 1980 年 7 月为起草'中共中央告全体共产党员、共青团员和全国人民书'所写的参考材料"。至少说明公布的"公开信"不是宋健起草的。

《刘铮人口论文选》中有一篇文章，题为《向人口自然增长为零进军》，全文约 10000 字，其文体也像起草的"公开信"，注明发表于 1980 年第 3 期《四川大学学报》。笔者初读文章时即判断，如果该学报当时属于双月刊，那么，从时间上来说就不是为"公开信"做准备；如果属于季刊，则应该是。经最近查对，该刊当时由四川人民出版社出版，季刊，该期发稿时间为 1980 年 8 月份。由此判断，这也是一篇被否决了的"公开信"初稿。由于胡乔木给宋健回信中已经说"全文最好能不超过 5000 字"，刘铮的文章竟然比宋健文还要长，说明起草时间不是在宋健被否决以后转而寻找刘铮，而可能是刘铮、宋健同时领缨。

相传，国务院计划生育领导小组办公室的王连城等人也在为"公开信"做起草工作。近日，张敏才同志递交南京召开的中国人口学会的会议上的一篇文章说在当时的陈慕华和国务院计划生育领导小组副组长、办公室主任栗秀珍的领导下，有一个由王连城具体执笔的写作班子，当有较大的可信度。因为，按照常规，这样的文件起草工作本来就应该是主管部门的事情。现在，宋健、刘铮的稿件都不可用，就自然落在了计划生育办公室的头上。相关部门为中央起草文件，部门的领导负责把关是其应有的职责。至于多少人参与和谁参与了该项工作，也需要具体鉴定参与这一词的内涵。为写作组服务的驾驶员、勤务员和厨师等后勤人员也都应该说是参与了其事。好在当事人健在，这么大的事情，一定留有底稿，拿出自己写作或者参与写作并保存的上缴中央的最后一个稿件，是最强有力的证明。不过我认为，发表的"公开信"也不是由国务院计划生育办公室起草的，至少是与其有很大区别，以至于像刘铮、宋健曾参与了"公开信"的起草却不是其作者一样，起草小组也不是它的作者。

最好的办法是，就是将保存在中央档案部门的这一文献的底稿拿出来作鉴定。如果这一条路走不通，那么，鉴定文稿的作者有似文物一样，不是依据许多确凿的证据而全凭鉴定者悟性来判断。文章读多了，特别是出自于大家的手笔，即使第一次阅读也会有似曾相似的感觉。所以，由文风来看，"公开信"应出自于胡乔木之手。胡乔木文化大革命前曾任毛泽东政治和文字秘书 20 多年，具有诗人气质，笔下极富文采，是毛泽东时代的党内极有才华的"秀才"之一。邓小平第二次复出的时候曾启用他为国务院政治研究室主任，负责一些大的材料。党的十一届三中全会后，中共中央政治局会议确定胡耀邦任秘书长，胡乔木和姚依林为副秘书长。十一届五中全会上新设立中共中央书记处，胡耀邦当选总书记，胡乔木为书记处的 11 位书记之一，负责材料、分管意识形态。邓小平曾称其为"一支笔"。如果说胡乔木在此前常常为毛泽东、邓小平等党和国家领导人捉刀代笔，即使已经习惯于模拟领导人的口吻和心态写文章，但毕竟是为别人写东西，需要揣摩被代笔者的意图和模拟别人的心态进而推敲和选择适当的文字。这样的文章，文笔再好也不属从心而发或自然流淌。现在上升为国家领导人，像"公开信"这一类以中共中央名义发布的文献基本上由他来决定取舍，捉刀、把关逐为一统，其文也炉火纯青，渐进佳境了。

四、"公开信"为什么于 1980 年 9 月 25 日发表？

这一个问题是"胡乔木是'公开信'的作者"这一问题的继续论证和深入讨论。

文风是通过文章的具体内容来体现的。笔者判断胡乔木是"公开信"的作者，就是因为该文在具体处理胡乔木给宋健回信中所提起草告党团员书应通俗、解答广大群众最关心的问题和篇幅不要太长等各项基本要求时，把各个问题解决得恰到好处。一方面是因为我们已经看到宋健、刘铮为"公开信"起草的文章，排除了他们是文本的作者。现在需要在胡乔木和国务院计划生育办公室组织的起草班子之间进行选择。根据文章分析，可以排除选用后者稿件的可能性。

第一，文章一开始就说："为了争取在本世纪末把我国人口总数控制在 12 亿以内，国务院已经向全国人民发出号召，提倡一对夫妇只生育一个孩子。"把"一对夫妇生一个孩子"说成是国务院的号召，不是国务院计划生育办公室的语言。我们知道，一对夫妇只生育一个孩子是计划生育部门已经推行了一年多的一项重要政策。即使该项政策首先由国务院计划生育领导小组提出并在全国实施，一年来也及时地得到党中央、国务院从华国锋到邓小平、李先念和陈云等主要领导的认可和支持。文章仅仅把其当作国务院而不是党中央、国务院共同向全国人民发出的号召，并且，这一提法成为整个文章的基调之一，它不仅不会来自于国务院计划生育办公室写作班子的笔下，甚至于都排除了胡乔木是在前者的稿件上改动和修改的可能。

第二，虽然"公开信"发布以后有关部门又把其当作中央认可的一份重要文件而把"一胎化"当作完全合理合法的政策在全国予以强制推行，但是，我们仔细研读全文就可以发现，该文却完全是站在"鼓励""提倡"的本来的词义上写就的。原本意义上的鼓励和提倡，不仅是和当时的实际部门所执行的政策有着原则区别的，也是和全国正在发生的现实有着明显反差的。整篇文章浸透着这样的气息，只能出自于对现实不很了解的、具有文人品格的胡乔木之手，而不会来自于对现状有清楚地了解的国务院计划生育办公室的起草小组。

第三，上文曾经交代，以中央的名义发布具有部门工作性质的文件，有关部门有强烈的积极性在于起草稿可以反映相关部门的诉求，可以把主管领导的意图和观点写进中央的文件。一年多来，陈慕华为推行"一胎化"提出许多的理论观点，有不少还是以中央政府的名义提出来的，比如对超计划生育给予经济限制、世纪末实现零增长的人口目标和分两步走的发展方案、把工作重点放在"最好生一个"上来、一对夫妇最好生育一个孩子是 1979 年以来开展计划生育工作的实践中总结出来的好经验和解决我国人口问题的战略任务，等等。特别具有重大意义的是，陈慕华此前已经提出了"一胎化"和世纪末 12 亿人口目标。她在一次座谈会上说："只有逐步做到城市百分之九十五、农村百分之九十的育龄夫妇只生一个孩子，到本世纪末，我国总人口才能够控制在十二亿左右。"12 亿人口目标是自此以后是中央接受的计划生育部门反复强调的最重要的范畴之一。但是，以上许多重要信息在"公开信"中都没有得到反映，这是来自下面的起草文件不可能发生的事情。

第四，"公开信"所持的政策理念仍然是 1979 年以前甚至于是 70 年代以前党提出来的并且坚决要求遵循的原则，比如"计划生育涉及到家家户户的切身利益，一定要把思想工作放在首位，坚持耐心细致的说服教育。""每个同志都要积极地耐心地向周围的群众做工作，每个做计划生育工作的同志都要成为宣传员，帮助群众解决思想问题和实际问题，并且坚决不干强迫命令违法乱纪的事，也劝说别人不干强迫命令违法乱纪的事，以便正确地实现国务院的号召，促进社会主义四个现代化的实现。"由于主管部门深切地了解到"一胎化"政策的实际执行，这一类的原则在该政策出台后已经不再在相关的文件中去强调了。

第五，"公开信"中反映出不少自从"一胎化"生育政策出现以后不再提或者已经很少再提的一些信息，譬如晚婚晚育、移风易俗等词汇，都是新政策出台以后已经很少出现的词汇，熟悉当时的背景可以阅读出来的感觉。以上几条都符合文化大革命赋闲和超脱于计划生育实际工作部门的胡乔木的身份。

还有，"公开信"以回答群众疑问口吻回答的一些人口专业方面如人口老化、劳动力资源和四二一等问题，这都是由笔者在 1979 年 12 月召开的全国第二次人口理论讨论会上首先提出来的。在此之前，除了陈慕华曾在几个场合口头上予以回应以外，宋健田雪原按照陈慕华的口径在几篇文章里也有过答复和反驳。1980 年春、夏约半年的时间里，我曾经有过 5 篇论文与之交锋。"公开信"中对我提出的"一胎化"会迅速导致我国人口老化、劳动力资源和兵员短缺、人口和家庭四二一结构畸形等问题，都分别予以了回应。虽然该文的内容仍都是陈慕华和宋健田雪原文章中的，但语气和缓，口吻与前者绝然不同。

还有，我讲到的文风，这是一种素养。"公开信"朴实无华、语气平和，完全是早期党的宣传干部向干部群众做宣传、鼓动工作所修炼出来的一种特有文风，即使对于像笔者这样作为对立观点的人抛开具体的思想认识来阅读，也感觉到这是一篇优美的散文，是经过文化大革命、特别是在权力部门熏陶下新成长的一代宣传理论干部无法写出来的。除此之外，从时间上来推测，胡乔木也有条件成为"公开信"的作者。

　　我们不知道中央书记处会议上是怎样决定要发布"公开信"，以及怎样布置起草工作的。因为中央有关该次会议的通知、通报文件没有反映会议决议和决定。所以，推测起草"公开信"的动议从一开始就不太符合常规和规范。起草"公开信"的任务一开始既没有决定交给中央办公厅机关工作人员，也没有让主管部门即国务院计划生育办公室来负责。从现在看，起草工作最先由宋健和刘铮承担。宋健当时是七机部二院的副院长，控制论专家。刘铮是中国人民大学人口理论研究所所长，人口学家。按照一般情况来判断，在由主管部门承担起草工作的情况下，主管部门以外系统的人要么被主管部门吸收参加由该部门领导的起草班子，一般不会被中央机关安排与主管部门并行的写作任务。所以，国务院计划生育办公室起草"公开信"的工作应该是宋健和刘铮被否决以后的事情。鉴于胡乔木给宋健的信中否定其"初稿"同时又说，"告党团员书请您另写一个稿子"，估计这时候的宋健不会自行提出不再写了，而是主管计划生育的领导借机提出由计划生育办公室组织写作班子，停止了宋健和刘铮单独的起草工作。计划生育部门开始工作，时间该是胡乔木 1980 年 7 月 10 日给宋健复信以后，距离"公开信"发表经长达两个半月。为什么会这么长时间？可以推测，期间的稿件一直不能令胡乔木满意。但是，胡自己又没有过多时间与起草小组磨合，更没有具体时间投入修改或重写。

　　胡乔木除了应对日常工作外，从 1979 年 10 月底开始，在邓小平领导下主持一个规模很大的写作班子起草《关于建国以来党的若干历史问题的决议》。1980 年 5 月 23 日，起草小组曾拿出一个草稿。6 月 27 日，即中共中央书记处听取陈慕华关于人口和计划生育汇报会后的第二天，邓小平召集胡耀邦、胡乔木等谈看过的意见，明确说："不行，要重新来。"所以，中央书记处关于人口和计划生育汇报会以后，胡乔木把主要精力投入到由邓小平交办的更为重要的起草"历史决议"的工作上去了。经过几次中央书记处会议讨论以后，从7 月上旬开始，胡乔木连续召开起草小组会议座谈讨论"历史决议"

的起草问题。7月22日，胡乔木给邓小平信说："我和邓力群已经开始重写"。8月初，印出一个接近完成的稿子。又经过将近一个月的功夫，9月10日，才修改出一个较完整的稿子。自后，修改稿征求各个方面意见，包括召开各省、市、自治区党委第一书记座谈会，虽然仍牵扯胡乔木很大精力，但是，与执笔写作相比较，征求意见期间毕竟有了相对宽裕的时间。很有可能的是，胡乔木就是在9月10日的历史决议未定稿完成后，开始阅读包括宋健、刘铮和国务院计划生育办公室起草稿在内的相关材料，写出"公开信"的。

为什么选择9月25日发表？根据我的推测，发布"公开信"的动议是由胡乔木提出来的，而书记处会议后长时间写不出满意的稿子。9月26日是书记处会议后将满3个月的日子。如果胡乔木的稿子是在9月10日之后从容写出来的，选择在此之前发表，以示纪念；如果没有从容的时间，他也必须以此为限，赶在此前一天完成和发表。

——写于 2010 年 7 月 12 日

（刊发于 2010 年 8 月 1 日）

致田雪原的一封信

按 语

5 月份在北京答应朋友写一篇有关"公开信"的文章，回来后搜集 1980 年中共中央致党团员公开信前后的资料，发现了田雪原的一本书，从而阅读并写了给老田的一封信。原来以为有几个会议可以遇见他，见面时再说几句相关的话，当面交付这封信。不想至今也没有得到这样的机会。而我信中所谈都是有关"公开信"的问题，甚至于许多年来有关"一胎化"和"公开信"的误解也都与信中所谈问题有关。前几天再一次读老田的一些书籍，发现他还是阅读并回应我的这些只配在"互联网"上发表的文章的。所以萌动一个想法：既然自己博客上近期在讨论"公开信"问题，那么，把写作有关"公开信"的历史地位和细节的两篇文章之前写的这封信也粘贴在这里，一方面可以补充与"公开信"背景相关的一些内容，另一方面也算是给老田的信发了出去，了结了一件事情。因篇幅过长，仅分三次粘贴。

2010 年 8 月 10 日

敬告读者，本文共分三个部分粘贴，可能第三部分目前正在通过审查，未能及时显示，望予以见谅。

梁中堂 2010 年 8 月 11 日

老田：

几年未见，一切可好？

虽然都是在做人口学方面的研究，但是，由于所研究的方向和问题的不同，相识 30 多年来，还只是开头和结尾才读了您很少的几篇

309

文章。开头，读您以及您和宋健等人 1980 年 2、3 月份发表在人民日报和光明日报上的几篇关于拥护"一胎化"生育政策的文章，对你们的文章指鹿为马、指东说西、遮遮掩掩、云里雾里的论证和写作手法，颇为鄙视，也曾做过批评。结尾，也就是今天下午，偶然翻看您的一本大作，浏览有关的章节时，却搞不懂由你们这些大佬领衔的学术专著所应具有的学术范式。您引用资料不注明来源，叙述包括您亲临其境的事件经过可以省略时间、地点、人物，介绍观点可以不讲是谁所言，文理顺序不要逻辑推导，观点论说用不着任何证明。当然，这一风格固然充分体现了你们写作抽象概括、高屋建瓴、大而化之的大家的风范，可它也害苦了我们这些只会一字一句阅读和一事一个求证的一般读者对您所阐述问题的理解。所以，看在相识多年的份上，提出一些我感兴趣但又看不明白的问题。

我所翻看和浏览的书是由中国社会科学文献出版社，2009 年出版的您的大作《中国人口政策六十年》。该书由中共中央委员、国家出版总署党组书记、署长柳斌杰作序，为该出版社为庆祝中华人民共和国成立 60 周年重点书系"辉煌历程"丛书中的一部。出版社为这套丛书所撰写的宣传词是"邀约大家，纵论中国""创社科经典，出传世文献"，可见该书有权威和规范出版物应有的典雅与隆重、雅俗共赏的品格。由于只翻阅了您认为"一胎化"（这是您和宋健在当年常常说的理想生育政策的代名词，据我的印象，你俩在那时的一个多月里所提到的这个词汇比这一词汇发明者陈慕华过去一年多里还要多）产生于 1980 年 3-5 月中央 5 次计划生育座谈会之后的"公开信"的相关部分，所以问题也仅限这一部分。

（一）第 127 页倒数第 2 行，您说和宋健的合作起因于"一次会议上，遇到七机部二院的李广元"，是何年何月（虽然知道你们的合作时间是以日计算的，但是，我们就模糊把握吧，不要精确到日而以月为单位了），什么会议？宋健及其"宋健小组"客串人口学第一次登场就是李广元 1979 年 12 月参加在成都市召开的全国第二次人口理论讨论会。那个年月人口学会尚未成立，大家都是从不同的领域和岗位抽调出来搞人口研究，学术领域的圈子和联系都还未形成，会议都极少，您怎么能忘记具体时间和具体会议名称呢？

（二）第 128 页倒数第 4-2 行，您说宋健和李广元找您是由于他们不懂人口学又想做人口预测，"然而隔行如隔山，他们毕竟与人口学有距离，需要人口学家参与并提出意见，开展符合人口学规范的研究，成果也应纳入人口学视野"。您这话说的相当到位。但是，可能经过了 30 年，您也忘记了，一是"隔行如隔山"，您从教育部的行政岗位上调到中国社科院经济研究所还不到一年又是如何爬越这座山的。不到一年的时间您能越过这座山，一方面固然是您的过人的智力，另一方面您说的这座山可能本来就不能算很高。如果是这样，一定会有人替宋健鸣不平了。您想，宋健是你们小组的头，中央后来给他的地位和待遇都远比您又高、又多，那不仅是论功行赏的结果，而且要委以重任，至少组织上和领导们公认他的智力要比您强。另外，据我所知，宋健接触人口测算是 1978 年后半年。因为我清楚地记得，1978 年 11 月份在国务院第四招待所召开全国第一次人口理论讨论会时，李广元曾经风尘仆仆地找到会上，要求参加会议。那时，您还没有离开教育部的行政工作的岗位呢。所以，要说搞人口学，他们至少比您还早了半年。老田，这半年可是很重要哦。因为同样翻越一座不需要一年就可以翻越的人口学这座山，起点早半年的他完全有可能比您早到达山这边啊！二是，您可能也不会否认，宋健想找中国社科院从事人口学研究的人口学家，但是，至少到 1979 年 4 月份您到经济所上班时，中国社科院并没有人做人口学研究，当然也没有人口学家了。事实上，就是宋健找您的时候，你们经济所连一个有关的人口学研究方面的研究室建制都没有。三是，即使把 1978 年全国第一次人口理论讨论会当作中国人口学复兴的开始，到宋健找您时也才过去了一年多一点的时间，您何谈有什么"人口学家"和"人口学规范"呢！事实上，由于 1952 年院校调整，中国已经没有了人口学。此外，中国此时开始建立苏联的计划经济体制的统计体系，涉及人口方面的仅有简单地出生、死亡、自然增长，以及迁进、迁出、净迁移数等极少的几个指标。由于既没有这方面的理论又没有统计的实践，就连前几年已经给国务院计划生育领导小组服务的、在中国人民大学教授统计学的刘铮以及他那个团队，这时候也根本不懂我们现在所说的人口统计学。在我们国家，真正开始有人口统计理论和实践的历史，是1982年我国人口普查以后。老田，您应该承认吧，没有人口统计学，谈什么"人口学范式"！您当然知道，我说以上这些话，并不是说那时不可以做人口学研究，而是如30年前就批评你们的是把自己打扮成已经搞懂了中国人口问题，信誓旦旦地向世人说教必须走你们拥护的"一胎化"政策中国才不至于落后的那种做派。不想，30年后，您又把自己装扮成比宋健还要深沉和高明。真不像话。

（三）第129页第2自然节第一句："由于我们各自均有自己的本职工作，分头研究利用业余时间进行，讨论研究成果一般均在星期天，个别时候占用晚上。"就是说，你们要求全国人民实行的"一胎化"的重大成果是你们1、2个月来共同利用业时间研究的成果。

（四）同一个自然节第2-3行，您说："我则按照宋健同志提出的两个方面的问题，进行工作。"哪两个方面？我对照前后几个段落都无法确切知道是什么，似乎只有前面一段话："他（宋健—引者注）认为，我们可以进行自然科学与社会科学的合作研究。"如果是这样的话，就是您在进行自然科学和社会科学这两方面的研究工作。那么，您两个领域都做了，还需要宋健他们做什么？

（五）再往下隔一句话，"为了取得可靠的年龄别生育率和出生率材料"。老田，我这30年低看您了。您那时不仅知道"年龄别生育率"，而且还知道去从中国寻找一份"可靠的"年龄别生育率。年龄别生育率是现代人口统计学的指标，如上所述，那个时期我们中国既无这方面的理论也无这方面的实践，您在30年之后不仅想到了要在那时寻找它，而且还一定要找"可靠"的。找到了吗？仅仅根据年龄别生育率和出生率就可以做预测？

（六）接着上面，还是同一句话，"我们跑公安部、民政部、国家统计局、国务院计划生育领导小组办公室等单位"。"我们"是谁，您和宋健，还是您和宋健他们那一拨的所有人？您都去了哪个部门，是一个、几个还是全部？分别都是什么时间？去各个部门分别得到什么结果？怎么您说的这些事情与李广元 1979 年 12 月在成都会议上给我说的情况很不一致呢？他在给我说这些话的时候还不认识您呢。他说他们跑国家有关部门寻找人口资料做这个工作的时间又是在前一年即在大街上看见第一次全国人口理论讨论会会议的路标广告寻找到国务院第四招待所缠着会议工作人员希望参加会议的时候，那可是您还没有调到社科院以前的事情。

（七）紧接着下一句话，"最后拿到认为是可以代表城镇和农村的一个市和一个县的材料，真是如获至宝！"请问从哪里拿到这个材料，从哪一个、哪几个，或者上述国家所有部门共同拿到"一个市和一个县的材料"？以及拿到的究竟是哪一个市、哪一个县的材料？什么材料，年龄别生育率还是出生率，是什么时间的年龄别生育率或者出生率？这两个市县的什么材料就可以代表全国的，谁认为它们可以代表我国的城镇和农村？可以代表的原则、标准和指标有哪些？有论证吗，都是谁参加了论证？

（八）仍是第 129 页第 3 自然段第一句"1979 年第四季度，差不多每个星期天，我们都要在一起讨论一次。"您同李广元接触的成都会议是在 1979 年 12 月 13 日结束的，那时我们出差都只能坐火车，赶你们回到北京至少是 16 号以后的事情了。那天肯定宋健还没有见到您。我查了一下日历，1979 年在 12 月 16 日以后的日子里只有两个星期天，您为何要奢华地使用"1979 年第四季度，差不多每个星期天"这样的表述呢？

（九）同一自然节最后一句话，"讨论结果，由笔者撰写成文，并经宋健同志审定，最后选择 5 种方案，作为合作研究的最终成果。"我怎么从原子能出版社 2002 年出版的《世纪之鹄—宋健文稿选集》中第 294-306 页看到，您所说的 5 种方案，以及最早报道这个成果的新华社记者余振麟的报道文章，都是作为宋健、于景元、李广元 3 人在 1980 年 1 月 31 日《世界经济调研》第 5 期上发表的《关于我国人口发展问题的定量研究报告》一文的附录出现的，那可没有您什么事呀！

（十）您在这本书的多处，在第 129 页最后一个自然段中又一次说，多年来，关于您和宋健合作的这件事，您一直不愿意提及；如果要说，应该由宋健来说。老田，您别谦虚了。您是谦虚的人吗？出道以来，时时处处当仁不让的劲头哪里去了？如果有这个例外，您底气不足的话，我给你支招。这是您自己的事，您完全有权利来说。我给您讲个科学史上的故事。您当然知道杨振宁李政道合作获得诺贝尔奖的事情吧。后来他们二位分道扬镳，各走东西，再也不相往来。个中原由，两人都守口如瓶。最近季羡林的儿子季承写了一本相当于李政道传略的书，披露原委，该是李政道的版本。杨李合作，名序排列，杨先李后，李可言之。那么，你们排列，宋前田后，您当然可言。更何况，比起杨振宁李政道在极为狭小的领域中的一个极为具体的宇称不守恒假说，你们"自然科学和社会科学"合作所作的人口研究，无论领域宽泛与狭窄，或者惠及社会与人类，都大多去了。

（十一）第 131 页，第 2 自然段，您说，新华社记者余振麟 1980 年 2 月 13 日的报道在国内外的影响，"最主要的是，这个研究结果揭示了由当时人口年龄结构比较轻的基本特点所决定，人口增长的势能比较强，即使实行比较严格的控制人口增长的政策，全国人口还要再增长较长一段时间；同时，由于我国人口基数大，号称世界第一人口大国，1980 年 98705 万人，占世界 444230 万人口的 22.2%，每年增加的绝对人口数量相当可观，增强了人口问题严重性和控制人口增长任务艰巨性。"

老田，您真逗。关于你们的那个报道的影响怎么是这些呢？这些道理不是刘铮和北京经济学院人口理论研究室从 70 年代初中期开始给全国计划生育干部办班讲的几乎不需要再讲的道理嘛，不是陈慕华在此之前给中央党校、中国军事学院讲计划生育课讲的内容，已经成为全民皆知的、必须实行计划生育的常识吗？这还需要你们这些贯通自然科学和社会科学两大领域的科学家们来研究的？也才 30 年么，您怎么能够忘记，宣传你们的文章是在结束"文化大革命"和粉碎"四人帮"不久，邓小平倡导教育和科学的年代，人们崇尚科学的时候，你们的成果号称是经过"自然科学和社会科学合作"的结果，特别是用控制论和系统工程的方法做的测算。那个时候，别说一般的老百姓了，也别说我们这些从事社会科学研究的人，就连绝大多数的理工科的知识分子也都很少有听说过控制论、系统工程的。你们自然科学和社会科学工作者合作，用控制论和系统工程方法预测中国百年人口，一下子就把包括中央领导在内的全国人民"雷倒了"。您这全国最大的大家，说你们成果中的什么影响最大不好，要挑选出一项不属于你们的、连那时候的任何一位中小学生都知道的老掉牙的道理充做你们自己的发现。

（十二）第 131-133 页，您用不到两个页码的文字来叙述只有您参加和只有您知道的确定中国人口和计划生育大计的 5 次中央座谈会。但是，这么大的事情，怎么 30 年来无论官方或者民间都从未曾有记载或传说呢？譬如孙沐寒 1987 年出版的《中国计划生育史稿》，史成礼 1988 年的《中国计划生育活动史》，国家计划生育委员会 1992 年的《当代中国的计划生育事业》，彭珮云 1997 年主编的《中国计划生育全书》，杨魁孚梁济民张凡 2001 年的《中国人口与计划生育大事要览》，由路遇承担的国家计划生育委员会建议设立的国家社科基金重大项目《新中国人口五十年》，以及从 1986 年开始由国家计划生育委员会机关一年编写一本的《中国计划生育年鉴》，等等。这可都是很有权威性的作者和著述，其中涉及 30 年来的我国计划生育部门所有的主要领导，譬如钱信忠（国务院计划生育领导小组副组长、卫生部部长、国家计划生育委员会主任）、栗秀珍（国务院计划生育领导小组副组长兼国务院计划生育办公室主任、国家计划生育委员会副主任、国家计划生育委员会顾问）、季宗权（国家计划生育委员会副主任）、周伯萍（国家计划生育委员会副主任）、常崇煊（国家计划生育委员会党组副书记、副主任）、彭珮云（国务委员兼国家计划生育委员会主任）、杨魁孚（国家计划生育委员会党组副书记、副主任）、李宏规（国家计划生育委员会副主任）以及一大批国家计划生育委员会的中层干部。这几部大著作中，除了惶惶正文应该记述您所说的那5次座谈会以外，都还有"大事记"之类的记述，他们怎么可能全得了遗忘症，一概都对您所记述的事件遗漏了呢？特别是钱信忠（时任国务院计划生育领导小组副组长、卫生部部长，从1979年开始一直支持和拥护陈慕华提出的"一胎化"政策，1982年接替陈慕华任国家计划生育委员会主任）和栗秀珍（时任国务院计划生育领导小组副组长兼国务院计划生育办公室主任，1981年国家计划生育委员会设置后又改任副主任、顾问），都是在您所说的这段历史期间远比您更为重要的人物，这一类的座谈会要末就根本没有发生，而只要有这样重要的会议，中央机关可以不通知您参加，但一定会通知他们参加的。但是，在这2、30年的历史中，他们有的是机会讲述这段历史却从未曾提及过。您参加的座谈会是国家机密，您可以决定解密的时间和机遇？

其次，您没有用任何文字交代30年后第一次撰写这方面的情况的依据是什么。历史档案，您的笔记，还是根据您的记忆？如果是历史档案，是当时的会议记录，还是会议期间的简报或者其他文献，现在存放在那里，卷宗编号？如果是您的笔记和记录，与历史档案对照了吗，您的笔记和记录吻合吗，准确吗？如果根据现在的记忆，您核对过历史档案了吗，准确与可靠的程度有多大？

再其次，您说的中央5次座谈会除了有关部委负责人以外，从事神经、妇产、泌尿、遗传、避孕和控制论等方面自然科学家19人，从事人口、经济、社会等来自社科院、高校和部委研究部门的社会科学家19人，共63人。我怎么觉得与《李先念传》里的一段话有点接近呢？这段叙述同一时期的话说：

国务院于三月三十日至二十四日，在京召开了长期计划座谈会。各省、市、自治区和有关部门主管计划的负责人，以及四十多名社会科学专家和自然科学专家参加了会议。

是不是中央党史研究室的那帮秀才们，把应该写进您的著作里的材料写到他们的书中去了？另外，可能只有中国社会科学院院士您这一个层次的大佬知道，在自然科学和现代医学里还有一门"避孕"学。但中央机关他们怎么懂得这些？谁是这一学科的开拓者，座谈会请到的这一学科的专家是谁？

即使如此，按照您所写的文字阅读，也还是有很多的问题。第一，您以为可以视为中央召开的座谈会的依据就是您介绍的第一、二次会议由中央办公厅副主任冯文彬主持。那么，其他 3 次会议的主持人是谁？按照通常理解，您能介绍第一、二次会议主持人，而后面不再介绍，是因为主持人的级别太低，不够档次，不值得介绍吧。如果这样，后三次会议可能是中央办公厅副主任冯文彬太忙，因故不能参加，由他手下的组长、科长主持的吧（那时的行政机构还没有像现在膨胀和等级森严，办公厅下也还没有设置那么多的局——笔者注）。

第二，有关中国国家大政方针的决策大事由中央办公厅副主任主持的会议决定？除了您这里说的以外，您从中国共产党和中华人民共和国的历史上还能找到第二例来吗？

第三，所有的会议都没有具体的时间，各次座谈会什么时间召开，分别召开了多长时间，2 个小时、5 个小时，还是半天、一天，拟或是 10 天、半个月？

第四，参加各次会议的人都是谁，做过哪些具体的发言？

第五，每次会议的主题和议程都是什么？就沿袭第一次会议的话题漫谈到底？那是座谈会还是神仙会？

第六，根据您的说法这几次会议是中央书记处委托中央办公厅副主任召开的座谈会，按照通常的理解，中央办公厅要向中共中央书记处汇报会议结果。但是，在您的笔下，座谈会开着开着不知道什么时候怎么就又变成了政治局候补委员陈慕华向中央书记处的汇报？可我们查阅国家计划生育委员会转述中共中央书记处对这次会议的概括和称谓，是"中共中央书记处会议听取陈慕华关于人口和计划生育的汇报"，可不是您说的"中共中央书记处委托中央办公厅人口和计划生育政策座谈会"的汇报。国家机关对于中央会议的传达和转述可不会向您那样随意，文件的名称和文件内容文字的表述要求都必须十分准确，一点不得含糊的。所以，您所说 5 次中央座谈会究竟是国务院计划生育领导小组及其办公室召开的为陈慕华向中共中央书记处汇报做准备的座谈会，还是"中央座谈会"（即使中央办公厅的会议也不可称之为"中央会议"的）？

第七，即使如您所说是中央书记处委托中央办公厅召开的座谈会，那为什么把座谈会会议结果给中央报告的"起草任务""压到"您的头上？中央办公厅连整理座谈会的情况的人才都没有？您起草的"《报告》"的全名称是什么？

第八，"5 月初，陈慕华同志办公室将准备 5 月 12 日向中央书记处汇报的《人口问题汇报提纲》（草稿，以下简称《汇报提纲》），通过内部交换寄给笔者，此后再没有做过其他改动。"陈慕华的《人口问题汇报提纲》和中央书记处委托中央办公厅召开的人口座谈会是什么关系？《汇报提纲》是陈慕华个人的还是代表什么单位或者这次座谈会的，它的全名称是什么？如果是陈慕华个人或者代表她主管的部门，那她为什么要把《汇报提纲》通过交换寄给您？如果我没有搞错，她是国务院计划生育领导小组组长，您是中国社会科学院经济研究所一般研究人员，她为什么要把给中央的《汇报提纲》提前寄给您？要您替她修改、把关？作为中央政治局候补委员、国务院副总理和国务院计划生育领导小组组长的陈慕华，有一个班子为她服务，都找不出一个可以胜任起草报告的人？此外，国务院计划生育办公室也有一大摊人马，经常写宣传文章和起草人民日报等党报有关计划生育方面的社论，都没有可以给中央起草报告和可以替陈慕华修改文件的人？另外，根据文献得知中央书记处听取陈慕华汇报是 6 月26 日，从 5 月初给您的《汇报提纲》（草稿）到实际上会汇报将近两个月时的时间，又不是您起草的，您怎么知道"此后再没有做过其他改动"？事后陈慕华向您传达得知还是您参加中央书记处会议并获得给中央书记处的文件了？陈慕华将别人起草的文件通过内部交换寄给您，是要您修改、把关吧，您是文件起草小组的组长或者负责人？顺便再问一句，您还有一个内部交换系统？党和国家机关内部交换制度是在上个世纪80年代初中期建立起来的，它的前身是国家机关的内部机要制度和机构。以前的机要属于垂直关系，只是上下级之间发生联系，之后在此基础上建立了国家机关横向之间定时可以相互传递相关文件的制度，即您所说的"交换"。1980年的时候交换制度尚未曾建立，您只能从社科院的机要室得到国务院发送过来的文件，您哪里可能"通过内部交换"直接得到？充什么大头啊！

第九，您还给陈慕华起草了一个"准备向五届人大三次会议的报告稿"。据我们国家的体制，人大会议上只有国务院总理、国家计委主任、财政部长、最高法院院长、最高检察院院长的报告，一般没有副总理的报告。即使陈慕华让您给她准备了什么，也不是给人大会议的报告吧？不好意思，提了这么多的问题，实在是由于您举重若轻，惜字如金，把我们这些一般的人看来如此重要的历史事件叙述的过于简单和简约，使得诸多事情留有太多的悬念，令人颇费猜想。

好了，因为所使用的文档中可以调用的数字符号就以上10个，所以，抽取的问题也以此为限。不过，为充分利用资源，在不至于引起思维混乱的前提下，我们再提一个问题。第132-133页亦即这一部分最后一段话，您说：

1980年3-5月由中共中央办公厅主持召开的人口座谈会，经过与会领导、专家学者的反复讨论，定下"提倡一对夫妇生育一个孩子"大计，起到为控制人口增长和加强计划生育一锤定音的作用，这对后来人口政策的形成和发展至关重要。笔者亲历座谈会并担负《报告》的起草工作，平心而论，这不是如同有的文章或网上帖子所说的那样，是"草率"和"不负责任"的决定；相反，对"提倡一对夫妇生育一个孩子"的必要性、可能遇到的问题，如何应对等，均作了当时能够做到的最大限度的民主讨论，尽可能科学的分析。

老田，怎么我读了您的这一段不到两个页码的叙述，再看您这个结论，总感觉特别地别扭呢？第一，从您叙述的出席第一次会议人员包括国家计委、民委、卫生部、民政部、公安部、农业部、劳动总局、团中央、妇联等单位来看，这不都是当时的国务院计划生育领导小组的组成单位吗？（1981 年国家计划生育委员会正式成为国务院组成单位后，计划生育委员会的兼职委员荏苒是这些单位）这些单位这次参加会议和曾经召开的国务院计划生育领导小组工作会议有多大的差别？另外，您说会议是中央书记处委托办公厅召开的，那为什么座谈会的报告要由陈慕华来负责，最后实际上是由她来收场的呢？

第二，您所说的"与会领导"，从您叙述的情况来揣摩，上述单位派来参加会议的代表，可能很少有部委的一把手参加会议的，我只能看见您所说的"领导"就是中央政治局候补委员、国务院副总理兼计划生育领导小组组长陈慕华。但是，这就又有一个问题，政治局候补委员、国务院副总理参加的会议，由中央办公厅副主任主持。您再从党的历史上找个先例，有以中央办公厅主任名义主持的会议，召集中央政治局候补委员或者国务院副总理参加的会议吗？党和国家可都是有规矩的啊。

第三，您虽然说第一次会议有医学等自然科学和人口、经济学等社会科学各 19 人参加，但会议越开参加的人员越少，到第三次会议"社会科学界仅剩下几位同志，自然科学界也减少了一小半的样子，"第四次会议"人员减少到 20 来人"。即使这样，几次会议上您所说的参加"反复讨论"的专家学者，除了在一个地方提及"同时，宋健同志做了许多重要的工作，但笔者（田雪原—引者注）知之有限，只知道他在起草《中共中央关于控制我国人口增长问题致全体共产党员、共青团员的公开信》等工作。"所谓专家学者除了几次会议您发挥了很大作用，以及这个地方提到宋健以外，怎么就没有第三位专家的名字，更没有看到这些专家起到什么作用。是不是那些所谓的专家是有关方面随意从大街上拉过来凑数的，或者是给您来当托的？怎么就没有看见他们任何人有什么发言，或者稍稍地露头露脸呢？也不知道那些无名的专家像您和宋健那样，每次会议都参加了呢，还是各次会议参加人员各有不同？您说"与会领导、专家学者的反复讨论"，但除了能看到您的作用和起草《汇报提纲》，宋健起草"公开信"以外，其他任何官员和专家学者就都看不到呢？另外，您不是说"知之有限"吗，怎么又知道"宋健同志做了许多重要的工作"？你们这个座谈会是怎么开的，还分开几个小组会吗？怎么您一会说一起参加会议的宋健"做了许多重要的工作"，一会又说"知之有限"？他发言特别挑选您不在的另外会场，还是专门在座谈会下面做贡献，或许他是在做有关会议后勤服务工作的，以至于您一定知道做了贡献但又不具体了解。还有，告党团员"公开信"应该是6月26日中共中央书记处会议以后的事情，怎么在3-5月的5次座谈会上由什么人就交给宋健去"起草"了？以党中央的名义发布"公开信"究竟是中共中央书记处会议后中央领导的决定，还是会议期间冯文彬的或者冯文彬手下的那个组长、科长的决定？根据胡乔木1980年7月10日给宋健回信中说"7月6日的信和告党团员书初稿都看了。你的文章写得很快"，推测应该是书记处会议后宋健才开始写起草文字的，否则，一份3、4千字的文章从3-5月座谈会期间写到7月6号，还有什么"文章写得很快"之说？你怎么把座谈会期间的宋健打发去起草"公开信"去了，难怪看不到他在会上发言。

说到这里有必要就"公开信"的所谓起草问题再讲几句话。根据我们党和国家几十年来的工作程序，党和国家具有全局性的文件、文献当然是直接出自于中央机关的。以中央名义发出的具有部门工作性的文件和文献，除了完全来自中央机关以外，往往会由主管部门提供相关资料，然后由中央机关负责文件的起草；有时甚至于基本上由主管部门起草文件经中央机关把关修改后再通过一定的决定程序以中央的名义发出。首先从现在可以看到的1980年6月26日中共中央书记处关于听取中共中央政治局候补委员、国务院副总理兼国务院计划生育领导小组组长陈慕华人口和计划生育汇报会议的正式文件，没有提出该次会议形成过什么决议之类的决定，就连会议决定以党中央名义发布告党团员公开信之类的决议都没有。但是，推测"公开信"是这次会议的一个产物。从"公开信"的文风来判断，它来自当时的中共中央书记处书记胡乔木之手。胡乔木文化大革命前曾任毛泽东政治和文字秘书 20 多年，被邓小平誉之为"一支笔"，邓小平第二次复出的时候就启用他为国务院政治研究室主任，十一届三中全会后中共中央政治局会议确定胡耀邦任秘书长，胡为副秘书长。半年前，即您所说的 1980 年 3-5 月中央人口座谈会前一个月召开的十一届五中全会上新设立中共中央书记处，胡耀邦当选总书记，胡乔木为书记处的 11 位书记之一。根据胡乔木给宋健信中说宋健的文章是"初稿"。宋健自己将递交中央的那篇题为《为人民长远利益而少生优育》的文章是"为起草'中共中央告全体共产党员、共青团员和全国人民书'所写的参考材料"。胡乔木对这篇文章的评价说："这篇文章的缺点是不适宜于告党团员书这样的要求。说到材料不仅通俗（按对全国亿万人民说话的标准说）和切合当前主要课题，广大群众最关心的问题解答不够，同时篇幅也长一些"。说明公布的"公开信"并不是宋健起草。同期刘铮也有一篇题为《向人口自然增长为零进军》的文章，从文风看也应该是为"公开信"做准备的。相传，国务院计划生育领导小组办公室的王连城等人也在为"公开信"做起草工作。所以，这一时期为中央起草"公开信"提供资料或初稿的人不只宋健一个人，按照惯例应该有国务院计划生育办公室和中央办公厅组成的一个小组在为胡乔木最后完成的"公开信"做准备。

第四，包括您后面几个小节所叙述的您的观点认为，这已经是"当时能够做到的最大限度的民主讨论，尽可能科学的分析"。就根据您所说的这 5 次由中共中央办公厅主持召开的有你们 2、30 人参加的、绝大多数人还都没有发表意见的座谈会，就算是当时我们党内最大限度的民主讨论了？老田，不是吧？我简单讲两件事情，您对找一下什么叫民主讨论。

先说一件早一点的事情，毛泽东 50 年代起草的《宪法》。

1953 年 11、12 月，先由陈伯达起草一个稿子。

第二年 1、2 月份由毛泽东带另一个起草小组在杭州西湖边上重新起草形成第二个稿子，有 7、8 次修改。其中毛泽东的西湖起草小组与北京的党中央有过几次互动读稿，比如 2 月 28 日到 3 月 1 日，刘少奇在北京主持召开政治局扩大会讨论从西湖传来的讨论稿，即中共中央宪法初稿的三读稿。这次中央政治局会议还请了周鲠生钱端升为法律顾问，叶圣陶吕叔湘位于稳固文。

3 月 9 日，西湖起草小组提供了 4 读稿，刘少奇于 12、13、15 日连续召开政治局扩大会议讨论，并决定成立以陈伯达等八人宪法小组，负责宪法初稿修改；决定组成宪法起草委员会并由李维汉为秘书长，主持办公室日常工作，在全国征求意见。

3 月 23 日，毛泽东主持召开第一次宪法起草委员会会议，除毛泽东等党内 6 位委员外，党内外委员共计 26 名。毛泽东介绍说，这个由中国共产党提出的宪法初稿前后总算起来，恐怕有 1、20 个稿子了。会议决定，除宪法起草委员会讨论外，还要会同全国政协分组讨论，分发各大行政区、各省市的领导机关和各民主党派、各人民团体的地方展开讨论。

5 月 27 日至 31 日，6 月 8 日，刘少奇主持宪法起草委员会共召开了 5 次讨论会，对修征稿进行讨论。

与此同时，政府在北京组织了 17 个讨论组，在各大行政区、各省市组织了 58 个讨论组，全国有 8000 多人参加了讨论，提出了 5900 多条意见。

6 月 11 日，宪法起草委员会进行第 7 次会议讨论提出"修正稿"，准备提交中央人民政府委员会讨论公布。

6 月 14 日，毛泽东主持中央人民政府委员会第 30 次会议，46 名中央政府的政务委员参加了讨论，200 多名政府各个部门的领导人列席了会议，讨论通过了"宪法草案"和关于公布宪法草案的决议。

随后两个月里，全国有 1.5 亿多的人参与了宪法草案的讨论。

9 月 8 日，毛泽东主持宪法起草委员会第 8 次会议，对宪法草案做最后一次修改。

9 月 14 日，毛泽东主持中央人民政府委员会临时会议，对第二天提交全国人大的宪法草案做最后审议。

9 月 15 日，第一届全国人民代表大会开幕，刘少奇受宪法起草委员会委托向大会作关于宪法草案的报告。

9 月 20 日，第一届全国人民代表大会以无记名投票的方式，通过了中华人民共和国第一部宪法。

老田，小结我国第一部宪法的产生，不算陈伯达准备工作，仅从毛泽东组织带领起草班子算起，历经一年零八个月。期间至少三次大讨论，第一次约 2 个月时间，至少 8000 人参加。第二次在全国范围讨论，也 2 个月时间。第三次在全国人大会议上审议，都比您说的那个民主要充分多了吧？

再讲一件与您所说的同时期的，由邓小平领导的起草我党第二个历史决议的过程。

1979 年初春，有人在理论务虚会议上提出应该搞一个历史决议，把毛泽东和文化大革命、见过 30 年等问题做个历史总结。邓小平等当时的中央认为"不应匆忙地进行"。

10 月 1 日，叶剑英发表的国情讲话对 30 年、文化大革命和等问题的阐述得到社会好评。邓小平等中央常委提出起草历史决议的决定。

10 月 30 日，胡乔木召集起草小组会议传达邓小平关于起草历史决议的指示。

1980 年 3 月 19 日、4 月 1 日，邓小平针对起草小组拿出的历史决议的"提纲草案"找胡耀邦、胡乔木等谈话。

5 月 23 日，起草小组完成"决议提纲"。随后，写出"决议草稿"。

6 月 27 日，邓小平发表谈话，"不行，要重新来。"

7 月上旬前，中央书记处连续讨论邓小平的指示和历史决议相关问题。

8 月初，起草小组写出一个接近完成的稿子；9 月 10 日，拿出一个完整的稿子。

9月下旬，将9月10日稿子提交省市自治区党委第一书记座谈会讨论。

10月中旬到11月下旬，组织全党4000多名高级干部（其实还应再加上期间正好在中央党校学习的1500名干部，实为5500人）讨论决议稿，形成"修改稿"。

11月10日，中央政治局会议讨论"修改稿"。

1981年3月30日，胡耀邦主持中央书记处讨论，并决定分发政治局、书记处和一些老同志，在大约40人的范围进行讨论。

5月15日，起草小组在40人讨论基础上，形成新的"修改稿"。

5月19日到29日，政治局扩大会议分5个小组讨论。6月4日，根据讨论情况修改后再发给参加政治局扩大会议的同志。6月11日，形成准备提交六中全会的"修改稿"。

6月15日至25日，六中全会用10天的时间讨论，仅会议期间又做了100多处修改，篇幅从67页增加到75页，增加了3000多字。27日，得到全会通过。

老田，邓小平的民主故事也比您说的宽泛多了吧？

您看一看中央在邓小平—胡赵政治体制形成后第三个月就提出来的现行计划生育政策是怎样产生的。根据中共中央书记处的意见，1981年9月中央书记处122次会议提出农村计划生育政策可供选择的两个方案，一个是允许农民普遍生两个，第二个方案是生了一个女儿的家庭可以再生育一胎。书记局会议决定先征求各个省、市、自治区党委的意见，然后到12月份中央会议期间再召开省、市、自治区党委第一书记和中央各部委主要负责人座谈会。承载现行生育政策的中共中央1982年11号文件就是经过这许多的程序才发出来的。

您说的由中共中央办公厅出面的那几个只有几十个甚至只有20几个当时的您以及宋健这样的层次的人参加的座谈会，并且座谈会越开人越少，最后似乎只剩下了您一个人了的会议，就决定了具有"国策"性质的大政方针，怎么就是我们党和国家的"最大限度"的民主与科学了呢？您也太低估我们国家的民主制度了吧？

第五，您根据您所叙述的 5 次座谈会制订的"一胎化"生育政策反驳人们的"草率"说和"不负责任"说，但是，根据您所叙述的人口和计划生育这样大的事情中央竟然委托给办公厅副主任及其手下的组长、科长们主持召开的、仅仅听了一个当时连个中级职称都没有的、从行政单位调动到研究部门还不到一年的田雪原的一些貌似科学的意见就"定下'提倡一对夫妇生育一个孩子'大计"，让一个与全国 9 亿多人民生命生活相关的国计民生问题听命于一个社科院年轻干部的思想观点，听起来远比我论证的"一胎化"是一年前由中央政治局候补委员、国务院副总理、国务院计划生育领导小组组长陈慕华在极短的时间里提出来并不分城乡地迅速在全国推行的更为"草率"和"不负责任"呢！您这样论述历史，其实是在贬低我们国家的决策制度。我们的决策制度很不合理，也不科学，但绝不是在您这如同儿戏般的运作下产生的。特别是在胡耀邦主政的时候，这个足以把全国人民搅得鸡犬不宁的人口和计划生育政策，竟然是在他委托给他的办公厅副主任召开的几次座谈会所作的决定。没有的事！

老田，您是否由于年龄大了，脑子有问题了？1980 年 2 月您和宋健出场的时候，陈慕华提出的"本世纪末人口增长为零"的我国政府目标和方案，以及由此决定必须实行"一胎化"的人口政策，都已经在我们国家出现一年多了。您和宋健不过是以"自然科学和社会科学合作"的形式论证这些决策是"唯一正确的"。现在还可以检索出 1980 年 2、3 月份你们的 3 篇文章，都是要论证"全国妇女尽快实现'一胎化'，那么到本世纪末我国自然增长率便可降低到零"。你们那个时期在人口和计划生育政策方面扮演的角色，完全符合我们国家决策制度的特点，即政府首脑决策而由专家学者予以论证和诠释。我们国家几乎所有重大决策都是这个模式，只不过"一胎化"生育政策有了你们的参与而更为经典一些罢了。所以，"一胎化"无论正确与否，作为我们国家的一项重大决策都是决策者决定的。但是，你们必须承担你们因为投机而承担的极不负责任的角色所应负的责任。"一胎化"人口政策是一个在古今中外任何国家都没有实行过的一项政策，特别是在我们这样一个经济上落后的将近 10 亿人口的大国，为何就是合理和应该的？您可以有您的观点。而且，无论您持什么观点，别人可以不同意，但无权指责。问题在于，您和宋健都是从事人口研究只有一年多点时间的研究人员，竟然把自己的东西以"自然科学和社会科学"合作的形式向党和国家兜售，用控制论和系统工程这个据说世界最尖端的、世界科学界"公认"成果的名义向社会做宣传。把一个草率的东西当作成熟的研究成果，显然是违背学者的良知和科学家的品德，是很不道德的行为。从 1980 年开始到整个 80 年代，我对你们的批评（包括写信给宋健于景元的批评和对于景元当面的批评）都限于此。记得 1988 年 10 月初我们在大连参加"纪念党的十一届三中全会 10 周年理论研讨会"结束后一起乘飞机返回北京，在候机和机上我当面对您的批评（连您当时面对我的批评所呈现的尴尬和默然的表情我至今还历历在目），也都仅限于此。应该说，这都属于历史了。但是，几年来您却老糊涂了，连连制造出 1980 年 3-5 月中央 5 次座谈会决定人口大计的新闻。您想一想，你说的这个时间当时的党和国家高层的政治架构允许有重大政策出台吗？虽然一年前的十一届三中全会确立了邓小平陈云的实际领导地位，但是，华国锋的问题还没有解决。您所杜撰的中央座谈会召开的时候，中央书记处成立和胡耀邦当选总书记都还不到一个月。华国锋还是党中央主席、国务院总理和军委主席。经过十一届三中全会后让胡耀邦当选中央秘书长一年来的试探，到 1980 年 2 月设立中央书记处，是邓小平陈云从华国锋手上分权的战略刚刚起步。华国锋不会没有意识到当时的局势。邓小平－胡赵体制还未曾确立。此时的中央那里还会有重大政策决策出台呢？在这样的背景下，胡耀邦和新成立的中央书记处只能以政治大局为重，暂时承认所有局部性的工作现状。所以，1980 年 6 月 26 日中央书记处会议听取陈慕华关于人口和计划生育汇报以及 9 月 25 日"公开信"的发表，都属当时政治斗争尚未明朗和结局的情况下的一种过渡性的安排。1980 年 9 月，某某在人大会议上接任国务院总理职务。1981 年 6 月召开的党的十一届六中全会上，胡耀邦当选党中央主席、邓小平当选中央军委主席，才表明邓小平一胡赵体制的完成。9月，中共中央书记处122次会议就提出用允许农民生两个孩子和"女儿户"两种方案取代自1979年以来一直实行的"一胎化"政策的政治决策。一方面，您杜撰的那个时间段就不是可以做大事的时间。另一方面，您现在把您打扮成"一对夫妇生育一个孩子"的重大决策者，您决得了策吗？由于我国政治制度的发展阶段的限制和制约，无论人民和政府都还不习惯于公民批评政府，前些年有些人应该直接对政府的批评转移到您和宋健的头上，称你们是"一胎化"政策的"设计师"。您竟然真的担当起"设计"的重任来了。"一胎化"果真是您设计的？1979年1月全国计划生育办公室主任会议上，陈慕华就提出"奖励生一胎"。4月，李先念代表党中央国务院在中央工作会议上的讲话"提倡生一个"。6月18日，华国锋在人大会议上提出"奖励只生一个孩子的夫妇"。27日，陈慕华在中央党校讲授计划生育课，7月6日人民日报曾以《把工作重点放在"最好生一个"上来》为题发表重要消息，其讲课稿里就有两处使用了"一胎化"这个词。那时，您从教育部行政岗位调动到社科院经济研究所，手续办完了吗？您老也老矣，充那个大头干什么？您那时不就是一个刚刚进入经济学研究岗位的中青年研究人员么，能担当起您所叙述的那个重担吗？您说的您在1980年3-5月份以及9月份的"公开信"中起到那么重大的作用，据我所知，6月26日陈慕华给中央书记处汇报人口和计划生育工作时，您从没有提到参加中央人口问题座谈会的刘铮和您虽然提到曾参加座谈会了却看不到您介绍其在会议上有任何重要发言的宋健，都列席了书记处的会议，为什么没有请您参加？"公开信"发表后不到半年即1981年3月国家计划生育委员会设立的时候，国家计划生育委员会委员中有刘铮、宋健，为什么没有您？1988年计生委设立专家委员会，为什么还是没有您？这就是中国！您还以为您是在古希腊的雅典城邦，还是古罗马？作为一个研究人员，本来就不在政治决策的圈子里，也就起不到政治决策的作用，何必要编造历史担当重任呢？历史岂是杜撰和编造的！

　　老田，您大概可以发现，以上的问题是我从您的 400 个页码的大作里不到6个页码所记述的不到半年的历史的文字中初步提取的。而您写的是 60 年的历史，根据您这里反映出来的治学作风和写作态度，这本书中的问题一定少不了。容后再议。

　　致

　　礼。

梁中堂 2010 年 5 月 25 日

（本文分 3 部分刊发于 2010 年 8 月 10 日）

《论“公开信”》自印本序言

连同附录在内，这本小册子收录的 4 篇文章，都是自 5 月下旬以来写就的。因为都是论及中共中央《关于控制我国人口增长问题致全体共产党员、共青团员的公开信》的，所以题为《论“公开信”》。

自 1980 年 9 月 25 日中央“公开信”发表以来，有关方面一直给予其极高的评价，以至于现在的人既不知道此前一年多的时间里，实际工作部门就在执行一个“只生一个”的人口政策，也不知道还未满一年中央就有了制订现行生育政策的决定。更为重要的是，现在绝大多数人都认为计划生育政策就是“只生一个孩子”，并且以为它是经“公开信”才提出来的。其实，“公开信”并没有承载新的政策。它是刚刚设置的中共中央书记处听取计划生育部门工作汇报时的一个临时动议。如果还原历史，将其放在“一胎化”和现行生育政策的变化这一历史过程中来分析，“公开信”就是一个由前者向后者转变的过渡、缓冲、拐点和转向路标。

30 多年前，当人们开始在经济社会领域清理极左思想的同时，却开始在以往政府从不涉足的生育领域实行一种极端的政策。由于实际的需要，“公开信”一直被当作极端的生育制度和政策的标志、标示和旗帜。这是一个历史的误会。“公开信”是胡耀邦新任总书记后的历史文献之一，虽然那个时期的中央书记处都未能跳出计划经济和计划生育的总体认识的误区，但是，实事求是、给人民以较多的自主选择权等等主体性的认识决定了新的中央领导机构对计划生育部门正在推行的极端的政策的疑惑。“公开信”表达了那个时代应有的各种内容和信息。只是人们给它加上了太多的光环，以至过于耀眼夺目而没有人产生还需要对其进行研究的想法。越是这样，人们就不断地在它的周边增添新的光环。“公开信”从一开始就被送进了误导社会意识的思想怪圈。剥落那些强加在"公开信"上的光环，还原历史的真实，该是研究人应有的工作。

　　谨以这几篇文章作为"公开信"发表 30 周年的纪念。

　　是为序。

梁中堂 2010 年 8 月 19 日

（刊发于 2010 年 9 月 2 日）

"中央人口座谈会"：一个由田雪原自编自唱的谎言

  写完有关《中共中央关于控制我国人口增长问题致全体共产党员、共青团员的公开信》（本文简称"公开信"）的两篇文章，已经阐述清楚了"公开信"作为新设立的中共中央书记处听取陈慕华人口和计划生育汇报会以后的产物，属于胡耀邦等中央书记处领导成员上任伊始熟悉工作的性质，只能是一种临时和过渡性的安排。1981 年 9 月 10 日，即党的十一届六中全会终于完成了邓小平—胡耀邦赵紫阳政治领导体制以后仅 2 个月，中共中央书记处 122 次会议就提出了允许农民普遍生育 2 个孩子和"女儿户"两个方案的政策转变决策。如果把"公开信"放在"一胎化"和现行生育政策之间的历史来分析，则明显发现其具有一定的缓冲性质，是由前者转向后者的拐点和转向路标。至此，应该说这个单元的研究就结束了。但是，大约 2 年前田雪原突然讲述了一段惊奇的故事，说 1980 年 3-5 月份，由中共中央书记处委托中央办公厅召开 5 次人口座谈会确定了"只生一个孩子"的大计，中央把"提倡一对夫妇生育一个孩子"的人口政策通过"公开信"的方式发布出来。这样，"公开信"就不是我所研究并提出的是过渡、缓冲、拐点和转向路标，而成为发布重大新政策的载体、是 ·个时代的起点了。1980 年，那是一个不远不近的年代。真的发生过一个"中央人口座谈会"吗？它已成为正确认识"公开信"的一个巨大障碍。所以，尽管说，忍耐上海夏天的酷暑和高温来品尝这枚又酸又涩的青果并非是一次享受，但是，既然已经开始了对"公开信"问题的研究，就必须把它进行到底。更何况，只有我读得出来，田雪原的所谓"中央人口座谈会"，在很大程度上也是为了回答笔者几篇文章的诘难才提出来的。这样，分析和考证这个由他一个人编造出来的故事，也是自己应该担当的一个义务。

一、一个弥天的谎言

最早出现中央 5 次座谈会确定"只生一个"人口生育政策大计的说法，是 2008 年 3 月 17 日的"新京报"。在题为《五次座谈会讨论出"只生一个好"》的报道中，田雪原通过该报记者说：

1980 年 3 月，北京依然春寒料峭。

中南海西楼会议室里，关乎全中国每一个家庭的会议正在进行。

在中央看到田雪原等人的人口预测后，中央书记处就委托中办，于 1980 年 3 月至 5 月，连续召开了 5 次座谈会。

……会议从中南海转到人民大会堂，专家从十几位减少到两个，最终，讨论渐渐转为决策过程，"只生一个"就这样定下来了。

这个过程产生了两个文件。其一是当年 9 月 25 日，中共中央正式发表的《关于控制我国人口增长问题致全体共产党员、共青团员的公开信》。其中号召："提倡一对夫妇只生育一个孩子"。

另外一个文件就是，田雪原接受领导委托向中央书记处起草的报告，定下我国人口问题的性质和解决的基本方针。

经过将近一年的观察，在 2009 年年初出版的一本书中，田雪原开始自己撰文。由他第一次亲笔叙述的文字如下：

1979 年下半年至 1980 年初，宋健、李广元等同志常常利用星期天等业余时间，到月坛北小街中国社会科学院经济研究所来同我一起讨论研究，中午就啃两块馒头、喝杯开水继续磋商，最后新华社发布了多种方案的中国百年人口预测结果。该预测由著名科学家钱学森和经济学家许涤新推荐给当时主管人口工作的陈慕华同志，陈慕华同志回信称转报中央政治局。1980 年 3～5 月，中央书记处委托中央办公厅召开人口座谈会，对人口问题进行了五次规模不等的讨论，最后形成报告上报中央书记处，以及撰写了致全体共产党、共青团员的公开信。……座谈会后给中共中央书记处的报告体现了上述基本精神。本人在受命起草向中共中央书记处的报告时，还按照领导要求，分别撰写以个人署名的几个附件，以示对这样的论证负责。这两个文件奠定了 20 世纪 80 年代以来我国生育政策的基调，产生了很大影响。今天看来，80 年代初提出的以提倡一对夫妇生育一个孩子的生育政策，绝不是"拍脑袋"的结果，而是经过认真的讨论和论证、对其实施后果进行了深入研究并符合国家和民族根本利益的抉择。

半年后，他在另外一本书中说：

1980 年，中国人口政策走到历史的关键时刻。这一年 3 月下旬至 5 月上旬，中共中央书记处委托中共中央办公厅，连续召开 5 次人口座谈会。……经过与会领导、专家学者的反复讨论，定下"提倡一对夫妇生育一个孩子"大计，起到为控制人口增长和加强计划生育一锤定音的作用，这对后来人口政策的形成和发展至关重要。笔者亲历座谈会并担负《报告》的起草工作……

谎话说过 3 遍就变成了真理。此后，不仅言之凿凿，而且传唱的频率也加快了。

2009 年 9 月，田雪原给自己单位的记者介绍说，1980 年 3 月至 5 月的 5 次人口座谈会，最终确定了中国人口的方针大计。他说："当时我们反复论证，对人口发展进行了科学预测才提出只生一个孩子的建议。"

10 月，田雪原说："1980 年 3—5 月中央 5 次座谈会，作出提倡一对夫妇生育一个孩子的决策。"

12 月，田雪原说："1980 年 3—5 月，中央连续召开 5 次人口座谈会。……座谈会向中央书记处提交的报告和中央关于控制人口增长的《公开信》，体现了上述基本精神，奠定了 20 世纪 80 年代以来我国生育政策的基调。"

2010 年 1 月，田雪原在中国社会科学院下属的某单位所召开的一次所谓高层"智库"会议上发言说："1980 年 3-5 月，中央书记处委托中央办公厅召开人口座谈会，对人口问题进行了 5 次规模不等的讨论，最后在中南海勤政殿形成座谈会向书记处的《报告》，以及致全体共产党员、共青团员的《公开信》。""本人受命起草向书记处的《报告》时，还按照要求，分别撰写了个人署名的几个《附件》，以示对这样的论证负有责任。这两个文件奠定了80年代以来的我国生育政策的基调，产生了很大影响。今天看来，80年代初提出的以提倡一对夫妇生育一个孩子为主要标识的生育政策……"

5月，田雪原说："1980年上半年中央人口座谈会向中央书记处的《报告》，9月中共中央《关于控制我国人口增长问题致全体共产党员、共青团员的公开信》，都阐明了提倡一对夫妇生育一个孩子……"

田雪原煞有介事地一次次讲述只有他才知道的"中央人口座谈会"。然而，历史上果真发生过吗？

二、20多年来的文献和研究都不支持"中央人口座谈会"之说

从上个世纪80年代以来，我国人口学界和计划生育部门都有不少的人在从事计划生育史的研究，发表的文章可谓汗牛充栋。在这些论著中，较有影响的有如曾任广东省计划生育委员会副主任孙沐寒的《中国计划生育史稿》，曾任甘肃省计划生育委员会主任史成礼的《中国计划生育活动史》，国家计划生育委员会的《当代中国的计划生育事业》，彭珮云主编的《中国计划生育全书》，杨魁孚梁济民张凡撰写的《中国人口与计划生育大事要览》，由路遇承担的国家计划生育委员会建议设立的国家社科基金重大项目《新中国人口五十年》，以及从1986年开始由国家计划生育委员会机关每年编写一本的《中国计划生育年鉴》。我之所以罗列上述著作是由于编著者几乎都是我国计划生育部门的领导人，有不少都是70年代到80年代一直在岗的当事人，譬如钱信忠（曾任卫生部部长、国家计划生育委员会主任）、栗秀珍（曾任国务院计划生育领导小组副组长兼国务院计划生育办公室主任、国家计划生育委员会副主任、国家计划生育委员会顾

问）、季宗权（曾任国家计划生育委员会副主任）、周伯萍（曾任国家计划生育委员会副主任）、常崇煊（曾任国家计划生育委员会党组副书记、副主任）、彭珮云（曾任国务委员兼国家计划生育委员会主任）、杨魁孚（曾任国家计划生育委员会党组副书记、副主任）、李宏规（曾任国家计划生育委员会副主任）以及一大批国家计划生育委员会的中层干部。但是，在这些人担当写作的著述中，或者在他们的直接参与下、领导下和支持下形成的专门叙述我国计划生育历史的文章或著述，却都没有丝毫的线索可以支持田雪原的"中央 5 次座谈会"。特别重要的是，钱信忠和栗秀珍两位领导同志都是这段历史期间的有关部门的负责人，如果历史上确实存在这一类的座谈会，中央机关一定会通知他们参加的。但是，在这 2、30 年的历史中，他们有许多次机会可以讲述这段历史，至少在上面提及的一些由他们参与的相关著作的编撰过程中，一定会叙述、也应该叙述这一重大历史的。遗憾的是，我们却从未看到过。

不仅如此，田雪原提出的"1980 年 3—5 月中央 5 次座谈会"将近 3 年，虽然媒体很火，但是，学界和计划生育管理部门却从没有人呼应。特别重要的是，他若隐若现地描述一起"参加"座谈会的宋健，对此一说也一点不予回应。在收入田雪原记述这一重要历史文章的同一本书中，宋健曾为该书撰写了"特稿"。不言而喻，宋健被邀写这篇文章，也是因为田雪原所说的那段历史上起到了重要作用。为示隆重，该"特稿"被放在一书通常序言或前言的位置。宋健的文章几乎就要触及到田雪原提出的那段历史。但是，他却有意远离那个故事，飘逸而过。他说："王震任副总理时（1980）曾向本文作者表示'中国人口能控制在 3 亿—4 亿就好了'"。其后，宋健还有希望学界"谋划中华民族未来，提出方案，供政府综合审理，报中央作出决策"，也可以回到田雪原的故事上来。可惜，宋健在这两处本来都可以回应昔日伙伴的"中央人口座谈会"之说的地方，都一笔带过，让读者感觉压根就没有发生和经历过这样的事情。

三、中央书记处的汇报会没有做出任何决议或决定

1980 年 6 月 26 日，中共中央书记处召开过一次与人口和计划生育相关的会议。但是，这次会议仅仅是接受国务院计划生育领导小组的工作汇报，并没有做出过任何决议或决定。关于这次会议情况，国家计划生育委员会整理的《中共中央书记处会议听取陈慕华关于人口和计划生育的汇报》中说：

1980 年 6 月 26 日，中共中央书记处召开会议，由中共中央政治局常委、中共中央总书记胡耀邦主持。会议听取并讨论了中共中央政治局候补委员、国务院副总理陈慕华关于人口和计划生育的汇报。

这是 30 多年来，人们了解这次中央书记处会议情况的唯一官方来源。这一条目未注明信息来源。根据党和国家相关的文秘规则，凡涉及中央和上级机关会议的文件内容，必须严格遵循中央或上级机关确定的口径，要准确反映领导机关的有关会议精神。所以，上述文字应该来自中共中央书记处会议以后，由中央整理下达的有关会议通知通报。按照国家计划生育委员会这一唯一的官方有关会议消息的来源，中央书记处会议只是听取和讨论了陈慕华的人口和计划生育汇报，而没有做出人口政策或者其他相关内容的决议或决定。

其次，我曾经依据上面的引述提出"公开信"不是中央书记处的正式的决议，而且进一步从"公开信"的具体内容来分析，它也没有确定"只生一个"的大计。相反，"公开信"从第一句话开始到整篇文字内容，都反映出"提倡一对夫妇只生育一个孩子"是一个已经存在的现实。文章一开始就说："为了争取在本世纪末把我国人口总数控制在 12 亿以内，国务院已经向全国人民发出号召，提倡一对夫妇只生育一个孩子。"

另外，从当年的计划生育主管机构即国务院计划生育领导小组的工作安排上也可以确定，那一个时期既不曾发生"中央人口座谈会"，也没有出台重大的政策。我们知道，"文化大革命"中各级党和

政府都有对毛泽东的指示"传达不过夜、执行不走样"之说。虽然那时的许多做法很过分，但是，作为各级党组织对待党中央的态度却一直是这样要求的。如果当时存在一个至关重要的"中央人口座谈会"或者中央书记处制定出生育政策的重大决策，国务院计划生育领导小组一定会安排相应的全国工作会议予以传达、贯彻。但是，从后来各个渠道研究和整理的有关计划生育史的文章或著作并没有发现这一情况。譬如，由国务委员兼国家计划生育委员会主任彭珮云主编的《中国计划生育全书》中的《中国计划生育纪事》，既没有 6 月 26 日中共中央书记处会议前落实"中央人口座谈会"的记述，也没有贯彻中央书记处汇报会议精神的记述。表明 9 月 25 日"公开信"发布以前，中央没有新的重大政策或重要精神。"公开信"以后，该书记录 10 月 15 日至 12 月 12 日，"国务院计划生育领导小组办公室在北京举办第一期全国省级计划生育办公室主任学习班。"请读者注意，这个"学习班"的举办方是国务院计划生育领导小组办公室而不是国务院计划生育领导小组。如果是传达中央的重要会议精神，不仅召集的是"全国计划生育办公室主任"会议，并且召集人一定是国务院计划生育领导小组，而不是它的办事机构国务院计划生育领导小组办公室。根据原国家计划生育委员会党组副书记、副主任杨魁孚等人编著的《中国人口与计划生育大事要览》，这次学习班的内容是："主要委托中国人民大学人口理论研究所教师讲授人口理论、人口统计、世界人口以及若干人口与计划生育专题等课程。

　　倒是杨魁孚的"大事要览"中记载了"公开信"发表以后，10 月 7-14 日，"国务院计划生育领导小组在北京召开全国计划生育办公室主任座谈会。"但是，这恰好说明，"公开信"不是承载新的生育政策。如果是党中央的重要会议或颁布重大方针、政策，有关部门就不能采用座谈会的方式，而是必须召开工作会议传达、贯彻。譬如 1978 年 10 月 26 日中央颁布 69 号文件批转《关于国务院计划生育领导小组第一次会议的报告》提出"最好一个最多两个"，国务院计划生育领导小组于 1979 年 1 月 4-17 日召开全国计划生育办公室主任会议；

1981 年 9 月 10 日中央书记处 122 次会议提出、1982 年 2 月 9 日发布中央 11 号文件提出现行生育政策，国家计划生育委员会于 8 月 10-16 日召开全国计划生育工作会议（期间，5 月 4 日钱信忠接替陈慕华任国家计划生育委员会主任）；1984 年 1 月 19 日中共中央书记处第 108 次会议听取和讨论国家计划生育委员会党组的汇报并做出改善政策的重要决定，国家计划生育委员会于 2 月 27-3 月 7 日召开全国省、市、自治区计划生育委员会主任会议；1988 年 3 月 31 日，中共中央政治局常务委员会举行第18次会议讨论并通过了国家计划生育委员会《计划生育工作汇报提纲》，5 月 9-12 日召开全国计划生育委员会主任会议传达贯彻该次会议精神。等等，都属于这种情况。1980 年 6 月 26 日中共中央书记处会议和"公开信"发表以后，国务院计划生育领导小组没有安排全国工作会议，说明期间不曾发生重要决议或政策变动，更没有出现所谓定下计划生育大计、一锤定音和至关重要作用的事情。

田雪原编造的"中央人口座谈会"不仅不是历史事实，而且也不符合历史逻辑。

四、"只生一个"在中央设置中共中央书记处以前早就存在了

"提倡一对夫妇只生一个孩子"是中共中央书记处设立以前，甚至于是宋健田雪原 1980 年 2 月出现以前早就存在的政策了。所以，从逻辑上来说，已经不存在经过中央书记处委托办公厅召开座谈会重新制订一个"只生一个好"的政策问题。但是，在田雪原的笔下和口里，"只生一个"成了他们的发明和中央书记处对他们建议的认可。由于这个问题我已经在讨论"公开信"历史地位和作用的两篇文章中做过较详细的论证，这里仅将重要事实略述如下。

1979 年 1 月，陈慕华在全国计划生育办公室主任会议的讲话中提出"鼓励生一胎"。

1979 年 4 月 5 日，李先念代表党中央、国务院在中央工作会议上讲话说："我们一定要认真做好思想教育工作，订出切实有效的办法，包括法律的和经济的办法，鼓励一对夫妇最好只生一个孩子。"

6 月 1 日，陈云对上海市负责人谈话时指出，要"制定法令，明确规定只准生一个"，"对独生子女实行优待政策"。陈云说："先念同志对我说，实行'最好一个，最多两个'。我说再强硬些，明确规定'只准一个'。准备人家骂断子绝孙。不这样，将来不得了。"

6 月 18 日，华国锋在给人大会议所作的政府工作报告中提出："要定出切实可行的办法，奖励只生一个孩子的夫妇……"。

10 月 15 日，邓小平会见外宾时指出，人口问题是一个重要问题。现在，我们正在把计划生育、降低人口增长率作为一个战略任务。我们提倡一对夫妇生一个孩子。凡是保证只生一个孩子的，我们给予物质奖励。

另外，一对夫妇只生一个的政策已经在 1979 年上半年的实际推行方面取得了很大的成效，涌现一大批先进地区和先进单位。仅从人民日报有关文章的题目上检索，5 月 19 日，有"在抓好思想教育的同时采取必要的经济措施兰化奖励终身生一个孩子的夫妇"的报道。5 月 21 日，有"提高群众计划生育的自觉性大邑县龙凤公社积极宣传只生一个孩子的好处"的报道。6 月 9 日，"什邡、江津两县从今年二月份以来，分别有三千三百对和八千八百多对已生一胎的夫妇，响应不再生第二胎的号召，从而使这些地区人口自然增长率不断下降，计划生育工作取得成绩。"6 月 22 日，有"争做计划生育的促进派贵阳市奖励计划生育的先进单位和个人，二十三位年轻父母倡议每对夫妇只生一个孩子""表彰只生一个孩子的育龄夫妇合肥市和天津和平区分别颁发光荣证和独生子女证"和"上海县虹桥公社一百五十九对育龄夫妇提出倡议实行计划生育只生一个孩子"等 3 篇报道。

由于已经在全国取得了一定的成绩，6 月 27 日，陈慕华在中央党校给领导干部讲计划生育课时，向各级领导干部提出"把工作重点放在'最好生一个'上来"。陈慕华说："计划生育工作要把重点转移到最好生一个上来，今后计划生育工作的要求是'晚婚、晚育、少生'，一对夫妇只生一个孩子……"12月18日，陈慕华在全国计划生育办公室主任会议上总结说："一对夫妇最好生育一个孩子，这是从今年以来开展计划生育工作的实践中，总结出来的控制人口增长的好经验。""把计划生育工作的重点，转移到一对夫妇最好生一个孩子上来，是解决我国人口问题的战略任务。"陈慕华还说："过去我们说，'最好一个，最多两个'，现在提出'最好一个'，后面那个'最多两个'没有了。这是目前人口发展中的一个战略性要求。"到1979年年底、1980年年初，"提倡一对夫妇只生一个孩子"已经是人民日报和各个大报经常采用的大号黑体和通栏的标题了。

还有，从工作统计来看，国务院计划生育领导小组办公室在1979年已经适应生育政策和工作指导思想的转变，设置了以"独生子女"为核心的工作统计。在该年的计划生育工作报表中，全国现有一个子女的夫妇1535.4万，其中已经领取独生子女证的夫妇610.1万，领证率为39.7%。在全国各省的报表中，仅有青海和西藏、宁夏等3个省、自治区没有"独生子女"的相关统计数据（江西省仅有独生子女数）。这都充分说明，"一对夫妇生育一个孩"作为一项既定政策，1979年已经在全国得到了贯彻和实行。

五、精心编造的谎言

历史上根本不存在的1980年3-5月中央5次中央人口座谈会的说法，决不是田雪原记忆有误而偶然犯下的错误。仔细阅读田雪原的有关文章，就不难发现中央人口座谈会决定我国人口政策大计之说，是他精心编造的一个弥天谎言。笔者所以使用这样的词语，一方面是说经其几年自我传唱，已经满天飞扬。另一方面，是指其谎话编造到党中央，直达天庭。说其精心编造，第一，田雪原说中共中央书记处委托中央办公厅召开了5次人口座谈会，但是，他一次都不交待召开会议的具体时间。第二，田雪原仅叙述第一次会议有中央机关25

人，社会科学研究和自然科学研究专家各 19 人。但是，除了他自己自始至终参加了 5 次座谈会以外，再也没有参加各次会议的人员的具体姓名和名单。第三，既然是座谈会，该有参加会议的人们的发言。但是，即使是田雪原在几个地方较为详细地介绍会议讨论和争议的内容，也从没有具体人员的具体发言和陈述。第四，由于把中央座谈会的背景设计为他和宋健的人口测算所引发，座谈会不得不提宋健。即使这样，田雪原也没有明确指出宋健是否参加了座谈会以及参加了哪次会议，而只是笼统地说"同时，宋健同志做了许多重要的工作，但笔者知之有限，只知道他在起草《中共中央关于控制我国人口增长问题致全体共产党员、共青团员的公开信》等工作"，从不肯明确陈述与他共同参加的任何一次会议。第五，田雪原提出会议产生了由他执笔的向中央书记处的报告和汇报提纲，但是，他仅仅以《报告》和《汇报提纲》简缩的方式表达，而不注明文件题目的全称。实际上，按照公文处理规则，向中央报告或汇报的文件都应该有明确的称谓的。比如，按照田雪原的说法，《报告》和《汇报提纲》是中共中央办公厅出面召开的中央人口座谈会的结果，这两份文献的全称就应该是《中共中央办公厅关于中共中央人口座谈会的报告》和《中共中央办公厅关于中共中央人口座谈会的汇报提纲》。或者，更为准确一点，就是《中共中央办公厅〈关于中共中央书记处委托中共中央办公厅召开人口座谈会的报告〉》和《中共中央办公厅〈关于中共中央书记处委托中共中央办公厅召开人口座谈会的汇报提纲〉》。第六，田雪原声明在向中央书记处撰写报告的同时，还以他个人署名的方式增加几个（有时又说是两个）附件，但是，从来也不进一步介绍附件的具体内容和题目。

田雪原如此安排是费尽苦心的。因为，上述任何一项说得再具体一点，都有可能暴露真相而被别人戳破谎言。譬如，写出具体的会议时间，无论中央有关机关或者国家人口与计划生育委员会的档案里、其他参加会议的人所作的笔记上，都可以澄清那次会议不是中央人口座谈会，而是另外的什么会议。写出具体参加会议的人员，叙述参加会议者的具体发言，包括把宋健介绍得更具体一些，都可能出现"穿帮"而引起这样的后果。至于他所说的《报告》《汇报提纲》和所谓的附件，其题目都会清楚地显示与所谓中央办公厅主持的"中央人口座谈会"所不同的主、谓语。由于田雪原在凡是可能露出马脚的地方，都经过了精心的安排。所以，即使给媒体的许多次访谈，在以上最有可能露出马脚的诸多方面都从来没有出过差错。笔者曾设想，无论对于训练有素或者初出茅庐的记者，都应该懂得新闻采访和报道中关于事件发生的时间、地点、过程等新闻要素。所以，几位记者采访中询问会议的具体时间、参加会议的人员，以及其他参会人员的具体发言，都是极为自然的事情。但是，这些必须交代的具体问题却从不交代，可见田雪原在这一问题上的精心设计和应对记者方面驾轻就熟、滴水不漏。

六、田雪原做研究的基本方法和学术范式——大忽悠

田雪原这次叙述 30 年前宋健投奔他的时候，是鉴于外行不熟悉人口学的范式，需要符合人口学规范的研究。似乎他已经了解人口学规范，掌握了人口学范式。但是，他没有进一步讲什么是人口学规范。所以，我们也就无法知道这一方面的知识。不过，我进一步思索，如人一样，虽然像田雪原这一类国务院学位委员会学科组组长、全国社会科学规划人口学科组长、中国人口学会常务副会长、中国经济文化交流协会副会长、中国社会科学院的院士等等学界的大腕的学术规范和范式我们无法知道，但人的规范和范式必定包括诚实、正派；做研究的规范和范式应该包括掌握必备的第一手资料，要真实、严谨和符合逻辑。古语有"三军可夺帅也匹夫不可夺志"之说。所以，田雪原的观点是什么、主张什么，这一直都不是我批评和关注的重点。相反，我看重的是做人、做研究应该具有的诚实和严谨的品格，重点审视田雪原的观点和主张是怎样的来的。既然做研究，总应该搜集资料并依据事实说话吧？作为一个学者，总该有严谨的态度，有一说

一，有二说二；是就是，不是就不是；可靠就可靠，可能就是可能。这是做人、做研究的规范或范式，也应该是人口学的规范或范式吧？遗憾的是，田雪原几十年来的所谓研究没有这些，有的就是忽悠。忽悠是他做研究、写文章的基本方法和范式。忽悠，是最近几年在全国流行的一个词汇。但是，它却不是新近才产生的。忽悠原先是东北地方方言，指某些聪明、狡猾的人的一种语言艺术。这种人擅长使用一些似是而非、查无实据的话来误导别人，以达到自己特别的目的。可能与其出身经历有关，田雪原运用此道娴熟、自如。翻检田雪原自1979 年为马寅初翻案到现在的"新中国人口政策 60 年"，就是一路忽悠地走过来的。特别是涉及重要历史问题的时候，由于田雪原从一进入人口学和计划生育领域就身处国家学术的最高殿堂，而且那时的单位里就他一个人从事这一工作，所以凡是出手就都敢于大手笔、大忽悠。"中央人口座谈会"，不过是许多关节点中的一个重要环节罢了。下面，就让我们从马寅初翻案文章开始，一个一个地来清点。

由于陈云、胡耀邦等党和国家领导人的批示，田雪原作为与马寅初早年工作相关的北京大学、原中国科学院哲学社会科学工作部等单位组成的为马寅初平反工作组工作人员，比较早地参与马寅初平反工作，进而为马寅初写翻案文章。但是，田雪原 30 多年来的有关马寅初的文章都不是真实的。

根据田雪原从 1979 年以来的有关文章，似乎马寅初比毛泽东等党和国家领导人更早地发现中国人口问题，写出"新人口论"，建议实行计划生育，受到毛泽东等党和国家领导人的赞扬。1958 年以后，毛泽东的态度发生了改变，不仅停止了计划生育，而且还组织了对马寅初的批判。但是，马寅初坚持真理，顶住压力，拒不检查。历史证明了马寅初是正确的，毛泽东忽视中国人口问题是错误的。这不符合历史事实。

首先，必须研究马寅初事件的时代背景。那是中国历史上的一个特殊时代。在那个时代里，除了毛泽东以外，包括朱德、刘少奇、周恩来和邓小平在内的无论共产党或者其他党派的党和国家机关的领导干部，社会各阶层的知识分子或者比较有文化的普通劳动者，都在不同阶段上受到过批判。马寅初作为一个在新旧社会都具有较高社会地位的具体的历史人物处在这一具体的历史环境中，特别是作为新中国中央政府的官员、旧中国过来的高级知识分子、无党派人士等多重身份，可以用"在劫难逃"来表述。从知识分子这一方面来说，仅仅在马寅初任职校长的北京大学已经有了冯友兰、朱光潜、贺麟、王力、翦伯赞、周一良、邓广铭、傅鹰、游国恩、王瑶、林庚、郑振铎以及在马寅初直接"帮助"下的周炳林等等一大批老先生受到了批判。从党外人士这一方面来说，1957 年已经有章伯钧、罗隆基、费孝通、黄绍竑、章乃器、宋云彬等一大批与其社会地位相当的民主人士已被打成右派而遭受批判。马寅初在那个应该谴责的时代受到批判，受到过不公正待遇，但不一定就是由于他写了"新人口论"。

其次，马寅初是一位经济学家。从新生政权建立伊始，马寅初一直站在共产党的立场上并以经济学家的身份在人民日报和中央人民广播电台上发表文章或讲话，解构和宣传中央政府的经济政策。50 年代初中期，马寅初几乎是唯一由旧中国走过来的可以在社会主义新中国继续写文章的、并且可以发表在党中央和中央政府的机关报《人民日报》和中央人民广播电台这些最高规格的媒体上的经济学家之一。1958 年 2 月，马寅初由财政出版社出版了他的专著《我的经济理论哲学思想和政治立场》，《新人口论》作为 4 篇附录文章之一收入该书。从新中国出版的唯一的一本书名和把人口论列为附录可以看出，马寅初并不把"新人口论"当作自己的主要论著。客观地说，马寅初的这本书是老先生在新中国努力学习马克思主义和新知识，试图用新学习的新知识——辩证法思想诠释社会主义计划经济，为最近几年的农业合作化和社会主义工商业改造政策的合理化辩护，为党的过渡时期总路线辩护，表明自己极力拥护党的领导和社会主义制度的政治立场的一本书。但是，他受批判的也是因为这本书。马寅初出书 4 个月后，财政出版社就推出了《评马寅初著"我的经济理论哲学思想和政治立场"论文集》，在被收入的 10 篇批判文章中，批判"新人口论"的仅 1 篇。1960 年 6 月底，随着马寅初辞去北京大学校长职务而校内外的批判活动已经结束，北京大学经济系整理了两年多以来批判马寅初的文章，其标题是《批判马寅初的经济理论哲学思想和政治立场的资料索引》，说明在当时无论批判者或者被批评者双方，批评的对象、目标和内容，都是清楚的，一致的，人口论仅仅算作是一个方面。具体分析这份资料，批判马寅初期间公开发表的批判文章 139 篇（本，含批判文章汇集成出版物的几本书），其中涉及人口方面 54 篇，不到全部批判文章的 40%。也都说明批判马寅初和马寅初被批判，不只是因为人口论。

再其次，从现在的资料来看，马寅初 1955 年 7 月在全国人大会议浙江小组发言主张控制人口，实行避孕和节育的时候，刘少奇、周恩来、陈云、邓小平等都已经有过这方面的明确主张。特别是 1954 年 12 月，刘少奇召集中央机关、群众团体负责人谈话说："关于节育问题，我们党、我们的卫生机关和宣传机关，是提倡还是反对？有些人是反对的，有的人还写了反对文章。现在我们要肯定一点，党是赞成节育的。"根据毛泽东时期党内生活准则，刘少奇的讲话中敢于这样肯定地说话，应该是反映了毛泽东的认识，说明毛泽东已经有了这样明确的态度。这些事实说明，马寅初在新中国最初亮明他的人口观点的时候，毛泽东等党和国家领导人已经有了这方面的思想认识。

还有，考虑到马寅初作为以毛泽东为主席的中央人民政府委员会委员、以陈云为主任的中央财经委员会副主任，华东军政委员会副主席，以及第一届全国人大常委会委员，第一、二届全国政协常委，按照那时的国家体制都属于国家领导人这一个阶层，经常会参加毛泽东等领导人召集的政府工作会议，应该具体地了解党和国家主要领导人在这一方面的基本态度和认识。这就是说，毛泽东等党和国家领导人有关避孕、节制生育和后来的计划生育的认识不是接受马寅初的观点，相反，马寅初在新社会开始讲他的人口论倒很可能是他了解了毛泽东等共产党领导人的政策主张以后才那么做的。

最后，马寅初开始讲他的人口观点的时候，中央卫生部已经按照党中央的指示在城市开展节育宣传工作，特别是各级卫生部门和卫生机构要设立避孕和节育的指导门诊，对群众的避孕和节育要求予以指导。高校是青年男女比较集中的单位，当然是城市卫生部门工作的重点。马寅初作为北京大学的校长，也就很自然地会了解到党和政府关于节制生育的政策。

批判马寅初的事件发生在我国一个重要历史时期。就是在这个历史时期上，我国开始走上独立和富强之路，开始立于世界民族之林。同时，党和政府在这一历史阶段也犯了许多错误，走了不少的弯路，产生了许多悲剧。在一定程度上可以说，那是一个悲喜剧同时发生的时代。国家总体上是在上演一出波澜壮阔的伟大的历史剧，而包括毛泽东这一伟大人物在内的一个个个体却都在上演着悲剧性人生。为什么？科学研究这一阶段的历史，正确回答这个问题，对于借鉴历史和发展我国未来都将至关重要。当然，如何认识这些历史，可以仁者见仁智者见智。但是，所有的认识都必须建立在客观、真实的基础上。因为，没有客观、真实的历史，就没有科学的认识。回到马寅初问题上，田雪原参加制造的马寅初神话譬如说马寅初早于毛泽东等党和政府领导人提出人口和计划生育的主张，说党和政府批判马寅初，说马寅初受批判是因为他写了"新人口论"，说因为党和政府批判马寅初以后就不开展计划生育从而引起人口泛滥，等等，显然都不是事实。

另外，田雪原在关于马寅初的一些具体问题的叙述上也都是错误的，不真实的。

1. 说马寅初在最高国务会议上"畅谈"人口主张，向毛泽东"直谏"。不对。马寅初参加的这次最高国务会议是被通知来听取毛泽东发表如何处理人民内部矛盾问题的讲话的。我们摘引《毛泽东传》上的两段话：

毛泽东选择了召开最高国务会议扩大会议的方式，正式发表他的意见，宣传他的主张。这是最高国务会议第十一次扩大会议，一九五七年二月二十七日到三月一日在中南海怀仁堂召开。会议的规摸是空前的，出席会议的各方面人士共有一千八百多人……

随后，二月二十八日整天和三月一日上午，出席最高国务会议扩大会议的全体人员分组讨论毛泽东的讲话。三月一日下午，大会发言。发言的有李济深、章伯钧、黄炎培、马叙伦、陈嘉庚、陈叔通、郭沫若、程潜、马寅初、许德珩、达浦生、刘文辉、车向忱、盛丕华、孙蔚如、黄琪翔等十六人。会议结束时，毛泽东作了四十五分钟的总结讲话。

一方面，马寅初在中南海怀仁堂作有关人口和节育问题的发言是因为毛泽东在报告中讲了一大段主张计划生育的话，会议安排的这种发言方式完全是半个多世纪以来党和国家召开重要会议的模式即领导发表重要报告，参加会议的各个方面表态支持。所以，马寅初在毛泽东面前的发言不属于"直谏"，而是表示拥护和赞同毛的讲话中关于计划生育的主张。另一方面，从马寅初发言记录稿 1000 字左右的篇幅来看，发言不超过 10 分钟的时间。田雪原说马寅初"终于畅谈了我国人口问题"的说法，不是研究所得，而是根据毛泽东在马寅初等 16 位党外人士的发言后所做的会议"结束语"中一句"这一条马寅（初）老今天讲得很好，……今天算是畅所欲言了"望文而生义。

2. 田雪原说马寅初受到的批判源自康生的插手。他写道："那时盛传以'党内理论家'著称的中共中央政治局候补委员康生，1958 年在北大纪念中国共产党成立 37 周年大会上的讲话中，给马寅初定的调子是马尔萨斯的'马'，不是马克思的'马'；后又听说康生亲自给理论界一些领导写信，布置要像批判艾奇逊那样批判马寅初。果不其然……"此乃属子虚乌有。首先，查北京大学校史，1958 年 6 月 30 日晚，陈伯达曾对北大师生做《在毛泽东旗帜下》的报告。除此之外，再没有其他有关党的 37 周年的纪念活动。所以，说康生在北大参加纪念党的 37 周年活动，乃张冠李戴。其次，1958 年仅有康生于 7 月 16 日参观北大物理系、数力系、化学系工厂的活动，但并没有发表批判马寅初的记载。说康生直接批判马寅初，为无中生有。再其次，关于康生给理论界领导的指示，据"文革"前曾任中宣部办公室副主任、与光明日报一起带头批判马寅初的《新建设》杂志总编吉伟青的回忆文章，他们批判马寅初明显受极"左"思想影响，具有时代特点，但明确否认有康生、陈伯达插手。说康生给理论界布置批判马寅初，并无证据。最后，说马寅初属于哪个马家，并不是传说中康生的说法，而是出自当时北京大学哲学系一位进修生陈京璇和研究生诸葛殷同的一张大字报《马老究竟属于哪个马家》。把 1958 年党的纪念日以前半个多月就有了的话安插在康生的名下，显然没有进行过稍稍的考证。

3．田雪原在最近的文章中增加了陈伯达。他说："1958 年 5 月 4 日在北京大学 60 周年校庆大会上，时任中共中央政治局候补委员、主管意识形态的陈伯达在庆祝会的讲话中，阴阳怪气地放出风来：马寅初要对他的《新人口论》作检讨。"没有这样的事。首先，说陈伯达分管意识形态不确实。八大以后意识形态除了毛泽东直接抓以外，主要有以邓小平为首的中共中央书记处分管。另外，中央政治局候补委员、中宣部部长陆定一的职责中也应该有份。但是，准确地说，陆定一分管意识形态应该是 1962 年 9 月召开的八届十中全会上当选为中共中央书记处书记以后。其次，根据人民日报、北京大学学报和北京大学校刊的报道，陈伯达 1958 年 5 月 4 日讲话中显然没有点名批判马寅初。那天是由马寅初聘请彭真、郭沫若、陈伯达，以及教育部长杨秀峰等人参加北大校庆并主持报告会的。陈伯达在报告中说："北京大学的老教授大体上有两个包袱：一是受西方资本主义没落时期的教育，一是受中国封建意识的影响。不论在哲学、政治经济学、历史学、文学等方面都是这样。"陈伯达讲这几句话并不是出自于他自己，也不是心血来潮。这几乎是重复周恩来的原话。周恩来1951 年在接见全国十八个专业会议代表和政府部门负责人会议代表时，根据毛泽东七届二中全会的讲话精神，提出改造知识分子的必然性和知识分子应该接受改造的必要性问题。他说："从旧社会过来的知识分子，在过去不是受着封建思想的束缚，就是受着帝国主义奴化思想的腐蚀；现在，要为新中国服务，为人民服务，思想改造是不可避免的。"周恩来讲话后，马寅初主动给周恩来写信，"响应中国共产党的号召，发起北大教员政治学习运动"。拉开了"从 1951 年 9 月开始，在改革旧教育制度的同时，对知识分子进行以改造思想为主的学习运动"即"知识分子思想改造运动"的序幕。这次由马寅初领头的知识分子学习和思想改造运动经北大发起继而扩大到京津地区的所有高校和中小学教育单位，然后又推向了全国。陈伯达在讲话中曾有一处点名。他说："那些在解放前已经有系统地形成一套资产阶级哲学观点的一些教授，例如冯友兰先生、贺麟先生等人，不经过深刻的批判，或者他们没有进一步进行深刻的系统的自我批刊，那就不可设想，他们能够获得无产阶级的意识。"但是，陈伯达还不可能在这里点马寅初的名。因为是马寅初首先从周恩来手上接过了旧知识分子应该改造的指令，心悦诚服地积极领导一大批从旧社会过来的知识分子开始走上一条没有尽头的、洗面革新的改造之路，开创了知识分子没完没了的自我改造的历史。马寅初是旧知识分子队伍中的第一位响应自我改造号召的叛逆者，是标兵，是旗帜。50 年代的形势还需要马寅初。另外，直接排名邓小平之后的中共中央政治局委员、中央书记处书记彭真那天能接受马寅初的邀请来北京大学参加会议，说明当时还需要一个光亮、体面的马寅初。还有，此时的陈伯达已经根据毛泽东的指示筹备党中央的机关刊物《红旗》杂志，该刊自1958 年 7 月 1 日正式出版发行，但始终没有发表过批判马寅初的文章。所以，说陈伯达点名批判马寅初，乃无稽之谈。

4. 田雪原在"翻案"文章里不断地援引马寅初，但常常属于断章取义。譬如，"我虽年近八十，明知寡不敌众，自当单身匹马，出来应战，直至战死为止，决不向专以力压服不以理说服的那种批判者们投降。"由于从一开始就把对马寅初的批判放置在"党内理论家"插手之后，马寅初这样的话语似乎就是对康生、陈伯达等人以及他们所代表的党和国家领导人的抗争。其实，马寅初讲这段话的小标题就是"接受《光明日报》的挑战"，那些话都是直接针对光明日报的。马寅初清楚，是光明日报掀起对他的批判并一步步把批判扩大到更多的报纸和杂志。他说："据去年 7 月 24 日和 11 月 29 日的《光明日报》估计，批判我的学术思想的人不下二百多人，而《光明日报》又要开辟一个战场，而且把这个战场由《光明日报》逐渐延伸至几家报纸和许多杂志，并说我的资产阶级学术思想的一些主要论点已经比较深入地为人们所认识。坚持学术批判必须深入进行。这个挑战是很合理的，我当敬谨拜受。"紧接着下文，才是田雪原的引用的那一大段话。如果引述的客观、全面，就知道马寅初不是针对党和政府的。

马寅初最初受批判，是由 1958 年 3 月北京大学响应党的号召开展反浪费反保守的"双反"运动引起的。北京大学党委书记陆平在大会上动员后，党委和学校行政领导都曾以个人名义纷纷带头张贴大字报，表态支持并引火烧身、积极投身运动当中。作为校长的马寅初张贴大字报，也张贴给别人的大字报。这期间学校师生的大字报可谓之以"铺天盖地"。不过，这些大字报并不是集中针对那一个人的，特别是早期的大字报更不是针对马寅初的。从总体来看，绝大多数人的大字报都是给自己的身边的老师、领导，特别是从旧社会转变过来的各个学科的老的知识分子、各个系的教授和学术权威张贴的。由于马寅初担任校长，距离学生和教师都比较远，最初给马寅初的大字报并不多。是光明日报最初以反映北大"双反"运动的名义转载北大的大字报，逐步才形成批判马寅初并进而把学校个别师生的批判引向社会。马寅初硬骨铮铮，所讲的那段话就是要接受光明日报的挑战，表示与光明日报战斗到底。必须特别交代的是，马寅初写这些话的时候的光明日报，不是现在的光明日报，也不是"文革"后田雪原写文章时的光明日报。那时还允许民间办报办杂志，允许共产党以外的各个党派办报办杂志。当时的光明日报并不是共产党的报纸，而是各民主党派联合所办的报纸。所以，马寅初是与那些批判他的民主党派叫板。

5. 田雪原说他 1959 年下半年刚进北大亲眼所见的第二拨批判马寅初的情况也不是事实。他说："……第二次批判马寅初，上百篇批判文章充斥《光明日报》等报纸杂志、大字报铺天盖地、批判会声讨之声不绝于耳情……""果不其然，北大燕园里大字报铺天盖地而来，就连燕园马老居室内外的墙壁上、过道上甚至书桌上，都贴满了大字报；大小批判会开了一次又一次，马老大都被缺席批判，有一次是超过百人的面对面的批判会……30 年来，田雪原把这些文字写来写去，从未想着要核对一下历史。首先，这次批判无论光明日报还是北京大学都已呈强弩之末，光明日报从始至终 3 年期间发表与马寅初有关的文章总计 53 篇。其次，如果可以称有第二拨批判的话，就北京大学来说始于 1959 年 12 月 24 日，止于 1960 年 1 月 11 日，总计是半个多月。第三，这次批判主要限于报告会，其中以北大人口问题研究会举行的有 8000 多师生参加的"批判马寅初人口论"的报告会规模为最大。12 月 28 日，北大毛泽东经济思想学习研究会举行报告会，又做了"批判马寅初团团转综合平衡论"的报告。1960 年 1 月 6 日，北大毛泽东哲学学习研究会举行报告会，批判马寅初"团团转"谬论。同一天，应马寅初要求，北大毛泽东哲学学习研究会、毛泽东经济思想学习研究会和人口问题研究会等三个学会的负责人和马寅初共同商定，11 日举行 200 人参加的"小型座谈报告会"，马寅初参加，可以共同讨论。11 日，三个学会举行"讨论会"继续批判马寅初的谬论，马寅初参加会议并答辩。12 日，马寅初血压升高，进北京医院治疗。3 月 28 日，国务院第 98 次会议免去马寅初北京大学校长职务。第四，由于处在"自然灾害时期"，经济困难，物资困乏，学校已经没有能力供应写大字报的纸张，只以召集师生参加的报告会的方式进行，从而也就不可能有"铺天盖地"的大字报了。

6. 从上述主要环节方面可以看到，田雪原在 30 多年的有关马寅初的文章里，不仅没有做过有关时代背景的研究，没有进行过有关马寅初问题的相关资料的搜集，而且连与马寅初相关的一张北京大学校刊都没有想要去看一看。否则，这些文章就不是那个样子了。田雪原仅凭马寅初的文章再创作。譬如，马寅初在《新人口论》中说"我到浙江视察三次"，"1955 年视察返京以后，就视察所得准备好关于人口问题的发言稿，内容是控制人口和科学研究……"田雪原就顺着写："马寅初先生则利用担任全国人大代表之便，于 1954－1955 年先后三次视察浙江，形成他对人口问题比较系统的观点，并在全国人大代表浙江小组会上作了'控制人口与科学研究'的发言……"但是，马寅初的这个说法是很有问题的。首先，马寅初在"新人口论"里的提法与在最高国务会议上的发言就不一致，那里是说"回来以后写了个提案"。我们知道，人大会议上的发言和提案是不一样的。

其次，马寅初给这次会议提交的是与王国松、邱清华和浙江省人大代表沈练之共同撰写的《浙江省温州区视察报告》。核查会前的视察活动，是他们集体行动的，无论哪个方面都不能提供他们就人口问题进行了视察或调查，更没有证据或线索可以证明马寅初有一个单独的关于人口方面的视察活动。

再其次，从马寅初保留的文稿来看，也从未发现有过一篇会议召开前准备好的这方面的文章或提案。

第四、从与马寅初同时参加会议的竺可桢和宋云彬的日记里知道，马寅初的"发言稿"是人大会议已经召开半个多月以后才以"发言稿清样"的形式出现的，说明是小组会上的几次发言后才写出来的。

第五，从两份当事人的日记分析，马寅初发言稿中并没有关于科学研究的内容（至少这方面并不突出），这一内容是竺可桢提议马寅初改写但并未实现的内容。

第六，特别重要的是，按照马寅初的说法，这一文章是他在最高国务会议发言和"新人口论"的最初文本，但是，包括"新人口论"在内并没有发现马寅初使用过所谓浙江调查方面的材料。

第七，除了马寅初说自己曾经有人口方面的视察活动外，未发现任何视察过程的笔记材料或其他证据。所以，田雪原做研究、写文章，就是把马寅初的文章多抄写几遍，并在此基础上再创作。

7. 完全按照自己现在的行文需要改编历史故事。譬如在马寅初那里仅仅是说写了"内容是控制人口和科学研究"的发言或提案，到田雪原笔下就成了"对人口问题比较系统的观点"，"并在全国人大代表浙江小组会上作了'控制人口与科学研究'的发言"，继而是"写成题为《控制人口与科学研究》的发言稿"。请读者注意，马寅初当年泛泛的一句话，田雪原将其先是用引号，继而用书名号，都是改变了历史的面目，都不符合历史研究的范式。

至于田雪原说到自己那就更为自如了。田雪原说他从 1959 年进入北京大学就为马寅初抱不平，并立下志愿为其翻案。党的十一届三中全会以后，田雪原自发地投身到"理论战线上的拨乱反正中去"，"不过积压多年的最大学术情结，还是 20 世纪 50 年末 60 年代初那场对马寅初的批判。于是我把多年积累的资料整理出来，写出《为马寅初先生的新人口论翻案》的长篇文章。"但是，我们仔细分析那个"长篇文章"，除了马寅初《新人口论》的内容和道听途说、查无实据的东西以外，实在看不到还有什么是田雪原自己"多年积累的资料"。

《为马寅初先生的新人口论翻案》完全是奉命和跟风之作。30 年后，田雪原还真好意思反复提醒读者，"说心里话，当时撰写和发表这样的文章是需要一点儿勇气的"。事实是，马寅初已经在 1978 年 3 月的全国政协五届一次会议上当选为全国政协常委，为这样一位有社会地位的人写文章能有什么风险？其次，根据中央的指示成立为马寅初平反的小组当然不会不知道陈云和胡耀邦的批示。按照中央领导的批示精神去做工作，有什么风险？再其次，田雪原的文章是 1979 年 8 月 5 日在光明日报发表的，而 7 月 10 日该报已经刊登了《如果没有民主，什么事情也办不好——应该为马寅初先生恢复名誉》的署名文章，7 月 20 日刊登了该报派出的记者邓加荣《马寅初先生访问记》的通讯报道，7 月 25 日刊登了新华社记者的通稿《统战部副部长李贵专程拜访马寅初通知他党组织要为他彻底平反恢复名誉》。如果属于为马寅初平反的工作班子的工作人员，以及这一阶段因为马寅初平反稿件需要与该报经常联系的写稿人，都会了解到之前更早的时间里发生的包括北京大学根据党中央的指示为马寅初平反做出许多决议和决定的情况。总之，当田雪原写马寅初平反文章的时候，马寅初"翻案"已经成为党中央主导下的一股社会大势和风潮。跟风，还要勇气么？

田雪原反驳我20年前写的关于他最初进入人口学界奉命参加为马寅初平反的故事，把自己写翻案文章说成是大智大勇的侠义行为。

有一位学术界同事，对本人写这篇文章和重新编辑出版马寅初《新人口论》一书，摸不着头脑。在互联网上发文猜测说：当时中央要为马寅初平反，任务落实到中国社会科学院经济研究所（当时本人在经济研究所工作）。可能田雪原过去在教育部门工作、北京大学毕业，也可能加上他本人对这个问题具有独特、敏锐的认识，为马寅初平反的一些工作就落到他的头上。看到这段文字，很能理解这位朋友的心情和他猜想时的推理判断，只可惜，他没有猜对。

前已叙及，1959年笔者作为初入北大的一名学子，一踏进校门便赶上第二次批判马寅初新人口理论。当时知少识浅，课余时间找来马老的几篇文章和批判他的文章对照着读，感到马老讲得颇有道理，那些批判文章大都千篇一律，空喊政治口号，由此心中有些愤愤不平。后来马老无名"蒸发"，笔者心中的不平又平添几分；再看看马老誓死为真理而战，铮铮铁骨掷地有声，便有意搜集一些相关资料，并且一直保存下来。还时不时地想到这桩公案，难道事情就这样了结了吗？甚至想到会有翻案一天的到来。1976年粉碎"四人帮"后，笔者曾动笔撰写为马老翻案文章，但是当时的形势是"两个凡是"当道，自然不得发表。十一届三中全会恢复了实事求是的思想路线，经过数易其稿，最后定名《为马寅初先生的新人口论翻案》，送到《光明日报》。

多么动听的故事。按照这一说法，是光明日报从自由来稿中发现了田雪原为马寅初翻案的文章，从而引发党中央和社会对马寅初问题的关注，为马寅初平反，推动我国人口控制和计划生育工作。这一事例的意义一点都不亚于光明日报发现胡福明。据此，《为马寅初先生新人口论翻案》与《实践是检验真理的唯一标准》珠联璧合，交相映辉，可以成为该报推动新时代历史发展的两个具有划时代意义的事件。可惜啊，光明日报那么多思想敏捷的记者，30 年来竟然只去炒作"真理标准"问题，包括当年编发田雪原文章的责任编辑和理论部主任在内，竟然都没有去回应田雪原的"翻案"文章。

为什么？因为当年的历史不是那么回事。田雪原可以糊弄洋鬼子，但骗不了国人。不用说 30 年前，即使媒体已经开放了许多尺度的今天，任何一位局外人去给大报自由投稿试一试？党报每一个时期都要根据中央和上级的中心工作制订选题计划，其中重要稿件都是经过总编委员会会议确定然后开始组稿并经过反复审阅、修改以后报批才得以发表的。关于马寅初平反问题，我们听一听该报内部的另外一位当事人是如何说的。记者邓加荣最近撰文《受命采访马寅初》，记述他作为报社的记者如何能够采写这一有历史意义的文章的。他在文章的一开始就说：

1979 年春，中央准备为马寅初平反的决定很快就通知了《光明日报》。报社领导一接到通知，立即派我到马老家里采访。为什么派我去呢？因为我原是学经济的，又在经济部门工作多年。

可见，光明日报当年为马寅初翻案的选题和对作者的确定，都不是随意的。难以设想，在当时加大力度控制人口和实行极为严紧的计划生育政策的情况下，光明日报接到中央的通知，能不拟定为马寅初人口论翻案的选题计划！如果拟定了这样的选题，物色作者就是议定之中的事情。

既然讲历史，至少就要勾勒出历史的基本情况。马寅初是一个复杂的历史人物，更需要多花费一些笔墨。马寅初担任过北京大学的校长。但是，马寅初不属于北京大学管理，人事关系一直都不在北京大学。马寅初是毛泽东在 1949 年 10 月 1 日天安门上宣布的中华人民共和国中央人民政府委员会委员，如果按照现在的官本位来套的话，应该是相当于国务院副总理的级别或者比这个级别还要高一些的国家领导干部。另外，当年的北京大学也确实没有像对校内其他的老教授那样对马寅初进行过批判、定案或戴帽。所以，中央最初为马寅初平反的批示无法落实到北京大学，也有其具体的原因。刚刚担任党中央副主席职务的陈云批示后，中央秘书长胡耀邦又进一步对此做了批示，这才由中央统战部牵头成立北京大学和中国社会科学院等单位参加的平反小组，开始了实际的平反工作。为什么要中国社会科学院参加？因为中国社会科学院是一年多以前刚刚由中国科学院哲学社会科学部及其所属的各个研究单位组建的。当年的马寅初是这个学部的委员即相当于现在的科学院院士，而马寅初担任学部委员，是因为其经济学家的身份，与经济研究所直接相关。所以，中国社会科学院参加马寅初的平反工作，抽调具体的工作人员就被指派到了经济研究所。附带说一句，从 1952 年高校院系调整后，社会学和人口学都作为资产阶级学科被取消了，高校和研究单位既没有教学和研究机构，也没有了社会学和人口学方面的研究机构和研究人员。经济研究所为什么又具体落到了田雪原的头上？一直以来，在国家所属的各个单位里，似乎有个"潜规则"，就是这一类临时性的工作或者需要发展的新的学科，通常都会落到刚进入单位还没有正式进岗的新的成员头上。田雪原最初就是这样和马寅初平反工作联系起来的。当光明日报再来经济研究所寻找写作翻案文章的时候，也就非他莫属了。

七、田雪原做研究的基本方法和学术范式——大忽悠（续）

本节当是上一节的继续，只是因为后面叙述的历史远没有马寅初问题那么厚重，为节约笔墨，一般不再进一步展开讨论，而仅是跟随田雪原展开的线索一路走下去，向读者述说"大忽悠"是他的一贯方法和范式，以至出现"中央人口座谈会"这种在读者看来十分荒诞而在他的笔下又非常"自然"的事情。

上个世纪 70 年代末，我国计划经济体制已经走到尽头。但是，由于人们所接受的意识形态的限制，还不能从所谓的社会主义经济体制方面寻找经济社会发展缓慢的原因。相反，因为 50、60 年代计划经济时期培养和成长的国家经济管理领导集团重新获得领导权，反而进一步强化了计划体制及其意识形态。这一时期的党和政府提出中国人口过快的增长妨碍了现代化建设的步伐，提出生产资料是有计划按比例发展的，人口发展也必须有计划，并由过去的鼓励和倡导节制生育转变为由政府向需要生育的民众发放指标。1979 年年中，国务院计划生育领导小组在实践上推行"一胎化"生育政策之后，又进一步提出 2000 年人口实现零增长的目标。本文的笔者曾计算了"一胎化"生育政策和 2000 年零增长目标的前景，并在 1979 年 12 月份召开的全国人口理论讨论会上提出了过快的人口老化、无子女照顾的老人数量增加、劳动力资源减少、改变和影响经济结构、形成四二一人口结构等社会后果。会议之后，国务院计划生育领导小组尽管在各种场合回答了上述疑问，但是，随着社会开始接受和了解人口老化等社会学、经济学的各种概念，对于零增长和"一胎化"的疑虑越来越强了。正是在这样的背景下，田雪原和宋健的"百年预测"出现了。

1980 年 2 月 13 日，新华社以通稿方式发布了题为《自然科学和社会科学工作者合作研究人口问题首次对我国未来 100 年人口发展趋势作了多种测算》的新闻稿，报道了控制论专家宋健及其助手李广元、于景元和田雪原合作进行的多种方案的人口预测。3 月 7 日，人民日报发表了宋健、田雪原、李广元、于景元联合署名的《关于我国人口发展目标问题》。3 月 18 日，人民日报发表了田雪原的《关于人口"老龄化"问题》。田雪原和宋健等人在以上文章中宣传说，经过他们的测算，如果全国妇女尽快实现"一胎化"，到本世纪末我国人口的自然增长率便可以降低到零左右，总人口可以达到十一亿。"这可能是解决我国人口问题比较理想的一个方案。"虽然都是重复陈慕华的话，因为以科学成果的形式出现，田雪原宋健等人就起到了国务院计划生育领导小组起不到的影响作用。仔细分析他们的货色，不难发现都是在忽悠人。

首先，他们是以"自然科学和社会科学"相结合的名义推出百年测算的。那是我国历史上的一个对科学崇尚和迷信的时代。特别是人口研究还刚刚复苏和起步，不要说一般群众，就连刚刚转到人口学领域的专业研究人员，往往对许多人口指标和范畴都不甚了解。还有，那时的中国人还没有谁听说过电脑。除了极少数高等院校的相关专业配置计算机设备外，先进的电子计算机只是与军队和国防工业有关的部门才会拥有。如果需要人口测算，比较先进的手段也就是手摇计算器。一个未来的人口数据，往往需要计算许多天。所以，能够向人们展示百年的人口发展趋势，一下子就把中国人"雷倒"了。更何况，宋健田雪原以"自然科学和社会科学"合作的名义出现，不要说一般的老百姓，就是有某种自然科学或者社会科学学科背景的专业研究者，也无法提出疑问。宋健从事工作的控制论属于自然科学，田雪原从事研究的人口学属于哲学社会科学，他们合作的东西就是自然科学和社会科学合作研究的结果？现在，田雪原和宋健那个小组搞的东西一个人就可以来做，能否就说这位又做测算又写文章报告预测结果的人口学者是在从事自然科学和社会科学相结合的研究？如果这样的话，任何一位做经济学分析的人、做人口学或者任何社会科学研究、人文学科研究的人，只要他（她）在研究中运用了计算，因为数学或者算术属于自然科学，那他或她就是在从事社会科学和自然科学相结合的事业？

其次，第二次世界大战后控制论和系统科学在欧美国家有了较大的发展，特别是用控制论方法测算人口发展已经有一段时间的历史。但是，由于冷战和我国的封闭对此几乎完全没有了解。1978 年打开国门以后，国内从事控制论研究的一些单位如宋健所在的七机部第二研究院和西安交大相关研究人员学习新的知识，尝试测算我国人口的未来发展，本来是一种极好的事情。但是，田雪原和宋健把控制论方法神秘化，宣传他们的测算方法是世界公认的科学方法，从而能够把历史推进到一个计划的时代，要求推行"一胎化"的政策。宋健说："自然科学的渗入已经把定量人口学变成一门准确的科学了。在控制论和电子计算机的帮助下，定量人口理论、人口预测和人口控制等问题，都可以比较准确地得到解决。人类自身有计划的发展时代已经到来。"

再其次，宋健是 1978 年后半年在国外才发现用控制论方法可以测算人口未来，回国后开始搜集人口资料搞测算的。田雪原是 1979 年年中才调入中国社科院经济研究所作经济研究，因为参与马寅初的平反工作以后才开始接触人口学。所以，满打满算他们这一个所谓的"宋健人口小组"都只有一年多的学习时间（田雪原还不到一年），算是刚进入人口学领域的研究者。但是，他们却极力把自己的计算当作绝对有把握的科学成果加以兜售。

另外，田雪原、宋健为了表明"一胎化"是正确的，在回答人们对人口老化问题的疑虑时，一方面采取所答非所问的方式，说"在本世纪内我们不可能碰到这些问题，在二十一世纪头几十年的时间里，这个问题也不严重"。人口老化其实是回答已经进入老年行列的这一代人当年是如何对待自己的生育问题的。所以，1980 年讨论生育政策导致老化问题，就是要回答实行"一胎化"生育政策的这一代人晚年时的老化状况。回答说本世纪和下一世纪最初 20 年都不严重，属于典型的所答非所问。因为，1980 年的生育政策主要是为 60 年代以后出生的这一代人所制订的，而这一代人的老年状况必须是他们进入老年行列比如 65 岁以后的情况。我们知道，1962 年开始的 10 多年是我国生育高峰期，平均每年有 2500 万以上的出生人口。要求这一代人实行"一胎化"，必须具体讨论他们进入老年年龄以后的老年化程度。另一方面，他们有意避重就轻地发布计算结果，实际上就是欺骗。按照他们作的 65 岁统计的老龄化指数，应该公布 1962 年以后出生的人口进入老年行列即 2027 年以后迅速上升的老龄化数据。但是，他们"百年预测"所提供的老龄化数据仅仅可以见到 2027 年，而在此以后的数据就没有了。

在面对我从 1980 年初春就开始的批评，他们沉默了 20 多年。2007 年，我在《"一胎化"产生的时代背景研究》修订本中对于宋健、田雪原使用了"噤若寒蝉"这一词语。终于，田雪原开始在《新中国人口政策 60 年》一书中回应某些问题。

1. 因为我把宋健和田雪原的合作上限确定在 1979 年 12 月份召开的全国第二次人口科学讨论会以后，这样他们的所谓"自然科学和社会科学"合作研究充其量也只有一个多月。所以，田雪原极力在他们合作起点上打马虎眼。"那是在一次会议上，遇到七机部二院的李广元同志，我们攀谈起来。"什么时间、什么会议？其实就是第二次全国人口科学讨论会，因为总想拉长他们合作的时间，故意不明确、不具体。

2. "1979 年第四季度，差不多每个星期天，我们都要在一起讨论一次。"田雪原以此种手法向读者暗示他们的合作至少开始于 1979 年第四季度。但是，根据发表在 1980 年 1 月 31 日的《世界经济调研》上的署名宋健于景元李广元的《关于我国人口发展的定量研究报告》中所说，"此项研究工作是在前人的研究工作的基础上进行的，参考了我国人口统计工作中传统的递推计算办法"。作者在注释中说曾使用了林富德递交第二次人口理论科学讨论会论文《人口统计基本问题提纲》，说明这篇文章所披露的研究成果是李广元在 1979 年 12 月 13 日会议结束以后，从成都回到北京所做的研究。因为这篇文章的计算结果与新华社 1980 年 2 月 13 日的通稿所报道的"百年预测"结果相同，所以，应该证明宋健于景元李广元 1979 年年底到 1980 年年初参考林富德论文进行研究的时候，还没有开始和田雪原进行"自然科学和社会科学"的合作研究。那么，田雪原的"1979 年第四季度"之说，不就是不实之词吗？

3. 田雪原接着说："七机部二院于景元、孙以萍、宫锡芳等同志，也来过一起讨论。"他这是故意混淆事件。田雪原要说的是 1980 年 2 月 13 日新华社通稿报道的所谓百年人口预测以前的研究，那分明就是 4 个人，怎么又增加了两位科学技术人员？据我知道，孙以萍、宫锡芳等人参与的研究都是 1980 年春天以后的事情。而且，由于我对其中的人大都认识或相熟，知道新参加的还不止这么几位。我的说法有证据支持。光明日报 1981 年 6 月 17 日的报道《"为后代树立一个人口发展的里程碑"——记北京一个业余人口理论研究小组对我国理想人口的研究》中说，1980 年 2 月，宋健田雪原于景元李广元的百年预测发表以后，"人们围绕中国拥有多少人口合适的问题，纷纷议论起来"。"面对人们的种种议论，宋健教授产生一个想法：'一个现代化的中国最多能养育多少人口'"。"新的课题牵涉到对自然资源、经济发展和达到理想目标的途径的研究，研究队伍必须扩大。于是，在社会科学人员方面增加了陈玉光、宋子成和刘兆祥，在科技工作者方面吸收了孙以萍、宫锡芳、张正卿、阎惠荣。"田雪原有时故意搞点差错，是要对付知情人的，让知情人谅解他在关键问题上的编造。

4. 田雪原在交代宋健寻找他合作的理由时说："……隔行如隔山，他们毕竟与人口学有距离，需要人口学家参与并提出意见，开展符合人口学规范的研究。"田雪原以人口学家自许，似乎他懂得人口学规范。当时的实际情况是，田雪原比宋健接触人口学还要迟。当时的中国社会科学院经济研究所既没有设置人口研究室也没有人专门研究人口问题。人口学在中国刚刚复苏和起步，包括人口学力量最强的中国人民大学的人口理论研究所在内，其实对于人口统计学也还是不熟悉的，哪里谈得上"人口学规范"？宋健寻找到你田雪原的头上，你也就认可算是找到了？

5. "为了取得真实可靠的年龄别生育率和出生率材料，我们跑公安部、民政部、国家统计局、国务院计划生育领导小组办公室等单位'游说'，费了不少周折。"首先，跑相关部门要资料的这一说法与李广元给我多次介绍的不一致。宋健 1978 年下半年从国外回来把一摞的资料丢给他，接着就是李广元去相关部门寻找人口数据。这样的话我在 1979 年 12 月份召开的全国第二次人口理论讨论会上就听过了。那就是说，找数据搞测算根本没有田雪原的什么事。田雪原为了把自己参与宋健的测算时间往前提，似乎从一开始寻找资料他就参与了。如果说有不少的人都可能撒谎的话，那么，只是没有羞耻心的人才会有这样的谎言。

我对照了宋健于景元李广元1980年1月31日《世界经济调研》上的《关于我国人口发展问题的定量研究报告》和1980年2月14日光明日报上刊登的新华社通稿《自然科学和社会科学工作者合作研究人口问题首次对我国未来100年人口发展趋势作了多种测算》两篇文章的数据，其中用"妇女平均生育率"1.0、1.5、2.0、2.3、3.0等5种方案的测算，比照2000年和2080年以及给出的个别其他可以比照的12个数据，除了3.0方案中2000年的人口总量杂志发表数据为14.15亿，光明日报上为14.14亿（我推测属于4舍5入所导致的偏差）以外，其它数据完全相同，说明光明日报发表的宋健田雪原等4人所使用的测算就是《世界经济调研》上宋健于景元等3人的测算。而后一篇文章的署名没有田雪原，说明他压根就没有参与测算工作。田雪原参与宋健的研究时，测算已经完成了，哪来的"我们跑公安部……"啊？

其次，按照田雪原所说，他们最初是要找"真实可靠"的年龄别生育率。他这可真是长本事了。在当时的体制下，无论公安部或者计划生育办公室（国家统计局的数据来源于这两个部门），都仅只统计出生、死亡和增长状况。与此相对应，也仅计算出生率、死亡率和自然增长率。那时连生育率这个概念都没有，更不用说"年龄别生育率"这一说了。李广元从国外的计算文章中知道了这个概念，他最初一定想在中国寻找这个数据，因为他对中国的统计制度不熟悉。30年后的田雪原说当初他去相关部门寻找"年龄别生育率"，而且还要找"真实可靠"的，要么是有意忽悠，要么表明他至今还没弄明白"年龄别生育率"是怎么回事。

6. 田雪原说："最后拿到认为是可以代表城镇和农村的一个市和一个县的材料，真是如获至宝！"田雪原一直在搞玄学。是哪个市、哪个县，什么材料啊？这个市和县的什么材料可以代表城镇和农村？这些本来都很具体的事情，是完全应该、也可以说得更具体些，他就是不往明地说！另外，即使现在的资料丰富多了，但又有谁可以从 400 个市中找出一个市足以代表全国城镇，从 2500 个左右的县中找出一个县可以代表全国农村？

7. 田雪原说："然后一起讨论，对材料的优缺点进行鉴定。再同国外这方面的研究成果进行比较，特别是同柯尔的模型生命表比较，进行年龄别生育率和死亡率论证，再作出必要的修正和处理，得出比较可信的预测需要的数据资料。"田雪原如同莎士比亚笔下的桂嫂，让人不可捉摸。他在预测前对照柯尔的生命表，可见他已经得到了中国当时的生命表。但是，生命表是根据分年龄和性别的死亡率编制的，它和上述所说的年龄别生育率一样都是 1982 年我国使用现代人口普查方法以后才有可能产生的，不知道他是在 1980 年如何就有了现成的生命表。从上下文对照来猜测，先不说一个市县的样本不足以编制生命表，即使得到了一个市和一个县的生命表，我们还是不得而知柯尔"模型生命表"何以就属于万能型，既适合对照城市，也适合对照农村。还有，既然是生命表就只是反映死亡率的，怎么柯尔的模型生命表还具有对照"年龄别生育率"的功能？

8. 他还说："这一成果由著名科学家钱学森和著名经济学家许涤新，也是我们合作研究的两家单位的直接领导，推荐给时任中央政治局委员、国务院副总理、国务院计划生育领导小组组长陈慕华同志。陈慕华同志回信称'已转报中央政治局'。1980 年 2 月，新华通讯社发出电稿，报道了合作研究预测成果"。我们还是不能理解本来可以讲述得具体一些的事情，为什么田雪原总是闪烁其词。钱学森给陈慕华的推荐信是 1980 年 2 月 8 日，许涤新的信是 10 日，而新华社的报道是 13 日，14 日的人民日报刊登了简介稿、光明日报全文刊登。陈慕华给钱、许的回信是 2 月 25 日。就是说，很有可能的是，陈慕华还未看到钱、许的推荐信的时候，新华社的稿件已经到达中央领导那里了。新华社如何把这一消息当作重要稿件处理、抢先陈慕华发稿的，幕后都是有背景、有名堂的。所以，田雪原在这里打马虎眼，不具体叙述时间的前后，事件的发生先后也不按照逻辑顺序排列。顺便指出，根据宋健展示的陈慕华的信，是"已特报中央政治局"而非"转报"。

9. "1981 年人民出版社出版了宋健、田雪原、于景元、李广元合著《人口预测和人口控制》。"查该书的版权页，为"1982 年 3 月第 1 版 1982 年 3 月北京第 1 次印刷"。

下面，我们再看田雪原在"中央人口座谈会"问题上是如何忽悠的。

首先，田雪原把"中央人口座谈会"与他们的测算成果联系起来，当作一种具有前后因果关系的排列。"该预测由著名科学家钱学森和经济学家许涤新推荐给当时主管人口工作的陈慕华同志，陈慕华同志回信称转报中央政治局。1980 年 3-5 月，中央书记处委托中央办公厅召开人口座谈会，对人口问题进行了 5 次规模不等的讨论，最后在中南海勤政殿形成座谈会向书记处的《报告》，以及致全体共产党员、共青团员的《公开信》。"我们已经知道，历史上并不存在这样一个"中央人口座谈会"。但是，即使有这样一个座谈会，它与陈慕华报送的材料有什么关系？叙述历史事件必须用确凿的事实来说话，稍稍严谨的学者在没有可靠的证据的情况下都不会把这两件事情如此排列，给人错觉。3月份以前发生的事情有很多，难道都是"中央座谈会"的原因？

其次，什么是"中央"座谈会？不用说中央有关部委召开的会议不得擅用中央名义，即使中央主要领导主持召开的会议往往也不以中央名义冠名。刘少奇 1954 年 12 月 27 日召集国务院第二（文教）办公室、卫生部、轻工业部、商业部、中共中央宣传部、中华全国民主妇女联合会等中央机关负责人座谈节制生育问题，并不用中央名义。要知道，刘少奇当时是中共中央政治局的 5 大书记之一，名字仅排列在毛泽东、朱德之后，是毛泽东不在北京时主持中央日常工作的中央书记。刘少奇在会议上说，"现在我们要肯定一点，党是赞成节育的"。刘少奇能这样讲话，应该是得到毛泽东的批准的，代表了毛泽东的。

甚至于，这次会议是经毛泽东批准、提议或委托召开的。即使如此，那次会议也没有用"中央人口座谈会"，说明中央常委主持召开的会议也都轻易不用"中央"之名。

再其次，中共中央办公厅是中共中央的办事机构。除了自身运作的工作以外，中共中央办公厅每天承办的事务性工作几乎都是中央或者中央领导委托、交办的。像田雪原这里所说"中央人口座谈会"一开始的两次是由办公厅副主任主持，据我所知，同期至少还有一位主任、另外一位副主任。人口座谈会没有由中共中央办公厅主任主持，想必他正在承担中央交办的比这更重要的工作。另外一位副主任，同时应该接受中央委托的与人口座谈会重要程度相当的工作。此外，对于中央办公厅来说，还有许多比办公厅主任、副主任职务低，但可能承办比他们更重要、甚至直接由政治局、书记处，或者总书记、政治局常委、书记处书记等领导同志交办的工作。如果中央或者中央领导委托、交办的工作就可以以中央的名义进行，冠以中央的名号，每天仅发生在中共中央办公厅这个层面的中央会议或者中央什么的，那就多了。如果考虑到中央组织部、中央宣传部、中央统战部、中央联络部等中央职能部门在一定程度上也都是中共中央的办事机构，每天也都有中央交办或委托的许多工作，以及各个省、市、自治区党委和军队党委也会有中央交办或委托的许多工作，凡是与中央有关交办的事情都可以用"中央"的名义，那还不是"中央"座谈会、讨论会、咨询会、交流会、汇报会、传达会、论证会、观摩会等等的"中央交办"或"中央委托"之类的会议满天飞？现实中是这样吗？

还有，田雪原怎么也不具体讲述 5 次座谈会的具体时间，但却在开会的地点上不惜笔墨。从中南海的西楼会议室、勤政殿，再到人民大会堂，会议能够开在这些地方，似乎只能是中央会议了。这又是在忽悠老百姓，忽悠年轻人。30 年前，不似现在酒店、宾馆如林。那时的各级政府只有少量的招待所和极少的宾馆，而且运行的方式也和现在不同，还没有商品化，使用会议场所不收费。特别是国务院计划生育领导小组及其办公室都属于国务院的临时机构，不像国家计委、卫生部、民政部等常设的政府职能部门都有自己的办公场所。国务院计划生育领导小组成员属于相关单位的职能职务，由国家计委、卫生部、民政部、国家民委、全国总工会、全国妇联、团中央等单位组成，不存在编制和办公地点问题，只有所属的办事机构国务院计划生育办公室有几个人属于专职，占国务院机关的编制，也就在国务院机关即中南海办公。在这样的情况下，如果国务院计划生育领导小组及其办公室招开一些时间短、规模小的会议，自然就安排在中南海或者人民大会堂的一些会议室了。可见，在中南海或者人民大会堂的会议室开会，并不一定就都是"中央会议"。

即使如田雪原所说，真的发生过中央委托中央办公厅召开人口座谈会，那是必须有具体的交代的，是哪次中央会议的决定，还是哪位中央领导的交代？有没有正式的交办或委托通知、通告之类的文件？中央机关的任何一项工作，都是出之有名、动之有据的，哪里是他一句话的事。

第四，田雪原对这一问题总结说：

> 1980 年 3-5 月由中共中央办公厅主持召开的人口座谈会，经过与会领导、专家学者的反复讨论，定下"提倡一对夫妇生育一个孩子"大计，起到为控制人口增长和加强计划生育一锤定音的作用，这对后来人口政策的形成和发展至关重要。

这又是在忽悠了。办公厅主持的座谈会如何能够"一锤定音"？首先，中央办公厅是中共中央的办事机构，不是决策机关，那些训练有素的工作人员从来都不敢说那些敢于决策的话，最多表示"这个问题很重要，一定及时向领导汇报"之类的态度。其次，党和国家在这一类公务活动中都是有一定的规矩的，中央办公厅召开的由副主任主持的座谈会，参加会议者不会有超过部长级别的领导干部，也意味着没有决策层面的领导人参加。政治局候补委员、国务院副总理陈慕华参加会议了，那绝不会由办公厅主任、副主任，甚至于这个职位以下的人来主持。如果是中共中央书记处委托的会议，陈慕华表示要参加，那一定会有一位中央书记临时过来主持会议。田雪原所叙述的那样的事情，是不符合党和国家的相关工作规则的。再其次，田雪原署名文章说"1980 年 3—5 月中央 5 次座谈会，作出提倡一对夫妇生育一个孩子的决策"。党和国家的决策都是相应的党的会议上做出来的，历史上哪次座谈会做出决策了？既然是座谈会，就不是决策会议。更何况，他说的这次会议就没有可以决策的领导人参加。

第五，田雪原在介绍"中央人口座谈会"讨论人口现状时说："前面提到，1980 年全国人口接近 10 亿人，具有人口基数大、年龄构成比较轻、增长势能较强的显著特点。这一年的总和生育率，国家统计局的数字是 2.24，联合国的数字是 2.55，均在 2.10 更替水平以上。"这不是事实。1980 年前后，无论我国计划生育工作部门或者人口学界都还没有总和生育率这个概念。那时说生育水平就是出生率，宋健等人搞人口测算的初期也没有用总和生育率这一词语，而是用"妇女生育数""妇女平均生育数""平均生育率"。那时的实际部门更没有这个指标。2.24 不是国家统计局的数据。国家统计局在 1980 年还不会使用这个指标。这一个数据是 1982 年国家计划生育委员会 1‰ 人口生育率抽样调查的数据，实际是 2.238，4 舍 5 入成了 2.24。由于总和生育率必须有相关项目的调查才可以计算出来，所以，根据 1982 年人口普查也只能计算出 1981 年的总和生育率，但计算不出 1980 年和其他年份的这一数值。所以，说 2.24 是国家统计局的 1980 年的总和生育率数据，我就怀疑田雪原做了几十年的人口研究，可能连这些关系都还没有弄明白。

第六，田雪原在介绍"中央人口座谈会"的讨论时还说："第二，要放到商品经济中去分析。虽然 1980 年改革开放处在'摸着石头过河'初期，但是经济学界已有一个共识，过去高度集中统一的计划经济再也不能继续下去了，要走发展商品经济的路子。"这也是信口开河。十一届三中全会开始形成了新时期我国改革开放的方针政策，但也是一步一步逐渐认识的。1980 年初春距离那个冰河开冻的起点还太近，田雪原所说的怀疑高度集中的计划经济和实行商品经济之类的思想在那时都还没有出现（即使现在的认识也还差得很远）。实际上，那时不仅还强调计划经济，而且强调得还很厉害，以致还在拔高计划指标，连陈云、邓小平出面压也压不下去（即使陈云邓小平那时压高指标却也不表明他们已经在怀疑计划体制）。田雪原所说的召开"中央人口座谈会"实际是国务院的长期计划座谈会，还是迷信计划经济的时候。

让我们回顾一下准备离开计划经济的时代和向市场经济方向发展过程的最初几步路。1981 年年底至 1982 年年初的时候，陈云才提出"计划经济为主、市场调节为辅"，算是一个较大的进步。即使如此，1982 年 1 月 25 日，陈云还发表《加强计划经济》的谈话。邓小平也说："最重要的，还是陈云同志说的，公有制基础上的计划经济，计划经济为主、市场调节为辅，全国一盘棋，主要经济活动都要纳入国家计划轨道。"1982 年党的 12 次代表大会，吸收了"计划经济为主、市场调节为辅"这一思想。由于社会上对这个问题的争论仍然很多，直到 1984 年，才在商品经济问题上有了一个飞跃，提出"有计划的商品经济"。具体的说法是："就总体说，我国实行的是计划经济，即有计划的商品经济，而不是那种完全由市场调节的市场经济。"准确地说，这个时候人们才开始提"商品经济"。但是，从总体上来说，整个 80 年代我国理论界的认识都没有从计划经框子的束缚中挣脱出来，还远远没有跳跃出传统的意识形态的约束。这一情况一直到 1992 年邓小平"南巡"和党的十四大明确提出建立社会主义市场经济体制以后，才有所转变。特别是党的十四届三中全会《关于建立社会主义市场经济若干问题的决定》以后，理论界的思想才开始有一个飞跃。这一文献，曾被理论界称之为"社会主义市场经济体制的第一个总体设计"。而在历史上，1980 年从实践上我们开始摸索向市场化方向行进，但思想上在一定程度比以前任何时期受到计划体制的禁锢都要严重。正因为如此，才出现了这一怪现象，即物资生产开始离开计划经济的同时却把人口生育拉进了计划的轨道。可见，田雪原介绍说 1980 年上半年的人们就开始用商品经济意识观察、分析问题，那是现代人在讲天方夜谭中的故事。

好了，我们不愿意再继续跟着田雪原走下去了。因为，考证他那些比比皆是的谎言和信口雌黄的话语，实在是件乏味的事情。不过，对于那些绝大多数不熟悉田雪原的人们来说，一定会问，他为什么要捏造一个"中央人口座谈会"？

八、田雪原在塑造一个供世人顶礼膜拜的神

两年前，我从北京的报纸上获知五次座谈会讨论出"只生一个好"的故事的时候，以为田雪原又在大忽悠，已经见怪不怪了。一直到这次系统评注所谓中央人口座谈会以前，也仍然认为田雪原为显示自己再造一个忽悠。最近读他叙述 1988 年 3 月 31 日中央政治局常委会第 18 次会议重申现行生育政策时的一段话时，一下子明白这次是在编织一个美丽的梦、塑造一尊供世人膜拜的神。他说：

据笔者所知，这是中央首次明确提出农村独女户可以生育第二胎，……由此，经过长达近 10 年的实践、讨论、修改、完善，人口生育政策基本稳定下来，至今已达 20 年。

首先，农村"独女户"政策是中共中央书记处 1981 年 9 月 10 日召开的第 122 次会议上第一次提出来的，距离中共中央 1980 年 9 月 25 日发布致全体共产党员、共青团员的"公开信"后尚不到一年。1982 年 2 月，中共中央尊重绝大多数省、市、自治区党委的意见，暂时放弃普遍允许农民生育二胎的方案，制订了以"独女户"为重要内容的现行生育政策。只是在政策颁发的时候，中央按照国家计划生育委员会党组的意见，不写明生了一个女孩的可以再生一个，使用了"群众确有实际困难"的特殊方式表述。这是中央和国家计划生育委员会达成的一项共识。田雪原当然应该了解这段历史。但是，他为什么要把 1988 年中央政治局常委会 18 次会议说成是"中央首次明确提出农村独女户可以生育第二胎"呢？当时的总书记赵紫阳在会议

上明确说过："这一次是重申现行生育政策，不开新口子。"田雪原把以女儿户为主要标识的现行生育政策由 1981 年推迟到 1988 年，就是要改变现行生育政策是"公开信"一年后的产物，制造由"中央人口座谈会"确定的人口政策大计经过长达近 10 年的完善，然后又实行 20 年。这样，30 年来的历史与其开端以一贯之，成为他编制的美梦的中心环节。

按照《新中国人口政策 60 年》一书勾画的历史故事，一位名叫田雪原的人口学家，在北京大学读书时就看不惯对马寅初的批判，萌发为马寅初翻案的雄心，立志要做人口学研究。20 年后果然承担极大的风险，写了给马寅初翻案的文章，在理论上拨乱反正，开创了新时期的人口和计划生育工作。1980 年初春，田雪原与宋健合作进行的人口预测，提出一对夫妇生育一个孩子的主张，得到中共中央的重视。中央委托办公厅召开了 5 次人口座谈会，定下"一对夫妇生育一个孩子"大计，由田雪原起草的给中央的《报告》和稍后发表的《公开信》起到为控制人口增长和加强计划生育一锤定音的作用。只是在此基础上，我国计划生育工作又经过长达近 10 年的实践、讨论、修改、完善，人口政策才基本稳定下来。至今，这一政策已长达 20。当然，还不止这些。早在 1980 年给中央的《报告》中，田雪原就已经规划好那个政策只是一代人或者 30 年的政策，此后就要"采取不同的人口政策"。这个"不同的人口政策"也不是随意性的，而是田雪原的那个《报告》中就已经"给予关注并做了策划的，因而是原政策的继续"，"不是与原来政策隔离开来的另外的政策"，具体来讲，就是在新世纪现在可以逐步开始实行的"双独生二""一独生二"和农村"限三生二"。这同当初田雪原起草的《报告》的基本精神是一致、相衔接的，是承上启下的"后生育政策"。

可见，田雪原在这里给我们描绘出一位"神"。这位伟大的、万能的神不仅在 1980 年中央人口座谈会上为我们谋划了决定世人 30 年的现行生育政策，而且在那时就已经"关注并策划了"决定未来人的"后生育政策"。这已经不是曾经为马寅初昭雪、比马寅初更伟大千百倍的人口学家，而是决定人们今生和来世的上帝啊！

30 年来，田雪原一路的忽悠，越搞越大，就在于没有把自己放在人间的现实当中，没有把自己放置在国家和人民的应有的位置上。所以，当遇到自己和国家、人民发生关系的时候，在"我"字夹杂其中的时候，就忽悠出一个大大的"我"，一个只有是神才可支撑的"我"。这样，当我们跟着田雪原回过头来看历史的时候，他所讲的故事就可以不交代来源、出处，不用引号，想说什么就是什么。为马寅初平反，本来是陈云、胡耀邦等领导人的批示，有许多媒体的推动和社会思潮的呼应，已属潮流大势，自己仅是其中一小卒，承担一项具体的工作。时过境迁之后，就变成了 1959 年进入北大就能够知道以后社会发展态势、有了为马寅初翻案的念头，1976 年粉碎"四人帮"之后已经动笔撰写好为马老翻案文章，十一届三中全会恢复了实事求是的思想路线，终于在光明日报上发表了为马寅初翻案的重头文章。在这里，国家、单位、中央批示和报社组稿，等等，都不见了，只有一个放大了的自我和超人。

在"中央人口座谈会"的故事里，更是如此。田雪原所说的 5 次座谈会，是把不同部门召开的不同会议串联在一起并统一拔高规格而配送一个"中央人口座谈会"的名称。可以确定的是，后两次会议实际是国务院计划生育领导小组为向新设置的中共中央书记处汇报工作而召开的座谈会。宋健田雪原 2 月 13 号露面时除了"自然科学和社会科学"合作的测算是自己的以外，其他的内容和主题就都是为了论证陈慕华提出的"零增长"人口目标和"一胎化"生育政策。因为用"科学"的形式证明正在推行的政策和目标比常规性的宣传更为有效，主管部门就邀请宋健和田雪原了。不过，即使田雪原在会议期间起到了很大的作用，所以受到陈慕华的器重并委托其承担向中央书记处汇报的报告起草工作，也要分清个人的作用和职务行为。特别是向中央书记处的汇报和起草汇报文件，不是研究者个人的汇报，甚至于也不特别地是座谈会的汇报，那是国务院计划生育领导小组向中央的汇报，其内容不仅反映会议主办方所能接纳的参加会议的人们的所谈所议，而且更多的是该部门的工作汇报。因为是陈慕华向书记处汇报工作，《报告》所有内容在一定程度上都是反映和属于中央政治局候补委员、国务院副总理兼国务院计划生育领导小组组长陈慕华的，而不是包括田雪原在内的所有会议的参加者和文件的起草者的。作为《报告》起草人，田雪原（假如是他起草的话）这时所承担的角色仅仅是国家机关的一般工作人员。在这一庞大的国家机器不停顿地运转过程中，每天都有多少个国家公务人员在做着这一类的工作啊！不用说那时的国家行政机关和所属的企业、事业职能关系还不是区分得很清楚的时候，即使放到现在，抽调几位政府所属研究机构中的相关研究人员，临时参与为政府首长起草的相关文件，都是政府所属单位分内和情理中的事情。事实上，中央和地方党政各级机关一直都在这么做。据我所知，许多次党代会前所组成的起草政治报告的班子中都抽调过中国社会科学院相关学科一些知名学者（幸亏没有挑选过田雪原，否则，说不定哪一次总书记所作的政治工作报告就成了他的了）。但是，在相关文件所属的名份上，只有出头露面的首长、长官，而没有文件的起草者。这就是国家，就是政府机关。国家机器就是靠这样的规则运转的。它绝对不允许任何一位文件起草者越过长官声明他是文件的所有者，哪怕文件中真的有许多观点最初确实是由起草者第一次提出来的，只要不是文件起草和发布前曾以个人名义署名，而只要是被长官认可并且以长官的名义发布了，它就是属于长官的，而不是起草者的。这是国家机器运作的规则。又是"时过境迁"时，田雪原越过陈慕华、越过国务院计划生育领导小组、越过"中央人口座谈会"，也越过了他所在单位和他的职位，越过时空，成了他出现以前就已经在全国实行的"只生一个"政策的提出者，成了《报告》的所有者。更有甚者，由于田雪原的手法是介绍历史文献不提名称、不用引号，从而可以用 30 年后的认识修正历史文件，赋予历史文件许多新的内容和功能，以至于我们可以得到一位"现政策"和"后政策"的设计者。说到底，他仍然是在国家关系上没有找到"我"的准确正位置。人口政策是国家决策层面上的事情。

虽然民主决策是我们的目标，但是，它本质上还要接受一个国家现代化发展水平的制约。在我国目前发展阶段上，一个研究人员不在权力机关，是谈不上决策权的。把一位没有决策权的书生描述成国家大计的设计者和决定者，那只有从脱离具体历史和现实的梦幻中去寻找

另外，田雪原在处理与人民的关系上也是错位的。特别遗憾的是，进入新世纪以来，我国主旋律反复宣传以人文本，作为一名人文学者，田雪原却一点也没有与时俱进。举个例子。田雪原在《新中国人口政策 60 年》一书的前言里，首先给读者讲述了一个故事：

1980 年 5 月，中国人口学家代表团一行五人出席美国东西方中心举办的中国人口分析会。在那次会上，J. 艾尔德便手拿两份地方报纸，提出异议和质问。……某省某村一农户因拒交计划外生育费被当地干部拿走犁、锄等农用工具的报道。他质问没有了农具农民如何生产？他认为农民没有办法只好变卖家当交费，证明中国推行人口和计划生育政策是政府强迫命令的结果。……会议中间休息喝咖啡时，一位对中国人口问题颇感兴趣的在读博士生问我：J. 艾尔德讲的是不是事实，有没有发生那样的事情？我向她解释三点：第一，中国推行人口和计划生育政策历来强调把宣传教育放在第一位，讲清中国人口多、底子薄，进行现代化建设必须大力控制人口增长的道理。第二，中国是一个拥有 960 万平方公里陆地面积、将近 10 亿人口（1980年大陆人口 9.87 亿人）的国家，且城乡之间、地区之间发展很不平衡，因此发生点儿这样那样的事情不足为怪。J. 艾尔德列举的事情可能是有的，还可能再找出第二个、第三个，但是再多能占到全国 1.7亿农户多大比例？恐怕连万分之一也占不到吧！为什么要用个别代替一般呢？这种以点代面的做法是不呢？的，也是不科学的。第三，即使是个别的现象，中国政府和从事人口计生工作的干部也十分重视，强调各级政府要下大力气纠正。

说实话，我每次遇到这段文字都感到十分的羞愧和脸红。一方面为包括我自己在内的那些过去拥护现行计划生育制度的人都曾经以这样的方式来安慰自己，从而可以心安理得地让政策继续伤害群众

的行为而羞愧。另一方面，也为田雪原至今还以 30 年前那种没有人本思想基础的执政理念为荣而羞愧。纳税人白养活了他。他把几十年来的书都白读了。他一点都没有随着我国经济社会的飞速发展而在思想观念、世界观和价值观方面有些微的提高和进步。以人为本之中的"人"，既是人类整体、我国人民和中华民族的整体，也是每一个人。它是复数，也是单数。对于一个现代国家来说，不要说按照田雪原万分之一的说法就是 10 多万人，即使是一个人，也不允许来自于政府对他（她）的伤害。生育是一个人的生理功能和生理现象，也是一个人的生命延续和生命生活的重要组成部分。人类是一种社会动物。这种社会动物是从血缘维系的社会组织进化和发展起来的。虽然现在人类离开原始社会已经有一个阶段了，但是，维系人类社会存在的微观组织——家庭关系仍然是以血缘为纽带的。血浓于水。所以，人们往往把生育当作婚姻和家庭的稳定器，当作寻求力量的基本手段和改变命运、寻求发展的基本方式。为此，它又是人们精神的寄托和慰籍，美好生活的憧憬和希望。人的生育能力是与生俱来的，是自然赋予的。政府要限制和剥夺人的自然能力，其荒谬性质并不在乎是整体还是部分、复数或者单数。因为生育自古以来都是由每一个人自行决定的事情，任何国家的政府或者其他凌驾于社会之上的暴力机器都从来没有干预过，所以，30 年来的现行的计划生育制度属于我们的政府做了本来不应该由它来做的事情，而所谓的违反现行生育政策超生的老百姓仅仅做了一直以来自己应该做的事情。从这个意义上来认识，我们的政策即使妨害的是一个人、一个家庭，都是不应该的。所以，不要说具有人本思想的知识分子，任何一位稍有同情心的人都不会像田雪原那样冷漠地写出那么一段话。

我国现行的计划生育制度是在一种特殊的历史条件下形成的。我国政府在特殊时期获得一种认识，希望通过限制公民的生育来减轻经济社会发展过程中的一些困难。这是我国的一个特殊历史时期，是一段承上启下的历史阶段，是一个寻求变革的时代。正是从这个时代起步，我们跨上了飞快发展的历史快车。所以，它是一个伟大历史的起点和两个历史阶段的转折点。这不是一个彻底否定旧体制实行革命的时代，而是一个继承发展缓慢甚至于停滞发展的传统社会而寻求变革和实行改革、改良的时代。所以，处于这一时代的各种思想观念都有其深厚的根源。一个人主张什么或者对什么问题持有什么观点，无所指责。但是，当政府制订出一项古今中外都未曾实行过的"一胎化"政策施加给一个接近 10 亿人口的民族大国的时候，宋健田雪原向国家和人民信誓旦旦、言之凿凿地说那是一个经过他们科学研究证明了的解决中国人口问题的"理想"和"最佳"方案。宋健、田雪原何许人也？他们的成果是什么货色？宋健，控制论专家，是为发射火箭设计轨道的。1978 年下半年在国外才知道用控制论方法可以测算人口，回国后找助手一起学习测算。田雪原，1979 年年中才由教育部行政工作岗位调动到中国社会科学院经济研究所搞经济研究。宋健使用国外的模型计算中国人口的未来，但是，中国自 1964 年以来就再没有做过人口普查，那时也没有相应的人口统计，可以说与国外用控制论模型搞预测相适应的中国人口的基本数据和参数都没有。所以，他们计算使用的所有数据和参数全都是经变通和对付地使用的。1980 年年初，当宋健一伙计算出一大堆数据而无法将其整理成理想的文字的情况下，找到了田雪原。2 月 13 日，仅只经过一个月左右的时间，宋健田雪原就将其贴上"自然科学和社会科"合作的成果奉献给国家和人民。对于了解事实真相的人来说，你无论将这一成果和他们的做法进行怎样的包装和宣传，都无法和诚实、严谨这样的词汇联系在一起。国家和人民供养这样的研究人员和知识分子，只可以用龙种和跳蚤来比喻之间的因果关系。他们的所谓研究成果是给党和政府帮倒忙，加强了尚不很自信的政府官员要把本来没有把握的政策推行下去的决心，使得一项不合理的政策得以固化和稳定；以科学的名义暂时制止了人民群众的广泛疑虑和反对，让错误的政策持续地伤害人民。

从田雪原引述的那段文字来看，似乎生育政策仅仅伤害了很少一部分人。让我们来计算一下。30 年来，按照政府的实际政策生育率超不过 1.5。即使按田雪原宋健的百年预测，2010 年全国总人口只有 11.67 亿，比目前要少近 2 亿人口。这就是说，30 年来至少有 2 亿左右的人口属于违犯政策出生的。考虑到超生人口主要发生在农村的事实，按照每户家庭 4 人计算，将涉及到 8 亿左右的人口。如果再考虑到不少的超生子女是经过他们的母亲许多次的怀孕和被流产的博弈后才得以实现的，考虑到每一个超生子女家庭都需要经受多年的罚款和许多规章制度的刁难，全社会要经受多少的内耗和摩擦！但是，田雪原一直沉浸在他所编制的为中国计划生育设计的政策得以顺利实施的虚幻的意淫和快感之中。所以，他不无成就感地向世人说，现行的生育政策是他当年的《报告》中提出来的，而且那时连"后人口政策"也早就都设计好了。按照他对历史的编排，当人类社会发展到一个叫做田雪原的人终于出现以后，就如有万能的神降临人间，他不仅安排世人，而且决定未来人的生活。如此幸运的人民，还不诚惶诚恐地顶礼膜拜？

田雪原有一份安逸、舒适的生活。所以，他愿沉浸在由他的忽悠构筑的梦幻中。但是，人民却必须生活于现实之中，特别是社会底层的民众随时都需要面对的生活难题总在提醒他们始终都生活在尘世上。从来都没有救世主。生活中的困顿自己不去克服一个也不会自行消失。人们必须自己靠自己。所以，每个人都需要根据自己的条件安排自己的生活。人民过去没有按照谁的设计去生活。今后，同样也不会。

——2010 年 7 月 20 日至 8 月 12 日初稿，9 月 3 日修订

（刊发于 2010 年 9 月 4 日）

人口普查（一）

危险在于用历年的监测结果指导人口普查

——中国社会主义学院杨支柱
2010 年 6 月 29 日召集的会议发言

很高兴受邀参加这个会议。这次会议是关于人口普查的，我正好对此有一点研究。因为在座的基本上都不搞人口学研究，更不搞人口普查，所以我想先就此介绍一些情况。人口普查是一个国家和民族对区域内人口基本状况的了解。现在我们有普查行动，过去历史上国家有人口数据之类的信息，但其实都不能比较准确和正确反映人口状况。现代的人口普查是从历史发展过来的，国外已经有上百年的人口普查历史，但现代人口普查，大约也就是半个多世纪的时间。一个国家的人口变动，出生死亡、迁进迁出，以及每个人随时都在发生的成长和衰老，一直在发生变化。人口普查基本上已经形成一套固定程序，有一套登记制度，都是由政府来做。对于一个国家，特别像我们这么大的国家的人口状况，只能通过普查活动来了解。这是先给大家讲的一个概念。

第二个概念，我国的人口普查是从 1982 年开始的，今年是第六次。我们国家的第一、二次人口普查就是清点人头，和现代意义上的人口普查还是不一样。现代人口普查是从 1982 年第三次人口普查开始。普查需要耗费物力、财力，政府要掌握人口状况，也没有必要随时了解得那么准确，所以就在不同时间段去做。像我国从 1982 年开始，到 1990 年以后，每十年做一次。因为每十年做一次，这中间变化很大，就每一年再做一个小样本的监测。样本小到什么程度？1982年建立起来的动态监测，大约是千分之 0.7，现在逐渐发展到大约千分之一。由于每年做的监测越来越偏离原来整体做的普查，不太准确，所以在两次普查之间，第五年再做一次样本比较大一些的抽样调查。就是每十年一次普查，每过五年做一次百分之一和每年一次的大约千分之一的抽样调查。这就形成一个对我国人口状况动态的了解。国外不一样，有的 7、8 年做一次，中间也是通过各种方式监测。这是给大家介绍的第二点。

第三，与今天讨论的主题有关，人口普查除了技术性的问题导致不准确之外，登记制度本身也有毛病，比如队伍的培训、普查员登记和结果录入，都可能发生一些技术性的差错。除此以外，还有一些社会性的问题。美国有种族制度，调查项目里涉及一些社会政策，可能有人就拒绝回答。我国从 1982 年普查开始，历来就有一个和计划生育制度有关的普查不准确。过去的三次，至少可以证明两次是有问题的，是由于和生育指标相关而不准确。其他可能也有不准确的，比如关于流动人口，可能普查登记的也不够准确。因为流动人口往往登记起来很困难，这是技术性的。但更多的是涉及政府政策。譬如，1982 年人口普查的时候，0 岁组的到 1990 年普查的时候就是 8 岁。1982 年的 0 岁和 1990 年的 8 岁组，是同一个年龄组的。一个年龄的人口数字，这 8 年期间应该有死亡。1990 年 8 岁组的人口应该比 1982 年 0 岁组的要少，最后没少，还多了。这种情况不仅仅是这一个年龄组的，而是低年龄组的都有，大约 11、12 岁以下的都很明显。1990 年人口普查 0 岁组到了 2000 年的时候也出现这个情况，而且数量更大，这就归结到计划生育政策的问题。在普查的时候不敢登记，然后过了一定的时间，由于各种情况这些未报的人逐渐出来申报了，原来是黑孩子，现在慢慢合法了。

出现这个情况，在很大程度上，不止是个人的问题，还有单位和政府考核指标的问题。1990 年普查，县委书记或者镇长辖区内如果出现不符合政策出生的孩子太多，对政绩可能就有影响。所以，这时的官方也不愿意让这些孩子暴露出来。事实上有这个孩子，但登记的时候就没有了。这种情况历来都有。而且统计部门也不否认这一点。

我在 2003 年的时候写过一个长篇论文《20 世纪末中国大陆人口总量和妇女生育率水平研究》，大约 2 万字，主要部分在《中国人口科学》上发表，全文在《生产力研究》上发表。对照三次人口普查，1982 年和 1990 年的普查对照，0-6 岁大约 7 个年龄组，漏报 300 多万。同样对照 1990 年和 2000 年两次普查，0-9 岁大约 10 个年龄组，漏报约 1250 万。我做人口学研究，基本上不使用其他的统计，就用普查数据。不是说普查就一定准确，而是因为只有普查数据具有这样一种性质，即至少普查数据是在同一体制下用同一种方法，同一次部署做出来的。普查也不是很准确，特别是 90 年以后的普查，我是持否定态度的。

最近发布消息超生的也允许登记落户，其实每次普查都有这个政策。从国家层面来讲是这样，是无条件的，已经出生了就允许上户，允许登记。但在基层很难做到。因为都是政府部门，计划生育部门不会让你这样轻而易举，没有任何代价地做。这种情况在过去土耳其也有，我在 80 年代批评计划生育政策的时候就举例说，我就举土耳其的例子。土耳其传统上是去教堂结婚，而不是去政府登记。根据土耳其的法律，不在政府登记下结婚生的孩子是没有合法地位的。但人们不管这个。相应的是政府在乎这个，过一段时期就会颁布一个规章，宣布前一段未经政府等即结婚生育的孩子为合法，等于这个法律不存在。中央政府想搞人口普查，未能上户的黑孩子对于普查准确性是一个很大的问题，所以要颁布一条政策规定，这个时期所有的人都可以上户。国务院普查办是这么规定，但大多数基层政府不会这样做，如果这样做的话等于计划生育政策就没有了，计划生育部门还是要求交罚款。另外，近年超计划生育的数量大了，也会影响现任领导和单位政绩。所以，普查前可以上户这个政策在很多地方还会有阻力，普查不准确这种现象大概还会有，这是第三个问题。

其实我还想讲一个最重要的问题，我认为普查不可能做准确。现在的问题主要不是在普查的技术上出现的问题，也主要不是可能是普查登记的环节上有问题。而是从 90 年代以来逐渐形成的人口监测体制的问题，有关部门会把普查当作了一个论证平时监测体系正确的一个手段。为什么搞普查？因为小样本的，哪怕是 90%人口抽样调查，都不是全体，不能说准确地把握了全体。只有人口普查即在同一个时间 100%的登记才可能准确反映全体。现代人口普查都统一时间，登记这个时间点上存在的人。比如 10 月 30 日 24 时，或者 11 月 1 号 0 时这个时间点上这个地方存在的人全部都要登记。如果是 90%，也就只反映 90%，剩下 10%是怎么回事？还是说不清楚。所以必须 100%，这就是普查。十年做一次普查，在普查基础上建立抽样框，在这个基础上搞一个千分之一，再过五年做一个百分之一，再过五年再普查。为什么必须每十年做一次普查？因为这中间小样本监测必然地要走样了，离开实际的、客观的人口过程越来越远。我们现在每年发布一次人口总量，但这个情况 2000 年的时候改变过来了。2000 年第五次普查，11 月 1 号 0 时普查，到了 5 号，全国有一个初步的汇总。全国汇总的时候认为出现了差错，汇总不到 12 亿。按照他们当时估计，全国这时候应该有 12 亿 7、8 千万，或者 12 亿 6、7 千万。这跟平时监测结果对不上了，于是就停止普查登记。回过头来再做一次补查、漏报，到 2000 年 11 月 20 号才算登记完。找回来 4000 多万，登记人口 12 亿 4000 多万。但这也不符合原来的监测到的，因为这个数据比 1999 年监测的人口少 1648 万，甚至比 1998 年还少 349 万。所以，又增加了一个 1.81%的漏报率，空降了 2200 多万，就成了公布的中国大陆人口 12.6 亿。这就出现一个问题，本来应该是用普查结果来校正平时监测的小样本，普查是正确的，监测是不正确的。但是倒过来用平时监测的来校正人口普查，搞了半个多月的普查漏报，在人口登记上和人口统计上是不符合程序的。统计应该是中性的。那个地方是什么就是什么，而补查、漏报是带着明确的意图去调查的，那就可能出现多于实际漏报的情况。这实际上就是用平时的监测体系来纠正普查。

到了 2005 年还是这样。2005 年有一个大样本 1%的抽样调查，国务院发文，也是用 2000 年普查发展到 2004 年形成的抽样底本，在统计学上叫"抽样框"，以此为据设计百分之一人口抽样方案。按照设计，抽查以前就把全国的方案做好了，把某一个省，某一个县，某一个区，那个区的一个小区，国家统计局事先就都做好了，然后统一时间进入这个抽中的小区登记。但是，按照 13 亿的方案，统计回来的不是 1300 万，而是 1705 万。如果按照百之一计算的话，全国人口就成了 17 亿，和 13 亿的差距就太大了。有关部门就把这 1705 万又返回到抽样框里，按照 13 亿算，是 1.31%。这样，不使用抽样出来的人口推算全国，而是再回到抽样框，用抽样结果再证明原来的检测结果，当然可以一致起来。

我分析，这一次普查还会按照这个来做。如果发现不符合，有关方面就会采取措施，让普查出来的东西和平时掌握的东西衔接起来，用普查出来的结果来证明历年的检测工作是正确的，优秀的。如果这样的话，普查就成为没有实际意义的活动了。

（刊发于 2010 年 9 月 17 日）

人口普查（二）

人口普查数据不容推算

——7 月 19 日《瞭望》杂志"专家视点"

今年 11 月 1 日零时将要进行第六次全国人口普查，这是我国经济社会发展中的一件大事。但是，在我国人口调查中，有一个很重要的原则问题需要特别指出，应引以注意。

现代国家主要是通过人口普查即同一时点上的全体公民登记制度来掌握和了解人口情况的。但是，普查是一个耗费国家巨大财力、人力，影响全体国民正常生活和工作秩序的活动。由于人口过程总是处在出生、死亡，以及不同区域之间的迁进、迁出的运动状态，一个国家又不能随时随地都在进行人口普查，所以，现在世界上的大多数国家都逐步建立了每隔一定时期比如 10 年一次的普查制度。为了及时能够了解到非普查期间的情况，每年又再做一次较小样本比如 1‰的人口抽样调查。因为 1‰的动态监测样本比较小，偶然性较大，往往还会在两次普查的中间一年即普查后的第 5 年再做一次较大样本比如 1%的调查。这样，一年一次的 1‰抽样、5 年一次的 1%抽样和 10 年一次的人口普查，就形成了一个连续滚动的监测体系及时跟踪人口变动过程。毋庸置言，在这一体系中，两次普查之间的所有抽样调查都是为了掌握全国人口的总体状况而替代人口普查才设置的。所以，不仅要求抽样调查的样本选取科学、合理，方法得当，而且为防止出现小样本以偏概全，把一些偶发性情况视为总体人口现象甚至于发生监测体系脱离开客体自成体系、自行发展，还确定了小样本的调查服从大样本、抽样调查服从普查的原则。这里所说的服从，一是指小样本的抽样调查要根据大样本和普查结果及时调整或者重新

383

建立抽样框等调查事宜，二是指大样本通常要比小样本更具权威性。因为人口普查是一次最全面的独立的调查活动，其结果就比抽样调查具有无以伦比的权威性。作为一项通则，每当人口普查结束后，年度的人口变动调查都必须根据普查结果重新调整或建立全新的抽样框。

但是，从上次人口普查开始我们却出现了用平时动态监测结果指导和影响人口普查、用小样本校正大样本调查的反常现象。我国是从 1982 年开始逐步建立起 10 年一次的普查和年度的人口动态监测体系的。按说，2000 年 11 月 1 日的普查是在过去已经做过两次普查、两次 1%人口抽样调查和 10 多次更小样本的年度人口变动抽样调查的基础上进行的，由于以往队伍的训练和经验的积累，顺利完成该次普查是有较大把握的。事实上，这次调查在一开始也没有发生大的和全局性问题。但是，由于 11 月 5 日全国摸底汇总的人口总量没有达到统计部门根据年度人口变动抽样估计的结果，就临时穿插一项在全国复查、补漏的活动。经过半个多月的重复工作又找回来 4000 多万，全国登记人口才变成 12.4 亿。即使这样，它比 1999 年统计公报还少 1430 万，比 1998 年少 450 多万。于是，有关方面又"评估"出一个 1.81%的漏报率，从空追加 2227 万，达到 12.6 亿，一个与年度人口变动监测勉强可以衔接的数据。

这种情况同样也发生在 2005 年的 1%抽样调查工作中。在这次抽样过程中，本来是按照 2004 年接近 13 亿人口预计在全国抽取约 1300 万人口的样本，但实施调查后的登记人口却高达 1705 万。如果按照 1705 万占据总人口 1%计算，2005 年 11 月 1 日全国总人口已经达到 17 亿左右，这明显不符合常识。有关部门为了自圆其说，又将实际登记结果解释为"占全国总人口的 1.31%"。这就产生一个问题，即由于我们不知道新的时点上的全国人口情况才实施这次调查的，而在还未得知人口总量以前何以知道调查登记的 1705 万"占全国总人口的 1.31%"？这只能有一个解释，就是把实际登记结果又返回到 2004 年年度调查形成的抽样框上去，是在用小样本指导、校正甚至于决定大样本的调查了。

如果负责实施人口普查的部门总是千方百计地用平时的动态监测结果来指导和影响普查，用普查和较大样本调查来证明自己平时进行的小样本监测体系和监测工作的质量和政绩，那么，实际用不着再实施新的普查，因为人口状况随时都可以用那个已经脱离了客观的监测体系推算出来。

人口普查是一个国家全部国民在统一时点上的登记活动，所以，它是一次最具权威性的独立的人口调查。它不需要其它任何调查做参照物或用以指导。包括普查登记后的质量检查在内的所有普查期间的调查登记活动，都是在独立和统计中立原则下完成的。不允许带有某种倾向性譬如有意寻找瞒报漏报等具有倾向性的态度实施调查，更不许可用以往的调查结果影响、调整和改变普查活动。相反，必须知道，年度的小样本调查不太准确是人口统计科学中允许的，正常的。正是由于平时的监测可能不准确，才有设置耗费巨大国力的人口普查的必要，独立和权威的普查活动本来就是要对监测体系进行一次全面的纠正。所以，需要提请有关方面注意，必须坚持普查中立和独立的原则，严防用年度人口变动调查影响、指导和改变 2010 年的人口普查。

（刊发于 2010 年 9 月 19 日）

人口普查（三）

谨防用动态监测结果影响和干预人口普查

——9月2日《改革内参》约稿

　　一个国家的人口总是处在出生和死亡，迁移和流动，成长和衰老的变化状态。所以，人口过程生生不息像一条奔腾不已的江河一样，要想掌控它却不是件容易的事情。现代国家主要是通过人口普查即一定时点上的全体国民（或自然人）的登记制度来了解人口的一些主要情况譬如人口总量、年龄和性别结构、人口地理分布、职业（就业）状况及其在社会各个领域的分布、人口的民族和文化构成，等等。但是，普查结果相当于人口过程的一个横截面，反映的是某一个时点上的静态的人口状况。人口过程无时无刻不在发生变化，而国家又不可能总是跟在后面搞普查。再说，社会也没有必要了解那么具体。现在大多数国家都是根据自己国家政治生活的需要譬如政府大选分配国会议员，定期进行人口普查。在两次普查期间，再设置不同的人口调查。我国是在1982年第3次人口普查基础上逐步建立了每隔10年一次的人口普查制度。由于两次普查期间的10年人口发展会在许多方面都可能远离上次普查所反映的情况，我国统计部门还建立了每年一次大约占总人口1‰左右的人口抽样调查，以及普查后第5年一次较大样本即1%的人口抽样调查，滚动式地跟踪人口的发展。

　　既然是全国规模的人口调查，就会存在调查质量问题，存在普查数据准确与否的问题。总体来说，如果发生普查质量问题，就问题的来源主要存在于两个方面。一方面来自调查对象，即国民对于普查登记的有意无意的抵触或忽视，比例较高的流动人口和频率过快的人口流动，自然地理的复杂和多样，以及一些不合理的规章制度或社会政策，都会影响人口登记的质量。譬如从社会政策的层面来说，对照1990年普查中8岁组和1982年普查的0岁组，可以发现8年间不但没有因必定会发生的一定量的死亡减少了人口，反而多了123万。这一现象的合理解释，只能是1982年普查时的遗漏。用相同方法可以计算出，1982年0-2岁3个年龄组至少遗漏了297万人。对照2000年和1990年两次普查，发现1990年0-9岁组至少漏登1266万人。如果考虑到低年龄组人口中因为超计划生育出生还有一部分人没有取得户口从而在新的普查期间仍然没有参加登记，以及期间的死亡人口，当年普查时的漏报人口应该还要比这一数据大一些。由于人为地瞒报漏报，必然地会发生新生儿和低年龄人口申报户籍时的性别偏好。这样，自然地又发生初生婴儿统计性别比和低年龄组人口性别比严重失真问题。类似这种影响不是普查工作本身的问题，必须通过调整相关的社会政策才可以解决。

另一方面，普查制度和普查方法的问题也会影响普查质量。譬如，2000年11月1日普查时，由于有关方面认为11月5日全国摸底汇总的人口总量距离他们认为应该达到的目标过低，就临时穿插了一项长达半个月的复查、补漏的活动，"找回来"4000多万，使得全国登记人口才达到12.4亿。即使这样，它比1999年统计公报还少1430万，比1998年少450多万。为了弥合偏差，有关方面接着再"评估"出一个1.81%的漏报率，从空追加2227万，达到12.6亿，成为一个与年度人口变动监测勉强可以衔接的数据。这样一来，2000年的人口普查终于可以证明国家统计局近10年来的年度监测数据是准确的、可靠的。但是，局外人很少知道，自1990年普查以来国家统计局连续10年所做的监测数据好看了、圆满了，2000年的普查数据却被报废了。因为按照国家统计局发布的人口普查公报，全国（大陆）总人口12.6亿，其中有2227万人口是没有年龄性别、住地、职业等等具体的人口特征的，属于虚拟和空悬着的。这样的普查资料是无法使用的。实际上，2004年由两位曾经的国家领导人牵头的重大课题《国家人口发展战略》，就宁肯用1990年的普查资料在那里自行调整也不使用 2000 年的数据。其实，用 1990 年调整的数据并不比 2000 年的数据好多少。因为，2000 年的数据实际上也相当于在 1990 年普查基础上经过每年的调整形成的。2000 年普查其实就是国家统计局继续按照历年的调整思维和原则实施调整的结果，它相当于一次年度的抽样调查后的调整。使用过期的普查资料和 2000 年的普查一样，都不适宜于做研究。就是说，由于 2000 年普查所出现的严重质量问题，近 10 年来我们国家实际上已经没有准确、可靠的人口数据了。只是局外的人不了解这一情况罢了。

国家统计局自己的实践活动也证明了这一点。国家统计局每年的 1‰左右的抽样调查都只公布少量的数据，而不发布调查的方法，而只知道按照他们的每次声明"全国数据根据抽样误差和调查误差进行了修正"。至于如何修正，我们无法了解，也无法判断其质量。如果从 2005 年发布的少量信息来分析，证明 2000 年的人口普查资料因为严重的质量问题已经无法使用。因为，按照国家统计局给国务院 2005 年全国 1%人口抽样调查领导小组报告的方案，全国抽取的样本量将为 1300 万人。但是，根据国家统计局制定的调查方案实施结果实际调查登记 1705 万。如果仍旧按照 1%计算，全国总人口应该是 17 亿左右。这与国家统计局以往的数据出入太大。所以，国家统计局发布公告说 1705 万占全国 1.31%，而不是原方案所作的 1%。这就是说，准备抽取 1300 万人，结果抽取了 1705 万；以 1%所做的调查方案，实施完成成了 1.31%。出现这种情况，从统计学上来分析，是由于抽样框与实际悬殊太大。我们知道，抽样调查的设计需要一张像地图一样的样式，统计学上称之为抽样框。全国的抽样框只能根据人口普查来获得。每年的动态监测所使用的抽样框都是根据上次普查获得的抽样框逐渐按照历次动态监测再做适当调整。2005 年 1%抽样调查发生较大偏差，说明建立在 2000 年普查基础上的抽样框与实际偏差较大。再深入点分析，可能是 2005 年 1%抽样调查设计所使用的抽样框过高地偏离了我国实际人口。

对照 2000 年和以前的两次普查，它不仅是低年龄组的遗漏问题，而是影响到普查的总体质量。其中的经验教训，就在于颠倒了普查和平时的动态监测之间的关系，违反了调查中性和普查独立性的原则。由于人口普查是一个国家同一时点上的全体国民（或自然人）的登记活动，所以是一个国家最全面和最具权威的人口调查。因为普查过于耗费人力财力，干扰人们的正常生活，这才有了年度的抽样监测。但是，要知道再大样本的抽样，都只是抽样，属于将个别代表整体，而不是实在的整体。特别是离开前次普查时间越是长远，抽样框与实际发生的偏差可能性就越大。这就有了过一定时间必须再次进行普查的必要。就是说，动态监测的结果有可能与实际发生较大偏差，需要用新的普查纠正和校正它。在实施普查的过程中，不允许用平时的监测结果影响普查活动。分析 2000 年的普查，至少犯有 3 个错误。第一，人口普查必须是中立的，无倾向性的。穿插补查漏报就是带着目的、目标返回去调查的。其次，现代人口普查的方法和程序是经过许多国家许多次的实践所获得的比较科学合理的做法，打乱普查程序临时安排一个长时间的程序以外的活动，延长了调查期，势必模糊了普查的时点意义。第三，最后空降 2000 多万使其达到与其他年份相衔接的数据，那就纯粹是用动态监测来决定人口普查结果了。

可能有人会担心，人口普查的误差该如何解决？人口普查作为一项独立的活动，它不允许运用机制以外的任何标杆来指导和纠正正在运行的普查活动，但是普查程序和机制中就已经包含了一个检验本次普查质量的重要环节。按照普查的程序，早在普查前就设计出一定比例，比如大约占全体人口 1% 的抽样调查，等待普查登记结束后，暂时封存登记结果，按照预定的抽样方案对被抽查的小区重新普查登记，并以此为标准确定整个普查的漏报率、重报率和各个数据的误差率。如上所述，现在我们所知道的人口总量实际上是 1990 年普查基础上动态监测体系自行运行的结果，可能与实际数量有一个较大的偏差。防止普查部门在这次普查过程中自觉不自觉地以此为标杆影响普查活动，对本次普查的成功与否，是一次严峻的考验。

（刊发于 2010 年 9 月 21 日）

人口普查（四）

动态监测的影响和干预将考验人口普查

——9 月 12 日《南风窗》采访

1. 今年耗资巨大的人口普查工作有无必要，按照目前公布的方法能否查清楚真实人口数目？

因为一个国家的人口不断处在出生和死亡、迁移和流动，以及不断地成长和衰老的状态，要掌握它还是不很容易的。现代国家都是通过人口普查即一定时点上的全体国民或者生活在该国的所有自然人的登记活动来了解的。因为，作为一个现代国家，许多事情都是和各个地方、各个行业或各个领域的人口具体联系在一起的。所以，每隔一定的年限做一次普查是十分必要的。我们国家从 1982 年普查开始，逐渐建立起每 10 年一次的普查制度，应该说是必要和合理的。因为人口普查是许多现代国家反复实施的一项人口调查活动，已经有许多公认的、操作性很强、行之有效的方法和程序，按照这些办法去作， 般地说应该能够获得一个比较满意的调查结果。

2. 中国是个户口管理很严格的国家，政府为什么说不清楚自己的人口数目？

通过户口管理了解人口和人口普查还是不一样。人口处在不断的运动状态，而户口登记往往落后于人口的变动。有一些出生的人口没有登记户口，有一些死亡人口没有及时销户，还有更多的情况是人口离开户口所在地，出现长期的、大量的人户分离现象。所以，仅仅依靠户口管理还无法准确、及时地了解人口状况。特别是我们国家的户籍制度是在长期的计划体制下形成的，是计划经济的一个重要组成部分，改革开放以后，社会经济制度和政策方面有了不少的松动，而户籍制度还维持原来的管理原则和规定。譬如，在计划体制下，每一个人的生活供应和劳动职业都和户口紧密地联系在一起，一个人没有户口就无法工作和生活。所以，户籍比较贴近人口的实际情况。但是，现在的物资丰富了，经济体也不像过去那样单一，一个人的劳动就业和生活都不一定和户口挂钩，许多人就可以长期脱离开户口所在地，有些人甚至于不在乎有没有户口了。这样，政府就无法通过户籍管理来了解人口状况了。人口普查是由政府统一确定的某一个时点譬如这次的普查规定 2010 年 10 月 31 日 24 时或 11 月 1 日零时全国所有的自然人都要进行登记，凡是这一时点上出现在什么地方就在什么地方登记。通过这样的方法获得的人口状况，就比户籍统计科学、准确。

3. 人口普查的难点和重点主要是什么，计划生育政策是不是最大的障碍？

人口普查的难点可能根据不同国家和不同时期而情况有所不同。对于我们国家这次普查来说，难度可能发生在流动人口问题上。由于我国极不合理的户籍制度，进城农民和早已经被城镇经济社会发展实际吸纳的原来的农业人口，却不能及时转化为已经接纳其工作和就业的所在城镇人口，形成我国所特有的、大批量的农民工现象。这一离开户口所在地的农民工及其家属的总数多达数亿人口，其存在形式种类繁杂，要清点清楚显然是很困难的。至于人口普查的重点，我以为历来都应该强调的是每一个普查登记对象的直接性。人口普查，首先就是清点人头，重点是查清每一个人，让每一个人都参加登记活动。清点和登记在统一规定的标准时点出现在各个普查小区的每一个自然人，都是这次普查的重点。

我国现行的计划生育制度不仅对违反计划生育政策生育的当事人实行一定的处罚，而且是对所在地区和单位实行奖惩的一种株连和连坐制度。这样，违反计划生育政策出生的人为逃避处罚在一个时期内会隐瞒出生人口，所在地区和单位的领导和群众为避免连带责任和直接的领导、管理责任，实际也会鼓励和纵容瞒报漏报。按照我国生育政策的生育率应该生育的人口和实际发生的新出生人口之间的差别来看，超计划生育在我国每年都是一个很大的数字。检查过去3 次普查，低年龄的漏报人口都有一个较大的数字。譬如对照 1990 年普查中 8 岁组和 1982 年普查的 0 岁组，可以发现 8 年间不但没有因必定会发生的一定量的死亡减少了人口，反而还多了 123 万，这显然是 1982 年普查时的遗漏。用相同方法可以计算出，1982 年 0-2 岁 3 个年龄组至少遗漏了 297 万人。用同样的方法对照 2000 年和 1990 年两次普查，1990 年普查时 0-9 岁组至少漏登了 1266 万人。如果考虑到低年龄组人口中因为超计划生育出生还有一部分人没有取得户口从而在新的普查期间仍然没有参加登记，以及期间还应该有一定的死亡人口，当年普查时的漏报人口实际比这一数据还大一些。因为这种现象主要发生在低年龄组，所以，我们判断是由于计划生育政策所导致的瞒报漏报。因为生育政策没有发生调整，类似的问题在这次普查中还会存在。客观地说，这样的质量问题不是普查本身能够得到解决的，它需要通过改善相关的社会政策和改革制度才可解决。

不过，对于我们国家的普查质量来说，现在还都不是奢求解决超生人口的瞒报漏报问题，如果这次普查仅仅发生了像 1982 和 1990 年那样的低年龄人口的漏报现象，那都属于较高质量的人口普查了。现在的问题是，主持人口普查的国家统计局会不会发生像 2000 年人口普查中，用平时监测的动态人口结果影响和指导普查工作，甚至直接用推导的方法来改变和决定普查结果了。如果这样，我们的人口普查就不是一般的质量问题，而是等于取消了普查，否定了实际普查的意义。

原来，因为每次普查都仅相当于了解了一个横截面上的人口状况，而社会又不能跟随不断变化的人口过程不断地进行普查。一些国家就在两次普查期间安排一些抽样调查，滚动跟踪人口过程。我国逐渐建立的动态监测制度是每 10 年一次普查，普查后第 5 年安排一次 1%人口的抽样调查和其他年份的 1‰抽样调查。按照这样的设计，应该说是比较理想的一种人口调查制度。但是，这一制度必须是建立在人口普查的独立和权威性原则基础上。因为普查是国家同一时点上的全体国民（自然人）的登记制度，它的权威性和独立性是不可替代的。平时的抽样是由于无法进行普查而采取的具有变通性的方法，抽样是以部分假设、代替全部，但它并不是全部。因为各次的抽样都有可能离开实际的整体，所以确定一定时期后必须重新进行全面普查。这样，在实施普查的过程中，绝不允许用平时的抽样调查影响和干扰普查，而必须保证普查的独立性。

我国 2000 年的普查就是由平时的监测结果影响和改变实施过程的一次普查。按照人口变动抽样调查，1997 年我国总计 12.36 亿人，1998 年 12.48 亿，1999 年 12.59 亿。由于 2000 年 11 月 5 日初步汇总的普查登记人口还达不到 12 亿，有关方面认为人口总量与平时的监测结果悬殊太大，就临时穿插了一项长达半个月的复查、补漏的活动，"找回来"4000 多万，使得全国登记人口才达到 12.4 亿。即使这样，它比 1999 年统计公报还少 1430 万，比 1998 年少 450 多万。为了弥合偏差，有关方面接着再"评估"出一个 1.81%的漏报率，从空追加 2227 万，达到 12.6 亿，成为一个与年度人口变动监测勉强可以衔接的数据。显然，这个数据不是普查登记汇总出来的，而是按照平时的动态监测推算的。按照这样的办法虽然国家统计局可以证明自己近 10 年来的年度监测数据是准确的、可靠的，但是，我们却失去了每隔 10 年才能够得到一次准确清点我国实际人口的机会。由于 2000 年的普查等于是统计部门的年度调查，这相当于我国连续 20 年没有进行普查，平时动态监测的数据和实际总量的误差可能比 10 年前更大一些，主管部门会不会继续像前次普查那样用改变普查程序和改变普查结果来迎合平时的监测结果，将是本次普查质量的一次严峻考验。

4. 你是否赞同把"社会抚养费""空房闲置率"等工作与人口普查工作合并进行？

人口普查主要是调查人口的自然特征譬如年龄、性别为主的极少量的一些项目，切忌调查项目繁杂，特别是禁忌社会歧视性的、隐私性和与个人财产有关的，以及具有敏感性的问题"搭顺车"纳入到普查项目中。这样做的结果，可能导致被调查人的反感，以致不配合普查登记和逃避登记，从而影响普查质量。

（刊发于 2010 年 9 月 22 日）

人口普查（五）

人口普查无法有效解决超生人口上户问题

——9 月 13 日《北方周末报》采访

张艳丽同志：刚才发给您的文章是否阅读？我觉得这次人口普查的真正危险是国家统计局要再次把普查当作他们连续 20 年的监测成就的一次证明。就是说，他们要千方百计地把普查引导到他们现在推算的结果上去，使得普查失去独立和中性的原则，失去存在的意义。不过即使这样，我仍然乐意解答您的问题。

1. 为了提高第六次人口普查的准确度，公安部下发文件，超生人口也可以落户并不作处罚，这就等于给超生人口合法化了，这一举措是否意味着计划政策正在慢慢隐退？

实际上，从 1982 年以来的过去 3 次的人口普查都有这样的规定。公安机关是一个受由公安部垂直和地方政府双重领导的部门，像以往那几次一样，仅仅公安部的这个规定还不可能得到基层公安部门的有效执行。因为，就像您的问题已经得到解答的那样，如果基层的派出所户籍民警认真执行公安部的这个决定，这就等于取消了计划生育政策，无论中央或者地方政府都不会允许基层公安部门这样做的。过去的几次普查已经证明公安部的这一规定并不能有效解决超生人口的落户和普查漏报问题，这次同样也解决不了。在我国现行社会体制下存在大量的矛盾现象，仅仅靠有令不行还不能完全解释。因为，基层干部和地方政府不执行这个政策有其深刻的道理，这就是他同样在执行另外的政策。就这一问题来说，可能大多数地方的超计划生育人口不能搭这次便车上户，是没有认真贯彻公安部的相关规定。但是，他是在执行现行的计划生育政策。是我们的政策相互矛盾和扯皮，而不是基层干部在这方面有什么问题。解决这个问题的唯一有效办法，就是取消现行的计划生育政策，消除各个部门之间的政策上的矛盾和冲突，使得现代国家的法律体系和国家制度、政策内部和谐一致。否则，我们照样无法得到准确的人口数据。

2．就中国未富先老、"421"家庭赡养老人困难以及第六次人口普查准确性的考虑，您认为是否应该放松计划生育政策？

我国现行的计划生育制度纯粹是在计划经济体制下的计划思维的产物，这一侵害公民基本权利的政策和制度的非合理性不仅仅在于您这里所列举的这几个方面的原因，而且，政府对于保留它或者取消它，都不会出于这样几个方面来考量。现行的计划生育政策制造大量的社会摩擦，实际上是在抵消改革的成就和政府的政绩。

3．对于富人、名人来说计划生育是否早已流产？

人们没有正确思考这个问题。实际上，现行的计划生育政策首先在占据我国绝大多数的农民人口中早已经流产了。因为按照我国的总人口计算，绝大多数农民都生育了 2 个或者 2 个以上的孩子。被计划生育部门炒作的名人、富人中超计划生育的比例要远比其他任何阶层中的比例都要小。名人、富人中像其他各种人群中都存在超计划生育现象，表明这样的政策是不合理的，而不是这些名人、富人在这方面有什么问题。

（刊发于 2010 年 9 月 23 日）

人口普查（六）

积极参与人口普查是公民应承担的责任和义务

——9 月 14 日《北京科技报》采访

小胡，您的几个问题答复如下：

1. 在国外，包括做人口普查在内的一些国家的或者企业的调查机构，他们是否存在一支职业的调查队伍，他们是怎么招募调查员的，需不需要资质，要经过怎么样的培训。

人口统计和调查都属于社会调查，做这种职业是需要一定的专业知识并具备一定的实际工作能力的。所以，作为国家管理和政府机构的调查组织的工作人员，需要取得譬如统计师之类的资质。短期工作的譬如人口普查期间需要大量的普查员，政府部门也都会安排培训后再上岗。至于您所说的非政府的调查机构，属于盈利性质的，政府应该不会把人口普查交付他们去做。

2. 为什么中国社区居民不愿意充当普查员，或者干几天就走，是不是需要一定的制度约束（是不是有中国特殊国情的地方）。

您说的这个现象我没有具体了解。按照一般情况，不会出现这种情况，也许属于个别现象。人口普查时工作量很大，统计部门需要临时招用很多的普查员作普查登记工作。普查员通常以基层统计部门的名义临时雇用、或者抽调基层工作人员和寻找义工等一些途径来解决。我觉得这项工作也和其他工作岗位一样，可以来去自由。无论招聘或者义工、基层抽调的人员，如果出现不愿意继续工作，自己要求离开，都是正常的。如果出现大量的离职现象，或者某个地区这个现象很突出、很严重，那就需要研究看在什么地方出了问题。我国已经进行了 3 次人口普查和多次的人口抽样调查，各级统计部门都有很丰富的业务经验，这些现象应该不是全局性的问题。

3．在人口普查的问题上，中国应该怎样培养一批普查员。首先要建立一套怎样的机制，从选拔招募到培训上岗，再到报酬的制定，其次普查员究竟需要具备什么样的素质、能力和技巧，如何培养。

这类业务性的工作当然都很重要，属于基层的工作状态问题，应该是和基层政府的其他方面的工作状况比较一致的。如果在人口普查方面有什么问题，在其他方面也会有与工作不认真相类似性质的问题存在。因为您所提的都属于统计部门的统计业务相关的问题，属于技术层面和工作精神状态方面的问题，这实际上是我们政府的工作能力问题了。所以，从总体上来说，统计部门不会存在您所担忧的这一类型的问题。

4．为什么人口普查有入户难的问题。有普查员反映，似乎感觉居民的抵触心理在增强。那么人们反感的究竟是什么，如何解决？

普查员入户难的问题可以理解，因为人口普查毕竟给国民日常生活带来某种不便。这需要宣传。搞好普查将是涉及每一个人的国家的大事，需要国民的积极参与和配合。每一位公民对此都有一份义务和责任。由于我没有具体研究这次普查的内容，可能有些调查项目会涉及某些人的隐私或者不愉快的方面，这是调查设计时都应该考虑到的问题。至于您说的居民的抵触心理，也可能一些地方的居民和基层政府的关系紧张，把情绪发泄到人口普查上来。人口普查有一个宣传教育的环节，做好宣传引导，还是很重要的。

5．人口普查除了入户，是否还可以有别的更好的一种调查方式，因为一旦普查员的能力有限，调查数据质量就可能会受到影响。

国外不少就采取邮寄普查表的方式，由居民自己填报。像美国就是采取邮寄方式，有些普查表没有返回来，普查工作人员会回访你，看为什么没有填报。您说的普查员的能力问题，一般不存在问题。因为普查登记的项目都不是很复杂的问题，再加上普查员都经过培训，总比邮寄填报的方式质量要高一些。

小胡，您的问题都属于技术层面的。其实我一直都担心会出现 2000 年普查时发生过的问题，从而造成这次人口普查的失败。我把一篇文章和最近其他媒体采访的几个问题发给您，供您参考。为更好沟通，建议您读了这些文字材料后，再联系我。

（刊发于 2010 年 9 月 25 日）

现行的计划生育政策不人文

——给一位希望生育二胎的 70 后独生女子的回复

一诺女士：

读您情之殷殷，言之戚戚的留言，令人凄婉。所以，想和您进一步交流一些看法。为冲淡您心中累积的忧郁，先从您对我的误解和误读开始。

您留言中用"大仁大爱的专家"这样的词语褒奖我，我却不以为然。这既不是谦虚，也不是矫情，而是我对此类的称谓有着自己的认识。"专家"是人们对有所专长的、有文化的人的尊称，反映了社会对那些学有专长的人的敬仰。但是，在一个法制并不健全的国家里，即使比这一称呼更为尊贵的职业和职位也都是没有保障的。君不见我们的共和国主席都可以随意地处置使其蒙冤受辱被折磨而死吗？40 年以后，虽然社会有了很大的发展，人们的观念也有了很大的提高，但是，国家的法制架构、主流意识形态和国民价值观体系却都还没有发生根本性的变化。当一个国家还是人治而不是法治的时候，以人为本的思想还没有渗入到主流的意识形态从而人还没有真正成为主导政府一切工作方面的时候，平等观念和对生命、对人的敬畏还没有成为国民的成见的时候，任何所谓的尊称都是靠不住的，因而不是弥足珍贵和值得向往、值得留恋的。基于这样的理念，我倒是常常把自己喻为乡村里的手艺人，相当于民间建筑里的许多个木工、泥瓦匠，或者再雅致一些如同专门为乡间墙壁上和农舍炕头作画的画匠。总之，我就是一个普通的人，人所有之的我亦皆有之。当有一天我们的国家已经进入到上面所说的那种状态，当全社会的人都像每一个人敬仰全社会一样能够敬仰每一个人的时候，接受您的称呼和褒奖给我的这类词语才不至于心生抵牾。

　　了解了上述的想法，您就可以理解我更不能同意把我喻为"无畏的斗士"。我只是一位特别的工匠。所谓特别，说得漂亮点，是指以从事人文社会科学研究为职业。如果不那么虚荣和矫情的话，直白了说就是书生，一个以读书写文章为生的人。许多人都说，书读多了就成了呆子。也许是。但是，书读多了，我还知道一个道理。就是无论对于客观世界的认识还是书本知识，所有的真知灼见都不是从谁的头脑里凭空产生的。世界上的许多事情都这样，即使你勤奋学习和认真思考，付出了很大的劳动，还不一定能够获得正确的认识。如果不认真，不付出努力，那就根本不会有深刻的认识。这样，一个人本来就难有一些独到的认识。而经过许多艰辛和努力获取的知识，不将其整理出来贡献给社会，无论对于社会或者他自己，那都是一种浪费。所以，作为一个特殊的工匠，我仅仅是比较认真一些，执著一些。您已经读了我的一些文章，知道在 30 年前，宋健田雪原和我还都处在一个起点上。不。实事求是地说，在生育政策的研究方面，他们比我还晚，起点还低许多。因为他们用所谓的"科学测算"的数据反驳的许多观点都是重复计划生育管理部门的话，都是针对我的，是后来者。我清楚地知道他们的所谓研究是无原则的，不是艰辛和认真研究的结果，连一个科学家和学者应有的严肃态度和严谨学风都没有。所以，我那时就极为鄙视他们，也曾批评过他们。30 多年过去了，他们不仅没有对过去的东西做过任何检讨，近年来还继续用以一贯之的手法忽悠政府和群众，我理所当然地站出来揭露他们。我的这种表现，充其量也仅算个较真的工匠，还够不上"斗士"。

　　您说我的主张是从国家的前途着想的，而您主要是从个人和家庭的幸福考虑的。这都不完全。每一位公民和每个家庭通过奋斗获得幸福生活，就是整个国家的美好前途。所以，我并不十分看重未来而一直是把政策执行的现实效果当作评判的原则和重点。一个不能给老百姓带来直接福祉的政策不是好政策，也绝不会是符合国家和民族长远利益的好政策。为此，我特别重视现行生育政策制造的社会摩擦给我们带来的危害。按照政策生育率计算，30 年至少有 2 亿人口属于违犯计划生育政策出生。一个家庭按照 4 口人计算，2 亿将涉及到 8 亿人口啊。想一想计划外"怀孕—流产"再到计划外"怀孕—生育"，2 亿人口的超生相伴着多少例计划外流产啊。按照现行的政策，计划外生育都需要经受多年的处罚，30 年来 2 亿人口的处罚是基层干部和群众之间多少次的矛盾和冲突啊。因为计划外生育的人口无户无证而又要在这个时时处处都需要户、证才可以生活的社会上生存，30 年来这些涉及 8 亿人口的群众在实际生活中会遇到多少的周折啊。其实，还有更为可怕的是像您这一类的心理障碍和抵触。这都是抵消社会发展进步给人民群众带来的实惠，是在消费我们党和国家的威望，都是社会的不和谐啊。所以，我完全能够理解您希望生育二胎和不能合法生育的几近绝望的心情。因为社会生活条件和形成社会心理的复杂性，我们还不能正确理解生育意愿和生育动机的产生机制。但是，可以肯定的是社会无视和拒绝广大群众这一意愿和动机就带来巨大的负面效应。毫无疑问，和您一样有生育意愿的人是把自己希望得到的生育当作生命生活的重要组成部分。如果有人阻止了自己生命生活中的这一重要决定，那无异是阻止了他寻求幸福的权利和道路，必然心生郁闷和怨恨。从您郁闷和愤懑的表述中发现，其实您仅只考虑到您和您这一年龄层的人很快就到了不适合生育甚至于不能生育的年龄，以致将饮恨终生。可您没有想到，其实每天都有多少人将要和正在渡过这样的年龄。所以，30 年来因为不能生育自己希望的生育而饮恨终生的事情每天都在发生啊。

至于您说的杨支柱先生，据记者所写的报道和他的夫人的文章，我知道他们一开始也并不是大智大勇地要挑战现行生育政策。他的夫人是在无意中发现怀孕而又不忍心杀死那条小生命。这个道理很简单。其实，每个人的生活常常就这么简单。但是，改变了这个简单的生活，就得到很沉重的结果。如果去流产了，他的那位很有教养的夫人一生中要伴随自己亲手杀死了自己肚子里的一个小生命的阴影生活一辈子，不简单。他们因为生育了不该生育的孩子而失去工作，温顺地缴纳 20 万罚款，从此多少年生活在偿还债务而艰难困苦之中，不简单。他们现在挑战计划生育拒绝缴纳罚款每天却生活在基层干部随时都有可能登门催缴罚款的等待之中，也不简单。不要说有许多像您一样就是想要个孩子，还有不少的妇女并不想生孩子却像杨支柱的夫人那样发现意外怀上了孩子。不错，有不少的妇女一旦发现意外怀孕就毅然走上了手术台。可我们周围还就有不少这样的女孩，她们看见身体流血都会晕倒过去。让她去做人工流产，那简直就是极大的梦魇。这都是简单的生活。如果改变了它，就是巨大的阴影和伴随一生的心理障碍。一项具体的政策不能顾及到像杨支柱的夫人那样的妇女的感受，不能顾及到那些看到打针流血就晕倒的妇女的感受，照样要把她们赶到手术台，至少是不人文的，也不能说是以人为本的。好的政策，和谐的社会，应该都与这些东西无缘。所以，至少我不把杨支柱当作有意要挑战现行的计划生育制度的英雄。另外，我也不希望您去当那种英雄，以致愚蠢地敢于以身试法。对于国家和法律，必须保持一种敬畏。现代国家和开明的社会，国民有权对她进行公开的批评。政府必须保护公民的这一权利，包括保护公民批评政府批评错了的权利。但是，当法律还未经过正当的程序撤销的时候，即使是你认为错误的法律，却还是必须遵守它。否则，您将会受到它的惩处。那又是一个充满艰难和曲折的生活，一个另样的人生。这总是应该避免的。

因为这篇回复太长，我把它放在博客的位置，您不介意吧？

祝愿您有一个好心情。

梁中堂 2010 年 9 月 26 日

（刊发于 2010 年 9 月 26 日）

我为什么反对"一独生二"的计划生育试点

——给一位希望生育二胎的 70 后独生女子邮件的回复

一诺女士：

您好。

昨天正在给您在我的博客上的留言写回复的时候，发现您几乎同时给我发送了邮件。但是，因为那个回复已经写就了一半，也就不愿意合并在一起回答，而是把昨天应说的一些话也推迟到这封回信里。

您在给我的信里埋怨您的父母亲当年幼稚，党一号召他们就报名只生育了一个。我可不完全同意您的看法。生育意愿和观念是一个很复杂的问题，如何产生还没有能研究得清楚。但是，不同时代里人们有不同的生育观念，甚至于同一时代也有不同的生育观念，这却是不争的事实。您的父母那一代人中，即使党和政府不号召也有人本来就希望生育一个的。这 30 年来政府一直要求只生育一个，还是有许多希望生育两个或者更多的。问题在于选择了一种生育意愿，就是选择了一种生活方式。只要是按照自己的生育观念去生育，他可能就是满意的、幸福的。即使是按照他的自主生育却没有能够实现自己的愿望，如果不是政府的强力阻挡，他也"认命"。所以，如果您的父母是自愿的（即使是响应号召后的自愿），那么，他不但没有您现在的那种痛苦，而且是幸福的。您现在的痛苦就在于您希望生育第二胎，由政府的阻碍，得不到，所以苦恼。您的父母亲选择生育一个孩子，就是要选择一个三人家庭的生活模式。您希望再生育一个，是要追求和选择两个孩子的生活模式。不同的追求，会有不同的结局和不同的生活。这就是丰富多彩的社会和色彩斑斓的人生。我们不能说那种好那种就不好。各取所需，各得其所，就好。否则，就一定会有不如意，会有痛苦，有不幸福，就不好。还有一种也不好，就是因为追求自己的意愿，与政策相冲突，逃避管理，背乡离井，过上不正常的生活；因为想生育有没有指标，计划外怀孕被动员流产，身心受到伤害；因为超生，本来收入就不高的一部分还要被当作"社会抚养费"被收缴，日子过得很拮据，等等。这都不好。为什么会这样？政府和公民，谁该做什么不该做什么，都有一个界线。政府要做本应由老百姓自己决定的事，往往就不好。老百姓选择了应该自己决定的事情，那就好。

一诺女士，根据您所说的情况推测，您出生和成长的地方一定是一个中小城市或者小县城。所以，在您的周围，您这样年龄的"独生子女"还不算多。成长到你们已经谈婚论嫁时，独生子女的圈子比较小，遇不到心仪的人，"双独户"不算多，"单独户"却不少。这与大城市不一样。我说单独户数量少，也仅仅是从你们这一代的独生子女总量比较的。不同地方还有不同的历史背景，情况自然会有差别。即使如此，也许您已经了解了我的观点，就是一个人、一个家庭，也不允许政府对他们的生育实行任何强制。另外，我也不反对允许"一独生二"。当洪水滔天席卷大地的时候，即使能够有一个人可以逃生，幸免于难，那也是好的。我之所以不赞成现在实行这样的政策，是因为清楚的知道，要政府去做他本不愿意做的事情，制订和出台他心怀抵触的政策，就一定会强调程序和过程。一个个程序、一个个过程地走下来，不知道会历经多少年。我们花费了很大力气得到"单独生二"即一个只解脱很少一部分人的政策，不可能要政府紧接着再出政策。这样，事实上是让更多的人较长时期生活在不合理的政策状态下。其实，政策都是利益博弈的结果。但是，一旦政策出台后，再不合理，纠正它就难了。难道我们还没有切实的体会吗？更何况，我已经看穿有些人是以实行"一独生二"的实验，实行拖延调整和改善生育政策的策略呢。

生育本来就是一个由个人和家庭决定的事情，不要说政府强制老百姓，就连不同方式地参与其中也都是错误的。看一看古今中外，哪里有我们国家这样的事情？就像"文化大革命"一样，哪里有政府自己整天动员群众要把自己执政的国家搞乱的？古今中外，盖无例外。有魄力，有能力，结束就是了。还搞什么"试点"！结束"文化大革命"搞试点了没有？我们党和政府历史上就有无数的事例都可以证明，纠正一项错误的政策，推进一项工作使之由不合理向合理的方向过渡和发展，都是无条件的。发现了错误就加以纠正，什么时候发现什么时候纠正。纠正错误，什么时候都合适；纠正错误，越快越好。没有听说过纠正错误，还要搞什么"试点"！读到这里，您可能会问，"那你为什么还搞试点呀？"我那时提出搞试点是仍是在计划经济和计划生育的局限下提出来的，是基于无可奈何之下的一种策略。即使这样，也与计划生育部门的试点不一样。首先，那时全国各种计划生育试点试行成风，仅国家计划生育委员会直接抓的就有 4、50 个之多。我当时看总书记和国务院总理明确同一在全国推行"晚婚晚育加间隔"普遍允许人们生育二胎的批示得不到贯彻，是在没有前途和出路的情况下提出的一个试图突破僵局的办法。其次，我的试点也不是试老百姓怎样生孩子，而是要通过实验看如果执行总书记和国务院总理同意的政策是否会带来计划生育管理部门所担心的引起社会不安定、否定计划生育工作、影响干部群众积极性等等问题。总之，是直接针对那些抵制党和国家领导人已经明确要求实行生育二胎政策的人的口实，才提出来的。按照我当时的设想，这些问题在政策推行后不过 3 个月，就全都可以得到回答了。所以，我的试点是仅只有几个月的事情。如果不是实际部门的抵触，就根本不需要试点。现在，有关方面又提出搞什么试点。不是已经有一个翼城县的试点吗？25 年来，翼城县允许农民生育二胎的效果比全国实行一个半的"女儿户"都好。但是，有关部门却从来都没有想去总结一下，从来都不准备推广，那里还是要搞什么新的试点！其实，让农民普遍生二胎，是中央书记处 1980 年 122 次会议提出的首选方案。如果不是有关部门的反对和抵触，早就实行普遍生育二胎的政策了。近30 年了，连"女儿户"的政策都没有在全国认真贯彻，只是因为最近几年舆论的巨大压力下，才又提出一个搞"单独放二"的试验。我怀疑那不过是有些政客拖延搪塞群众舆论的一种手法。他们不想改变和调整政策，试了，也没有用。

另外，您也不要把事情想得过于复杂，任何政策都是一定利益的体现。现行的计划生育政策是一项推行了 30 年之久的政策，一项长达 30 多年只许说好不许说不好的政策，不少的有才华的理论家已经把它合理化理论化和理想化了。就像宗教被神学家论证得十分完善和精致一样，特别完美而神秘。但是，虚假的东西就免不了许多的假象。政府本来不该管老百姓的生育，上面却要它来管。所以，计划生育在绝大多数的政府那里都是说起来重要，实际上没有位置。由于有许多的理论支持，把他说得天大重要，无论哪一个人又都用一句话说不清计划生育不重要，所以都千百万次地重复计划生育很重要。这样，在老百姓那里真以为政府都把人口问题当作政府最重要的事情，甚至在拿你们这一代人做实验，是故意拖延你们这一代人到失去生育能力了才会结束。不是这样。30 多年来，计划生育其实就由在政府里并没有很高地位的计划生育部门维持着。国家政策的制订和调整都会涉及权力分配和利益关系。现行的政策已经培养出一批既得利益者，他们有现成周到的理论和被垄断的话语权向社会做宣传、向最高层做建议，会极力维护现行的政策。在政治格局没有发生变化的情况下，改变和调整政策的条件就还不成熟。另外，国家是凌驾于社会之上的暴力机器。"凌驾于社会之上"就是高高在上，和社会、群众有着一定的距离。所以，现在历史阶段的国家机器和民众关系本身已经决定了政府对于群众生活中的许多不合理问题反应迟钝。就像一个站在地球上的人即使认识到地球重力的原理却无法摆脱地球对他的吸引一样，我们这个政府也经常会陷入这类问题的困扰。由共产党最初领导"草根"创建的国家政权经过了 60 年的发展，特别是最近 30 年随着经济社会的巨大发展国家机器自身的扩张和膨胀，已经变成一个类似于巨大的装甲车的庞然大物，它不仅由于越来越厚的甲板与大地、与世界绝缘，而且由于选拔驾驶员的机制使得这架庞然大物的驾驶员们都因长期生活在封闭的装甲车之内而与外界绝缘。这架机器已经自成系统自行运动，所以感受不到装甲车以外的老百姓的呼吸，甚至于觉察不到它的轰轰隆隆行驶时给您和您的同年龄层的朋友们带来的伤痛。它过于庞大，而且只顾自己的运动，不太在乎你们，甚至对你们有点不经意，有时还会无视你们的存在。但是，它却不是有意要拿你们做实验，也不是有意要拖延你们。因为您应该知道，每个年龄层里都有许多人和你们一样无法实现自己的意愿，而时间又一刻也不等待地让他们失去最佳的生育年龄和失去生育能力。当您了解了这些情况的时候，知道自己面对的是一个庞然大物，它有自己运行的规律和法则，我觉得您可以批评它，甚至于鞭挞它，但不必那么"愤青"地以为它就是有意地要和您过意不去。

2010 年 9 月 26 日

（刊发于 2010 年 9 月 28 日）

"一胎化"生育政策是错误的，但没有阴谋

——给一位网友的回复

多来多来先生：

因为多次给您的回复都在留言的位置上发送不出去，试验看放在这个位置试试。

上个世纪60-70年代发展中国家因为人口死亡率的迅速下降而出现人口迅猛的增长，发达国家的一些精英恐惧本民族的人口在世界总人口中份额越来越低，提出人口爆炸等等的理论。这些理论又在国际社会诱发和燃起直到现在仍然具有很大影响的一些社会思潮。在这一思潮中尤其以罗马俱乐部的《增长的极限》为代表。我们国家也受这种思潮的影响了。我在1980年就指出了人口爆炸和计划生育受罗马俱乐部之类的理论对我们的影响，在那年写的《人口学》一书中专门设置了一编总计六章的篇幅批判罗马俱乐部的报告。据我所知，我那本书是我们国家直到现在唯一的一本系统批判罗马俱乐部的理论著作。再说回来，我国的现行计划生育政策的产生是受到这一时期的国际社会的思潮的影响，但是，却与美国人没有直接的关系。事实上，"一胎化"生育政策的产生有着一个很特殊的历史背景，是在1979年我国特定的政治格局下形成的。这一格局复杂、微妙，需要许多的笔墨才可说得清楚。如果有兴趣，您可以翻检我的《一胎化产生的时代背景研究》和最近关于"公开信"的4篇文章。客观历史历来都是这样的，即过后分析其发生的原因都很复杂，但在其发生时都很简单和自然。"一胎化"政策也是这样。就是说，我国现行的计划生育制度是错误的，但却没有阴谋，更没有国际阴谋。

2010年9月19日（刊发于2010年9月29日）

给一诺女士的第四个回复

按 语

博客上发了给一诺女士的两个回复以后，不少的网友通过邮件和博文后的留言，要求答复一些与政策走向相关的许多问题。更有甚者，一些网友对自身遭遇的不公和伤害提出诉求和求助。对此，自己一方面予以充分的理解和同情，另一方面感觉网友还是有一些误解。我仅仅是一个研究人口和计划生育工作的学者，并不属于政府官员，对政策的具体走向并不知情，也不具有任何影响力。一诺女士也有这样的误解。我在 9 月 30 日给她的第 4 个回复里谈到这个问题，所以，把这封回复粘贴在下面，算是给许多不能一一回复的网友们的答复。

梁中堂 2010 年 10 月 3 日

一诺女士：

您好。读您的信件令人心颤。您和坽垅心等妇女那等强烈希望再生育一个孩子，本来是很合理、自然的事情，现在却那么周折、那么多纠结和煎熬，真的让人很心痛。我觉得您不要太过于焦急，我们的国家机器已经发展到自己要如何运行就能够如何运行的程度。国家计划生育委员会已经决定作这样的试点了，这个口子的人数在总人口中的比例不是很大，加上舆论的压力，应该是用不了 3、5 年就可以在全国实行的。我估计您的年龄应该在 77 年左右，虽然那时的年龄对于生育来说是有点大了，但总还是可以圆您的一个梦。

另外，您可能还是有一些误解，没有能读懂和理解我的回复。在我们国家体制下，我其实是很卑微的。我已经呼喊了 30 年，起不到

410

您希望的那种作用。所以，两封信里我都在谈这样一个意思。第一封信是说我的社会地位很低微，就是个普通人。第二封信是说国家发展的已经很大，很难听到我们普通老百姓的声音。都是一个意思。不想，您还是对我抱有一丝希望。一方面我能够理解，处于几近绝望边沿这一特别的境遇往往会影响您的判断。另一方面又感觉万分地惭愧，不能起到您希望有的那种作用，在对您生活生命中至关重要的事情上帮不上任何的忙。我甚至于有点懊悔：说了那么多的废话，最后还是让那位心怀迫切希望的女孩子去听天由命，这样的结果还不如一开始就不要给您写回复。还有，您用"跪求""含泪泣血的请求"这样的话语，还让我难过和痛心。

另外，您告我的第一代独生子女的这个情况很重要。说真的，我原来没有分析到这一情况。您分析的很透彻，对我很有帮助。您生活在××市，再加上山东不少地方都曾是抗日根据地，且属于较早解放的地方，干部群众对党的工作的感情和认识都与 1949 年以后解放的一些地方有区别。老区的干部群众往往都是无条件地和从不讲价钱地服从上级，"党叫干啥就干啥"。所以，从总体上来说，山东的计划生育工作一直走在前列，特别是城市和鲁东的计划生育工作基本上走在全国的前列。如我在上个回复里给您说的，上个世纪 70 年代那一代和更早几代的共产党人都是理想主义者，以为可以很快改变祖国面貌，发展了的国家可以解决所有的困难和问题，将来的政府会为群众负责，所以会不顾实际情况地推行自己的理想，甚至为群众许愿。可历史发展有自己规律，国家机关的扩张和新一代人却要忙着应付自己的事情，而不会再为他们上一代的许多承诺负责。所以，您的父母亲和您，以及许许多多的和您的父母亲一样的积极分子就感觉特别地揪心。这是在计划生育工作上，其实，哪个方面不是这样呢？

一诺女士，即使您不发这封邮件，因为看到您在博客上的两个留言，我已准备给您写信了。最早读到您的留言时，已经激励我对一些问题作深的思考。一些年来，通过写信来深入研究问题，已经成了我的习惯和一个很重要的方法。只是，我过去基本上不为博客写文章，也很少阅读博客上的留言。因为最近在博客上发了给田雪原的信以及批评他的文章，发了批评国家统计局人口普查的文章，总是希望有他们的回应，这才阅读留言。读了您的最初的两个留言，忍不住要回应，就收不住了。谢谢您。您不仅引导我思考了许多问题，而且是您一再坚持说明后才教我认识了第一代独生女的婚姻和家庭情况。

祝您心想事成。

（刊发于 2010 年 10 月 3 日）

胡耀邦为纠正"一胎化"所做的巨大努力

因为《中共中央关于控制我国人口增长问题致全体共产党员、共青团员的公开信》（以下称之为"公开信"）是胡耀邦担任总书记之初的事情，但是，在整理资料和研究相关问题时，却从未发现胡耀邦有关"公开信"的言论。所以，胡耀邦和"公开信"的关系这一问题就一直萦绕在心头。几个月来，把胡耀邦主政期间出台的有关计划生育工作的两个具有历史意义的文件和中央书记处几次讨论计划生育工作的重要会议的文献，以及胡耀邦关于希望改善计划生育政策、改进工作作风的一些重要批示搜集在一起，反复学习阅读，发现与1980年以前的党中央华国锋、邓小平、李先念、陈云等领导人有所不同，胡耀邦就未曾有过"提倡一对夫妇只生育一个孩子"之类的指示。从总体上来说，胡耀邦固然也是主张实行计划生育的，但是，透过期间出台的 2 个中央文件和胡耀邦的讲话、批示，可以体会到他更主要的思想仍然是贯彻实事求是地精神和努力纠正已经存在的"一胎化"生育政策的过分做法。特别是把 1982 年 11 号文件和 1984 年 7号文件放在"一胎化"生育政策的背景下进行考察，现在可以认识到这两份文件所具有的拨乱反正的性质和历史作用。有时，在强大的社会潮流滚滚而来的时候，即使那些在国家政权机关中身居显要职位的人也常感无能为力。但是，正是从字里行间读出的挣扎和无奈中，我们才感受到了胡耀邦的崇高品格和个人魅力。

胡耀邦是在 1980 年 2 月底召开的十一届五中全会上当选为总书记的。在同一次会议上，中共中央决定设置中央政治局和中央政治局常委会领导下的中共中央书记处，负责处理中央的日常工作。从 1976年粉碎"四人帮"和结束"文化大革命"以来，党开始把工作中心逐渐转移到经济建设的方向上。但是，由于人们囿于传统的思维和继续站在计划体制中思考问题，就把当时的经济困难归结到我国人口过多和过快的增长方面，计划生育政策越来越紧，以至于从 1979 年开始不分城乡地在全国推行"一胎化"的生育政策。胡耀邦并没有完全跳出当时意识形态的束缚，也未能站在改变和改革计划经济体制的立场上来看待人口增长。但是，胡耀邦作为党内一位具有民主思想和作风，崇尚实事求是和勤政爱民的领导人来说，敏锐地感受到了计划生育和农民生活的直接冲突。所以，胡耀邦从任总书记开始，就一直为纠正和完善计划生育政策进行不懈的努力。

1980 年 6 月 26 日，中共中央书记处召开会议听取中共中央政治局候补委员、国务院副总理兼计划生育领导小组组长陈慕华关于计划生育工作的汇报。根据参加会议的宋健等人后来介绍说，胡耀邦在会议上显示出对"一胎化"生育政策的忧虑。"胡耀邦用'这些数字不得了'这样的评论表达了对中国人口数字的失望。""他不停的问'行吗？行吗？'。同时，也被一孩政策的负面社会经济后果所困扰——关于劳动力、新兵兵源、独生子女的教育等问题——以及其他的一些问题，都表示了担忧。"30 年来，虽然多数人都把"公开信"当作这次汇报会议的决定。但是，至今我们也没有这一方面的证据。相反，从"公开信"发表后不久，胡耀邦领导下的中共中央书记处就一直在试图纠正"一胎化"生育政策和计划生育工作方面的偏差来看，"公开信"似乎与胡耀邦并没有直接的关系。

1981 年 4 月 11 日，即"公开信"发表半年后，中央书记处书记胡乔木给陈慕华电话通知说："自从农村实行联产计酬、包产到户的责任制以来，农村的计划生育工作出现了新情况，原来控制人口的一些办法不行了，农村人口出生率已是大幅度回升的趋势，这将给今后经济建设和社会发展带来不利的影响，其后果难以预料。建议国家农委和计划生育委员会在调查研究的基础上，提出控制人口增长的又力挫是和政策，报国务院审定下发。"胡乔木的这个电话通知应该是反映了胡耀邦和国务院总理赵紫阳的指示精神。否则，作为中央书记处成员不会简单地指示有关部门将情况直接报国务院。

1981 年 6 月召开的十一届六中全会上顺利解决了华国锋问题以后，处于我国党政第一线领导位置的胡耀邦等领导人加快了完善计划生育政策的步伐。9 月 10 日，胡耀邦主持的中央书记处 122 次会议讨论改善我国农村计划生育政策问题，提出两种放宽农村计划生育政策的方案。一是允许农民生两胎，二是第一胎生育女孩的可以再生一胎。1982 年 2 月，中央颁布了 11 号文件，规定生育了一个女孩的农民家庭可以再生育一个孩子，从而解脱了将近一半的农民家庭。

由于实际部门的抵制，党的 11 号文件规定的"女儿户"政策在实际工作中并没有得到贯彻执行。所以，计划生育和农民的实际矛盾仍然很突出。1984 年 1 月、4 月，在胡耀邦主持下召开了两次书记处会议，研究计划生育政策问题。胡耀邦在会议上提出："要把计划生育政策建立在合情合理、群众拥护、干部好做工作的基础上。"4 月 5 日，中央书记处办公会议再次强调指出，除城市、城市郊区外，在部分农村地区逐步实行允许第一胎生育了女孩的农民夫妇再生一个的政策。根据这两次书记处会议的精神，中央批转发布了国家计划生育委员会党组给中央的报告即中央 7 号文件。

7 号文件下达后不久，中央书记处给国家计划生育委员会党组的一个内部通知中进一步指出："我们关于计划生育的实质，就是要逐步做到，除城市、城市郊区外，在大部分农村地区，要逐步做到允许第一胎生女孩的再生第二胎。这一点，只在实际工作中掌握，不公开宣传，并要有一个缓和渐变的过程。从长远看，如果能切实做到杜绝多胎，则允许生二胎并没有多大危险。……因此，现行的计划生育政策，仍是一个历史阶段的政策。今后，随着我国经济、文化水平等方面的提高，还可以进一步完善。"因为 1981 年 122 次会议提出改善农村生育政策的两个方案中的第一个方案就是普遍允许农民生育两个孩子，所以，可以设想，胡耀邦等当时的领导人所构想的理想的计划生育政策就是许可农民生育两个孩子。

胡耀邦的这一构想还可以通过 1984 年 1、4 月份两次书记处会议和中央 7 号文件形成前后相伴随的一件事情来证明。1984 年春节期间，我鉴于 1979 年以来的"一胎化"生育政策给我国社会带来的矛盾，利用 1982 年人口普查资料计算了到 2000 年我国人口的发展情况，给胡耀邦写了一份在全国实行"晚婚晚育加间隔"允许每对夫妇生育两个孩子也不会突破十二大提出的 12 亿人口目标的研究报告，建议改变"一胎化"而实行这一政策。我不清楚胡耀邦是否看到了我的报告。根据当时担任国家计划生育委员会政策法规处处长李宏规后来的陈述，4 月初，国家计划生育委员会的有关人员讨论了由中央转给他们的这份报告。国家计划生育委员会否定了我的报告。但是，国家计划生育委员会干部张晓彤和中国人口情报资料中心马瀛通按照我提出的建议重新测算后，又写了一份《人口控制和人口政策中的若干个问题》的研究报告。他们在报告中说："我们认为，梁中堂同志在给胡耀邦同志的信中，提出的晚育加间隔的生育办法是可行的。"并向中央建议说："如果能以《计划生育法》来公布这个办法，可以减小群众对政策稳定性的怀疑。2000 年以后，城乡都可以采取这个办法。"7 月 30 日，首先看到这份报告的国务院总理赵紫阳给胡耀邦等领导人的批示说：

我认为此文有道理，值得重视。所提措施，可让有关方面测算一下，如确有可能，建议采用。本世纪人口控制指标，可以增加一点弹性，没什么大了不起。

8 月 5 日，胡耀邦看到赵紫阳的批示和马张的报告以后，进一步批示说：

同意紫阳同志的意见。这是一分认真动了脑筋，很有见地的报告。提倡开动机器，深入钻研问题，大胆发表意见是我们发展大好形势，解决许多困难的有决定意义的一项。我主张按紫阳同志提出的请有关部门测算后，代中央起草一个新的文件，经书记处政治局讨论后发出。

虽然历史的发展未能实现处在我国当时中央党政最高领导位置的胡耀邦等领导人的意愿，但是，可以明确地感受到他们是想用普遍允许生育两个孩子来取代"一胎化"政策的。

计划生育政策和实际的差别，可以通过当时中共中央书记处联系计划生育工作的书记处候补书记郝建秀和国家计划生育委员会主任王伟的讲话材料来说明。1982 年生育的孩子中，自愿生育一胎的仅占当年一胎生育的 10%，符合计划生育的二胎仅占当年二胎生育的 5%。由于严重脱离实际，计划生育政策在实践中和群众产生许多摩擦。例如，扒农民的房子，逼的妇女去逃难，搞得不能生活。80 年代初期，胡耀邦批示了许多来信来访信件。1984 年 1 月 24 日，胡耀邦在陕西渭南地区的群众来信上批示说："工作要作得合情合理，为广大群众同情才好"。胡耀邦在这些信件的批示中反复教育计划生育部门和基层的干部改进工作作风，要有全局意识，甚至另明确说计划生育仅仅是党的一项局部工作，等等。

此外，胡耀邦在许多次场合上都表达了他的深厚的爱民思想。在 1984 年 1 月和 4 月的会议上，胡耀邦强调要做好计划生育技术工作，一要不惜工本引进外国的好药械，二要不惜工本地培养技术力量，要下决心，这是关系到爱护人民的问题。"安全感"是现在较为常用的一个词汇。但是，在 25 年前还很少听人说。在 1984 年 4 月 5 日的中央书记处办公会议上，胡耀邦特别指出要使采取节育措施的人民群众有安全感，一定要把"安全感"这一条写进文件中。

当然，胡耀邦也是站在社会主义计划经济体制的立场上来看待计划生育工作的。在 1980 年 6 月 26 日的书记处会议上，胡耀邦说："（计划生育）不是多生、少生一个孩子的问题，是考验你是不是对国家、民族前途真正负责的问题。"一方面，在这样的思想指导下，不可能跳出人口决定论的思想误导，所以不能彻底解决不合理的计划生育问题。另一方面，由于上个世纪 80 年代中央事实上分设的一线二线的政治领导架构，中央书记处和胡耀邦还都不具有应有的权威，无论他主持制订的现行计划生育政策，还是希望纠正计划生育工作作风，都没有得到应有的实际效果。不过，那都是需要另外讨论的一些问题。胡耀邦作为一位具有鲜明的民主、勤政和亲民风格的党和国家领导人，在特殊的历史时代能够敏锐地感受到"一胎化"与民生理念的冲突并力图去纠正它，是永远值得人民爱戴的。

——2010 年 10 月 10 日

（刊发于 2010 年 10 月 1 日）

由胡耀邦批示引出的一笔文债

昨天晚上从单位回家路过报亭，随手买了一份《南方周末》。进电梯看见报纸头版温家宝头像上美国时代周刊封面，紧接下方几个特大号字体映入眼帘：翼城人口特区。该报记者 4 天前从翼城县打过电话，采访我约一个小时。前一天晚上，他还问及与翼城县相同数 10 个试点，为什么后来都没有了踪影？我告诉他，这个问题我已有文章叙述，请他寻找阅读。想不到现在的媒体运作如此之快，广州的报纸今天已在上海上市。回家阅读后，约 8 点半向记者发短信：

读到大作。文章架构和布局好，文笔精练。致谢。文中说胡耀邦对我报告批示不正确。可再看《我的自述》。

他可能真的是在查找文章。9 点 46 分，记者回复我的短信：

时间太紧出现错误包括文中有一处西贺水村漏了水字十分抱歉！感谢您的帮助期待下次有机会向您见面讨教！

晚间躺在床上，想着这次该还那笔已经拖欠了 25 年的文债了。

由于我向中央要求试点的目的是打消国家计划生育委员会怕实行"晚婚晚育加间隔"普遍允许生育二胎的政策回否定计划生育成绩、怕影响社会稳定等等，所以，1985 年 7 月份正式实行试点政策以后，很快就有了这方面的效果。10 月底，新华社记者杨玉良到翼城县采访后就写了《人口学家梁中堂在翼城县蹲点试行"晚婚晚育加间隔"的节育办法效果良好》的通讯报道。该文首先在送中央领导的"国内动态清样"上发表。我接到玉良兄送我的复印件后，发现编者按语中把赵紫阳胡耀邦的批语直接写成是给我的报告的批示。杨玉良是我很要好的朋友，他当然十分清楚胡耀邦赵紫阳批示的来龙去脉。但是，我不能批评玉良兄。因文末括号中有"本期发至山西省委李立功"，我及时给书记秘书去电话，要其将错误报告书记。

11 月 15 日，新华社将"国内动态清样"的文章全文刊登在《内部参考》上。那时候国内的媒体很少，电视没有普及，报纸就那么几家，《内部参考》发至县团级，就是很有影响的刊物了。同期，中国人口学会在河北省石家庄市召开研讨会。17 或者 18 日下午的一次小组会议上，河北省委党校的一位副校长，也是我们搞人口学的同行，拿了该期的内参发言。接着，时任国家计划生育委员会政策法规处处长李宏规发言，意按照中央 7 号文件精神，各地试行不同的生育政策，其中翼城县实行"两晚一间隔"办法，属万紫千红的百花园中的一朵奇葩。该实验刚刚开始，其效果若何，还有待实践的检验。最后，话锋一转，说总书记和总理是对我们委的两个干部的报告所做的批示，不知道内参怎么说成是对老梁的批示。"我想，这个问题只有梁中堂同志说得清楚。"我当然不能把事情推到杨玉良的头上，何况这也不是三言五语可以说得清楚的。所以，我选择了沉默。

从石家庄回来后，就遇到了国家计划生育委员会向省计生委追究这一事情的原委。期间，我曾将在翼城县实行试点时给环节干部的讲话时的铅印文章和翼城县委出具的证明寄给李宏规。12 月，又遇到省计划生育委员会党组给山西省委书记、副书记和各常委反映我把批评我国计划生育政策的《论我国人口发展战略》一书送给美国人口学家田心源的事情，因为该报告同时附上李宏规遵照国家计划生育委员会主任王伟的指示评论的我的那本书的意见，其中有我的这本书公开出版可能被美国政府利用的话，等等。经我要求，省委书记李立功在约见我时向我谈及计划生育部门反映我把总书记和总理批示歪曲为对自己的批示，我向书记提及曾在第一时间向廉秘书报告的事情。

许多年来，我一直记着这事。有不少的事情，是需要时间来说话的。20 多年过去了，社会和媒体开始关注计划生育政策，关注翼城县的试点。但是，岁月却教会我许多道理。知道世界上的事都有自己的规律，一个人是没有多大的作用的。所以，许多年都已经不再主动与媒体交往。不过，出于两方面的考虑，我却不拒绝采访。一是基于这样的认识，即每个人对于世界的了解都是有限的，很难得的认识得不到向世界发布的机会无论对于个人或者社会都是浪费。至少我清楚地了解到，在这个世界上，30 年来持续对我国计划生育政策予以关注和研究的，就我一个人。没有机会说话就罢了，有机会就不该拒绝。另一个原因是，一个非主流的知识分子在社会上的地位是很卑微的，本来就不拥有话语权，当有可能说话的时候还要捏拿一番，那是一种酸臭。所以，凡是找上门来采访我的专业的记者，最多发现因对我的情况还不了解要求其阅读我的文章并写出采访提纲，一般都不会回绝。另外，记者写出的稿件，我很少愿意接受他们的要求审阅或修改。我以为记者的文章就是他（她）眼目中的那个问题的描述。一件事物该做如何的认识，从极力拥护到极力反对，有无穷个不同的个体或差别。自己本来就没有能力左右他们，何必在乎人家的看法。所以，我常常对记者说，如果要我去读你们记者写我已经研究了几十年的问题，会感觉到文章一无是处，还是不看了吧。

关于胡耀邦赵紫阳批示问题我在上一篇文章《胡耀邦为纠正"一胎化"所做的巨大努力》已经做过交代。事实上，从 1985 年试点以来，我曾做过许多次的陈述。但是，像"国内动态清样"中的那种错误，还是常常出现。记者如何出错，不是我们要讨论的问题。我只要撇清记者把胡耀邦赵紫阳的批示写成直接是对我的报告的批示，不是我的问题。

2007 年 3 月 24 日，阅读《中国新闻周刊》刊发的一组计划生育和生育政策的文章，其中《生育政策的非主流道路》的文章，立题别致，有一定的社会高度。读了一遍，从印象和感觉上认为把主题都论述清楚了，是近几年许多相近题材的报道里最有思想性和新闻价值的新闻稿件之一。所以，当时就给记者发了一个十分肯定的短讯，同时指出文中有一处是政治类杂志的记者不该犯的错误。她问是什么，我回复短信说，说胡耀邦对我的批示不正确。12 点 12 分，她回复短信说：

啊，对不起。我那部分是从您的网站上摘取的。

我回答：

您重新看一次。

12 点 18 分，回答说：

哦，好的。

3 月 27 日晚，我重新浏览记者邮寄的杂志后，感觉本期关于生育政策的一组文章策划从选题到板式，确实不错。所以，又给记者发去一个信息：

杂志收到。栏目办的很成功。特别是非主流那篇，立题很高，也叙述清楚了。

20 点 06 分，记者立即回复说：

谢谢梁老师，那篇（文章）主要是从您的文章中摘录的，还是出了技术错误。真是抱歉。

虽然记者把一个政治类杂志应该避免的错误称之为"技术"性的，但总是承认了是自己的错。

2009 年 2 月，《中国新闻周刊》刊发该刊记者的文章《山西翼城试点二胎化 20 年》。说真的，我常常很佩服那些年龄很小的记者。他们不很长的时间就可以深入到一个领域，能够理解其中的基本关系，写出一篇很不错的文章。我在给记者的邮件中说：

读到别人发送到我的邮箱的大作，主题和文笔都不错。谢谢您对翼城县生育试点的采访。但是，文章中对于胡耀邦的批示的理解是不正确的。胡耀邦的评语不是直接针对我的报告。这一个问题某某（即他们上次文章的记者）的理解也同样是错误的。当时，我已经向她指出，不想您也在这个问题上产生了误解。如果有必要，请您再阅读一下我的相关文章。

11 点 51 分，记者打来电话，说是来自于我的《我的自述》。我在电话里提醒她说，还记不记得向您介绍某部长的儿子？她恍然大悟。12 点 04 分，记者发来短信：

梁老师，非常感谢！在消化您的文章和我自己写作过程当中，时刻感受到学者的良心和严谨，备受鼓舞，但是没想到还有误读的地方，非常惭愧！

写以上文字不是要纠缠记者的错误，而是偿还 25 年前李宏规所说"只有梁中堂同志说得清楚"。那时没有说，是因为在那样的大气候下，无论你怎样解释，人家也不会相信。欲盖弥彰，也不是希望澄清事实的人心里都有鬼，是时间不够，可以廓清事实的条件还不充足。现在，记者和媒体仍然在重复那个错误。但是，这一切显然与我没有关系。胡耀邦赵紫阳的那个批示是由我给胡耀邦的报告引起的，胡耀邦赵紫阳批示中予以肯定和希望在全国实行的"晚婚晚育加间隔"生育办法是我早在 1979 年提出来的。这一学术思想有没有胡耀邦赵紫阳的批示我都应该将其深入和推进。但是，由于在 1985 年要以试点的方式推进工作，那就需要打着落实胡耀邦赵紫阳批示精神的旗号。因为，唯如此才灵验。这就是事实的全部。我是一个学者，有这么多的东西就够了。说实在的，我从来没有产生过要把胡耀邦赵紫阳的这个批示安插到我的头上的想法。做学问是一件需要经受历史检验和淘汰的事情，任何虚假的东西最终都会被剔除掉。人生苦短，能够做和可以做成的事很少。如果把有限的精力再投入到最终还要剔除的虚假事情上面去，绝对不是一个明智的人生。

25 年前，李宏规同志就坐在我的对面。他说，这个问题只有梁中堂说得清楚。我不知道，这篇文章说清了还是没有。

——2010 年 10 月 15 日

（刊发于 2010 年 10 月 17 日）

胡耀邦：上访人给中央领导写信不是政府的光彩

亲身经历了 30 年来改革开放的过程，眼见得国家经济社会的巨大发展，也感受着政府一方面适应社会需要不断地扩张，另一方面却身不由己地离开社会越来越远，对群众生活的诉求反应越来越迟钝，有时甚至于是冷漠。所以，近些年来一直在反省其中的许多道理。

新中国是由中国共产党依靠和带领人民群众推翻国民党统治建立的新政权，一方面包括高层领导在内的党和政府工作人员绝大多数本来就出身于社会中下层，即使在新生政权中担任了一定领导职务，在一个时期内还保持着和底层群众的一些社会联系。另一方面，那时的中国还相当落后，经济社会发展的还不够，国家基本上还属于传统的农业社会，所以，除了极少的一些大城市以外，少而精干的党和国家机关往往就可以直接面对群众。

随着生产力的发展，社会分工越来越细，生产组织和为之服务的机构也越来越多。经济社会的发展，政府监督和管理职能越来越重要，设立的职能部门也越来越多，政府自身管理也成为一种必要。这样，原来意义上的国家职能和加上政府自身管理的需要而设置的机构，国家机器越来越庞大了。随着政府机构的膨胀和扩张，国家机器就像一架庞大的装甲车适应车体的扩大低盘和甲板也越做越厚，整个车身离开地面和外界越来越远，与人民群众的生活气息接触越来越少，对群众的诉求反应也就越来越迟钝。

胡耀邦在我国政府机构发生变化的早期对此就已经有了觉察。80 年代初是我国改革开放的早期阶段，但是，许多群众的诉求已经无法通过基层政府予以解决，上访信件和上访人次大幅度增加。信访部门按照传统的方式处理上访事件，绝大多数上访案件又批转到致使其发生的基层政府，而基层政府往往不是久拖不决，再就是根本不予理睬。由于问题得不到解决，越级上访一直到向中央领导反映情况的事件也越来越多。1982 年 1 月 7 日，胡耀邦在一封来信中批示说：

我们信访部门，我们做信访工作的同志，不能来人谈谈，来信看看，问题照转，落实不落实一概不管。现在有些上访人不信任上访部门，想方设法向中央领导同志写信，这对我们来说并不是很光彩的，应该引起注意，切实改进。

处于事情发生的早期阶段，胡耀邦只是敏锐地意识到上访人越过各级政府和信访部门设法向中央领导写信申诉情况是因为他们的问题得不到解决，暴露出国家机关固有的官僚主义弊端，所以，胡耀邦说这对于向来以"为人民服务"为宗旨的共产党来说"并不是很光彩的"。但是，受当时国家政治经济体制的局限，他却不可能对这一现象的本质有更为深刻的分析。首先，胡耀邦对信访部门的批评是有失偏颇的。隶属于各级党委和政府的信访部门起源于建国之初的中共中央书记处政治秘书室，毛泽东原来由秘书田家英一人帮助处理来往信件因日益繁重而逐步增加人员，继而再设置信访科。但是，无论田家英一人的时候还是有了信访机构，在毛泽东那里都只限于帮助筛选信件和初步接待来访。自后，自上而下设置的信访部门也都只限于这样的功能，仅仅负责上传下达，并不具有直接的处置之权。在这样的情况下，信访部门只好"来人谈谈，来信看看"。

其次，胡耀邦也未能分析为什么群众上访的现象越来越多（如果比起现在来，那可是小巫见大巫了）？中国传统上是一个没有法制而靠人治的国家，历代追求的政治清明和社会纯正就是寄希望于开明的君主和清官。新中国虽然与传统的时代有所区别，但是，无论党和政府，还是人民群众，都没有把建设一个法制国家当作自己的追求。在一个法制国家里，各级政府都按照国家相关的法律法规行事，政府的各个组成部分和机构有职有权、各司其职。对于绝大多数老百姓来说，与政府打交道都是遇到了困难和问题，寻求解决的途径。所以，一般都是遇到什么问题找那些可以解决问题的政府机构，而不需要直接向国家领导人反映情况。我们受历史上清官明君思想的影响至深，无论老百姓还是党和国家领导人，都习惯于用传统的方式解决问题。各级领导，特别是从中央到地方的主要领导人，东西南北中，党政军民商，事无巨细，最终都要集中经一人决定、由一人意见定夺。而且，因为其他的途径往往不灵验，群众的问题得不到及时和有效解决，最终都是直接向中央领导反映情况，经中央领导批示后往往才可以解决。久而久之，党和国家体制朝着这一方向发展，长官负责，特别是中央集权的政治功能越来越得到加强，而中央和地方、政府各部门各司其职的职能越来越弱化。但是，可以起作用的长官毕竟人数有限、精力有限，有幸能够得到长官批示的也只是少数。这样，基层群众得不到解决的问题越积越多，上访人次也越来越多。

再其次，胡耀邦也没有深入分析在我们这个十分强调下级服从上级、全党服从中央的政治体制下，各级党委和政府对于领导机关批转的信件本来是重视的（即使现在也不能说都不重视），为什么信访部门一度也曾灵验过的"照批照转"办法现在不灵了？其实，胡耀邦时代已经有人提出反思，呼吁结束人治建立法制国家。本来国家法制的原意是要规范政府行为的，但是，由于实行法制建设的主导力量在于国家工作人员，不具有法制教育传统环境下形成的我国建制队伍的总体认识却是要实行法治建设，即制订法律予以管理人民。特别是基层政府的管理理念上的这种差别，在对待人民群众诉求的态度、处理相关问题的途径和方法方面也就都有了较大的区别，发生人民群众诉求的事件也越来越多了。

还有，我们的新生政权是经过长期的革命获得的，消灭私有制曾经是革命的奋斗目标和动员底层人民参加革命的主要口号之一。革命成功后，没收官僚资本，平均分配地主、富农的土地和财产，以及在政府的领导下实行合作社、人民公社集体所有，对资本主义工商业进行社会主义改造，实际上都属于否定财产权，特别是对于包括民族资本在内的人民群众的财产权的轻视乃至于无视，无论在实践上还是在理论意识形态方面都给社会留下了十分深刻的影响。包括国家公务人员在内的全体人民群众普遍地、有意无意地对于私有财产权的忽视，给社会发展造成严重的后果。国家公权可以随意侵入公民私权领域，就是其后果之一。当然，改革开放前后的情况还是有差别的。在前 30 年里，政府对私有财产权的处置具有整体性，因而发生群众诉求的情况比较少。改革开放以来，绝大多数的政府行为已经开始认可私人财产权了，但是，政府的一些做法还会有意无意地侵犯或伤害了群众的权益。加上我们的体制是上级机关基本上不直接处理具体的问题，引起群众诉求的大多数问题又都发生在基层，甚至于许多问题譬如拆迁、计划生育等问题都直接由基层政府的作为而引发，所以，上级信访部门批转给地方的信件往往就难以收到好的效果。

胡耀邦把信访人直接给中央领导写信诉求自己的问题当作政府的"不光彩"，反映了胡耀邦希望各级政府能够各司其职、老百姓安居乐业、社会和谐的一种政治追求。这在共产党的领导人中，都是很难得的。马克思的历史唯物主义原理讲究生产力决定生产关系、经济基础决定上层建筑。我们国家目前的政权架构最初是照搬苏联来的，而无论上个世纪 20 年代的前苏联，还是 50 年代的中国，都只是一个以传统小农为主的经济基础。在经过 60 年的发展，特别是最近 30 年大规模的引进，现代化生产已经成为我国经济主导成分以后，上层建筑的许多方面已经明显不能适应发展变化的情况了，如果继续按照传统的长官批示推动政府作为，就是有 100 位总书记、100 位总理，也满足不了人民群众的诉求啊。

——2010 年 10 月 27 日
（刊发于 2010 年 10 月 28 日）

致何亚福先生的两封信

按 语

本博客上连续 3 篇胡耀邦的文章，都是由此前回复一诺女士的留言引起的。经历我国 30 年来的计划生育过程，意识到其中许多问题不合常理，甚至于不少的宣传和认识是颠倒了当年的历史的缘故，自感年龄和精力还可以做一些研究，所以不敢在其他事情上过多地分心。为此，平时并不为博客写作，倒是利用朋友为自己开通的这个阵地，发表一些已经完成的研究成果。至于网友们对于这些文章的看法，我也不太计较，甚至于都不一一翻看它们。上次张贴了《致田雪原的一封信》和《"中央人口座谈会"：一个由田雪原自编自唱的谎言》两篇文章后，希望得到他们的回复，才注意留言。一诺女士几近绝望的呼喊令人心碎。一个女人渴望生育，一位已经有一个孩子的母亲希望再生育一个，这本来是每一个国家和人类历史上任何时代都再自然与合理不过的事情。但是，今天却把她们逼迫到接近崩溃的境地，这是那些稍有人性的人都不可能不动恻隐之心的。由于几次的回复，引来不少的网友劝说由我给中央上书要求改变计划生育政策的建议。有些网友见我不直接回应和承诺他们的留言，文字中还颇有愠色。发表胡耀邦的几篇文章，意在告诉网友们，许多事情并非是清官明君那么简单的道理。现在计划生育方面大家所知道的那些问题，胡耀邦执政的年代是都存在的。如果从程度上来说，那时比现在还严重多了。不同的一点，仅仅是现在有了互联网和较多的媒体，不能完全封锁信息了。作为总书记的胡耀邦完全了解老百姓所遭受的这些情况，他和他那个时期在中央党政一线工作的领导人也曾企图在一定程度上纠正某些问题。但是，并没有收到应有的效果。这里边有很复杂和很深的道理，需要我们去探讨。一味地给中央写信提建议，您呕心沥血的东西都到不了领导人的手上。与其如此，我们还不如另外做一些事情。这是我这些年来不再就计划生育问题给中央建言的主要原因。

也许有朋友会奇怪，网上不是曾有过你的放开二胎的两个签名和一个呼吁停止计划生育的 E 提案吗？这两个问题都事出有因，涉及近些年我最为敬重的两位年轻朋友。易富贤和何亚福是进入新世纪以来适应我国时代发展而涌现出来的千百万优秀的年轻人中最具才华的两位知识分子，他们出于忧国忧民的意识，凭借自己的敏锐的思想认识插入到人口和计划生育领域中，发表了许多具有拨乱反正、振聋发聩的好文章。易富贤和何亚福通过自己富有激情而创造性的工作赢得了世人的尊敬，成为两面鲜艳的旗帜。我一直很肯定和赞许他们，是因为他们不同于像我这些体制内的、以人口和计划生育研究为职业的人。我们这些必须研究计划生育的人为研究而吃饭，易富贤和何亚福就是凭借一种对中华民族的热忱和对国家的忠诚自愿投身于这个是非之地，这是多么的高尚与崇高啊！更何况，他们都是用自己长期的辛劳谱写了成就。在我的心目中，我们这些体制内的所有人口学家加在一起也抵不住他们二位中的任何一位给我们这个民族做出的实际贡献。正是出于这样的心理，我在一个时期内对 E 方案和网上签名保持了沉默。

2009 年"两会"之前，易富贤先生曾向我发过一份邮件，提到什么 E 提案和在网上征求签名之类的问题。因为他清楚我对这一类问题的态度，他似乎没有明确要我表态签名，我的回复也没有明确就签名问题发表意见。今年 3 月份，某大报即有把我和那个 E 提案联系在一起的报道。前一阵子，该报又次明确说我在网上做了该提案。因为年龄大和懒惰笨拙的缘故，电脑和网络上的技能都只限于年轻人教授的那些方面，没有学习过的技巧几乎一点进步也没有。所以，即使我曾经当过一届全国政协委员，对于现在网上的所谓 E 提案是怎么回事也还是不甚了了。看到报上的文字后，以为易富贤先生也是出于做事心切，把我挂在了网上。可能是心有灵犀，或者出于悟性（我一直认为他们二位都是极有悟性的人，因为，他们并非有人口学知识的准备，但有许多需要我多年的研究和思考才懂得的道理，他们竟然可以做到一篇文章、甚至于一语中的），也许他读出了胡耀邦的几篇文章后我将要说明这件事。易富贤先生在刚才给我的邮件中就 E 提案介绍说，该报年初采访他时曾提到了该提案，但后来误把"提案变成您的了"。这就是说，网上发生的 E 提案并没有我，它仅仅是某报的误传。

关于签名放开二胎的事情和很久以来一直要我"重出江湖"的问题，我还是按照原定的计划把当年给何亚福先生、给网友 Truename 先生的几封信分次粘贴在下面。

2010 年 10 月 30 日

（一）

何亚福先生：

邮件早已收到，因手头有几件事情处理，迟复为歉。

那天读邮件时点击了您的博客，文章一篇都没有来得及读，但从两年来大量文章的目录看，我十分欣赏和赞同您的理念，这是基础和出发点。对于您的激情和精神也十分钦佩。不过对于签名我不认为是个好的举措。我不了解您的具体经历，我是说您可能不太了解我国的国情和体制，这种做法不会收到应有的效果。有关方面不会理睬你。中国的决策不在乎、也不考虑民众这样发出的呼声。事实上计划生育对民众的摧残和危害，高层都是知道的。他们不在乎这些，而且也不喜欢对他们搞签名这类的活动。岂止这样，甚至这样会更把他们推到更远的对立的方面，反而推迟问题的解决。我倒不是说有关方面不喜欢的就不可以做，有时做一些他们不喜欢的事情让他们知道社会还有另外的东西，是很有必要的。但您显然不是要刺激人家，而是想解决问题。但这么做只会适得其反。其次，我说您的理念正确，就是您一下子认识到根本就不应该有什么生育政策。而这点是我近些年来才认识到的。您现在提用生两个代替现在的一个多点，一是与我们的理念有冲突，二是并没有解脱多少人。至少现在中西部的农村是生育

430

两个。农民和干部已经磨合出他们的办法，继续一个时期，等待整个国家彻底解脱这个枷锁就是了。我预计近期不会有松动，即使松动到两个，难道过上二、三十年再争取一个生育政策？还有，因为您现在的理念的正确，相比之下，您为签名写的那个请愿书却不怎么样。虽然我没有详细拜读，但浏览之后感觉印象苍白。和您已经粘贴过的其他文章比较，总觉得说服力倒不如以前。写文章必须以理贯彻，不是那个道理，讲出来就软弱无力。最后，您讲的有关号召力的话我也不同意。我没有什么社会地位，也就没有号召力。也许只是像您现在这样，仅仅是在近30年的时间里一直在不断地做这个事。可能是由于只能在媒体以外讲话，即使是由一个小伙子做成老头了，也没有由此获得社会认可，甚至于知名度还大不如从前。一个人无论对于社会或者国家，其实都十分渺小，这是我用岁月换来的认识。

在说了以上的话之后，您可能已经了解了我对签名的态度：不赞同。但是，即使如此，如果您坚持去做，我愿意签名。但这仅仅是出于对您执着精神的一种支持和欣赏，而不表明我会认为这种做法有什么实际意义，也不表明我同意您起草的"倡议书"的观点。（着重号是原来的信中就有的——2010年10月30日注）相反，我只所以持这样态度，一是因为我没有把我的名字看得有那么重要，二是也没有认为这事情有多大的实际意义。我们实际上常常在做没有意义的事情，再做一件也不为过。

我不希望给您泼了冷水。再说一句，除了这个"倡议书"之外，您已经粘贴的一篇篇文章就题目讲都很好，从整体上已经显示出您有一个现在做人口学研究专业的人都不具备的理念。说真的，这些人大都属于把做研究当职业以换取食禄，而不具有应有的理念和精神。可惜的是，您从一个正确的基点上反而倒退了。

还不相识，说得太多了。不敬处见谅。只希望您一篇一篇的文章写下去。

梁中堂 2007 年 1 月 4 日

（二）

何亚福先生：

您好。因几天来一直忙于其他事情，您的邮件回复迟了许多天。不过有一个好处，就是知道了你们的一些争论，也了解了一些过去我所不知道的信息，可以一并谈些看法。

首先请接受我对您的敬意。近几年来，由于您的不懈的努力，您和易富贤先生事实上已经成为我们国家生育领域中可以代表老百姓利益和社会发展方向的两面最为杰出的旗帜。由于我们所从事的工作岗位的不同，你们的绝大多数文章都没有充足的时间拜读，但是，我感受到你们总体上的理念和主张。一个国家、民族和社会的发展，是需要许多具有感悟能力和献身精神的先进分子做出巨大努力和贡献的。当然，对于这些杰出的人物来说，往往得到的回报要少于他们的付出。不过，杰出人物又往往都具有一些牺牲和献身精神。否则，他们也不可能属于杰出的人物。我在接受您的不多的信息中，感受到了这种精神。所以，希望您能接受我对您的敬意。

关于倡议书的认识，我认为我们之间的分歧属于方法或战略策略的认识问题。根据我对我们国家的理解，您的关于放开二孩的策略是不正确的。您以为国家的政策是由二孩再完全取消生育限制，实际的逻辑是：你如果同意生育二孩，就是承认计划生育是合理的，有效的。生育问题就仅仅在 1.0、1.5、2.0 等等的数量问题上打转转，国民及其领导人就永远不会意识到这一做法的荒谬。而问题的核心在于生育问题是否应该由国家来决定？而且，国家是什么？谁是国家？后面的这几个问号又都是很抽象的，足以把一般人都绕进去，从而使问题变成具有十分玄虚、缥缈的性质，离开了现实中千百万人正在这一政策压迫下的痛苦与煎熬。将近 30 年来，我们的计划生育现实就是这样，政府就是这样讲道理的，专家学者也是在这一理论下做论证和做研究的，而这个道理完全抽象掉了成千上万的人们的实际生活与生命中正在经受的伤害、痛苦和牺牲。我从 70 年代末中央政府开始提出"一胎化"政策开始在这个圈子里打转转，转了将近 20 年，又有了许多年的学习和思考，才逐渐认识到必须从理论上和计划生育决裂，必须从行为上谴责这一根本违反人性和违反社会基本道义的做法。从一开始与您交往我就说过，您有一个好的理念，就是已经认识到计划生育违背人性，违背现代社会基本规则的。可惜的是目前具有这样的认识、悟性和具有一定理论思维的人并不多。您最近的文章仍然在阐述这方面的道理，这些理讲得都很不错，这是我以为需要十分珍惜的宝贵的社会资源。您为什么不把所有能够投入的有限（您不是像计划生育干部和专业学者从这些工作中索取而是完全的、纯粹地付出）精力都持之以恒地这么做下去，却再分散自己的精力和时间等稀缺资源而倒退呢？

至于以前的签名活动，我以为您在一些事情上是做得不妥当的。2007 年的签名您知道我是不同意的。虽然也说了那句话，但根据您的悟性和理解能力完全能够分辨出来那仅仅是对您的执著精神的鼓励和赞赏。如果从相互尊重的原则出发就会选择另外的做法；即使按照我的说法签名，在最后发稿时也应该通知我。相反，我是从某领导人的秘书那里知道网上有我的一个签名的。而 2008 年还有一个签名我又是根据最近你们的分歧而分别发邮件给我才知道的。您应该知道，不是所有人都会每天关注我们每一个人每一天的活动，所以，您在网上写个通知然后将别人没有答复就视为同意您的意见而最终决定别人应该明确表态的事情，是很荒谬的。即使如此，从我们的大局出发，我把您的这些行为当作工作中的不足和检点不周来看待。金无足赤，人无完人。特别是成就大事业者，往往在一些细节上所虑多有失当。很正常。只是你们论及这里，我必须向您指出，但它不会影响我对您的态度和认识。

我总是努力去做一个磊落的人。所以，我从来说的话、写的文章，都是足以示人的。您可以将我给您的那封信公布出去。不过，我以为你们的争吵不该再继续下去了。一位有理想和做事业的人，不该以他的好恶为标准与自己的盟友过意不去，把精力浪费在与盟友的争吵上。虽然在古今中外的历史上，特别是在大历史的转折紧要关头，屡见不鲜的一些现象是有些很优秀的历史人物往往都会发生内耗。但是，那毕竟不是好现象。

梁中堂 2009 年 2 月 10 日

（刊发于 2010 年 10 月 30 日）

致 Truename 的两封信

（一）

Truename 先生，您好。

首先对您忧国忧民的心情表示极高的敬意。其次需要向您说明，我没有您所理解的那么高的地位和作用。我一直就在"江湖"上，但没有什么号召力，不会出现由我呼喊一声，学界的人群起而响应，其实我连三五个人都动员不起来；我个人给中央写的东西也起不到您想象的那种作用，在绝大多数的情况下连我所写的东西都递交不到党和国家领导人的手里。最后，我想向您介绍我所理解的有关方面对这一问题的认识。他们认为现在的计划生育是正确的。计划生育对老百姓的伤害他们也了解，但认为这是中国发展中应该付出的代价。似乎中国要发展，就必须有一部分老百姓做出牺牲。相反，现在停止计划生育，可能有损害于现在的社会稳定，有损于政权的稳定。所以，计划生育政策至少现在不能变动。这就是现在我们国家的体制。我们生活在这一强大的国家机器下面，只有默默地、一点一点地、踏踏实实地做一些具体的事情。社会的进步有时可能慢一些，但进步趋势是不可阻挡的。经济社会发展到一定阶段，很不合理的事情就自然提交到人们面前，解决它也就不是什么问题了。从这一理解来说，我建议您不要焦躁，计划生育和人口问题从 1979 年"一胎化"开始就是极不合理的，那时由于处在基层干部与群众的磨合的初期阶段，受到伤害的人更多。这种本来就不应发生的事情，30 年来的每一个时间点上都是应该立即停止的，由于经济社会的体制没有变化，就一直结束不了。您且莫急，越来越多的人已经在反对这一不合理的政策了，说明大环境已经有了大变化了。

继续努力吧。

梁中堂 2010 年 2 月 8 日

（二）

Truename 先生，您好。

首先向您致歉，这封信回复的晚了。3 月 20 日您的邮件当时已经收到，原计划给您回写一封比较长的信件，但连续外出一直没有坐下来。

根据您的来信，首先需要指出的一个问题是人口政策所导致现在出现或发生的问题不是人口方面的问题，而是社会问题。就是说，并不会有您所担心的人口危机，而是政治经济方面的问题。过去讨论生育问题比较多地从社会整体方面出发讲得多，比如因为人口生育而导致劳动力资源如何，以及对民族兴旺发达的影响，等等。至于降低到对个人的影响，则会笼统地说一说传宗接代。其实，人的生育是人生而具有的基本能力，也是上帝给予每一个人改变人生和追求美好未来的一条重要通道。一个人因为社会地位和其他的社会条件的限制可能很少具有改变命运的机会，但通过生育自己的后代可能使得自己后半辈子改变处境。至少，让那些很少具有社会条件的人可以有这样的憧憬和希望。对于那些满足现状的人来说，天伦之乐就可能是他（她）的理想人生，生育本身往往也是一种幸福和乐趣。所以，最近 10 多年来，我反对计划生育的理由就是因为生育政策剥夺了公民的基本权利，直接损害了以农民为主的社会群体的权益，堵塞和妨害了民众自由寻求幸福生活的一条基本道路。作为人口学家却很少再从人口方面入手谈人口生育政策，是因为在上个世纪 80 年代中期已经认识到人口过程作为一种客观物质运动，它具有自身的规律性，政府实际上是无法改变的，至少是无法从大势上对其改变的。但是，政府过于脱离客观实际的政策，会把一些客观必然发生的现象当作偶然性，人为地规定其违反法律，制造过多的对立面，与民为敌，增加社会摩擦。仅以 2000 年普查人口为例来分析，前面 20 年里至少发生了 1.5 到 2 亿属于非法出生的人口。任何一个学过辩证法的人，一个马克思的信徒，都应该意识到这个数据至少不该将其视之为偶然。而必然性的生育行为，却发生了由其从母亲怀孕动员其流产到生育后上门收缴罚款等等社会行为，30 年来，这种基层干部和民众的人为的不和谐一共发生了多少起啊！

实际上，有史以来从宏观层面来讲的人口问题即通过老百姓生育带来问题或者解决问题都属于一种子虚乌有的事情，是一个伪问题，是一种托辞。真正的人口问题是不存在的。您在信中所讲的一些问题，比如说日本因为人口问题的拖累经济下滑，我以为都是一个仁者见仁，智者见智的问题。经济问题一定是经济问题，是社会体制或制度的问题，如同 30 年前把中国的经济社会问题归结为人口问题而提出政府强制性的生育政策一样，是不正确的。另外，您说的光棍潮，我以为也不会发生。严厉的计划生育制度导致了一定程度的性比例问题，但您说的那个河北农村光棍问题一定是贫穷地区一直存在的现象，严厉的生育政策可能使得历史以来的这种情况雪上加霜。

我以为，您提出的（夫妇年龄相加）62 岁生育 2 胎的方案是不可能得到赞同的。生育问题是一个个人自由选择的问题，是不应该由哪个人的设想来决定的。我过去的"晚婚晚育加间隔"也是不正确的，它仅仅在那个时代针对"一胎化"生育政策才具有一定的时代意义。如果说现在它还有什么意义，那也仅仅是从历史角度证明了宽松的政策更好一些。如果现在让老百姓都实行这个办法，我也是会反对的。所以，您可以进一步发现，我也是一位主张自由生育的人。至于您的文章里提到的马力，她无论原来还是现在都是国家计划生育委员会的官员。全国人大和政协的名额都是由政府分配的，每一个政府部门都有一定的名额，每到换届的时候，政府都会把新的到龄的、会进一步推进自己意图的官员再送进人大和政协。所以，人大政协的官员有时可以起到在一线政府部门的官员所起不到的作用。

梁中堂 2010 年 4 月 3 日

（刊发于 2010 年 10 月 30 日）

谁能帮助他？

按 语

下面是一位网友于 6 日晚 8 点 4 分发给我的求救信，题目就是"梁老师你好。救救我的孩子"。从来信可以知道，他是一位城镇残疾青年。妻子意外怀上了第二胎，他们不想去做流产，希望我能有一个挽救的办法。我无能为力，却又不忍心告诉那个等待他们的残酷的未来，连续几天不敢回复。明知道其他网友也不会有救助良方，但还是幻想有奇迹发生。所以，把这位朋友给我的信粘贴在这里，希望有能人救救这位可怜的人。

2010 年 11 月 8 日

救救我的"孩子"

梁老师，您好。

我在东北某省。2004 年初育有一女，前几天意外发现自己的妻子怀孕了。

我非常爱我的妻子，更爱我们的孩子。我是残疾人，妻子身体也不好，怀孕后我们想想两个人的晚年让一个女孩子照顾实在是负担很重。可是政府的计生政策又不允许我们生二胎。

我曾想让妻子出去偷着生，可我们是守法公民，不想因为生二胎受到国家和社会的指责。而且我身有残疾，也确实离不开妻子的照顾，如果她出去偷着生，我的生活就更困难了。更主要的是担心这个孩子的将来会受到不公平的待遇。

我们想到要去做掉，可是又于心不忍。毕竟是这么多年我和妻子爱情的结晶，是一条奔着我们家来的鲜活小生命。作为男人，在家人危难时不能保护他们简直是奇耻大辱。也不免会对国家和政府产生误会。这几天为这个事情我和妻子不知道哭了多少回，度过了几个不眠之夜。希望能给孩子找到一丝生的希望。

看到网上最近反思计生政策的新闻报道多了起来。感觉国家似乎可能出台新的政策，不知道国家什么时候能放开。我多么希望这个孩子能赶上对它有利的新政策呀！哎！

孩子一天天的月份大了，街道邻居知道就不好了。我们现在应该怎么办？

希望给我们指条明路。

附昨天写给这个孩子的一封信。（我是哭着写的。）

"儿祭

孩子呀，不要怪爸爸，爸爸爱你，你也不要怪妈妈，妈妈也同样爱你。不要怪奶奶和爷爷，他们也是没有办法。他们不想因为违反计生政策而让爸妈受苦。

孩子呀，爸爸从来没看到过你，但爸爸在知道你在妈妈肚子里后就时时刻刻关心着你。每天晚上爸爸都会摸着你睡觉。每天早晨爸爸都会看着你和妈妈起床。爸爸曾跟妈妈说，你要开开心心的，不要饿着，不要委屈了我们的孩子。

看到电话上，报纸上小孩的照片，爸爸常常会想像你会不会长得那样可爱呢？

不是爸爸不爱你，不是妈妈不喜欢你。

你是二胎，实在是中国目前的计生政策不允许。

我曾盼着，在药流之前，国家能够出台新的政策。我曾盼着，你有那么幸运。能够成为我们家的一员。

可是几天过去了。奇迹还是未能出现。

离药流的最后期限也越来越近了。

爸爸无能，不能保护你顺利降生。

此次一别，不知何年何月会再相遇。

你以后要找个好人家，千万别投胎到中国的家庭。

　　要听新爸爸，妈妈的话。要关心他们，爱护他们，更要跟你的新兄弟姐妹好好相处。

　　爸爸妈妈也就放心了。

2010-11-5."

　　希望您能够给我们指条明路，救救孩子，也救救我们吧，谢谢！

（刊发于 2010 年 11 月 8 日）

现代国家要懂得尊重生命、尊重信仰

上个博客上转帖了那位残疾青年给我的信。他们夫妻意外怀孕，按照现行的计划生育政策就必须去做流产。在我们这位朋友和她的妻子，以及他们的父母亲看来，现在怀的这个孩子是与他们有缘，是他们命中应有的孩子，所以不情愿去做流掉。他也知道没有别出路，痛苦、伤心之下，写了《儿祭》，悼念这个即将死去的孩子。因为时间还不到4周，应该是辨别不出性别的时候。从信中的文字来看，这位朋友和他的妻子其实也不在乎性别。"儿祭"，只是泛指这个未发育起来的胎儿。我充分地理解这位朋友的心理感受，不忍心直接回复他的信件，才以博客的方式求助于网友们。有位朋友对这种做法很不以为然，批评我说："想生孩子的多了去了，那些千万、亿万富翁还想生10几个呢。难道就可以不管法律？亏你还是那么大年纪的人了，想问题那么简单。"我觉得还是这位朋友过于简单。首先，我们先不用讨论现在还有多少的人愿意生孩子，这里讨论的问题不是想不想生孩子的问题，而是我们的青年夫妻意外怀上的这个小孩是不是个生命、该生还是该去流产？这是全人类历史上长期未能解决的道德和法律问题。从历史的起点开始，人们就把胚胎当作生命来加以保护。我国的传统文化把流产和活产后死亡的婴儿都算作一个人一生中生育的儿女。所以，古代社会的法律从来都是保护孕妇的。如果有人致使孕妇流产，受害人可以到官府告状使其治罪。恩格斯在《反杜林论》中有句话说，法学家们曾经绞尽脑汁去判定在子宫内杀死胎儿是否算是谋杀的合理界线，说明古罗马的人们也普遍把胎儿当作有生命的人看待。就是在今天，许多国家和地区也仍然有这样的认识。由美洲国家在1966年共同制定、1978年生效的《美洲人权公约》第4（1）条就明确说："每一个人都有使其生命受到保护的权利。这种权

利一般从胚胎时期就应受到法律保护。"在 1989 年联合国大会通过
《儿童权利公约》的时候，阿根廷就特别提出，"儿童是指从胚胎形
成的那一刻开始的每一个人"，直接把在母亲子宫中发育的胎儿当
作有生命的人。在现代，尚未成熟的胎儿是否可以当作有生命的人加
以保护，可以有不同认识，如同自古以来就有不同的认识一样。但
是，如同 1970 年第 24 届世界医学大会通过、1983 年第 35 届世界医
学大会修订的《奥斯陆宣言——关于医疗性人工流产的声明》所确认
的，"人的生命从其一开始的时候就应该得到尊重"。这个文件智慧
地把未出生儿童的生命的态度归结为一个有关个人的信仰、信念和
良心的问题，并认为这种信仰、信念和良心必须得到尊重。我们那位
青年夫妇把他们的胎儿当作自己的儿女割舍不下，是祖祖辈辈相传
的一种基本认识，是他们的信仰和信念，也是一种人性和良心。有人
可以不这么看。但是，每一个现代国家的政府和法律必须和这些公民
一样把他们的胎儿当作有生命的人一样尊重他；每一位人性未曾泯
灭的人都必须尊重这些把自己的胎儿当作子女一样珍惜的公民的信
仰、信念和良心。

2010 年 11 月 11 日

（刊发于 2010 年 11 月 11 日）

生育权属于基本人权是一系列国际公约早有的规定

从 1978 年进入人口和计划生育领域做研究开始，就不时听到政府抗议国外一些借人权问题攻击我们计划生育工作的人。实在是因为自己的封闭和学识浅陋，一直到上个世纪 90 年代，都以为我们实行强制的计划生育政策以后，国外的一些"敌对势力"才特意把生育和人权问题联系在一起，借以攻击我们。最近 10 多年寻求人口学领域以外的知识，才发现生育权属于人权是自从上个世纪 40 年代开始的联合国宪章以来的一系列国际公约中早就明文规定了的。不是有许多国家和国际组织故意要和我们作对制订一些条约来反对或约束我们，而是早先就有了那些人权公约，是我国 1979 年以来的计划生育政策和法律直接地与那些早就存在的国际公约发生冲突的。从事情发生的时间顺序来说，是先有了把夫妻的生育权归结为从联合国人权宪章出发要加以保护的基本人权的一系列国际公约，然后才有了我国强制实行的计划生育政策。我列举几项：

▲1948 年 12 月 10 日联合国大会第 217A（III）号决议通过、后又经《公民权利和政治权利国际公约》第 17 条得到重申的《世界人权宣言》第 12 条规定：

不得对任何人的私生活、家庭、……任意干涉。人人有权享受法律保护，以免受这种干涉攻击……。

▲如果说上述的 1948 年《世界人权宣言》和 1966 年的《经济、社会、文化权利国际公约》和《公民权利和政治权力国际公约》都属于基本人权公约，没有直接、明确引出计划生育权的话，1965 年的世界卫生大会则开始把计划生育权提上了国际日程。在该次大会通过的《第 1849（1965）号决议：人类生育》中规定：

一个家庭中人口的多少应该由每个家庭自由决定。

▲1966 年 12 月 17 日，联合国大会通过的第 2211（XXi）号决议规定：

……各国在行使制定和推行它们自己的人口政策的主权时［应当］充分考虑到家庭的大小应该由每个家庭自由地决定这一原则。

▲1968 年 5 月 13 日，在德黑兰召开的世界人权会议通过的《德黑兰宣言》第 16 条规定：

父母有自由负责地决定子女人数及其出生时距的基本人权。

▲1969 年 12 月 11 日，联合国大会通过的《世界进步和发展宣言》充分肯定了这一原则。该宣言第 4 条几乎重新叙述了这一条文：

父母有自由而负责地决定其子女的数目和出生间隔的专有权。

▲1974 年 8 月 19-30 日在布加勒斯特召开的联合国世界人口大会通过的《世界人口行动计划》第 14（f）段规定：

所有夫妻和个人都有自由而负责地决定其子女人数和生育间隔以及获得这种决定所需的信息、教育和方法的基本权利；夫妻和个人在行驶这一权利时应考虑到他们以及未来的孩子的生活需要以及他们对社会所应负有的责任。

▲1979 年 12 月 18 日联合国大会 34/180 号决议通过、1981 年 9 月 3 日生效的《消除对妇女一切形式歧视公约》第 16（1）、（e）条重申：

缔约国……应保障妇女在男女平等的基础上有相同的权利和自由负责地决定子女人数和生育间隔，并有机会获得行使这种权力的知识、教育和方法。

上个世纪 70 年代以后，不少的国际文献和公约继续重申这样的观点。譬如：

▲1994 年 6 月联合国召开的国际人口与发展大会通过的《关于国际与人口发展行动纲领》进一步明确把生殖权利列为一项基本人权：

这些权利的基础在于承认所有夫妇和个人均享有自由、负责地决定生育次数、生育间隔和时间、并获得这样做的信息和方法的基本权利，以及实现性和生殖健康方面最高标准的权利。

▲联合国人口基金在《2005 年世界人口状况》一书中说：

生殖权利是人权，尤其是妇女人权的核心。生殖权利源自承认所有个人和夫妇的基本人权，即不受歧视、强迫或暴力作出关于生育的决定。这些包括最高标准的健康权利和决定孩子个数、生育时间和间隔的权利。它们还包括安全生育的权利，以及所有的人有保护自己不受艾滋病毒和其它性传播疾病感染的权利。

国际人权体系不断强调生殖权利的中心地位。生殖权利被认为不仅本身具有价值，而且对能否享有其他基本权利起到关键的作用。

国际社会把自由选择生育孩子的数量和时间看作是一项基本人权，包括自愿实行节制生育，被放在促进妇女人权的活动的核心位置。这是不同于早期只关注限制人口快速增长，有些时候以牺牲妇女权利为代价的一种全新模式。

当然，从国际法的原则来考虑，仅仅从以上的许多国际公约的签署也不能表明生育权属于人权是一项各个国家都认可的问题。因为，国际法是建立在一个国家不应受到不被它所接受的规范的约束的基础之上的。所以，我国政府不直接应对以上国际社会的共识，甚至于不承认以上的认识和解释，作为这么一个大国，国际社会也没有什么办法。事实上，因为我国日益发育的巨大市场潜力，许多国家出于要和我们做生意，在一些事情上不可能不迁就我们。而且，我国政府在遇到上述类似的国际公约需要签署的时候，往往宣布和表明只执行公约中不违背中国宪法中的有关规定，就把相应的问题转移到国内主权问题上了。对于相关国家和国际社会来说，即使从需要顺利签署相关公约的技术层面来考虑，一般也不会为此与我们这么一个强大的政府去计较。但是，暂时的应对不是解决而只是回避了问题。随着我国经济能力的提升必然会越来越多地发生国际往来和思想文化交流，价值体系和思想观念，以及法律体系上的冲突毕竟是绕不过去的。我们肯定做不到要求国际社会顺从我们而改变以人权为核心的价值观念从而修改与生育权属于人权的一系列相关的国际公约，这样，为了避免冲突必然要做的就是我们自己，随着经济社会的进步而获得更多现代价值观念和价值体系，承认生育权属于人权，取消和废除所有计划生育的法律法规，归还国民自由生育的权利。这，只是迟早的事情。

——2010 年 11 月 14 日

（刊发于 2010 年 11 月 11 日）

与《南方周末》梅岭的访谈

（2010 年 2 月 14 日）

一、关于翼城县计划生育试点

梅岭：当年确定翼城试点的时候，您的心情是怎样的？担忧大过于兴奋吗？

梁中堂：因为我向中央要求进行"晚婚晚育加间隔"的计划生育试点是出于一种无可奈何的选择，所以，确定试点，既无太大的喜悦也没有过多的忧虑。如果要理解我的这一心情，需要对当时的背景有所了解。1979 年年中，全国不分城乡地推行"一胎化"生育政策。我在为全国第二次人口科学讨论会准备的论文中对于"一胎化"的发展趋势进行了测算，认为我们这么一个人口大国采取如此激烈的生育政策，必然迅速导致我国人口老化。其实，这个计算并不复杂。60 年代到 70 年代大约 10 年的人口占据我国总人口的比例特别大，这部分人在当时正开始进入婚育年龄，实施"一胎化"生育政策的对象和主体正是他们。如果实行二、三十年的"一胎化"，当他们陆续进入到 60 岁的时候就是人口统计上人口老化上升最快的时期。届时必然出现劳动力供应紧张、兵源不足、家庭结构四二一，等等。总之，极为严厉的生育政策会带来一系列严重的社会后果。特别重要的是，我国还是一个以农为主国家，农业生产处于个体劳动阶段，农村社会化程度相当低，只许可农民家庭生一个孩子无论对于个人或者国家来说都不是一个好事情。所以，我觉得比较可行的生育政策应该是在提倡一对夫妇只生育一个孩子的同时，允许每个家庭在晚婚晚育的基础上生育两个孩子。我在大会发言中阐述了这些观点。这些观点在那时当然是被当作反对计划生育的认识。

由于持续数年的"一胎化"政策搞得农村干群关系很紧张，我在 1984 年春节给中央总书记胡耀邦写了一个研究报告，提出如果在全国推行"晚婚晚育加间隔"的生育办法，允许人们生育二胎，可以把人口控制在 12 亿。中央把我的报告批给国家计划生育委员会后，被"理所当然"地否定掉了。但是，当时国家计划生育委员会的干部张晓彤和马瀛通两个人按照我提出的办法重新计算后，认为是可行的，就又给国务院总理写了赞成我的主张的报告。根据当时胡耀邦和国务院总理分别所作的批示，充分肯定了"晚婚加间隔"的生育模式，明确提出"请有关部门测算后，代中央起草一个新的文件，经书记处政治局讨论后发出"。可能是由于当时在中央一线主持工作的领导人的权威不够，几个月下来，有关部门既不按照他们批示所肯定的办法重新测算又不为中央起草文件。在主管部门没有任何作为的情况下，我于 1985 年春节前又给中央写报告，提出落实胡耀邦和国务院总理批示精神的 3 条措施，其中包括找一两个县进行试点。请您想一想，如果按照当时的中共中央总书记和国务院总理的批示，本来应该很快在全国改变和调整"一胎化"的生育政策，现在变成在一个县作试点，哪里还兴奋得起来？

梅岭：当初人口政策的试点为何选在翼城？四个试点中为何没有城市？在当时对于翼城试点，您最担心的问题和阻碍是什么？

梁中堂：首先回答您的关于"四个试点"的问题。历史上没有过所谓的 4 个计划生育试点。您可能是从《八百万人的实践》一书中得出的概念。但是，这种提法不符合历史事实。1982 年 2 月中共中央 11 号文件提出了一直延伸到现在的现行生育政策，其精神是城镇居民基本上一对夫妇生育一个孩子，农民家庭生育了 1 个女孩的可以照顾再生一个，少数民族允许再宽松一些。因为这个政策比 1979 年以来不分城乡的"一胎化"生育政策宽松了许多，我一直把它当作是对"一胎化"生育政策的妥协和调整。但是，这一政策出台后，遇到了实际工作部门的抵制。1982 年 8 月，本来是为了贯彻 2 月份颁发的 11 号文件经中央批准召开的全国计划生育工作会议，中央却不得不同意"各地当时的办法可以暂时不动，但要认真进行调查研究，总结经验，使政策逐步完善"。一直到 1988 年 3 月 31 日中央政治局常委第 18 次会议，计划生育部门都不敢明确走到"女儿户"的宽松程度上，而是要求各地继续在"提倡一对夫妇生育一个孩子"的前提下，根据自己的具体情况，积极试行逐步放宽条件的政策。所谓的试点，就是在这样的情况下叫出来的。一方面民族地区的人口密度小、人口数量占总人口比例也比较少，另一方面党和政府的民族政策都比较宽松和优惠。绝大多数少数民族地区的人口政策从一开始就允许生育二胎，有些民族地区甚至于比普遍的二胎还要宽松一些。湖北省的恩施土家族苗族自治州，属于少数民族地区，按照 1982 年中央制定的现行生育政策，少数民族本来就可以放宽到普遍生育二胎，不需要做试点。80 年代中期国家计划生育委员会自己指导和认可的试点主要是"分类指导"和"女儿户"，湖北省曾经有黄冈地区的黄冈县和襄樊市的谷城县（1987 年压缩生育政策试点后仅保留黄冈县），属于分类指导的模式即根据本县自然地理和人口密度制订不同的条件许可一定比例的农民生育两个孩子。总体上来说，放宽的范围不超过当年生育数量的 10%。所以，国家计划生育委员会并未确认过这里有什么生育试点。

河北省现在的承德市在上个世纪 80 年代属于承德市和承德地区行政公署两个行政建制的合并和改制。承德地区属于山区。1982 年中央 11 号文件颁发以后，各地按照国家计划生育委员会召开的全国计划生育工作会议精神，制定了一些允许生育二胎的条件，其中国家计划生育委员会给中央的报告中提出的第 7 条就是"边远山区和沿海渔区的特殊困难户"，可以生育 2 个孩子。按说，现在的承德市这一个大区的农民普遍都可以因为山区生育二胎。但是，据国家计划生育委员会 1984 年给中央的报告，1982 年后各地规定允许生育 2 胎的 10 种条件总计还没有超过当年生育的 5%。那时在"从严、从紧"掌握生育政策的指导下，山区还要进一步划分坪坝、丘陵、半山区和深山区等种类。河北省委根据国家计划生育委员会给中央的这个报告（即计划生育历史上著名的 1984 年中共中央 7 号文件），1986 年制定了冀发【1986】7 号文件，其中规定"把照顾生育二胎的面再扩大一些。照顾的对象是：山区、坝上农村，夫妇双方事农（牧）民，且只有一个孩子……"。所以，外界常说的承德地区允许生育二胎是不准确的（根据最近的一个学术著作，就说从 1983 年开始，河北省人大作出决议，承德地区普遍允许生育二胎）。那个时代人大的作用还没有得到发挥，生育政策一般都是由党委或政府直接出台文件规定的。承德地区是根据省委的这个规定，按照山区规定了较多的农民生育二胎。即使如此，承德地区也没有把自己全部当作山区对待，其基本政策仍然是一个或者一个半（"女儿户"），只是允许自己重新划定的深山区的农民可以生育 2 个。比如根据承德县委县政府 1985 年联合批转的《计划生育委员会党组计划委员会〈关于一九八五年计划生育工作安排意见的报告〉的通知》中"对深山区生活确有实际困难，要求生育二胎的，安排意见""1. 全县农业人口的一孩夫妇，第一胎是女孩，要求生育二胎的，可以有计划地照顾生育二胎。2. 近十年来人口负增长、持平和基本持平的乡，属于农业人口的一孩夫妇，不论第一胎是男孩或女孩，要求生育二胎的，可以有计划地照顾生育二胎。这些乡是……。3. 除上述十三个乡外，其它乡、镇中属于种植、养殖的专业户和四旁植树成绩突出的自然村，只有一个男孩的夫妇，要求生育二胎的，可以有计划地照顾生育二胎。"该县当时共有 7 个镇，45 个乡，1 个少数民族乡。那 13 个深山区的乡只占人口极小的比例，允许普遍生育二胎；在人口较多的乡镇中只有被验收合格的生产和经营专业户许可生育二胎，生育了一个女孩的可以生育第二胎，其他农民仍然只允许生育一个孩子。所以，另外，国家计划生育委员会指在比较短的时期内认可过河北省石家庄地区平山县、邯郸地区南宫县的分类指导模式的生育政策试点，无论承德市或者承德地区、承德县都没有做过试点。

在上个世纪的 80 年代里，甘肃省酒泉市的地委和行署的领导属于党内那些敢于实事求是的干部类型，该地区在 1984 年 9 月 14 日颁发的文件中，规定"农村上年无多胎生育的乡中计划生育率达到 100%，历年计划生育奖罚政策兑现好，罚款收回 80%以上的村，可以有计划地安排二胎。"第 2 年，又把这一规定中的"村"缩小为"生产队"。虽然有了以上两个附加条件，而且如果基层干部真的按照这个附加条件执行的话，可能几乎在全区也也找不到那个乡镇可以真正达到 1 年内无多胎生育者，但这毕竟为那些聪明的、善于在统计报表上做文章的基层干部创造了自由选择的空间。酒泉地区自行允许农民生育二胎一开始并没有得到承认。1985 年年底国家计划生育委员会认可的全国 45 个试点中，仅只有山西省翼城县一家单位属于允许农民普遍生育二孩，山东省文登县、荣成县等约 10 个"女儿户"，其他的试点几乎仅只是把照顾群众生育二胎的条件逐步放宽到占当年生育的 10%。在这次国家计划生育委员会所列的试点单位中，甘肃省是平凉地区的泾川县。该县属于"实行分类指导"的办法，"把全县划分为三种类型。即自然经济条件好，人多耕地少的川、原区为一类区；自然经济条件一般，人口较多，耕地较少的川、原区为二类区；自然经济条件差，山地面积大，人口少的山、原区为三类区。"该县的人口政策依据这三类不同情况，准许农民生育二胎的条件由一类区到三类区逐步放宽政策（即使最宽松的三类区仍旧没有达到"女儿户"即大约 50%可以生育二胎的程度）。1985 年山西省翼城县实行晚婚晚育允许农民普遍生育二胎的试点以后，新华社在国内动态清样向中央汇报的同时，又在下发到县团级的内参上予以了转载，在全国影响很大，各地效仿搞了一些允许农民生育二胎的试点，对面上的生育政策造成一定的冲击，从而出现了不少反对的声音。1986 年 12 月 2 日，在国务院召开的计划生育会议上，当时的国务院总理讲了许多支持和保护翼城县试点的话。1987 年 9 月，国家计划生育委员会在山西省翼城县召开全国部分农村有计划生育二胎政策研讨会，有包括翼城县在内的全国 11 个单位参加，算是对这些地方实行的普遍允许农民生育二胎政策的认可。其中甘肃省参加会议的有酒泉地区和徽县。我估计在此之前，酒泉地委和行署长期坚持自己的做法，有关部门有不小的抵触，认为范围过于大，又选择了一个县作试点。当时的国务院总理讲了支持翼城县试点的话以后，形势有所缓和，也认可了。1988 年全国两会期间，有人直接给全国政协委员和全国人大代表直接投送反对当时计划生育部门执行的"开小口"的政策，中央召开了第 18 次政治局常委会议，进一步明确现行生育政策是一个历史阶段的政策，要求在农村普遍贯彻"女儿户"的生育政策。这样，过去全国各地实行的绝大多数都要小于"女儿户"条件的各类生育试点就没有存在的必要了。1988 年 5 月，经国家计划生育委员会调整后的计划生育政策试点剩下 13 个，其中原来参加翼城县试点会议的 11 个单位，保留了包括翼城县和甘肃省酒泉地区、徽县在内的 7 个。1989 年那场政治风波以后，可能是由于 1986 年 12 月国务院召开的全国计划生育会议上总理讲了支持翼城县试点的讲话所致，生育二胎的试点被反对派指为"某某人的试点"。1990 年以后，除了翼城县以外，包括酒泉地区在内的各个生育二胎的试点都被收回去了。据我所知，仍然是由于地方党委和政府的坚持，甘肃省人大常委会于 1998 年正式通过决定，允许酒泉地区实行允许农民生育二胎的政策。

以上是关于所谓二胎生育试点的一些基本情况。其实，除此之外，广东省人大常委会通过决议从 1986 年 6 月开始，全省农村有计划地允许农民生育二胎。这是更大范围内实行允许农民生育二胎的生育政策。遗憾地是，这一政策延续到 1998 年又被终止了。我之所以用较多的笔墨来讲这方面的问题，是由于它们反映了我们国家政策决策的实际状况。历史事实是科学研究的基本条件。另一方面，无论我们国家整体的人口过程还是包括这 4 个地方在内的个别地区的人口变化，与生育政策的关系究竟如何，谁都没有做过深入和系统地科学研究。我们必须实事求是地把这段历史讲清楚，以防止有人用个别地方的一些人口现象笼统地否定许可农民生育二胎的普遍意义。可以看出，像翼城县这类所谓的试点，并不同于领导机关通常所部署的其他工作试点，这些生育二胎的试点基本上都是由下面争取来的。由于领导机关比较被动地接受，实际并不受欢迎。以翼城县为例，25年来基本上没有像通常的试点单位那样受到领导机关的重视，基本上也不存在给优惠、吃"偏饭"之类的情况。相反，翼城县的试点打一开始我就有了老百姓说的"母亲不疼，舅舅不爱"的感觉，能坚持下来就很幸运了。

了解了这个背景，应该就理解了为什么当时的试点没有城市。在那种把中国人多当作灾难，层层要求"从严、从紧"控制人口的社会思潮和氛围中，中央明确要求在农村普遍放到"女儿户"即允许有接近 50%的农民生育二胎，管理部门都顶着执行不下去，哪有可能中央文件明确规定城镇基本上只准许生育一个的情况下搞生育二胎的试点呢！

您问为什么把试点选择在翼城县？包括我的申请在内，所有过程都具有一系列的偶然性。记得您在电话里曾问我，翼城县这样的试点如果现在再做或者扩大，是否还有可能？我立即回答说不可能。我在博客里曾把这种想法喻之为守株待兔。因为，我就在那里守候了 20年。其实山西那个地方很不适合我的生活和发展，但是，由于有了这样一个试点，我希望它有一个预想的结果，就一直在那里培育和浇灌。离开以后才意识到，我那些年的所作所为，类似于守株待兔的农夫。为什么？首先，作为一个一直搞生育政策研究的研究人员，我都不知道当时在中央党政领导一线工作的领导人早就有允许农民生育两个孩子的主张。1981 年 9 月，中央书记处 122 次会议研究计划生育政策。按照 50、60 年代就只有中央政治局常委周恩来总理参加中央书记处相关会议的惯例，党中央副主席、中央政治局常委和国务院总理是列席这次讨论生育政策的中央书记处会议的。在这次会议上，关于农村的生育政策明确指出："至于农村计划生育政策放宽到什么程度，有两个方案：第一，提倡每对夫妇只生一胎，允许生两胎，杜绝三胎；第二，一般提倡每对夫妇只生一胎，某些有实际困难和思想不通的可以生两胎（主要是指第一胎是女孩的，还可以生一胎）。"反映这次会议情况的文件只发到省军级，所以，我们在相当长的一个时期是不了解这一精神的。这一个时期主持中央工作的胡耀邦总是体现党内民主精神，重大问题都不自行决定，又一次提出征求地方党委的意见。在国家计划生育委员会党组的主持下，征求意见的结果形成了把农村放宽到"女儿户"。但是，由于曾经有一个允许农民生育二胎的方案，所以，1984 年春节，我给中央的报告提出在全国实行"晚婚晚育加间隔"的生育办法，符合胡耀邦和当时的国务院总理曾经有过的思想，才有了要有关部门代中央起草文件和准备在全国实行的重要批示。其次，我看胡耀邦等领导人的批示得不到贯彻的情况下，再向中央要求试点的建议书批转到国家计划生育委员会议后，传递到最后落到了张晓彤的手里。虽然在全国推行"晚婚晚育加间隔"的办法是我提出来的，但中央领导的批示是直接对张晓彤和马瀛通的报告。有关部门顶住不办，他俩也很郁闷。我提出试点，正和他的心意。所以，在张晓彤的智慧周旋下，才有了国家计划生育委员会同意我在山西省选择一两个试点县的批文。在经过 10 多年的努力而没有结果的情况下，从上个世纪 90 年代初中期开始，我跳出人口和计划生育的领域思考为什么极为简单的生育政策调整会如此艰难？在又经过将近 10 年的更为艰苦的学习以后，才有了现在的思维。请您设想一下，在我们国家的现行体制下，如果不是处在一线的党和国家领导人那时就有一个允许农民生育二胎的主张，能有同意我的意见的批示吗？如果没有一个同意我的意见的张晓彤在机关内部的周旋，国家计划生育委员会会同意我在山西省选点试行吗？

说实在的，由于当时我深信"晚婚晚育加间隔"的生育政策是比"一胎化"更为合理的政策，是会得到广大群众和基层干部拥护的政策，是一个更有效地控制人口的政策，本来是在全国可以实行的政策，现在在一个县里去搞，虽然有许多技术性的问题要处理，但是，绝对不会发生大的和不可克服的困难，也就没什么可以担心的问题。

梅岭：在翼城试点的过程中，曾经发生过让您印象最为深刻的事是什么？

梁中堂：翼城县的计划生育试点长达 25 年，值得回顾和记忆的事情很多。但是，有一个面孔深深地留在我的脑海里，总是无法忘怀。1988 年，省委决定把我下放到翼城县挂职担任县委副书记，我向当时的县委书记邓永武要求只分管计划生育工作。一次，由县计生委主任陪同去指导站看望住在该站的农村妇女。按照当时的体制，县计划生育委员会的指导站附设有可以做计划生育"四术"的医务人员，平时下乡轮流给各个乡镇的农村妇女做透环、放环、结扎和流产，以及少量的男扎。有时在医务人员还不能到达的情况下，一些农村妇女也直接被送到县里来做。通常的"四术"都非常简单，一般也不住院。有个别住院的，那一定是大月份引产，需要住下作引产术。引产后也需要一些时间观察和恢复，然后才能回家。即使翼城县实行允许农民生育二胎，也会与农民个人的计划有矛盾，或者因为没有到晚婚而生育，或者因为间隔的年龄还不够，计划外怀孕仍然不少。和别的地方一样，绝大多数需要引产的妇女都是经过干部三番五次动员，实在没有办法才来的。那次进入病房后，因为有干部陪同，稍有常识的人都知道是领导来了。一位不到 30 岁的农村妇女躺在床上一句话也没有，只是用一种半是疑问、半是哀怨和忧虑的眼神盯着我。20 年了，这个图像一直清晰地定格在我的脑海里。

梅岭：翼城试点进行前后，当地的民众的态度有什么不同？而他们最终接受又是经历了一个怎样的过渡？

梁中堂：翼城县在进行"晚婚晚育加间隔"的生育试点以前，也是不分城乡地执行"一胎化"的生育政策。所以，无论干部或者群众听说实行允许农民生育二胎的政策，都是极为拥护的。因为那时的情况是，虽然政策规定只准生一个，实际上大多数农民都生育了两个以上的孩子。政策与实际差距太大，几乎所有的农民违犯政策，增加了干部工作的难度，给农民的正常生活造成许多人为的摩擦和障碍。由于大家局限在计划经济体制下，接受政府的宣传，都还是拥护计划生育工作的。所以，在对比了两种政策以后，许多干部都认为晚婚晚育加间隔，允许农民生育两个孩子，才真正符合中央 7 号文件所说"把计划生育建立在合情合理、群众拥护和干部好做工作的基础上"。用"晚婚晚育加间隔"和普遍允许农民生育二胎的试点政策取代"一胎化"，属于由不合情理调整到比较合乎情理、由脱离实际调整到比较符合实际的政策，干部和群众都是一接触就自发地接受了。因为从计划生育统计上有一个数量比较大的一孩家庭，害怕实行试点政策后出现生育堆积，我们工作设计上曾经有一个过渡环节（实际并没有出现这个生育高峰），但群众的感情上并没有经历一个由不接受或者感到突然难以接受，最终又达到接受的那样一个过渡阶段。

梅岭：翼城可以作为中国农村的代表吗？如果是，那么翼城试点抛开政治因素，是完全可以为我国农村人口做出巨大贡献的？

梁中堂：确定翼城县做试点，一个基本的要求就是要在全国具有代表性。我从 1978 年开始人口和计划生育方面的研究，都是就全国的政策来说的。所以，我基本上不与所在地的具体工作发生联系。1983 年机构改革时，省委任命我为省计划生育委员会的顾问，为了赢得一个个人和谐的工作环境，我还是与该委员会保持一定的距离。国家计划生育委员会批复同意在山西试点时，我对于具体放在哪个县并没有事先的考虑。确定试点县的时候，省政府顾问兼省计划生育委员会党组书记、主任赵军因事外出，几次研究都由党组副书记、副主任肖玉英主持。在党组会上，包括肖玉英在内的三位副主任征求我的意见，我回答说，这个办法应该是在全国有普遍性的一个政策，所以，原则上在任何一个县都可以。但是，因为搞试点，我希望符合这样 4 个条件。一是典型的农业县，因为我国南方和北方的农业条件也有很大的差异，至少试点县在我国北方具有代表性。二是为了便于对情况的正确分析，该县的人口情况应该清楚。三是县委领导能力强，可以推动开始的局面，有做实验的积极性。四是最好县里的领导和省级机关有一些联系，便于摸到实际情况。此外，还有附带的一条，就是那时的交通还很不方便，我希望把试点放在铁路沿线，便于我经常去那里进行指导。根据肖育英同志的建议，最初选择长治市的高平县。赵军同志回来后，提议为翼城县。党组商议的结果要我下去考察，最终由我来做决定。我调查的路线是先到翼城县，主要两条决定了该县的试点地位。一是在下乡调查时，发现各个乡镇和村里都建立了人口、育龄妇女保健的底薄，认为这有利于人口信息的分析和反馈。二是县委书记听我介绍情况时，立即回答说："希望你把点就放在我这里，即使试验不成功，但对我们的工作只有好处而没有任何坏处。"他当然指的是政策宽松了，有利于基层干部的工作和农村的和谐。我感觉这是一位明白人。过了许多年我才发现，翼城县各个乡镇和村里的人口信息并不是那么容易搜集和反馈的，我所看见的信息底薄都是计划生育和卫生部门应付上级检查、参观用的。从那时到现在将近 25 年的时间里接任县委书记的已经是第 10 位了，很难说每一位都是明白人。但是，从每次全国的人口普查和上级计划生育机关所做的调查分析，翼城县 25 年来的历次数据都比全国、全省和所在地区的平均情况要好，说明这样的政策确实在全国具有普遍性。如果很早在全国实行这样的政策，全国会有像翼城县那样高比例的农民可以不经受严厉的生育政策的制裁，广大农民所受的折腾和磨难会相对少了许多。

梅岭：翼城在您的心中，是一个怎样的角色定位？对它，您有着怎样的特殊情怀？

梁中堂：在确定试点以前，我几乎很少听到过翼城县。它在山西的什么位置，我也一点没有概念。试点工作铺开以后，和那里的干部群众结下了深厚的友谊，我已将其视为第二个故乡。您曾向我说，多年来一定在那里倾注了大量的心血。这样的话题这些年来听得多了。实际不是这样。我与翼城县的关系可以分为三个阶段。试点最初的一些时间里，我花费的精力比较多一些，譬如要解决政策衔接的一系列技术问题，要随时研究发生的问题和分析人口信息的含意。由于我是做学术研究的，对基层的情况并不熟悉。所以，第二个阶段就是向县里的干部和农民学习了。由于结识了不少的朋友，再后来就是隔上一年半载地去以看望朋友为主了。总体上来说，我在翼城县是比较超脱的。我给历届的县委书记、县长都说过，翼城县的"晚婚晚育加间隔"生育政策对于全国来说是个试点，但对于你们来说就是自己的一项的工作。你们且不管人家是否会总结与推广，做好计划生育工作是县委县政府必须抓好的一项重要任务。所以，翼城县有好的效果，历来都是该县干部群众辛勤工作的结果。早在 10 多年以前，计划生育的高层就说翼城县计划生育好，是由于有专家的指导。另外一层的话意是，我们不可能给全国几千个县都委派专家，所以那里的经验也就没有推广的价值。翼城县人口过程是该县 30 万人民群众共同实践的结果，是客观规律的结果，而不是专家功劳。这一点，我自始至终是清醒的。从确定试点的时候，我对省计划生育委员会主持工作的副主任肖玉英就说，"晚婚晚育加间隔"的办法是解决全国计划生育政策的难题的，我不可能到每个县去指导。所以，如果试点县离开我就不能取得好的效果，那么，这个办法就毫无意义。25 年来，这是我处理和翼城县试点关系的一个基本原则。

其实，我当初向中央要求作试点的时候并不没有想到会持续这样长久。那时的视线并不是很开阔，认为党和国家的主要领导人的明确批示不得贯彻，可能是主管部门有诸如担心改变和调整政策后否定了计划生育工作、挫伤基层干部的积极性、会造成社会不稳定，等等。那么，我们就做几个实验来回答这些问题。我想，这些情况都是通过新的政策交给群众，就立即可以见分晓的。所以，试点开始后不久，我就请新华社的同志去考察并向中央作了反映。谁知，这一试竟然过去 25 年了，依然遥遥无期。几年前，我在一篇文章中说过：

我要求试点不过是在僵局状态下运动的一枚闲散的棋子，也想在暗夜里燃起一堆篝火。当然，试点运行之后也曾幻想这只闲散的棋子能够成为支撑我们国家美好制度的一个支点，也希望由这堆篝火开始给广大农民带来光明。不管怎么说，最初要求试点只是在僵持状态下走投无路而为之的一步棋。更没有想到，这枚闲散的棋子在我国这个大棋盘上一呆竟是 20 年。

二、关于人口政策

梅岭：我国的计划生育政策在对待城市和农村人口上，有着怎样的缺陷和不足？

梁中堂：首先需要有一点共识，这就是婚姻、生育之类的事情都属于每一个人的基本权利，政府无权干涉。所以，我们国家所具有的由政府来决定公民的生育行为的政策，是在古今中外其它任何国家的历史上都是没有出现过的，是很荒谬的。其次，它是在一种特殊的历史条件下产生的。所谓特殊历史条件，是指从 50 年代初期开始把计划经济制度从前苏联搬到我们国家以后，经过在中国这个本来工业基础薄弱、现代化经济文化都很落后和很不成熟的国土上的 20 多年的演变，更增添了许多与其之初发生时相比更不合理的成分。表现在与您的问题相关的方面至少有两点，一个是权力过于集中，其基本标志在于重大决策都是由最高权力中心的一、两个人自由决定。尽管这些决策都是出于良好的愿望，但是，正如英国著名作家塞谬尔·约翰逊所说"通往地狱的道路往往都是由良好的愿望铺成的"，政策的实施效果与良好的愿望并不都会一致。国家政策总是反映一种利益关系。所以，现代国家的重大决策都需要各个社会集团的长期博弈。我们国家由 1979 年以前政府提倡计划生育到强制性的"一胎化"政策的推行，在极为短暂的几个月就形成了。二是在计划经济体制下形成的城乡二元的户籍制度经过 20 多年的演变在 1980 年前后已经演变成一个相当稳固的、严格的社会分层和等级制。所以，这个时期制定的生育政策会有城乡差异。局限于当时我国的计划体制下，固化了城市和乡村的界线，再加上从来就没有现代人权的观念，就有了城市和农村的不同户籍决定的不同生育权利。一个国家的现代性的进步和发展，其基本标志就是凸现公民的基本人权和有利于对早期历史上形成的社会差别以及社会不平等现象的消除。我们国家在迅速迈向现代化的过程中竟然会出现一些新的人为的不平等和新的社会差别，反映了国家发展状态的不成熟和决策体制的弊端。

梅岭：您对农村人口试点一直有种特殊的情怀，按您所说"我是一个农民的儿子，也曾在乡镇工作过，因此对我国农村有很深的了解"，除此而外，是什么导致了您的研究重心多为农村？

梁中堂：我切入人口和计划生育领域研究之初就有一个理念，就是经济状况决定人口发展。1979 年 12 月在全国第二次人口科学讨论会大会发言后，我的观点并不被人接受。所以，1980 年上半年回应了宋健、田雪原等对我提出的"一胎化"生育政策将迅速导致人口老化、劳动力资源短缺和家庭四二一结构等社会问题的诘难后，下半年写作理论著作《人口学》，就是要阐述马克思的经济决定论的一些原理。马克思说过，经济的社会形态是一种自然过程。那么，由生产条件决定的人口过程更是一种自然过程。我们国家比发达国家的生产力水平落后许多个年代，而在很短的时间内要把生育率压得比发达国家还要低，这可能不是个好主意。而在强硬的生育政策面前，农民是首当其冲的。第一，由于城镇户口的人口绝大多数属于国家体制内，鉴于绝大多数的人们都因为顾虑失去职业和进一步发展的机遇而选择了服从生育政策的约束，再加上城市社会化的发展、农村劳动力的补充以及政府会通过各种杠杆把社会发展的利益向城市倾斜，这方面的问题在城市一直表现得不很突出。而农村的情况则不一样。我国农业基本上还属于以手工为主的个体劳动，以各个家庭为单位的经济体即使维持简单再生产也需要生育两个孩子。如果让农民生育一个孩子，那是每个农民一眼就可以看得明白的极为悲惨的缩小再生产，每一位有头脑的、要顾及自己晚年生活的农民都会极力想办法避免那种前途。所以，"一胎化"生育政策在农村就出现了两种可能。一是大量的农民违犯政策怀孕和超生，农村因基层干部认真执行政策和许多农民的矛盾，影响社会的稳定。二是如果多数农民执行生育政策造成极低的生育率，再加上我国处在工业化的阶段而出现的农村青壮年劳动力大量向城市转移，势必造成农村社会生活的许多悲惨的前景。这些情况，是每一个具有一定知识的人都不难想象和理解的事实。

梅岭：您曾经提到，"计划生育政策影响最大的是农民，因为他们没有话语权"。除了这一点，在轰轰烈烈的 30 年计划生育改革中，广大的农村人口为此付出了怎样的代价？

梁中堂：首先需要纠正一下您的说法。从 1979 年以来的 30 年里，我国的计划生育制度是沿着政府越来越严格的管制发展的。这一条路径是在计划经济体制下形成并且越来越被固化了，是与经济上离开计划走向市场的改革的道路截然相反的。所以，不能像对经济和其它领域一样也在计划生育工作方面使用改革这一词汇。然后，我们再看一组数字。根据 1980 年前后的许多次预测，如果按照"一胎化"政策 2000 年的总人口应该是 10.5 亿；如果按照 1.5 的生育率应该是 11.3 亿。在上个世纪最后 20 年里，以 1990 年为界，前 10 年各地基本上执行只准许生育一个的政策，后一个 10 年才在多数农村地区执行"女儿户"的政策（江苏、四川和京、津、沪的农村至今都仍然是和城市一样的"一胎化"生育政策）。由于政策和指标往往都不会一致，在"从严、从紧"的氛围中，在这 20 年里，计划生育部门的实际执行的是生育政策和指标的双向管理，即在具体的管理过程中，凡是符合政策但没有指标的依据"计划"不允许生育，有指标但不符合政策者依据政策不允许生育。所以，上个世纪的实际的政策生育率不超过 1.3。但是，2000 年实际普查的人口为 12.6 亿。这就是说，在上个世纪最后 20 年里，至少有 1.5 到 2 亿的人口属于违犯政策出生的。这部分人口主要集中在农村，农村每个家庭平均 4 口人，直接涉及 5 到 6 亿人口。此外，我们还应该进一步分析一下这 1.5 到

2 亿违犯政策的人口是在什么状态下出生的。在基层干部不很认真工作的条件下还好一些，如果农村的干部都很认真地话，违犯政策或没下达指标怀孕一定是会被发现的。干部会一次又一次地去做工作，要求怀孕妇女去做流产。通常都是农民禁不住干部三番五次地上门，最终会跟上干部去做手术。但是，希望生育的农民会在认为时机成熟的时候再次偷偷地怀孕，干部会再次发现再次去做工作，一直到达到目的也就是违犯政策生育了自己想要的孩子。当然，这里面会有经过一次或多次的流产后，一些妇女真的不再生育了。此外，还有一些举家出逃到外地去生育了。1.5 亿以上的违犯政策的人口就是这样来到世间的。违犯政策出生以后，就又开始了计划生育工作中的另外的管理程序——收缴罚款。因为计划生育罚款不是目的，而是通过经济处罚制止计划外生育。所以，经济处罚的标准总是高于当地农民平均水平以上，要违犯政策的农民一下子拿不出来。拿出来了，又感觉到"心疼"。所以，这样的处罚大都不是一次完成的，而是每年需多次并且连续许多年完成的。这其中农村干部与农民之间的博弈，计划生育管理部门在基层的执法过程，都是一次次的社会摩擦。基层干部的计划生育工作和管理部门的执法行为，都是以执行政府的政策名义进行的，其实就是政府对农民的伤害。1984 年初春，国家计划生育委员会根据中央书记处 108 次会议的指示精神召开全国计划生育工作会议，国家计划生育委员会主任王伟曾在会上指出："有的地方出现过用野蛮的办法，抄家、封门、砸锅、扒房子、毁坏庄稼、牵走牲畜，破坏群众的基本生产资料和生活资料，甚至围村突击，拉人游街、变相监禁群众、株连亲属、乡邻等。"在中央党校的一次报告中，他还提到有的地方组织"夜袭队"，晚上去抓计划生育"超生户"或结扎对象。中共中央书记处联系计划生育工作的候补书记郝建秀和中央政治局委员、中央书记处书记、国务院常务副总理万里都在会议上谈到王伟报告中所列举的作风问题，说明计划生育工作造成的负面问题的严重性和普遍性。20 多年过去了，这样的事情仍在一些地方发生。30 多年了，我向来批评政策不合理而很少把责任归结到执行政策的基层干部身上，因为基层干部也是出于无奈。最近，计划生育政策的受害者和执行政策的基层干部，都对我的博客作了反馈，我以为很有代表性。

2009年2月23日16点46分，网易的一位博友给我的一篇文章下面写了几句。她说：

> 我是一个悲伤的三十五岁母亲。在无尽的绝望中我违心地杀死了腹中的孩子。宝宝发育太好了，我吃了好多药它才下来，在去手术台的路上鲜血一直在顺裤管流，让我相信自己会枯竭而死。妇幼保健院里整层楼住的都是为杀死自己宝宝而来的女人，空气里浓重的血腥味令人窒息。祖国，我想说爱你真的不容易。千千万万无辜丧命的宝宝们，我怎能对残忍杀害你们的刽子手顶礼膜拜？

2009年12月1日16点12分，天涯网站上的一位网友给我的一篇文章下写了几句话，不由得让你对基层计划生育工作者所经受的委屈深感同情。

> 我看了许多人的文章，也想说几句，我是一个计生工作者，是一个基层乡镇的计生办主任，已干了七年了，你们说的缺德事我也干了不少，你们老骂基层的计生干部，其实在基层乡镇工作的计生干部绝大多数是无可奈何，他们也是被逼，没办法，人总是要吃口饭的，都是为了生活，其实原因大家也都知道，这一切的问题是国家政策造成的，他们工作的辛酸苦累，是你们没干这行人所不能体会的，我所接触到的基层计生主任绝大多数是不想干计生工作的，在基层政府中反对计生工作最强烈的也是这部分人，原因有三个：1.不搞计生工作了他们才能解脱。2.计生工作确实惨无人道，而且群众不理解，工作难度极大。3.人口形势没有上面的有的人说的严重。我镇是一个4万多人口的乡镇，近七年来每年出生210人左右，人口出生率5‰左右，每年死亡也是200来人，人口自然增长率极低，而我地人口死亡高峰期远没来到，未来40年人口死亡将逐年增长，高峰期每年将死亡1000人左右，而出生将逐年降底，按现在的政策长期不变的话，

加上人口流失一小部分，50 年后我地人口只有现在的一半，100 年后将只有 1/4，200 年后基本变成无人区，而且在这个过程中人口老龄化率将达到惊人的 50%以上，一个如此老态的社会还会有什么活力，现在我们这里的人口老龄化率已达到30%以上，老年人问题极为突出，老人天天上访，经济发展停滞，社会没有生气，我地已是这种情况为什么还要搞计划生育，难度（道）是要我们绝种腾出生存空间给别人吗？我就想不通，为什么我们这的人最终的生存权都要被剥夺。如果你们不想，你们可以来调查，我们是湖南省益阳市大通湖区河坝镇（2000 年以前是益阳市大通湖农场）。

唯物主义辩证法认为，偶然是必然的反映，必然是通过偶然性开辟道路的。我们这些马克思的信徒想没有想过，数以亿计的人口竟然以"违犯政策"的方式出生，难道不是反映了一种与社会发展相适应的客观规律反而是一种互不相关的数以亿计的孤独的偶然？老百姓生育他们生活、生命中必须要有的孩子，却又要经受政府委派或委托的人作为对立方面去反对，我们能得到什么？

梅岭：在当年田雪原制定计划生育政策时，便实行了等级制度制定三六九等，如双方都是独生子女者生二胎；在有效制止三孩及以上多孩生育条件下，农村可普遍允许生育两个孩子等条例，对此，您有什么看法？

梁中堂：您这一个问题所及几乎都不准确。首先，田雪原没有制定计划生育政策。在我们国家，能够有资格制订（定）或者参与制订政策都是党和国家的主要领导人。如果是一些重大的政策或者在一定时期属于党和国家上层的中心工作方面的政策，更不是中央一般的领导敢于决定的事情。若干年以来，宋健、田雪原们一直处在自我感觉无限膨胀的快意之中，到处宣传是他们的观点和建议下出现了"一胎化"的政策。我发给您的美国 Susan Greenhalgh 就是上了他们这个当的。其实，在宋健田雪原们出现以前，"一胎化"的政策已经在全国推行了一年了。1978 年 10 月，中央 69 号文件转发国务院计划生育领导小组第一次会议的报告中，提出"最好一个最多两个"。和过去不同，过去全国各地所提出的提倡群众生育几个孩子，包括所谓的"一男一女活神仙""晚、稀、少"，都是具有提倡性的。群众没有执行，政府也不难为他们，至少中央政府就不肯定地方上的偶而出现的强迫命令。比如1973年的国务院计划生育领导小组组长华国锋在接见全国计划生育工作代表时就明确说："我们要多从宣传教育着手，解决人的思想认识问题，不要订一些条条框框限制，不要强迫命令。有的地方规定，不按计划生的不报户口。这不行。"但是，这次"最好一个最多两个"就开始强制执行了。1979年1月，全国计划生育办公室主任会议上，明确要求各地制订政策，对执行这个规定的奖励，违犯的予以经济的和行政的处罚。即使这样还不够。在十一届三中全会上刚刚当上党中央副主席的陈云说："再强硬些，明确规定'只准一个'。准备人家骂断子绝孙。不这样，将来不得了。"6月18日，党中央主席、国务院总理华国锋在五届全国人大二次会议的政府工作报告里已经有了"要订出切实可行的办法，奖励只生一个孩子的夫妇"。这年年底，国务院副总理、计划生育领导小组组长陈慕华在全国计划生育办公室主任会议上讲话中指出："一对夫妇最好生一个孩子，这是从今年以来开展计划生育工作的实践中，总结出来的控制人口增长的好经验。""把计划生育工作的重点，转移到一对夫妇最好生育一个孩子上来，是解决我国人口问题的战略任务。""牢固树立有计划地控制人口增长的战略思想，保证计划生育工作重点转移"。以上情况都说明，早在1980年2月13日宋健田雪原出现以前，"一胎化"就已经是计划生育部门坚决执行的生育政策了。宋健田雪原的出现，如同传统体制下的其他知识分子一样，仅仅是为现行的政策做宣传、诠释和论证。以新华社的名义发表的宋健田雪原这篇文章的真正亮点，是所谓"自然科学工作者和社会科学工作者合作"用控制论、系统工程的方法所作的预测。在此之前，统计学上使用先进的方法也是手摇计算机，算一个数据要许多天甚至于几个月。这批人使用的"科学"方法，中国未来一百年的数据"1个小时全都给你打印出来了"。结束 10 年动乱后，那时的青少年正渴望教育，向往科学，崇拜科学家。绝大多数中国人从没听说过"控制论""系统工程"，自然科学和社会科学"合作"的成果把所有的人都给"雷晕了"。但是，现在读这篇文章，仍然可以发现其主题就是要论证当时正在推行的"一胎化"是唯一的选择。所以，"一胎化"或者"准许生一个"，都不是他们提出来的。他们没有诟格地位，也不具有那样的资格。那么，宋健田雪原们在当时干什么了？他们为国务院计划生育领导小组给中央书记处的汇报做准备工作了，参与了公开信的写作。1980 年 6 月 25 日，中央书记处听取了国务院计划生育领导小组的汇报，研究了计划生育工作，并决定不像以往那样签发中共中央的红头文件，而以党中央的名义向全体共产党员、共青团员发送公开信的方式，提倡一对夫妇只生育一个孩子。他们参加了国务院计划生育办公室在这一个时期的一些具体工作，而不是制定了政策。

至于在推行"一胎化"的政策过程中，制定一些条件允许个别情况生育 2 个孩子，那也是各地的做法，与宋健田雪原们无关。要知道，他们那时都是研究单位的知识分子，是没有这个权力的。此外，有效制止多胎就允许生育 2 胎的政策，除了我上面介绍的甘肃省酒泉地区自行制订过类似的政策以外，从来没有得到中央机关对这一问题的普遍认可。也就是说，我国的生育政策里面，没有这一条。

梅岭：您当年对计划生育做分析时，所用的方法与宋健等人最大的不同在哪？

梁中堂：我做人口和计划生育方面的研究，基本方法就是人口统计，甚至于是人口统计学方面的最一般的方法。上个世纪 70 年代，不少的西方发达国家都进入了人口老龄化的行列。那时，我们把这些现象当作资本主义社会的腐朽表现。1979 年，我在研究"一胎化"生育政策的后果时，根据人口学上"人口老化"的定义即生育率的持续降低所导致的现象，推导出剧烈的"一胎化"生育政策必然导致我国迅速出现人口老化的结论，比较早地在我们国家使用了人口老化这一个概念。1980 年春天，宋健田雪原等在人民日报和光明日报等媒体上发表文章，批驳我关于人口老化的观点，说根据他们使用控制论和系统工程的科学方法的测算，即使我们国家在"最近几十年"执行了"一胎化"的政策，对人口老化的影响也不大，"至少在 2020 年以前并不严重"。我继续用人口老化的定义揭露和批驳它们的观点。说人口老化这一个概念的实质就是要回答已经步入老年行列的这一代人当年是以怎样的态度度过生育年龄的。1980 年讨论人口生育政策，主要是规范 60 年代以后已经出生的这一代人的生育行为的，你不能用现在的人口老化指标来论证现在的生育政策的合理性。相反，正是由于 50 年代、60 年代和 70 年代的较高的生育率水平，才有了本世纪人口没有老化和 2020 年以前并不严重。我们知道，从 1962 年开始，我们国家有一个由补偿性生育开始的大约维持了 10 多年的生育高峰，平均每年出生婴儿都在 2500 万左右，其中 1963 年达到 2800万以上。2022 年或者 2023 年这部分人口开始陆续进入退休年龄，也是当时按照前苏联以 60 岁年龄计算的老龄化指标。宋健田雪原的控制论和系统工程对人口测算，当然有这个关键年龄的数据。但是，他们在发布和论战时，仅仅提出"2020 年以前"人口还不算老化时的数据，自后每年将有 2000 万以上人口进入老年行列的时候，就不再向社会提供了，代之以"2020 年以前并不严重"这类含糊其辞的话语，其目的就是要隐瞒事实真相，搞那种云里雾里的东西。真理是真实的。科学都是对客观事物及其基本关系的正确表述和反映。我们研究的人口和计划生育政策属于一种社会现象，不是自然科学中宇宙的宏大或者原子粒子之类十分微小的人体感官无法感觉的世界，所反映的基本社会利害关系都是一目了然的。所以，我当时就批评他们是一种伪科学。

梅岭：从计划生育政策酝酿至今，宋建，田雪原，李小平至今还活跃在人口政策的舞台上，然而就资料及您所提供的数据，当年的统计从根本上便有偏差。而现在的中国人口学研究比起当年的进步在哪？是否遗憾的是依然依附于政治？

梁中堂：您所说的几位各自情况不同。宋健他们是搞火箭运行的科技人员，介入人口和计划生育最初是出于学科上的好奇，接着是出于政治上的投机。当目的达到后，宋健懂得搞政治是很谨慎的事情，也很会把握分寸。所以，他仅仅在 1980 年前后的很短时间里，反串了一下人口和计划生育，几乎是在这个领域里以闪电的速度做了一个亮相的动作就退居幕后了。田雪原是在宋健出场后与其合作，宋还未及退场就与他们分手了。所以，宋健田雪原的合作是极为短暂的事情，是中国学术史上的一场闹剧。但是，对于双方当事人来说，那个短暂的组合很成功，各自都得到了一般知识分子终其一生奋斗也无法达到的好处。1980 年 2 月 14 日，光明日报刊登新华社通稿报道他们闪亮登场的题目是"几位自然科学工作者和社会科学工作者合作测算未来一百年我国人口发展趋势"，其招牌确实雷人。但是，我们国家 1964 年进行普查后已经 16 年没有可靠的人口数据了。而且，从比较规范的人口统计学来说，前两次的普查都无法和后来的现代普查方法相提并论。这就是说，宋健这些搞数学的"科学家"具有没有准确的基础数据也可以算出"科学的结果"，是全世界的科学家们所仰望不及的。其次，人口发展是一种社会运动，而社会问题是很复杂的。即使国外一些比较资深学者的人口预测也都从来没有像算命先生那样能够预测得准确的，更少有敢于预测百年的。顺便指出，由宋健为代表的反串人口学的所谓"科学家"大都有胆大妄为的传统。我国 2000 年人口普查登记人口为 12.4 亿，而公告的总人口为 12.6 亿，有 2000 多万属于没有具体的年龄、性别、职业、住处的虚拟人口。而以和宋健具有相同学科背景出身的蒋正华敢于领衔做"中国人口发展战略研究"，并且，据说这个研究的成果已经被我国"十一五"计划和 21 世纪经济社会发展战略所吸收。如果像宋健、蒋正华有如此大的能耐，没有人口普查，或者人口普查数据不准确，都可以做出令我们国家重大决策必须参照的科学依据，政府为什么还要花费纳税人成百上千个亿去搞人口普查？即使一定要搞普查，其质量高与不高不都是多余的了吗！

虽然如此说，进步还是有的。当然，这不只是说人口学方面的进步，而是我们国家的社会进步。由于经济社会的发展，改变了人们的理念，开始有了比较宽松的环境。当然，科学依附于政治的现象还是存在的。也是从这个意义上，我才将生育政策的改革和改变视之为有赖于经济社会的进一步发展的事情。

梅岭：是否可以说，中国缺少体系化、精确化的人口走向分析能力？

梁中堂：可能主要问题还不在于此。您可能也知道一句很流行的话，说"人类一思考，上帝就发笑"。有人把人口当作算数那么简单，是很荒唐的。您细想起来，人口问题其实就是社会问题、历史问题。人不同于其他动植物界就在于作为制造工具的动物，具有主观能动性，可以反作用于客观世界。由于在社会发展过程（这个过程包含了人口过程）中充满了人的能动性的因素，在经济和社会结构存在非常极端的利害关系下，制度性的因素，经济和生产性的因素，以及科学技术发展的未知性，等等方面的原因，都致使人类社会从脱离动植物界开始就成为一种不同于自然界的特殊的物质运动。恩格斯曾即把科学划分为非生物界的、能运用数学方法处理的一切科学譬如数学、天文学、力学、物理学、化学等，第二类为研究生物机体的那类科，第三类是研究人的生活条件、社会关系、法律形式和国家形势以及它们的哲学、宗教、艺术等等观念的上层建筑的历史科学。恩格斯认为在三类科学中人类在第一类有所进展，第二类稍有发现，第三类只有很有限的一些认识。整个人类文明历史的时间还不长，有阶级的社会也还不到一万年。许多认识都远远谈不上科学和理性，而只有利益的冲突与博弈。按照马克思的研究，整个人类历史大致可以分为这样三个阶段，在初期阶段社会以直接占有譬如土地、草地、森林、湖泊等自然资源和以粮食、肉类等自然财富为标志，当人们可以直接占有劳动成果的时候就进入到第二个阶段即资本主义阶段，在这一个阶段上资本将不断创造条件以使社会进入到更高的阶段。由于第一阶段主要以直接占有自然财富为标志，还属于比较被动地与自然界发生关系。在第三阶段，人类已经充分地获得自由，每一个人的全面发展是所有人的自由发展的条件，人和人已经没有利害冲突，社会关系也相对地简单。与前后两种不同的人类的社会比较，资本主义阶段的社会问题可能属于人类认识客观世界方面的最为复杂的问题了。正是从这方面来说，我们除了简单的人口统计知识以外，对于许多人口问题还缺少深入的了解。所以，真正把人口学搞清楚，大概需要发展所有的有关人和社会的知识及科学。显然，我们现在都还站在人口学的外面，只能像对经济等等社会其他问题一样由社会自发调节。在这种情况下，如果有人把社会问题中的最为核心的人口生育问题拉出来当作算术予以处理，而且像有些小学生一样自负地说这就是科学，必然要受到历史的嘲笑。如果国家通过暴力把有血有肉、有思想有感情的人当作算式处理，其过程越是系统化、精确化，悲剧性色彩也就愈为严重。

梅岭：一直觉得很有趣，中国的计划生育部门和人口学研究向来是脱节的，两者研究的主体一致，但似乎从来都处于水火不容的状况，这是什么原因造成的？两者有"握手言和"的一天吗？

梁中堂：由于人口学除了一些具体内容仍需要进一步解释的人口统计知识以外，作为一门科学基本上还未曾建立起来。所以，哪个国家都还谈不上政府与人口学的结合问题。我们的人口政策的制定和执行，根本与人口学没有关系。正如我上面介绍的那样，当 1979 年提出"一胎化"生育政策的时候，我们国家的人口底子就不清楚，至少不是 1982 年使用现代人口普查方法得到的人口数据。那时的政府和计划生育部门的人连人口统计知识都了解得很少，仅仅用粗出生率、粗死亡率和自然增长率来指导工作，认为出生率会无限地降低。至于那时很有限的人口学家，包括中国人民大学的刘铮的那个团队似乎是搞统计学的了，但是，由于建国后就没有进行过现代人口普查和人口统计，他们既无这方面的实践，也没有相关的数据作研究，所以，他们这个当时人口学界的领头羊其实也如同宋健搞控制论和系统工程却不知道国外已经用这一方法预测人口一样，都是 1978 年打开国门以后才逐渐学习现代人口统计知识的。俗话说，无知者无畏。由于我们国家的社会发展水平包括政府发展的水平还比较低，才敢于决定国外的政府根本不敢去做的事情。

但是，我们从表面上看到的正好是您提出问题的相反的现象，即计划生育部门与人口学似乎一直是紧密结合的。从上个世纪 70 年代开始，就有一个刘铮那样的人口学团队为计划生育服务。1980 年，又有一个以宋健为代表的人口控制论专家的面目出现的团队为计划生育服务。1990 年前后，国家计划生育委员会又正式建立了一个专家委员会。所以，30 年来，计划生育委员会旁边一直有一支以人口学家名义出现的专家队伍。而且，无论这些专家教授中哪一位活跃在国家计划生育委员会的视野以内，那他就是我们国家最一流的人口学家。只是很少有人知道，人口学至今都还远远谈不上是一门单独的学科，更谈不上科学了。现在的所谓人口学家除了讲述一些关于历史观方面的哲学认识论方面的原理以及属于统计学范畴的人口统计、地理学方面的人口地理、数学上的数理人口，医学、生态学等等各门科学中的有关人和人口的知识以外，还拿不出像其他学科一样有独立的研究对象、方法和科学范畴的知识体系来。30 多年来，计划生育部门和人口学一直在"握手言欢"。不过，计划生育手上"握"的不是科学的人口学，因为科学的人口学至今还没有建立。作为政府的一个部门手上握有各种社会资源足可以召唤足够的人来为它服务，依附在计划生育部门的那个以人口学家面目出现的"科学"是为了追逐政府资源实属于一种伪科学。

梅岭：在早期提出计划生育政策之时，有文件便提出在"晚，稀，少"的基础上提出"最好一个，最多两个"的政策，那么兜兜转转 30

年，我国目前的独生子女可生二胎政策似乎又回到了"原点"。这样的循环往复对大众会造成什么样的影响？

梁中堂：您所叙述的情况与实际有偏差。首先，那时的"晚、稀、少"和"最好一个、最多两个"都是政府的提倡性的语言，群众做到了好，做不到也不承担责任。现在所说的生育政策，无论允许生几个，都是政府指令性的，必须做到。违犯了，就属于犯法，就有一系列配套的措施予以处罚。所以，这是两种概念上的计划生育和计划生育政策。还有，如同自由人不需要解放一样，现在被人们炒作的"独生子女户"生育二胎的政策，其实是从"一胎化"之初就一直存在的。譬如，1982 年中央 37 号文件中就有农村中"独子独女结婚"允许生育二胎的规定。在 1984 年 7 号文件中，国家计划生育委员会进一步提出："有的地方规定夫妇双方都是独生子女的，可以允许生两个孩子，我们打算推行这个办法"。您在网上随意点击那个地方的计划生育条例，譬如 1989 年由浙江省人大常委会通过的《浙江省计划生育条例》，"第十一条具有下列条件之一的夫妻，经批准，可以按计划再生育一个子女：㈠双方均为独生子女，已生育一个子女的"。由于计划生育部门不愿意就政策问题多说一句话，而那些所谓人口学家又都不愿意认真做研究，既不了解历史又不了解实际，把几十年来就存在的政策当作他们自己的新思想又提出来。譬如田雪原上个月在人民日报上撰文，"建议考虑以下生育政策选择：其一，全国不分城乡，夫妇双方均为独生子女者，一律允许生育两个孩子。这一条现在即可实施。因为，当前已婚育龄妇女独生子女领证率城镇远高于农村，实行'双独'结婚生育两个孩子，农村生育率升高极其有限。"建议政府实行 30 年来一直存在的政策，这就是中国的首席人口学家！

至于您所说的社会影响，那就是与社会稳定、和谐背道而驰了。

梅岭：您在 1980 年就已经预料到降低人口出生率将会导致的一系列社会问题，而时至今日均要一一兑现，对此，您是怎样看待的？而目前，我们可做的有哪些？

梁中堂：由于避孕和节育是工业革命创造的一种比较符合人性的生活方式，所以，随着现代化的发展，越来越多的人们选择了节制生育。与此同时，必然伴随着一个生育率下降的过程。这是一种历史的必然。有些人口现象属于不论选择什么样的政策，都会发生。比如老年人口的数量，是与生育政策无关的问题。但是，有一些问题是直接由生育政策造成的，譬如比较多地老年人身边没有子女照顾。还有，计划生育政策制造了许多人为的社会摩擦，特别是对众多违犯生育政策怀孕和生育妇女的身心伤害，这一类事情是令人十分痛心的。5 年前我在香港卫视的一期节目中说："如果说 30 年前国家还很落后，很穷，连饭都吃不饱，生活得很粗燥，做了许多对不起我们姐妹的事情。那么，现在已经富裕起来了，准备建设一个现代文明的国家，要过一种体面而精致的生活了，不能再做对不起我们姐妹的事情了。"政府应该做的事就是立即停止现行的计划生育政策，把生育权归还给人民。

当然，人类总是处在不断的成熟和成长的过程中，许多不合理的问题的解决需要历史的进步和发展，或者如马克思所说，需要社会的大多数能够把先进的理念当作社会的成见的时候。我们自己现在能做的就是把这其中的许多道理讲出来，促进经济发展和社会的进步。

梅岭：您怎么看待上海老龄化问题，一个城市可否代表一个国家？

梁中堂：上海的老龄化是一个伪问题。因为，上海的老龄化是根据人口统计计算的，而这个统计又只是对永久居民或常住居民来说的。但是，实际支撑上海的人口是一个现在在上海生活和工作、劳动的全体人口，这既包括永久性居民，也包括暂住人口，特别是包括成千上万的"农民工"。支撑其经济和社会的流动人口、农民工，大多数是强壮劳动力，却不进入政府的人口统计范围。其实，需要政府关注的是广大农村的老龄化。我们一直不注意农村、农民，真正老化严重的地区是农村，是那些有传统的、习惯性外出打工和强壮劳动力流动到城市的农村。当青壮年人口都流向城市的时候，农村中就剩下妇女、儿童和老人了。遗憾的是，我们政府的统计体系和统计指标是不包括和涵盖这一情况的。

至于我们作为一个发展中国家，其实质就是一个工业化正在对落后和传统农业实施改造过程中的国家。所以，城市的今天，乃是整个国家的明天。这些方面，城市可以代表一个国家。但是，还有更多的方面，城市则不能代表一个国家。因为，城市是这个发展中国家的先进部分，而农村的社会化程度、生活水平都无法与城市比较。城市在这个阶段可以利用农村转移的廉价劳动力，而现在的农村没有这个条件，将来也不会有这个条件。

三、关于政策的调整和转向

梅岭：您说目前由于种种政治及利益方面的原因，中国的计划生育政策不可能在目前便得到改变。但您的自述中曾提到：在曾经困难的时刻，您提醒自己："'你存在的理由就是要表明世界上还有不同的声音'。若非如此，我可能早就告别人口学了。"是怎样的研究历程导致了您态度的转变？

梁中堂：就研究人口和计划生育政策这一问题来说，我的态度至今没有改变。从现阶段来说，除了马克思叙述的一些与历史唯物主义相关的极少数的、基本的、原则性的思想以外，人们认识人口的本质性的和规律性的、足以支撑一门独特学科的人口学还不存在。所以，现在的人口和计划生育是一个缺少魅力、没有丰富思想内涵的领域。作为一个人，由于好奇心的驱使我还是渴望和向往那些博大精深、内容丰富的学科。但是，直到目前我仍然无法脱身，就在于我一直坚守着一块无人守候的阵地。在以前，这块阵地设置在计划经济体制下，囿于狭隘的眼见，认为同样是控制人口，允许民众生育二胎，可以达到"一胎化"相同的效果。经过近 10 多年放眼历史和法学、政治学等更宽阔的领域学习与思考，特别是把我们国家放到世界各民族的大家庭里，全世界几乎所有国家都是随着工业现代化的进展出现人口生育率下降，无论发达国家或者发展中国家，都有比我们国家生育率低和下降速度快的例子，但是，除了我们国家以外，其他所有国家的一个共同点是承认生育是基本人权，把人口变化当作一种自然过程，政府没有设置强制性的生育政策。既然别的国家可以这样做，我们为什么不能？现在国内的大多数人口学家都云集到放开二胎生育上面，却不敢说一句自由生育的话。国内的人口学家要么缺少一种先进的理念，要么不敢把真理直白地讲出来。所以，我暂时还不能离开我不愿意留守的这块土地。

梅岭：近年来，对于计划生育政策转向的讨论越演越烈，而国家似乎有些放松态度，如易富贤先生所说："2008年6月当人民日报海外版发表我的文章时，易富贤已经不再是敏感人物了"，他目前依然坚持停止计划生育政策，对此，您有什么看法？

梁中堂：需要纠正的是，目前国内可以公开的计划生育政策的讨论不属于转向，而仅仅属于调整和稍稍放宽。即使如此，以国家人口和计划生育委员会为代表的政府有关部门也没有丝毫放松的态度。只是社会大环境宽松了，不同的声音可以在有些场合和有的时候听到了。从根本上说，这种变化是30年来我国经济社会的巨大发展带来的必然结果。经济社会的发展不仅或多或少地改变社会肌体，而且也会推动人们的价值观念和价值体系发生变化。30年来，政府只是在原来的计划经济体制下打开了一个细小的缝隙，给了民众有限的选择机会，人们的智慧就迸发出巨大的能量，我国经济社会取得了有史以来从未有过的大发展。一个明显的事实是，伴随这一巨大进步的是我国人口由9亿多增长到13亿多的人口迅速增长过程。人口迅速增加了，人民却更加富裕了。只要愿意思考的人都可以清楚地理解到，影响社会进步和人民福祉的是制度，而不是人、人口。

至于您提到的易富贤先生，那是一位非常杰出、非常优秀的公民。他不是从事人口专业的研究人员。他的职业是作妊娠妇女的血液流变研究的。但是，他有一颗火热的心。多年来，凭借对中华民族前途的忧虑，对国家的赤诚，顽强地在那里搏斗。他不仅富有激情，而且有极高的悟性，以及现代的意识和先进的理念。有一个易富贤的存在，足以让国内所有的所谓人口学家脸红。

梅岭：今年 7 月份在上海社科院曾召开了《中国经济社会发展智库首届论坛》，对这被誉为"人口政策转风"的会议，您怎么看？

梁中堂：你所说的那个论坛，似乎不是在上海社会科学院召开的。听说，好像中国社科院马克思主义研究院开过一次这样的会议。我的推测，这与政府政策转向没有任何关系。您应该知道，这一类的机构有政府分配的充足的资源，召开个什么会议，是件很简单的事情。特别是那些维护现行政策的会议，更是如此了。

梅岭：今年深圳、顺德大部制改革，将计生委并入卫生系统而引发全国计生系统的一阵骚乱，对此，您怎么看？深圳等地的大部制改革可不可以看作是计划生育改革中的一步？

梁中堂：计划生育作为我国政府推动的一项事业，本来就是由卫生部门担负的。70 年代初期开始，国务院和各级政府设立领导小组，都是有关领导兼职属于虚设机构。领导组下设一个极为精炼的办事机构，都是放在卫生部门，占用卫生厅（局）的机关编制，由卫生厅（局）代管。至于具体的节育工作，仍由卫生部门承担。正是在一种特定的历史和环境下，这个临时性的机构抓住一切可以利用的机遇，寻求自己的发展，仅用了几年的工夫便跻身于国家权力机关的行列。既然在各级政府中设立了一个权力机关，这个机关和机关中的人就要利用手中的权力为自己谋利益，就要做事情。在从上到下的这一个机构的推动下，人为地掀起一股长达30年的逆历史潮流的运动，给一个和谐的国家和民族制造了大量的社会摩擦。在过去的几十年里，有不少比较务实的地方干部都曾经在机构改革中有把计划生育部门合并到卫生管理机关内部的举措，只是因为当时的国家计划生育委

员会的负责人在中央有一定的影响力，经过上层的运作，都被制止
了。这次改革试验中，广东以及上海等地方的做法，是又一次顺应历
史发展的做法。

您最后问："现在，除了发出不同的声音，学术界，新闻界就不
能再做些什么了吗？"我以为最为重要的，并不是为了发出不同的声
音而发出声音。有幸从事与研究的人相当于社会的大脑，新闻媒体则
是感觉器官。学者和新闻工作者都要有良知，要研究和发现客观世界
中的各种真实的关系，特别是与人民群众利益相关的重大社会问题，
敢于把事实的真相告诉人民。

（分 4 部分刊发于 2010 年 12 月 2 日）

www.ingramcontent.com/pod-product-compliance
Lightning Source LLC
Chambersburg PA
CBHW051253130726
47987CB00004B/1509